アイランドスケープ ヒストリーズ

島景観が架橋する歴史生態学と歴史人類学

山口 徹 編

慶應義塾大学
東アジア研究所叢書
KEIO INSTITUTE OF EAST ASIAN STUDIES
KIEAS

まえがき

　この論集は、2015 〜 2016 年度の 2 年間にわたって編者が主催した景観史研究会での発表をもとに編まれた。研究会の正式名称は小難しいタイトルだが、『歴史生態学と歴史人類学の節合による景観史研究の拡張──アジア太平洋のフィールドワークから発想する』である。考古学、文化人類学、そして地球科学を専門とする 15 名の方々が分野を超えて集まり、個々の研究を語り、それに対して思うところをぶつけ合って、また考えた。造語が好きなメンバーのあいだでは、多人数の多領域による対話という意味で、ダイアローグを超える集まりとして「ポリローグ」と呼び合ってきた。

　繰り返しになるが、この論集は直接的には景観史研究会の成果である。とはいえ、領域をまたぐ研究会が俄かに生まれたわけではない。専門分野の数は限られるものの、それでも全体として文理融合の会となったのは、20 余年にわたる島のフィールドワークのなかで考古学を専門とする編者が出会い、調査をともにした方々の協力があってのことである。そういう理由で序章では、景観史をめぐる理論的な考察に加えて、執筆者の方々と編者の関係についても紹介させていただいた。

　ところで、島というと一般的には辺境のイメージがついてまわるが、海で囲われているがゆえに限られたその陸域に、さまざまな分野の研究者が調査のために集結することがある。ほんの少し勇気を出して視野を広げれば、思いもよらなかった異なる分野の知見や経験がすぐ近くで手に入ることもある。これまでの調査を振り返ってみると、自分にとって島はいつも出会いと絡み合いのフィールドであった。

　このことは、編者の個人的な経験にとどまるのだろうか。人間も含めて陸棲の生物は海洋のただ中で途中下車することはできないから、海原を渡るものたちは生命ある限り島の陸地を目指す。それゆえ、人間を含めた生き物、そしてさまざまなモノやコトが島に凝集し、その絡み合いによって島景観を時どきに作り変えてきたし、これからも作り変えていくはずである。島景観史──アイ

ランドスケープ・ヒストリーズ——の発想は、まさにここから生まれた。

　本論集では、東アジアからリモートオセアニアまでさまざまな島が取り上げられ、しかもそれぞれ異なる領域や視点から多様な景観史が論じられている。タイトルを「ヒストリーズ」と複数形にした理由である。それでも全体を見渡してみると、自然の多様な営力のあいだ、自然と人間のあいだ、あるいは多様な由来と目論見をもつ人々のあいだの絡み合いが動態として描きだせているのは、各々の島に多かれ少なかれ凝集性があるからだろう。

　もちろん、凝集の程度の差によって主島と離島といった政治経済的な差異が生まれることも承知しているが、それは必然的というよりも、「状況のシンテーゼ」あるいは「巡り合わせの構造」［サーリンズ，M. 1993『歴史の島々』山本真鳥訳，法政大学出版局］といった歴史人類学的視点からいずれは捉えるべきテーマだと考えている。少なくとも、外からの影響を何も受けず、完全に孤立した島などない。島の陸地は風雨にさらされて浸食を受けるし、海鳥が糞を落とすことによってリンや窒素がそこに堆積し、風で運ばれた草木が根付くだろう。そして何よりも、島に寄り来る人々は必ずモノやコトを持ち込むはずである。

　そう考えると我われの研究や調査もまた、島景観に影響を及ぼすある種の営為であることに気づく。考古学の発掘調査はまさに島に穴を掘る物理的な行為であり、発掘トレンチのいくつかは島民によってゴミ穴やバナナの植栽に転用されることがある。発掘地点や調査成果が部分的にせよ、次に訪れたときには島の歴史語りに組み込まれていることもある。掘り上げたトレンチの縁に立つとき、島景観の改変や島の人々の歴史実践に自分自身がかかわっていることを強く感じるのである。

　だからこそ島景観の記述には、それを経験し記述する「我われ」自身を含み込まねばならない。そのことを、論集の企画段階から執筆者の方々と話し合ってきた。「アイランドスケープ」という造語をタイトルに使用したのは、「島景観」の意とともに、経験し記述する「自分自身」（アイ）を表現したかったからである。

　本書におさめられた複数形の島景観史を通して、島景観の凝集性とその一部をなす「我われ」自身が少しでも読者に伝わるのであれば、編者として望外の幸せであり、またその先へと歩みを進める活力となるだろう。

山口　徹

目次

装丁＝オーバードライブ・浜岡弘臣
原画＝佐藤一典

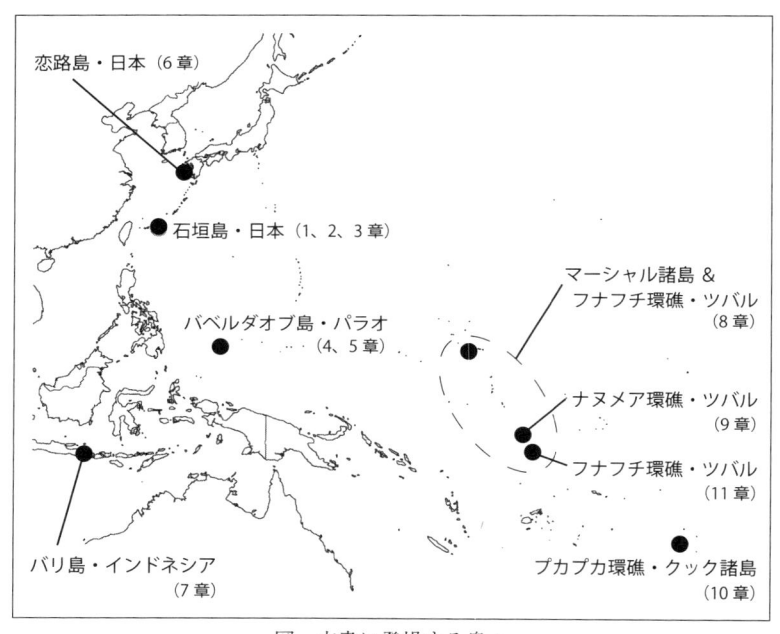

図　本書に登場する島々
地図提供：㈱平凡社地図出版 ©ROOTS 製作委員会

アイランドスケープ・ヒストリーズ
島景観が架橋する歴史生態学と歴史人類学

序章　島景観をめぐる学際的対話

山口　徹

1　景観史を発想する

　東ミクロネシアに位置するマーシャル諸島マジュロ環礁では、州島地形としては特異な高さの砂丘を発掘したことがある。完新世中期のサンゴ礁の基盤近くに堆積した有孔虫の年代測定から、およそ1000年のあいだに海抜5mを超える砂丘が発達してきたことを確認できた。細砂の合間には複数の暗灰色砂層がバンド状に挟まり、砂を吹上げる北東風が弱まって、有機質に富んだ地表層が形成されたことを示唆する。暗灰色の砂層中には広葉樹の炭化物が散り、そのうち2つの層からは直径1m余りの掘り込みが確認できた。焼けたサンゴ礫と炭化物が混入していたから、石蒸焼き用の地床炉跡と考えてよい。

　こうして狭い発掘トレンチの中で壁面に現れた層位の断面図を作成しながら、現在の砂丘が歴史的産物であることに思い至った。現在や近過去を扱う文化人類学ばかりでなく、長期的な時間軸を設定する考古学においてさえ、社会や文化の可変性は認識しつつも、地形や動植物相からなる物理環境と生物環境をあたかも舞台の背景幕のように変化しないものと想定しがちである。しかし、大陸に比べると規模が小さい島嶼では、自然の営力と人間の営為が絡み合うことによって生成的に、そして継起的に変化してきた島景観の歴史を比較的容易に確認できることがオセアニア考古学では常識となっている［e.g. Kirch & Hunt 1997; 山口 2009］。

　本論集では、いまみる島景観が生み出されてきたプロセスを通時的に解明する枠組みとして「景観史」という語を用いようと思うが、論集の目論見を示すためには、発掘トレンチのなかの私的な体験を超えて、景観史が学説的にはどこに根差し、どれほどの広がりを持ちうるか検討しておかねばならない。そこで先ずは、編者の専門領域であるジオアーケオロジーの視点から出発し、次に歴史生態学と歴史人類学の節合へと展開しよう［山口 2013］。とはいえ、景観や景観の歴史なるものを我われはいかに記述できるだろうか。この難問の理論的

な考察は浅学の身には手に余るし、真正面から取り組むほどに迷宮にはまるだろうから、ここではスレッド（糸）とトレース（軌跡）の関係をめぐるインゴルドの議論を参照枠として、本論集を構成する具体的な事例研究のための記述のあり方も提起しておく。

2　ジオアーケオロジーの可能性

　もちろん、自然と人間の歴史的絡み合いの累積として、あるいはそれによって継起的に変化するものとして景観を捉える視点は以前からある。しかも 1955 年には、文理を超えて共有されたことがあった。この年、ウェンナー・グレン財団の助成を受けて『地表を改変する人間の役割』という国際シンポジウムが米国プリンストンで開催されたのである。陸上景観を改変する人間の営為や能力の解明に力点が置かれ、地理学を主体としながら生態学や動植物学、歴史学や文化人類学、そして都市問題や行政政策といった多領域の研究者や実務者が一堂に会した記念碑的シンポジウムであった［Thomas, Jr. 1956］。過去（Retrospect）、プロセス（Process）、未来（Prospect）の三部からなるシンポジウムの構成は、「過去と未来は連続的な時間の両端であり、それゆえ現在はその通過点でしかない」という地理学者カール・サウアーの信条を反映したものだった［Williams 1987］。

　考古学にとっても、環境と人間の関係は古くからの関心事で、特にニューアーケオロジーは、先史社会の資源利用や生計戦略を主要な研究テーマとしてきた。ニューアーケオロジー研究の多くは静態的な環境を措定し、それへの機能的適応を論じるか、あるいはグローバルな気候変動への受動的対応として変化を位置づける傾向にあったが、環境の動態性と人為的改変を視野にいれた研究者がいなかったわけではない［e.g. Butzer 1981, 1982; Redman et al. 2004; Kirch 2005］。地理学者でありジオアーケオロジストでもあるカール・ブッツァーは、その提唱者の 1 人である。ブッツァーは層位学的発掘や遺跡形成論に加えて、考古学と地球科学の連携をジオアーケオロジーの名のもとにさらに拡大するよう提唱した［Butzer 2008］。すなわち、河川流域といった広がりのある範囲のなかに遺跡や遺跡群を位置づけて、ローカルな自然環境の変遷を考古学的コンテキストに加えることによって、資源利用といった人間行動の変化にせまる立場である。そのためには、遺跡内に加えて周辺の調査が必要になる。

　ここでいう自然環境は大きく 2 つに分けられる［Rapp & Hill 1998: 90］。1 つは堆積物や土壌、そして地形を含む物理環境で、堆積学、土壌学、層位学、地形発

達史の諸学から分析手法やアプローチを援用するジオアーケオロジーの調査対象である。もう1つは生物相で、古植物学や動物考古学の対象である。興味深いことに、早くから考古学の関連分野として発展してきた古植物学や動物考古学では、ローカルな動植物相が経時的に変化するものと認識されるのに対し、地形はあまり変化しないものとみなされてきたきらいがある［Waters 1992: 12］。しかし1970年代以降、たとえば更新世末から完新世の気候変化や海面変動にともなう地形変化の研究が進展したことによって、地質学的には比較的新しい時期にも関心が集まりはじめた。これによって、古植物学や動物考古学とジオアーケオロジーのあいだで時間スケールの共有が可能になり、3分野の連携によって地形と生物相を総合的に扱い、その動態性を先史社会や人間行動の解釈に役立てる枠組みが提唱されるようになった。ブッツァーやスコーエンウェッターは1980年代に、その枠組みを「コンテキスト考古学」と名付けた［Butzer 1978, 1980, 1982; Schoenwetter 1981］。

　ジオアーケオロジーの事例研究をみると、遺物や遺構あるいはセトゥルメントパターンといった具体的なデータに認められる通時的変化を明らかにし、それらを自然と人間の絡み合いの歴史として解釈することが早くから試みられていた。たとえば、ブッツァーが自ら調査をおこなった研究対象に、エチオピア北部のアクサムを中心にAD3〜8世紀にわたって栄えていた古代国家がある［Butzer 1981］。最盛期には、スーダンから南アラビアあたりまで勢力を広げていた商業国家で、東アフリカ内陸部と紅海、さらには地中海世界を結ぶ交易ネットワークの一部を構成していた。サハラ砂漠以南のアフリカでは、古典期の西欧世界に唯一知られていた王国である。しかし、その中心だったアクサムの現在の景観は、かつての王国を支えるにはあまりにも資源に乏しい。王国が栄えていた当時は、交易関係をとおして紅海沿岸の低地に暮らす遊牧民から牛が供給されていたようだが、それにしても現在は水資源が枯渇しており、河川や湖沼は雨季にしか呈現せず、傾斜地や耕地の腐食土壌はきわめて薄い。植生も明らかに荒廃している。こうした景観を生み出した歴史的経緯を解明することがブッツァーの目的であった。そのために、古気候や古植生にかかわる広域的な情報を援用しながら、遺跡内やその周辺の堆積物について発掘調査をおこない、土壌の撹乱や削平、再堆積、沖積作用、浸食作用の程度を明らかにした。その上でブッツァーは、AD7〜8世紀に交易活動が衰退するなかで、食糧資源の不足を補うためにアクサム周辺の過剰耕作や遊牧のための過剰利用が進んだことと、ちょうど同時期に生じた降水量の減少が作用して、土地の荒廃が連鎖的

に進行したと解釈した。

　この事例研究では、環境変遷の代替指標を複数組み合わせることで、景観を構成する諸要素間の関係性の変化を通時的に把握するマルチプロクシー（multi-proxies）の方法が試みられている。次節に紹介する歴史生態学の視座とも親和的であり、なおかつ歴史生態学よりも長期的な景観史研究が可能である。本論集では、ジオアーケオロジーの企図と方法を先ずは景観史研究の出発点に位置づけておきたい。

3　マルチスケイラーな歴史生態学

　20世紀半ばまで恒常性や平衡状態といった枠組みが支配的だった生態学においても、人間の営為と自然の営力の両面から生態系の動態性が明らかになるにつれ、1970年以降には非平衡的撹乱や激変、変異にかかわる議論が多くなってきている［e.g. Friedman 1979, Stahl 2007］。さらに1990年代から登場した学際領域の歴史生態学では、人間の営為と自然の営力の関係史が焦点化され、その安定と変化を析出するための操作概念として「景観」という用語が使われている。極相状態にある生態系の撹乱要因とみなされてきた人間の営為は、生態学が通時的視点をもつことによって、景観形成にかかわる重要な営力の1つと評価されはじめている［e.g. Balée and Erickson 2006］。

　たとえば考古学者であり歴史生態学者として知られるクラムレイは、「景観とは人間と環境の関係の空間的表出」であり、「意識的にせよ無意識にせよ人間のさまざまな行為が景観のなかに刻まれている」と主張した［Crumley 1996: 558］。動物考古学者のストールはさらに一歩進めて、「過去の人間行為の痕跡を残す景観がそこに生きる人々の文化的経験を形づくる」と論じ、この側面を歴史生態学の研究構成に付け加えた［Stahl 2007: 7］。すなわち、景観は人為的に作られる（あるいは改変される）とともに、人々の経験を作る（あるいは規定する）ことになる。

　たとえば、歴史生態学の提唱者であるバリーの分厚い民族誌的著作は、景観を形づくる人間と人間の経験を形づくる景観の、2つの「力の連結」［Gosden and Head 1994: 114］を考える上で示唆に富む。彼は南米アマゾンの低地に暮らすカアポル族の10年におよぶ民族植物学的調査にもとづいて、狩猟、漁労、園耕栽培、採集、調理、民具製作や修繕などのさまざまな活動と植物の関係を詳細に記述するとともに、人間と植物のあいだに紡がれてきた相互浸透的な関係

の歴史的産物として現在の景観を描いてみせた。なかでも、カアポル族のインフォーマントらとともに熱帯雨林を巡り歩きながらおこなった、「高い森」と呼ばれる一次林と焼畑の休閑地に形成された二次林との定量的な植生比較は興味深い [Balée 1994: 116-165]。1ha の区画に含まれる胸高直径 10cm 以上のすべての樹木を記録し、合計 8 区画を比較したところ、二次林は種数において一次林に遜色ないばかりか、優占樹種の上位 30 種に含まれる食用有用樹種は二次林の方が倍以上多かったという。すなわち、休閑地二次林は土着の人々にとって「果樹園」[Balée 1994: 157] であり、草本類や蔓植物も含め有用植物の「遺伝資源」を、世代を越えて保管する場になっているのである [Balée 1994: 141]。休閑地二次林は最後の火入れから 40 〜 200 年、古いものだと 250 年程度は経ているというから、過去に生じた人為的植生改変の歴史的産物が現在のカアポル族の暮らしを支えていると言い換えてもよい。

　景観を形づくる人間の力と人間の経験を形づくる景観の力の関係を総体として、しかも通時的に捉えるために、歴史生態学がマルチスケイラー（multi-scalar）でなければならないとバリーらは論じる [Balée and Erickson 2006: 2-3]。すなわち、関連領域がもたらす複数の情報を組み合わせた研究の必要性である。先述した休閑地二次林の林床には、一次林にはみられない肥沃な黒色土壌層が 20cm 以上堆積し、考古学的な試掘をおこなったところ炭化物が検出されたという [Balée 1994: 120-125]。これは、林床の土壌自体が人為的な火入れに由来することを示している。植物利用にかかわる民族誌的情報だけでなく、植物生態学や土壌学、考古学といったフィールドサイエンスに含まれる諸領域の多様な情報を駆使することがマルチスケイラーな研究を実現する方法なのである。

　民族植物学に由来するバリーの歴史生態学とは時間スケールが異なるが、前節で紹介したジオアーケオロジーも直接みることのできない過去の環境変遷に複数の代替指標（プロクシー）を用いてアプローチする領域であり、この点において両分野は相互補完的で、連携可能な関係にあるといってよい。

4　歴史生態学と歴史人類学

　バリーの議論には続きがあり、コロンブス以降の植民地化の大波によって土着の人々がこうむった影響が考察されている [Balée 1994: 204-223]。ポルトガル系移民社会とのせめぎ合いのなかで、それぞれ異なる行動をとった土着の人々が、同じ土地で暮らしてきた同一言語集団に由来するとしても、たとえば一方が半

定住的な焼畑農耕を続け、他方が移動型の狩猟採集生活へと暮らしを変えたとき、そこに個別的な景観が生み出され、人間と植物の異なる関係が紡がれてきたという。カアポル族もまた、迫害と疫病から逃れるために 200 年以上前に故地を捨てて移り住んだ人々であり、その景観史には植民地的状況を組み込むことが不可欠なのである。

オセアニアの歴史人類学的研究が明らかにしてきたように、植民地的状況では、さまざまな立場にある人々が多様な目論見をもって出会い、絡み合いとせめぎ合いが生じてきた [e.g. 吉岡 2000]。氷期／間氷期といった長期的気候変動、台風や旱魃といった短期的気象イベント、堆積／浸食の地形学的作用など、景観形成にかかわる自然の営力が多様であるように、景観を改変しながらそこに生きてきた人々も一様ではなかったはずである。ここに、歴史生態学と歴史人類学の連節可能性がある。たとえば、ソロモン諸島ニュージョージア島の熱帯雨林ならびにそこに暮らすマロボの民を研究対象とした人類学者ヴィーディングと地理学者ベイリス＝スミスの学際的研究は、両分野が連節しうることを示す先駆的な事例の 1 つである [Hviding & Bayliss-Smith 2000]。

ヴィーディングとベイリス＝スミスは目の前に広がる現在の熱帯雨林を、そこに暮らす人々のローカルな知識や実践だけで説明するのではなく、また西洋的要素と非西洋的要素の差異をことさらに強調するだけでもない。そこに世界とかかわる地域を発見し、マロボの民はもちろんのこと、他島出身のソロモン諸島民、マレーシアやインドネシアそして韓国の伐採業者、北米やヨーロッパのエコツーリスト、ニュージーランドやオーストラリアの自然保護運動家の存在を視野に入れ、多様な主体間の絡み合いやせめぎ合いの歴史的動態を描出しながら、生成的に展開する景観として熱帯雨林を把握しようと試みている。まさに景観史を拡張する視点である。自然の営力と絡み合ってきた人間の営為自体が単一の集団に帰されるものではなく、さまざまな時期に生じてきた人々のあいだの出会いや交渉を含むものと考えなければならない。それは特に、植民地期以降に顕著である。この時期を対象とする歴史生態学と歴史人類学を節合すれば、さまざまな人間集団の交渉に由来する営為と自然の営力のあいだに生じてきた絡み合いの歴史的産物として、景観を捉えなおす研究の領野が開けるだろう。

5　2つ景観史に学ぶ

　前節まで、ジオアーケオロジー、歴史生態学、歴史人類学の議論を組み合わせながら、本論集で用いる景観史の概念を説明してきた。本論文では特に、人と自然、人と人の絡み合い／せめぎ合いの歴史的産物として景観を位置づけるが、その視点は独自のものではないし、もちろん景観史の用語にも先例がある。たとえば、時間と空間を同時に視野に入れる歴史地理学の領域では、オーストラリアの植民地期と日本古代の研究で著名な金田章裕が、早くも 1998 年と 2002 年に「景観史」の用語を冠する専門書をそれぞれ発表し、2018 年には『景観史と歴史地理学』という編著を刊行している。

　歴史地理学の方法論は、クロスセクションすなわち同時平面上に存在する景観要素を復元することから始まる。その上で、断続する複数時期のクロスセクションを比較することによって景観の変遷を記述することになる。もちろん、クロスセクションの時間幅は薄いほど景観要素の同時性の確度は増すことになる。しかし他方で、クロスセクションの数が同じであれば、それぞれの間隔は広がってしまう。変遷の説明はどうしても平板にならざるを得ず、景観要素間の関係性の変化まで考察が及ばない［金田 2002: 10, 36］。この難点を克服する方法として金田は、「個々の景観要素が、どの時期にどのような状況であったのかを、可能な限り厳密に復元し、それがどのような機能を果たし、どのような変遷をたどったのか」［金田 2002: 37-38］明らかにするとともに、「個々の景観要素を規定ないし相互規定している状況を分析し、それらを統合する視角やその手続きを加えることによって」［金田 2018: 14-15］要素間の関係性の変化にせまることを提唱した。

　主要な要素を詳述するとともに、他の要素との関係を巻き込みながら記述することから、文脈的視角と呼ばれる。この方法の具体的な適用では考古学をはじめとする隣接諸科学との連携が重視されており、したがってジオアーケオロジーのマルチプロクシーや歴史生態学のマルチスケイラーの方法と底流で通じているとみてよい。問題は、景観の範囲や要素の単位に客観的な基準があるわけではなく、全体を統合するための視角というものにもマニュアルが存在しないことである。景観の範囲、主要な要素、そして統合の視角のいずれも、研究者自身の経験を通して常に探求され、更新されなければならない。

　オセアニア島嶼世界の研究者として著名な近森正は、自身が組織したクック

諸島の学際的調査の成果として『サンゴ礁の景観史——クック諸島調査の論集』という編著を 2008 年に刊行した。冒頭の序章では、北部クック諸島の 4 環礁に伝わる神話や伝承を紡ぎながら、所収される考古学や形質人類学、言語学、そして文化人類学の研究論考のエッセンスを自在に配することによって、景観史の思想がナラティブに描き出されている。読み進めるうちに、「景観は人間の文化的社会的秩序と島の自然との協調あるいは融通を通して創造されるもの」であり、人間が「景観を創造することによって、はじめて住むべき場所を見出し、生存の可能性を広げてきた」歴史へと我われの関心は導かれていく［近森 2008: 4］。

　堆積したばかりの白砂の環礁州島にココヤシを植栽し、その土地を名付けることによって、人々はそこに用益権を主張できるようになる。人々の働きかけは物理的な側面だけでなく、象徴的な意味の体系がそこに付与される。こうして神話や伝承を語り継ぎながら、そこに住まう人々は世代を超えてその土地の景観を経験することになる。近森にとって景観とは、「環境と人々の活動の諸相が生存目的に向かって自己組織化した全体であって、環境要素の集まりでも、それらの因果関係の産物でもない。……自然的かつ文化的な諸相が連動しながら、過去から絶えず変化しつつ、生み出された三次元的な空間」なのである［近森 2008: 10］。

　景観の動態性への眼差しは金田と共通するが、自然と文化、物理的側面と観念的側面、構築と経験が島の人々の生存を目的に渾然一体となった全体を、近森は景観と位置づける。とはいえ、我われはその全体とその動態をどのように把握すればよいのか。そして、それをどのように記述すればよいのだろうか。難問だが、金田の方法論も近森の思想も、いずれもフィールドワーカーとしての経験に発するものであり、ここにヒントがありそうだ。そこで次に、「景観」を抽象論的に問うのではなく、経験として検討してみよう。

6　景観を記述する

　景観を客観的で所与の実在として扱った定量地理学への反省から、ポストモダンの思潮のなかで人文主義地理学が 1980 〜 1990 年代に盛り上がった。景観や場所が社会的に構築され、個々人に経験される点に光をあてる地理学で、人間の行為を扱う文化人類学と必然的に連携しながら、景観や場所をめぐる数多くの論集が国内外で出版された。

　これらの論集に目を通して直ぐ気がつくことは、「景観」や「場所」という共通の用語を冠するにもかかわらず、それぞれの視座や認識、さらには哲学的なスタンスがさまざまな点である。さらには、それぞれの論集のなかに限っても、世界各地の多様な土地を扱う論考が所収されていることが多い。景観をめぐるこれらの研究は、場所が社会的に構築され、個々人に経験される、そのあり方が多彩であることを強調する上できわめて効果的ではあったが、結局のところ執筆者のあいだで共通了解が取られていたとは思えない。加えて、景観を扱う文化人類学の論考のなかには理論的で抽象的な議論か、あるいは事例研究であっても人間の行為が前景化されていて、「景観」という語を用いる必然性が十分に伝わってこないものも多い。少なくとも、何でも景観研究になってしまう雑多な印象はぬぐえない [Fox 1997]。

　「文化とは何か」を問う文化理論のように「景観とは何か」といった抽象的な概念を議論するのではなく、具体的な研究事例の書を目指すのであれば、我われは景観を記述することから始めなければならない。20 世紀初頭の地理学ではまるで空から俯瞰するように、所与の実在として同時平面上で客観的に観察できる土地の可視的部分の類型として景観が記述されてきたが、「所与の実在」や「客観性」といった想定自体を自省するポストモダンの思潮を経たいま、元に戻ることはできない [e.g. 荒山・大城 1998]。では、我われは景観をどう記述するか。この点については、もう少し議論を要する。

　本論集を構成するすべての論考は、自然科学系あるいは人文社会科学系にかかわらず、フィールドワークの成果にもとづく。調査のやり方や用いる道具はさまざまだが、すべてに共通する手法は「歩くこと」である。フィールドワーカーとしては至極当然のことであろうが、特に文化人類学では徒歩経験にもとづくフィールドとの共鳴が見直されてきている。たとえば、クリフォード・ギアツのバリ島調査の逸話が引き合いに出されることがある [ギアツ 1987: 389-397]。ギアツが調査を開始した当初、村人たちは部外者を扱うときの常套手段で、ギアツ夫妻があたかも存在しないかのように振舞った。しかし、突然すべてが変わったという。違法な闘鶏の手入れに警察が踏み込んできたとき、蜘蛛の子を散らすように会場から駆け出した村人たちとともに、ギアツらが思わず走って逃げた次の日からである。村人たちはやさしく親しみを込めて、しかし夫妻の慌てふためいた様子を執拗に真似しながら 2 人をからかった。「なぜあそこに立っていて、警官に自分の身分を明かさなかったのか」と。

　この逸話は、村人と同じ方向に走って逃げた経験が社会的な一体感 (socializing)

を生んだ事例として参照される［e.g. Lee & Ingold 2006: 67］。腰をすえて対面で聞き取りする経験ではなく、同じ方向に移動する経験に感情の共鳴を生む効果があるというわけだ。確かに地球科学や考古学の調査でも、特定のフィールドや特定類型の島の調査を積み重ねるなかで、礫岩のなかに埋もれる化石マイクロアトールや地中に埋もれる遺跡の位置を歩きながら感覚的にかぎ分けられることがある。これもまた、徒歩による移動の経験がもたらす島の土地とのある種の共鳴感といえるのではないだろうか。文理の枠を超えるフィールドワークの手法としてこうした徒歩経験を捉えなおすと、フィールドとの共鳴に加えて、さらに2つの効果をあげることができる［Lee & Ingold 2006: 73］。1つは、歩くスピードで流れゆく周囲を体感できることである（perceiving）。その繰り返しが土地との、あるいは過去との共鳴を生み出すといえる。次に、歩く途中で立ち止まることで、地点ごとの詳細な特徴や微細な変化を把握できる。同一地点に繰り返し立ち止まり、その地点が測量や発掘、聴取調査の場となったとき、我われにとってはその経験は「場所」の発見であり、あるいは場所の領有といってもよい（appropriating）。

　こうした議論を参照することによって、本論集の共通了解として「景観を記述する」ことを次のように定めたい。すなわち、フィールドを把握するために我われ調査者が歩いてきた道すじを記述することである。もちろん、最初から経路が決まってはいなかったから、初期のころはフィールドの地を暗中模索の状態で歩き回ったはずである。時には現地の人々と並んで歩くことや、たまさか出会ったバイクの背に乗せてもらえることがあっただろう。地形の微妙な凹凸や植生の変わり目が妙に気になることもあっただろう。こうした徒歩経験（あるいは移動経験）と共鳴の積み重ねを通して、我われはそれぞれの土地でフィールドの図を作り上げてきたはずである。

　社会人類学者にして考古学にも造詣の深いティム・インゴルドは線の文化史に関する書籍のなかで、スレッド（糸）とトレース（軌跡）の関係を論じている［インゴルド 2014］。それになぞらえれば、フィールドでの暗中模索の道すじはスレッド（糸）になるだろうか。たとえば、暗闇のなかに伸びる未踏の洞窟に分け入るとき、目的地は不明な上に、進む方角や進んだ距離を図面上で俯瞰することはできず、「隙間を通って行く手を糸で縫うように進まねばならない」［インゴルド 2014: 95］。しかし一方で、縫物や織物のように糸が縫い込まれたり織り合わされたりするとき、すなわち「糸が軌跡に変形されるときに表面が生成される」［インゴルド 2014: 92］。

　フィールドでの道すじをスレッドと言い換えたように、徒歩経験と共鳴の積み重ねから作り上げたフィールドの図を何らかの表面、たとえば土地に生きる人々の生活面、あるいは土地を構成する地形面となぞらえるなら、本論集にとって景観を記述するということは、フィールドでの道すじを編集し、人と自然、人と人の絡み合いの通時的分析へといたる軌跡をたどることといって良い。それは、何らかの表面を俯瞰的に記述することとは異なる。もちろん、フィールドでの道すじを余すことなく記述することは出来ないから、道すじを軌跡に編集し、筋道に変換しなければならないが、これによって景観を背景幕ではなく、主題として描出することが可能となる。

　文化人類学のフィールドが前提とする現地との共鳴（あるいはラポール）は、両者の波長が合う経験に依拠するという。だとすれば、編集された軌跡を同じ方向に歩きながら案内するように記述することによって、我われが見出した筋道を、読み手は我われとの共鳴を通して「景観」として感得することになるだろう。通常は客観的記述が求められる自然科学や、没個性的な事実記載を慣例とする考古学にとって、そしてまた、そこに生きる人々に焦点をあてるために俯瞰的で背景幕的な景観描写を常としてきた文化人類学にとっても、それぞれに難しい試みだが、本論集では調査者・分析者・書き手としての自分たちを少しでも表現することを共通了解とした。論集タイトルのアイランドスケープは島景観を表しているが、同時にその「アイ」には、景観を記述する主体としての「自己」という意味合いが込められている。

7　論集の構成——島景観の多様な歴史

　慶應義塾大学東アジア研究所内のプロジェクトとして 2015 〜 2016 年度に開催した『歴史生態学と歴史人類学の節合による景観史研究の拡張——アジア太平洋のフィールドワークから発想する』は、フィールドワークを主要な方法論とする諸学連携のための文理横断型研究会であった。参加者の分野は自然地理学、地球科学、植生史、考古学、歴史人類学、文化人類学を含み、フィールドは東アジアからリモートオセアニアまで広がる。水俣市、石垣島、バリ島、パラオ諸島、ツバル、キリバス、クック諸島である。

　主催者として島嶼世界を優先した理由は端的にいえば、海洋で限られ、大陸に比して小規模であるがゆえに、陸域から周辺海域を含む景観変遷の総合的な理解に適していると考えたからである。実際に研究会を重ねるなかで、島嶼研

究の有効性が文理の枠を超えて相互に了解できたのではないかと思う。第1に島嶼サイズの利点は、たとえば火山起源の海洋島なら、自然科学にとっては谷沿いに山地から浅海までコンパクトに含むことであり、人文社会科学にとっては日常的な移動を徒歩で経験できることにある。第2には島嶼の境界性で、自然科学にとっては変化の外的要因と内的要因を区別しやすいこと、人文社会科学にとっては島への出入りに船舶や航空機など身体外の手段を要すること、すなわち徒歩で経験できる日常が旅の経験と区別しやすい点にある。第3に自然科学と人文社会科学に共通する利点として、島嶼世界の多様性を類型的に把握しうることがあげられる。たとえば火山起源の「高い島」とサンゴ礁の「低い島」である。

　ところで編者の山口徹は、大学院博士課程のころに通った中央ポリネシアの北部クック諸島を皮切りに、マーシャル諸島やツバルの環礁の低い島々を経て、石垣島やパラオの高い島々のジオアーケオロジー調査に従事し、その過程で島をフィールドとする多様な分野の研究者と出会い協働してきた。本論集はそうした人たちと積み重ねてきた「島景観をめぐる対話」の成果である。以下に、執筆者を掲載順に紹介しておきたい。

　小林竜太氏は川口市教育員会文化財課に勤め、遺跡発掘だけでなく民俗資料の活用まで幅広く活躍している。八重山諸島の考古学には学生時代からかかわっていた。当時から関心領域は幅広く、そのことが現在の仕事に活きている。オセアニア島嶼世界を長らく対象としてきた編者が、石垣島のジオアーケオロジー調査を企図するにいたったのも小林氏に依るところが大きく、長い時間を調査で共にし、同じ道すじを歩いた仲間である。『石垣島名蔵における近世琉球統治政策の景観史』で小林氏が選んだボーリング掘削地点は名蔵川河口域の氾濫原である。編者が記述した浦田原谷戸に比べると河川浸食を受けやすい地形で、得られた放射性炭素年代には時期的な不連続があったことを憶えている。攪乱や浸食は堆積環境の推定に不利だと考えてしまいがちだが、八重山諸島の近世史料についての広汎な知見をもとに、小林氏は森林開発による土石流の頻発と、琉球王府による杣山（そまやま）管理を読み解いてみせた。編者の論考とは異なる時期の景観史がそこに描かれている。同じ道すじを歩いていても、辿りうる軌跡の可能性は1つではないのである。

　都市に住むニュージランドマオリを研究してきた文化人類学者の深山直子氏を、オセアニアの環礁調査に引っ張り出したのは2009年のことだった。短期調査ながら学際的なチームのなかで、人類学のオーソドックスなフィールド

ワークとは異なる調査手法について、そのときから長い議論が始まった。石垣島の漆喰もその流れのなかで見出されたトピックで、『陸に上がったサンゴ』ではフィールドを構成するビジブルな物理的環境のなかに課題を発見し、背景幕とせずに焦点化する地理学的手法が試されている。朱と白のコントラストが美しい赤瓦の甍といえば、美しいサンゴ礁とともに、沖縄本島や八重山諸島では観光資源化された景観となっている。しかし、赤瓦が広く普及した歴史は意外に新しく明治以降のことである。そのなかで特に漆喰は、島外からの技術移転あるいは職人の転入と地産のサンゴが組み合わさることで形をなした一昔前の建材「ムチ」であることが示される。かつての職人の身体感覚としては、サンゴは暮らしのなかで直接活用する素材であり、陸に上げた生のサンゴは異臭を発し、重労働の果てにムチへと変換しうるモノだったことが記憶を通して語られる。

　実は 2013 年 3 月に、『暮らしの中のサンゴ礁』（沖縄県立博物館）と題した公開シンポジウムを深山氏とともに開催したことがある。生きたサンゴを折り採り、かち割る職人の荒々しい扱いを含め、過去から現在までサンゴ（礁）と人々の多様な関係性を掘り起こし、保全やエコツーリズムにとってのサンゴ（礁）の現在的価値を相対化した上で、これからの共存のあり方をさまざまな分野と議論することが目的だった。その発想は、人と自然の関係が動態的であることを前提とする景観史と軸を一つにする。深山氏の論考は、忘却された漆喰の歴史が生み出した現在の景観、そして現在進行形の人間の営為が生み出すだろう将来の景観をも見据える領域としての、景観史の拡張可能性を示唆する好例となっている [cf. Marcucci 2000; 山口 2013: 120-121]。

　鈴木茂氏は植生史の専門家である。これまで主に日本の発掘遺跡を対象に花粉分析やプラントオパール分析を手がけてこられた。編者が主催した石垣島のジオアーケオロジー調査以来の付き合いで、2014 年に実施したパラオ諸島バベルダオブ島の事前調査にも半ば無理やりに同行してもらった。当然ながら、ところ変われば植生も異なる。パラオでの鈴木氏は我われにはお構いなく、咲きほこる花をみつけては立ち止まり、現生標本の採取に熱中していた。編者はどちらかというと地形から島景観をみてきたが、鈴木氏は花、樹木、木立からパラオを体感していたのだと思う。鈴木氏が『パラオ共和国バベルダオブ島の古植生調査』で報告する浅層ボーリング調査とその花粉分析結果は、この体感を元にしており、先史初期居住期から南洋群島期にいたる植生史のなかに人々の営為を読み解く内容となっている。

　飯高伸五氏はパラオ諸島のフィールドワークを長年継続している文化人類学者で、日本委任統治期の歴史人類学的研究にも精力的に取り組んでいる。2014年には、編者が主催したパラオ諸島バベルダオブ島の浅層ボーリング調査にも同行してもらった。赤子をあやすように10kgの重りを落としながら、サンプラーを少しずつ地面に打ち込んでいく真剣な姿が印象的であった。掘削地点はかつての日本人入植村に位置し、すぐ脇にはパイナップル缶詰工場跡があった。委任統治期に残された遺構や遺物を歴史人類学的視点から景観史として記述するとはどういうことか、掘削作業の合間に話し合ったことを憶えている。飯髙氏の『道の交差と記憶の相克』は、そのときの無茶振りを忘れずに真摯に取り組んでくれた成果なのだと思う。多様な史資料を駆使し、歴史地理学的手法で「道」に焦点を当てながらガラスマオ州に残る鉱山採掘跡の景観変遷が丹念に辿られ、そこで働いた多様な出自の人々の交差が描出される。それだけではない。産業遺構はただの廃墟ではなく、ガラスマオに暮らす人々が時に応じてアンビバレントな記憶を想起する「生きられる景観」[Thomas 2001: 172]となっている。そしてまた、鉱山で働いていた日本人によって「訪ねられる景観」ともなっている。飯髙氏は自身が記憶の想起を引き起こさせる媒体たることを認識しながら、ガラスマオの人々と日本人訪問者たちの両者によって想起される記憶ははたして共振しうるのかと問うのである。石畳の伝統の小径と鉱山用道路が交差するなかに、飯髙氏の姿をみた気がした。

　文化人類学の下田健太郎氏は1年半にわたって水俣に住み込み、その後も通いながら、水俣病問題を生きてきた人々のさまざまな歩調に寄り添うようにフィールドワークを続けている。院生時代には、編者が主催したマーシャル諸島マジュロ環礁や石垣島での調査に参加し、いくつかの島景観を体感してきた。その下田氏が本論集のために選んだ島景観は、水俣湾口に位置する地先の恋路島である。時系列に沿いながら景観変遷を追うことによって、水俣病以前と以後の人々の暮らしを対照する『成長する景観』は、景観史の1つのあり方を示してくれている。恋路島は地先の小島であるがゆえに、多くの人々にとっては暮らしの場というより「遠くて近い」訪問先であり続けた。下田氏にとっても外から臨む対象だったはずだ。しかし、その記述を追いかけるうちに、水俣に暮らす人々の恋路島への視線から、恋路島から対岸の出来事をみつめるような視線へと自分自身が揺れ動く感覚を覚えた。その場からは、姿を変えゆく恋路島に甦りの兆しを読み取ろうとする人々がみえてくるのである。下田氏の記述がもたらす視線は、島の発掘調査で時どきに陥る感覚と近い。次第に深くなる

発掘トレンチのなかから地表上に暮らす人々を見上げるうちに感じてしまう、島と一体になったような感覚である。

　宗教人類学者として著名な鈴木正崇氏は、編者にとって大学の大先輩である。その広汎で膨大な知識量とフィールドで積み重ねられてきた経験知は見上げるばかりである。寄稿いただいたバリ・アガに関する論考『儀礼と観光のはざまの景観史』もまた長編である。実は、2018 年 4 月に開催されたご講演の際に、短くしていただこうと原稿を持参していたのだが、論考にも取り上げられたトゥンガナン村の儀礼と景観の話しを拝聴するうちにそんな気は霧散してしまった。25 年間に何回も現地に足を運び、人々と歩いてきた鈴木氏の道すじはあまりに長く、軌跡へと安易に変換すべきではないと思った。

　ところで、石垣島やパラオに比べてバリ島は 20 倍前後も大きい。だから徒歩で全島を経験することは難しい。しかし、アグン山の麓の狭い谷筋にあるトゥンガナン村は周囲を尾根に囲われた閉鎖空間である。そこに暮らすプグリンシンガンの人々は村内婚を原則とし、多くの時間を儀礼に費やすという。まさに儀礼の島景観といってよい。グーグルアースで村を俯瞰すると、北から南に下る 3 条の道筋に沿って屋敷地が整然と並び、その合間に寺院や拝所、集会場が配されている。一見すると確立した世界を表す曼荼羅のようだが、さまざまな儀礼のなかで聖／俗、男／女、既婚／未婚、優／劣といった関係が場所を変えながら立ち現われ、それらの関係性が生成的に展開してゆく。外から時どきにもたらされた事物を村の景観に内旋化してきた人々の歴史が暗にたどられている。その様子が、儀礼の進行を追う厚い記述のなかで示されていく。まさに景観の歴史構造主義的研究といってよい [e.g. サーリンズ 1993]。とはいえ、ここ数年のあいだに観光化の荒波が村に押し寄せている。空間の閉鎖性と内婚性が崩れ景観が破壊されていくのか、あるいは観光化の荒波さえも景観のなかに内旋化してゆくのか、それを確かめるべく鈴木氏の旅はこれからも続いていくのだろう。

　自然地理学者の山野博哉氏とは、マーシャル諸島、ツバル、石垣島と転戦しながら、フィールドでの濃密な時間を共有してきた。ツバルのフナフチ環礁では、編者の私が蒸し風呂のような発掘トレンチにもぐり込んでいたころ、高精細 GPS を背負いながら炎天下を黙々と歩き回り、州島の高度を測量する山野氏がいた。お互い張り合うように汗をかいたことを思い出す。この人との出会いがあったからこそ、完新世の海面変動と環礁州島の地形形成というきわめて地球科学的な領域に触れることになったし、自分自身の調査手法をジオアーケ

オロジーに定めるきっかけとなった。おそらく山野氏にとってもこの出会いは、人文社会科学に触れ、世界を広げるきっかけとなったはずである。古地図資料や航空写真を駆使して、フナフチ環礁の州島地形が 19 世紀以降に人為的に大きく改変されてきたことを解明した 2007 年の論考は、地球科学と歴史学を組み合わせた学際的な論文で、温暖化による海面上昇に関心をもつ多分野の研究者からサイテーションを得ている［Yamano, et al. 2007］。山野氏には、慶應義塾大学文学部の講義を数年間にわたって共同担当してもらった。幅数百 m ほどの小さな環礁州島であっても、さまざまな時間スケールで作用する自然の営力の巡り合わせによって形成されてきたことを解き明かしてくれた。『環礁州島の成り立ちと地球規模変動』は、その講義ノートをまとめたものである。これによって、小林誠氏や棚橋訓氏、そして茅根創氏の論考の基盤が分かるはずである。

　小林誠氏との出会いは 2007 年 3 月にさかのぼる。ツバルのフナフチ環礁に降り立ったとき、滑走路脇で緊張気味に直立する小林氏が待っていた。調査隊のメンバーの 1 人が指導教官だったからだろう。ツバル北部の離島、ナヌメア環礁での数年におよぶ長期調査を経て博士論文を完成させ、近年『探求の民族誌：ポリネシア・ツバルの神話と首長制の「真実」をめぐって』を上梓した。人類学者たちが伝統の創出や歴史実践としてあつかってきた事柄を、現地の行為者にとっての「真実」の探求と捉え直す好著である［小林 2018: 14］。環礁の陸地はサンゴ礁の上に堆積した未固結な砂礫からなる州島で、ナヌメアの現集落が位置する州島は外洋からラグーンまで両海岸線のあいだが 300m ほどしかない。地形はいたって低平で植生も単純なはずなのに、白砂の小径を島民と歩きながら、相対的な方向感覚が生み出す豊かな社会的景観を小林氏は体感してきたのだと思う。しかも、行き着いた先の集会所「アヒンガ」の座席をめぐる生成的な変化の歴史には「真実」の探求をめぐるせめぎ合いも暗示される。『「陸」の景観史』は環礁州島を対象としていても、考古学の発掘トレンチからはみえてこない景観史である。いつの日か本格的に協働してみたい若き人類学者である。

　この論集を構成する執筆者のなかで、棚橋訓氏とはもっとも早くに出会い、数多くのフィールドを共にしてきた。最初のフィールドは、1995 年に訪れた北部クック諸島のプカプカ環礁だった。棚橋氏は、島民との何気ない会話のなかから言葉を拾い、社会のあり様を考える社会人類学の基本を実践していたが、調査の終盤に差し掛かったある日、発掘現場にやって来て赤白ピンポールと水糸を借りていった。気になって覗いてみると、二抱えもある木製の大型捏鉢を 1 人黙々と実測していた。その姿がやけに眩しく思えたのは、赤道直下の強い

日差しのせいばかりではなかった。人類学の調査としては決して長くない日程にもかかわらず、とにかく繰り返し歩き回った末に棚橋氏がたどり着いた場所であることを知っていたからである。『実践が村空間を紡ぐ』は、まさにその時の道すじを軌跡へと（再）編集する論考となっている。「誰」あるいは「どこ」にかかわる過去の記憶や伝承を根拠に、タロイモの天水田の継続的利用をめぐって個々人が伝統首長会議と繰り広げる交渉や、集団漁の漁獲やヤシガニを均等に分配するための細やかな分類・計数といった日々の実践を追いながら、プカプカ環礁の島景観を生きる人々の姿が示される。

棚橋氏はその姿を「求心的に紡がれていく実践共同体」と位置づけるが、他方で「日々生起する移動・拡散あるいは往還の実践」によってニュージーランドやオーストラリアに暮らす「プカプカ人」のコミュニティも存在するという。そして、一見すると相反する求心と遠心の力学を1つに俯瞰しうる場所の可能性が、長い文末註のなかで最後に記されている。なんとそこは、先述の木製大型捏鉢が1995年に置かれていた場所である。フィールドで実見したモノや聴取したコトを徹底してその時空間に拘りながら編集したその先に、再び歩きはじめる道すじを棚橋氏は見定めているにちがいない。

茅根創氏は日本のサンゴ礁研究を牽引する1人である。関心領域は幅広いが土台は自然地理学である。茅根氏との出会いは2002年のマーシャル諸島マジュロ環礁調査にさかのぼり、温暖化による海面上昇問題でよく知られるツバルのフナフチ環礁でも協働した。自然地理学を中心に、リモートセンシング、海岸工学、考古学、文化人類学の多領域が参加し、同じフィールドを同じ時間に共有する調査だった。夕食前に宿泊施設の広間に全員が集まり、活動報告のミーティングを毎晩もった。プロジェクトを率いる茅根氏は、1人ひとりに「それで今日の成果は何ですか」と初日から迫るように訊ねた。考古学の場合は、発掘が始まらないと目にみえる成果が出てこない。文化人類学も先ずは現地社会に受け入れてもらわねばならない。領域によっては時間がかかるのだと、茅根氏の質問に反発しながらも、その日の活動の学問的な理由付けを空腹の中で必死に考えたことを思い出す。こうして、全員が大型ブルドーザーに引きずられるように互いの問題関心を認め合い、同じ方向へと進んでいった。学際的研究は卓越したリーダーなしには成功しないのである。

マジュロ環礁やツバルの調査のあいだ、環礁州島の過去ばかりをみていた編者とは異なり、茅根氏の関心は、激化が懸念される海岸侵食に対する州島の物理的レジリエンス（回復力）を高めるために、堆積物の大部分を構成する有孔

虫殻の生態工学的活用へと拡大していった。それは単なる提言にとどまらず、フナフチ環礁や沖ノ鳥島では養浜という実践的な取り組みを主導するに至っており、『水没する環礁の真実』からその道すじを読み取ることができる。思うに、ホシズナやタイヨウノスナといった有孔虫が残す直径 1mm 程度の炭酸カルシウム殻を通して、環礁州島の未来の景観を茅根氏は見据えているのだろう。それでも、サンゴ礁の州島形成史を語っているときが一番楽しそうにみえる。

　本論集では、原則として地理的な島嶼グループあるいは地形学的な島嶼タイプでまとまるように各論考を配置した。それぞれのまとまりのなかで、研究者ごとに異なる徒歩経験と軌跡編集の仕方が浮かび上がるとともに、島景観のさまざまな歴史が論集全体を構成している。しかし、不思議なことに論集を見渡してみると、島景観は凝集する多様体であるがゆえに、自然の多様な営力のあいだ、自然と人間のあいだ、そして多様な由来と目論見をもつ人々のあいだの絡み合いが動態として立ち現れるように思えた。この個人的な気付きについては、終章のなかでもう少し触れることにしたい。

参考文献

荒山正彦・大城 直樹編
　1998　『空間から場所へ──地理学的想像力の探求』古今書院.
インゴルド, T.
　2014　『ラインズ──線の文化史』工藤晋訳，左右社.
ギアツ, C.
　1987　『文化の解釈学Ⅱ』吉田禎吾・柳川啓一・中牧弘允・板橋作美訳，岩波現代選書.
金田章裕
　2002　『古代景観史の探究──宮都・国府・地割』吉川弘文館.
金田章裕編
　2018　『景観史と歴史地理学』吉川弘文館.
小林　誠
　2018　『探求の民族誌──ポリネシア・ツバルの神話と首長制の「真実」をめぐって』御茶の水書房.
サーリンズ, M.
　1993　『歴史の島々』山本真鳥訳，法政大学出版局.
近森　正編
　2008　『サンゴ礁の景観史──クック諸島調査の論集』慶應義塾大学出版会.
山口　徹
　2009　「『高い島』と『低い島』──歴史生態学の視点から」吉岡政徳（監修）『オセ

アニア学』，pp. 117-131，京都大学学術出版会.

2013　「絡み合う人と自然の歴史学に向けて――その学際的広がりにもとづく理論的考察」『史学』82（3）：107-126.

吉岡政徳

2000　「歴史とかかわる人類学」吉岡政徳・林勲男編『オセアニア近代史の人類学的研究――接触と変貌，住民と国家』国立民族学博物館研究報告別冊 21：3-34，国立民族学博物館.

Balée, W.

1994　*Footprints of the Forest*. Columbia University Press.

Balée, W. and C. L. Erickson (eds.)

2006　*Time and Complexity in the Historical Ecology: Studies in the Neotropical Lowlands*. Columbia University Press.

Butzer, K. W.

1978　Toward an integrated, contexual approach in archaeology: a personal view. *Journal of Archaeological Science* 5: 191-193.

1980　Context in archaeology: an alternative perspective. *Journal of Field Archaeology* 7: 417-422.

1981　Rise and fall of Axum, Ethiopia: a geo-archaeological interpretation. *American Antiquity* 46(3): 471-495.

1982　*Archaeology as Human Ecology: Method and Theory for a Contextual Approach*. Cambridge University Press.

2008　Challenges for a cross-disciplinary geoarchaeology: the intersection between environmental history and geomorphology. *Geomorphology* 101: 402-411.

Crumley, C. L.

1994　Historical ecology: a multidimensional ecological orientation. In C. L. Crumley (ed.), *Historical Ecology: Cultural Knowledge and Changing Landscapes*, pp.1-16. School of American Research Press.

1996　Historical Ecology. D. Levinson & M. Ember (eds.), *Encyclopedia of Cultural Anthropology*, vol. 2, pp.558-560.

Fox, J. J.

1997　Place and landscape in comparative Austronesian perspective. In J. J. Fox (ed.), *The Poetic Power of Place: Comparative Perspectives on Austronesian Ideas of Locality*, pp.1-21, ANU E Press.

Friedman, J.

1979　Hegelian ecology: between Rousseau and the World spirit. Burnham, P. C. & R. F. Ellen (eds.), *Social and Ecological Systems*, pp.253-270, Academic Press.

Gosden, C. and L. Head

1994　Landscape: a usefully ambiguous concept. *Archaeology in Oceania* 29: 113-116.

Hviding, E. & T. Bayliss-Smith

    2000   *Islands of Rainforest: Agroforestry, Logging and Eco-tourism in Solomon Islands.* Ashgate Publishing.

Kirch, P. V.

    2005   Archaeology and grobal change: the Holocene record. *Annual Review of Environmental Resources* 30: 409-440.

Kirch, P. V. & T. L. Hunt (eds.)

    1997   *Historical Ecology in the Pacific Islands.* Yale University Press.

Lee, J. and T. Ingold

    2006   Fieldwork on foot: perceiving, routing, socializing. In S. Coleman and P. Collins, (eds.) *Locating the Field: Space, Place and Context in the Anthropology,* ASA Monographs 42, pp.67-85.

Marcucci, D. J.

    2000   Landscape history as a planning tool. *Landscape and Urban Planning* 49: 67-81.

Rapp, G., Jr. & C. L. Hill.

    1998   *Geoarchaeology: the Earth-Science Approach to Archaeological Interpretation.* Yale University Press.

Redman, C. L., S. R. James, P. R. Fish, and J. D. Rogers, (eds.)

    2004   *The archaeology of Global Chnage: the Impact of Humans on their Environment.* Smithsonian Books.

Schoenwetter, J.

    1981   Prologue to a contextual archaeology. *Journal of Archaeological Science* 8: 367-379.

Stahl, P. W.

    2007   The contributions of zooarchaeology to historical ecology in the neotropics. *Quaternary International* 180: 5-16.

Thomas, J.

    2001   Archaeologies of place and landscape. In I. Hodder (ed.), *Archaeological Theory Today,* pp.165-186, Polity Press.

Thomas, W. L., Jr. (ed.)

    1956   *Man's Role in Changing the Face of the Earth: an International Symposium under the Co-Chairmanship of Carl O. Sauer, Marston Bates, Lewis Mumford.* University of Chicago Press.

Waters, M. R.

    1992   *Principles of Geoarchaeology: a North American Perspective.* The University of Arizona Press.

Williams, M. W.

    1987   Sauer and "Man's role in changing the face of the earth." *Geographical Review* 77(2): 218-231.

Yamano, H., H. Kayanne, T. Yamaguchi, Y. Kuwahara, H. Yokoki, H. Shimazaki, M. Chikamori.

    2007   Atoll island vulnerability to flooding and inundation revealed by historical reconstruction: Fongafale Islet, Funafuti Atoll, Tuvalu. *Global and Planetary Change* 57: 407-416.

第1章　石垣島のジオアーケオロジー
絡み合う人と自然の景観史

山口　徹

はじめに

　1989 年の北部クック諸島トンガレヴァ環礁以来、オセアニアに点在するサンゴ礁上のいわゆる「低い島」に多くの時間を費やしてきた。唯一、南部クック諸島の「高い島」、ラロトンガ島の発掘調査を経験したが、限られた時間の中で環礁に比べると大きな島のどこを掘れば良いのか、狭いトレンチを掘ったところで出土した遺物や検出された遺構をどう解釈して良いのか自信が持てぬままにプロジェクトが終わってしまったことを憶えている。

　オセアニア考古学を先導するカーチとハントが『太平洋島嶼の歴史生態学――先史環境と景観変化』という論集を刊行したのは、ちょうどそのプロジェクトが終わる 1997 年のことだった [Kirch and Hunt 1997]。歴史生態学とは人間の営為と自然の営力の関係史を探求する学際領域で、1990 年代に広く使われ始めた用語である。それまで撹乱要因とみなされてきた人間の営為を、景観形成にかかわる重要なエイジェンシーとして評価する点で既存の生態学とは異なる [山口 2009, 2013]。

　オセアニア考古学でも 1980 年代までは、島嶼によって異なる先史社会の様相が環境への適応放散モデルで理解される傾向にあった [e.g. Kirch 1984]。しかし、無住の島に航海民が到着した初期居住期から西欧と接触し始めた植民地期にいたるまで、個々の島嶼の通時的な変化にかかわる考古学的情報が蓄積されてくると、歴史生態学的枠組みの中で、「人間由来の (anthropogenic)」景観や「人間が引き起こした (human-induced)」環境変化といった用語が積極的に使われ始めていた [山口・甲斐 2007]。こうした論考の増加がカーチとハントによる論集刊行の背景にある。

　特に大陸から遠く隔てられた南太平洋のリモート・オセアニアでは、焼畑農耕に起因する植生改変や土壌流失、沖積低地の形成と水利農耕の拡大、人間による捕食や生息域の圧迫を一因とする在来種の減少、人間が持ち込んだ外来種

の増加がドラスティックに生じたことが分かってきている［Anderson 2002］。その中には、人間居住が始まる以前の状況も含めた島嶼景観史を描き出すために、海岸低地の湿地や湖沼でボーリング調査を実施し、堆積物や花粉化石の分析結果を、遺跡調査から得られた考古学的情報と重ね合わす論考も含まれている［e.g. Prebble 2012］。その手法はまさにジオアーケオロジーと言ってよい。

　ジオアーケオロジーを世界的に主導したカール・ブッツァーは、考古学の研究対象である遺跡や遺跡群を河川流域といった広がりのある範囲の中に位置づけ、ローカルな環境変遷をコンテキストとして加えることによって、人間行動の変化にせまることを提唱した研究者である［Butzer 1982］。考古学と地球科学の情報を重ね合わせることは、考古学の情報をコンテキストとして環境変遷の解釈に用いる発想をも生む。モノや構造物は遺棄されたときから遺物や遺構となり、何らかの堆積作用を受け始めるが、その作用自体がたとえば遺跡周辺の焼畑や野焼きに起因するのであれば、地球科学の対象となってきた堆積物も、考古学的な遺物／遺構のいずれも、まさに自然の営力と人間の営為の絡み合いを考える景観史研究の大切な情報となるはずである［e.g. Schiffer 1983: 697］。

　もちろん、そのためには考古学的発掘調査だけでなく、地球科学の手法と機材で周辺地域の長期的な環境変遷史を把握しなければならない。時間・労力・資金を考えると、小さなプロジェクトでは簡単ではないが、幸いなことに、平成20～24年度（2008～12）に研究助成を受けた新学術領域研究の中で『サンゴ礁──人間共生系の景観史』プロジェクトを組織し、八重山諸島の石垣島でジオアーケオロジー調査を実施することができた。その経験から判ったことは、人間と自然の絡み合いにせまるためには、環境変遷のプロクシーすなわち代替指標をできるだけ多く、しかも複数地点で集め、それらのタイムスケールを揃えることが重要だという点である。このことを念頭に置きながら、石垣島名蔵地区でおこなった総合的な景観史研究について以下に報告する。

1　石垣島名蔵地区の現景観

　石垣島は八重山諸島を構成する大型島嶼の1つで、面積は約223k㎡を測る（図1）。南西部に幅広く、そこから北東方向へ山並が細長くのびる。島の南岸には石垣港が開き、西表島をはじめ離島との定期航路が運行されている。港のそばに石垣市市役所が位置する。そこからほど近い埋立地の民宿に毎夏1ヶ月近く宿泊し、調査地の名蔵までレンタカーで通った。大川や新川の旧市街地を抜け

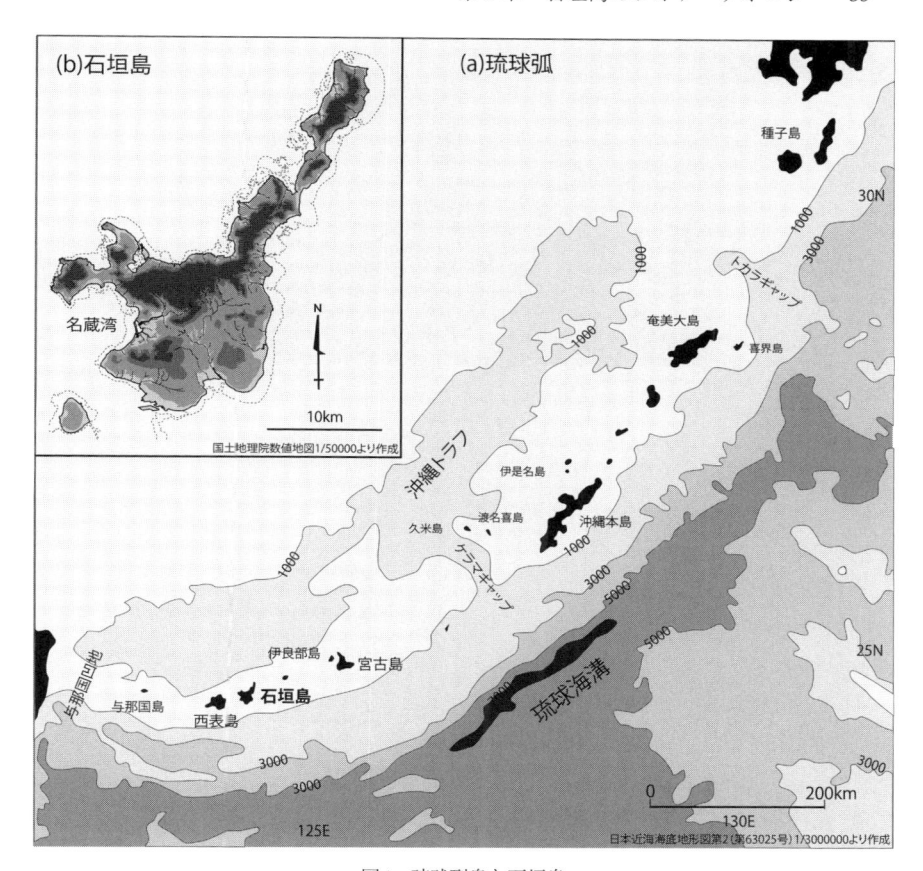

図1　琉球列島と石垣島

　て北上すると、標高200m前後のバンナ岳と前勢岳のあいだを通り抜けること
になる。その鞍部を越えて名蔵へと下ると、左に水田が広がり右にサトウキビ
畑がみえてくる。
　バンナ岳頂上付近に設けられた渡り鳥観察用の展望台にのぼると、名蔵の地
形が一望できる（写真1）。名蔵の北側には花崗岩を基盤とする於茂登山系の尾
根が東から西に伸び、礫岩を基盤とするバンナ岳や前勢岳とのあいだに扇状地
由来の丘陵がなだらかに広がる（図2）。於茂登岳に発する名蔵川水系が北側の
山裾に沿いながら遠浅の名蔵湾に向かって緩やかに西下する。
　展望台の北東には520mを超える於茂登岳の主峰がそびえる。山裾に開かれ

写真1　バンナ岳から臨む名蔵

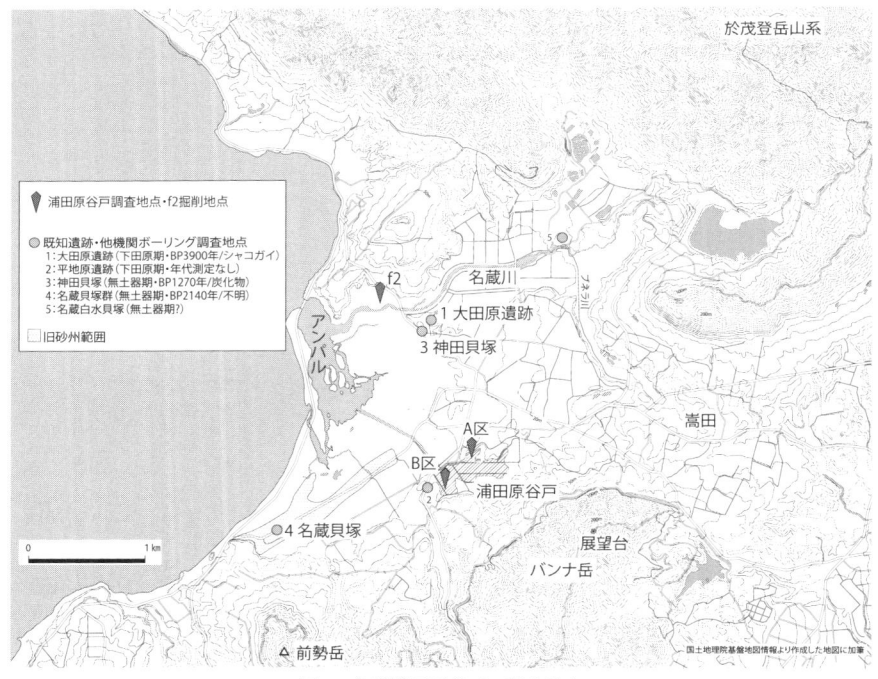

図2　名蔵浦田原谷戸の調査地点

　た畑地ではパイナップルが栽培されている。戦後も石垣島に残った台湾移民の
方々が夥しい花崗岩の巨礫を取り除き、苦労の末に開墾した嵩田（たけだ）と呼ばれる土
地である。扇状地由来の丘陵はその下から始まる。そこは於茂登岳とバンナ岳

がもっとも接近する扇央部で、標高 30m ほどの鞍部をなす。その東に目を転じると、石垣新空港がのる琉球石灰岩台地が広がるが、名蔵は鞍部の西側になる。扇央からなだらかな斜面を 2km ほど下ると丘陵の扇端となり、低い崖線がマングローブ湿地や氾濫原に接している。山地を覆っている森林は丘陵上にはほとんど見当たらず、今は一面にサトウキビ畑が広がる。

　初めて名蔵を訪れた 2009 年には、畑地の中に数トンはあろうかと思える花崗岩の転石が認められた。名蔵公民館で開催した調査成果報告会にて巨大な転石の話しをしたところ、ある農家の方が耕作の邪魔になるから「パワーシャベルでいくつも埋めたよ」と応えてくれ、共通の話題がみつかって会場に笑顔が広がっていったことを憶えている。それからすぐに、於茂登岳の山肌をえぐった集中豪雨の地滑り跡や山道の露頭に現れる同様の巨礫、名蔵川の河床に埋まる転石をみつけ、サトウキビ畑の赤土は、風性堆積物に土石流堆積物が混じるローム質粘土だと確信するようになった。

　その丘陵の中ほどでボーリング調査を実施し、地表下 8m ほどまで赤土を掘削したところ、最深部からは浅黄色の砂質石灰岩が得られた。付着していた貝片の年代測定結果や先行研究の所見から、およそ 12 万年前に浅海にたまった堆積物と考えられる[注1]。バンナ岳展望台付近からの眺めは、更新世末の温暖な間氷期には今とはまったく異なり、浅い礁池が広がっていたことになる。掘削が進むほど土圧が大きくなり、採土用コア管の引き上げは一苦労だったが、名蔵の景観がダイナミックに変化してきたことを実感するボーリング調査であった。

　土石流堆積物からなる丘陵の先には氾濫原やマングローブ湿地が広がる。マングローブ林の内奥には潟湖が点在し、そこから幾筋もの水路が蛇行しながら緩やかに流下する。南から北に伸長する砂州で湿地はほぼ閉塞しており、その内側に前方潟湖が形成されている。現地では「アンパル」と呼ばれ、渡り鳥の飛来地として 2005 年にはラムサール条約登録地となり、また西表石垣国立公園の特別地域として 2007 年から保全されている。豊かな生態系は環境教育やエコ・ツーリズムに活用され、満潮時にはカヤックでマングローブ林内をめぐることができる。ただし、人為的改変は制約され、学術調査であっても試料採取には環境省と沖縄県の許可を得なければならない。

　ところで、マングローブ湿地の潟湖や入り組む水路には、離水したハマサンゴやキクメイシの化石マイクロアトールが点在し、春の大潮の干潮時にはあちこちで水面から姿を現す。マングローブ林内にはさらに多くの化石マイクロアトール

が分布すると思われ、おそらく海進期の完新世中期にも、今とは異なる景観がこの辺りにみられたに違いない。内陸丘陵の扇端が崖線をなすのは、海進期の波食で削られたからだろう。浅海がそこまで入り込んでいたとすると、当時のマングローブ湿地は名蔵川の中流域や内陸の小谷戸にあったと推定できる。

約1万年前に始まる完新世は、最終氷期が終わり温暖化にともなって急速に海面が上昇した地質時代であり、海洋に囲われる島嶼の景観は特にダイナミックに変化してきたはずだし、島に住んだ人々はその中で生き、海面変動に対応しながら自ら土地を改変してきたであろう。完新世に生じたこの変化を面的に把握するために実施した名蔵の湿地や干潟、沖積低地の調査成果を景観史として総合しようと思う。本稿で使用するデータは、完新世中期以降の相対的海面低下を把握するための化石マイクロアトール調査、環境変遷の通時的データを得るためにおこなった沖積低地の浅層ボーリング調査、そして沖積低地の水田化にせまるための低地発掘調査から得たものである [山口・小林 2016]。

2 化石マイクロアトールが示す相対的海面低下

最終氷期の最寒期が終わった約1万9000年前から、南極氷床や北米大陸ローレンタイド氷床の大規模な融解によって海水量が増大し、現在より120mほど低い海水準から海面が急速に上昇した。特に、融氷急進期とされる1万4000年前には100年で5mを超えるスピードで上昇したと見積もられている [Deschamps, et al. 2012]。およそ8000年前以降も緩やかに上昇し、石垣島では完新世中期の4600年前ごろにピークをむかえた [Hongo & Kayanne 2008]。

もちろん陸地と海水準の関係は相対的で、陸地の隆起や沈降によっても海岸線の位置が変わる。陸地を基準にすると、石垣島では上記のピーク期に1〜3mほど現在より海水準が高く、その後次第に海面が低下したと推定されている [Hongo & Kayanne 2008]。この低下は海水量が減少したからではなく、むしろ急増した海水量の荷重で海洋底下のマントル物質が島の基盤の下にもぐり込むことによって隆起が生じ、相対的に海水準が下がったことによる。ハイドロアイソスタシーと呼ばれる地殻均衡作用である。粘弾性の強いマントルが荷重に対して均衡するには時間がかかるため石垣島は緩やかに隆起し、相対的に海水準が下がって海岸線も後退したと考えてよいが、そのスピードがどの程度のもので、浅海から低湿地の環境がどのように変化したのか十分には検証されてはいなかった。

写真2　名蔵湾内に分布するハマサンゴのマイクロアトール
(a) 離水マイクロアトール、(b) 現生マイクロアトール

　そこで、過去の相対的な海水準の指標となるハマサンゴやキクメイシの化石マイクロアトールに着目した。これらの造礁サンゴの群体は饅頭のように塊状に成長するが、平均低潮位あたりに達すると側方にのみ伸長するため頂部が平坦になる。頂部の縁はわずかに高くなり、その形状が環礁に似るため「小さな環礁」という意味でマイクロアトールと呼称される。都合の良いことに、名蔵のマングローブ湿地や干潟にはこうした化石マクロアトールが数多く点在している。高精細 GPS を用いて 145 点の測量調査を行うとともに、合計 12 点の採取試料を年代測定した。測定年代はすべて、ワシントン大学が提供するフリーソフト Calib7.0.4 で暦年代に較正した。個別の較正年代を示すときは誤差範囲(2 Σ) の中央値に cal.yBP を付した [注2]。

　化石マイクロアトールは、マングローブ湿地内では内奥潟湖・水路・林縁・前方潟湖に分布が確認され、さらに名蔵川河口域から沖合にのびる干潟や、その先の沈水藻場にも点在していた。水平方向の分布限界は新砂州の海岸線から沖合 700 m ほどであった (写真2)。垂直分布は、平均塑望低潮位 (満月・新月前後の最低低潮位の平均高) を基準にすると +1.617 ～ +0.316 m の範囲で、マングローブ湿地の内奥から沈水藻場にむかって高度が徐々に下がることを確認した。沖合 1km あたりに生息する現生ハマサンゴのマイクロアトールを数群体確認し、測量したところ平均塑望低潮位より +0.1 m の高さであった。すなわち、確認した化石マイクロアトールはすべて、現生の事例より 0.2 ～ 1.4m ほど高く、過去の相対的海面変動の直接的な指標となることが期待できた。

　内奥潟湖、水路、林縁、前方潟湖、干潟、沈水藻場のそれぞれで採取した試料 12 点の年代測定結果はおよそ 5000 ～ 2000 年前の幅を示し、内奥潟湖でもっとも古く、干潟から藻場にかけて新しくなる勾配が確認できた。すなわち、化

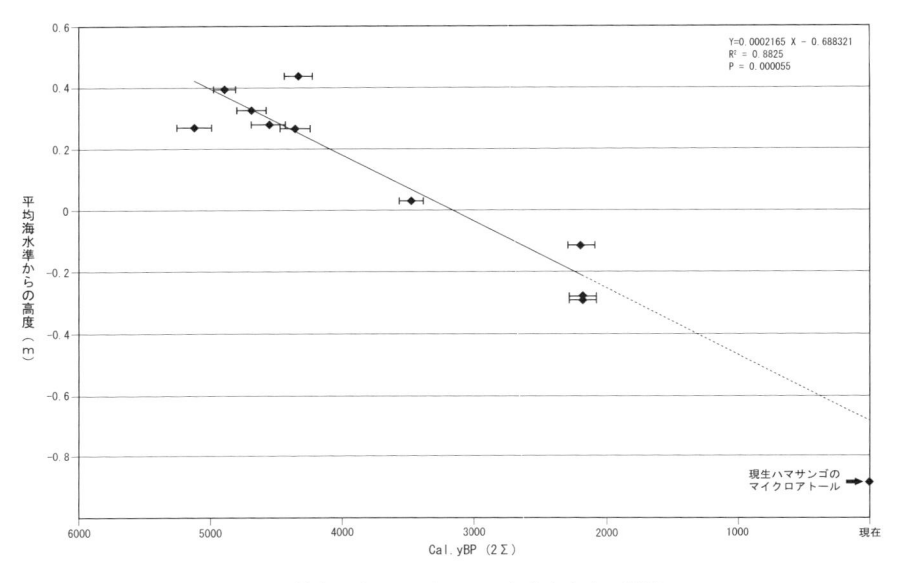

図3　離水マイクロアトールの年代と高度の関係

石マイクロアトールの高度と年代の関係は高いほど古く、低くなるにしたがっ
て新しい年代を示す。この結果は、石垣島東南部大浜海岸沖の礁原上に確認さ
れた「現地性サンゴ化石が海岸から沖に向かって順次新しくなり、最先端付近
で約2000年前を示す」［河名1989: 627］こととときわめて整合的である。

　回帰分析の結果は、約2cm／100年のスピードで海水準が相対的に低下した
ことを示している（図3）。これは、ハイドロアイソスタシーによる隆起の結果
と考えられる(注1)。残念ながら、2183cal.yBP（PLD21136）以降の相対的海面変動
については直接的な証拠は得られなかった。ただし、同じスピードで隆起が継
続したと仮定して、化石マイクロアトールの高度と年代の直線回帰モデルに当
てはめると、想定される現在の高度は沖合に発見された現生マイクロアトール
より0.2mほど高くなってしまう。河名［1989］によってすでに指摘されている
ように、この0.2mの差を相殺する隆起イベントが過去にあった可能性がある。

3　浦田原谷戸内の堆積層序

　浅層ボーリング調査は、丘陵、沖積低地（水田）、氾濫原・低湿地、新砂州の

各地形面で実施し、総計16地点で掘削した。このうち、内陸丘陵を開析する浦田原谷戸では合計7地点を掘削した。マングローブ湿地のアンパル南部に向かって開口する小谷戸で、現在は水田が広がる。名蔵川本流に比べると浸食作用より堆積作用が優勢で、連続性が良く撹乱の少ないコア試料を採取することができた。

　谷戸内の掘削地点は大きく2ヶ所に分かれる。浦田原本谷戸の北側に接続する小谷戸（A区）と本谷戸の出口付近（B区）で、それぞれ代表的な柱状図で堆積環境を説明すると、次のようになる（図4）。平均海水面からの現地表面の標高はどちらも3.5m前後で、土質区分と花粉帯から堆積層は大きく四分できる。最上部の第I層は水田土壌で、黒褐色系の砂質粘土を主体とする。第II層は灰色系の砂・シルト・粘土からなり、タコノキやサガリバナといった準マングローブ種の花粉化石が優占することから、氾濫原の堆積物と考えられる（図5(a)）。第III層は黒色系の砂質シルトで、有機物に富む。マングローブ湿地の堆積物と考えてよい。第IV層は灰色あるいは青灰色の粘土・シルト・砂粒から構成され、貝片が混じることから干潟や浅海の海成堆積物である。

　上述のようにA区とB区ともに層序は共通し、海成堆積物からマングローブ湿地を経て、氾濫原、そして人為的な水田土壌にいたる変化の背景には、完新世中期以降のハイドロアイソスタシーによる相対的な海面低下が考えられる。ただし、旧海岸線は谷戸奥から出口方向へ後退していったはずで、そのことが両区の堆積時期差に表れている。本谷戸に接続する小谷戸のA区では海成層の第IV層上端で5623 cal.yBP（PLD20133）の較正年代が得られているが、本谷戸出口に近いB区では4328 cal.yBP（PLD17157）で、中央値で比較すると約1300年の年代差がある。同様に、マングローブ湿地由来の第III層上端では、A区の3305 cal.yBP（PLD17158）に対してB区では1577 cal.yBP（PLD17156）である。本谷戸出口付近では1700年ほど遅くまでマングローブ湿地だったことになる。

4　ボーリング試料の元素分析が示す氾濫原の形成

　小谷戸内A区のボーリング試料については、元素15種の蛍光X線分析を実施した。下層から上層までいずれの試料でも陸源性のケイ素が60%以上を占めることから、周囲の丘陵からの崩積土が堆積物の主体をなしてきたと考えてよい。ただし、干潟といった瀬海の嫌気的環境では、硫酸還元菌が活発に働き、海水中に多量にある硫酸根を元素状硫黄や還元態の硫黄に還元する。これ

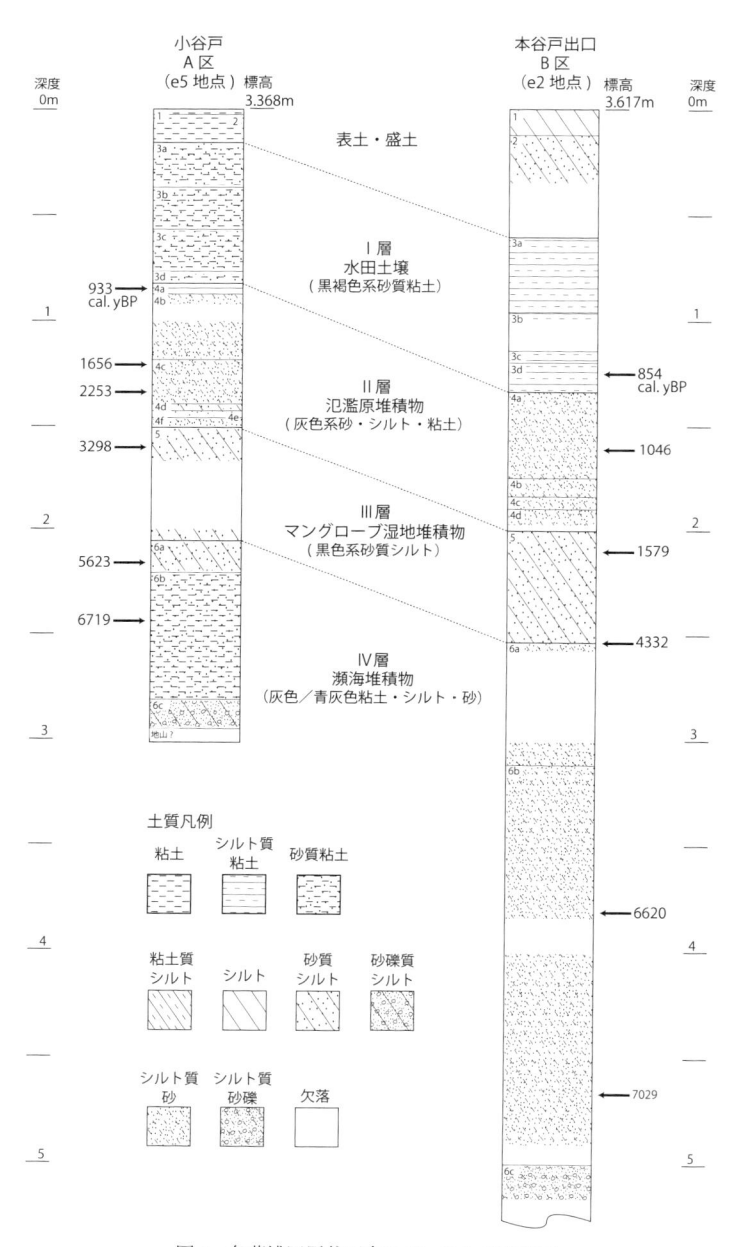

図 4　名蔵浦田原谷戸内のボーリング柱状図

らは泥中の二価鉄イオンと結合して黒色のパイライト FeS_2 を形成する」［古川 1992: 30］ため、Ⅳ層（干潟）とⅢ層（マングローブ湿地）では硫黄と鉄の含有割合が高く出ている（図 5(c)）。

　ところが、その割合がⅢ層からⅡ層の境界、深度 1.5 m 付近で急減し、代わってケイ素の割合が 90% 近くまで急増している。陸源の堆積物には重い元素の鉄が含まれているはずだが、湿地環境では溶解度が高く動きやすい二価鉄になる。おそらく、潮汐作用で上下する不被圧地下水によって湛水と排水が繰り返される氾濫原的環境下にあって、Ⅱ層中の二価鉄が流出して漂白土に近い状態になったと考えられる［古川 1992: 30］。確かにⅡ層の色調は、マングローブ湿地堆積物のⅢ層とは対照的に灰色が強い。

　ところで小谷戸 A 区では、Ⅱ層下部の較正年代から 2300 年前ごろにマングローブ湿地から氾濫原へと堆積環境が急変したことが分かる（図 4）。先述したように、化石マイクロアトールの高度と年代の直線回帰モデルからも、このころに地殻変動のイベントが想定された。石垣島や西表島の隆起石灰岩等に残るノッチ後退点高度の空間分布調査と、ビーチロックに取り込まれた貝化石や現地性サンゴ化石の年代測定、さらに津波石の分析結果から、完新世に逆断層地震が複数回生じ、特に 2000 年前ごろに琉球海溝で発生した地震によって、石垣島東南端で陸地の隆起量が最大となる傾動運動が起きたと推定されている［Kawana 1987; 河名 1989, 2002; Goto et al. 2010: 93］。このときの隆起が、小谷戸 A 区の堆積環境を急変させた可能性がある。

5　谷戸を埋めた崩積土

　小谷戸 A 区の試料を対象に、9 点の較正年代の中央値を用いて堆積速度のグラフを描いてみると、瀬海の第Ⅳ層から氾濫原の第Ⅱ層下部にかけて、およそ 6700 〜 1600 年前まで 2.5cm ／ 100 年前後で恒常的に堆積してきたことが分かる（図 5(d)）。ところが、1600 年前以降は 5cm ／ 100 年とスピードが倍加している。この傾向は本谷戸の A 地区でさらに強く、およそ 4300 〜 1600 年前まで 1.5cm ／ 100 年だった堆積スピードが、それ以降は 9.1cm ／ 100 年と 6 倍を超える。すでに触れたように、元素分析の結果からは堆積物の主体が陸源性の崩積土と考えられるから、1600 年前ごろに周辺丘陵から谷戸への土砂流入量が増加したと考えてよい。

　検出された主要樹木の花粉化石から、丘陵や山地斜面を好む樹種だけを抜き

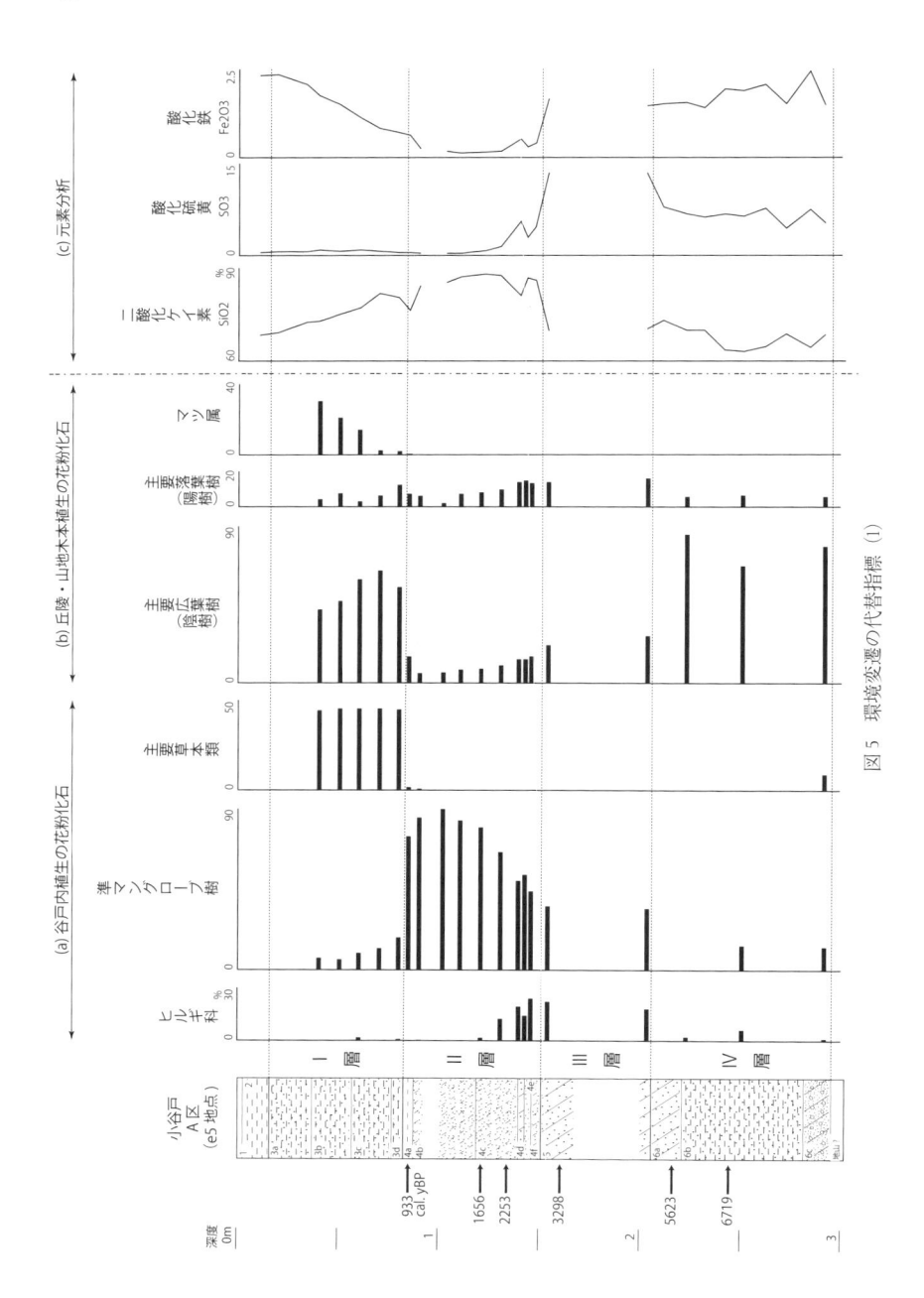

図 5　環境変遷の代替指標 (1)

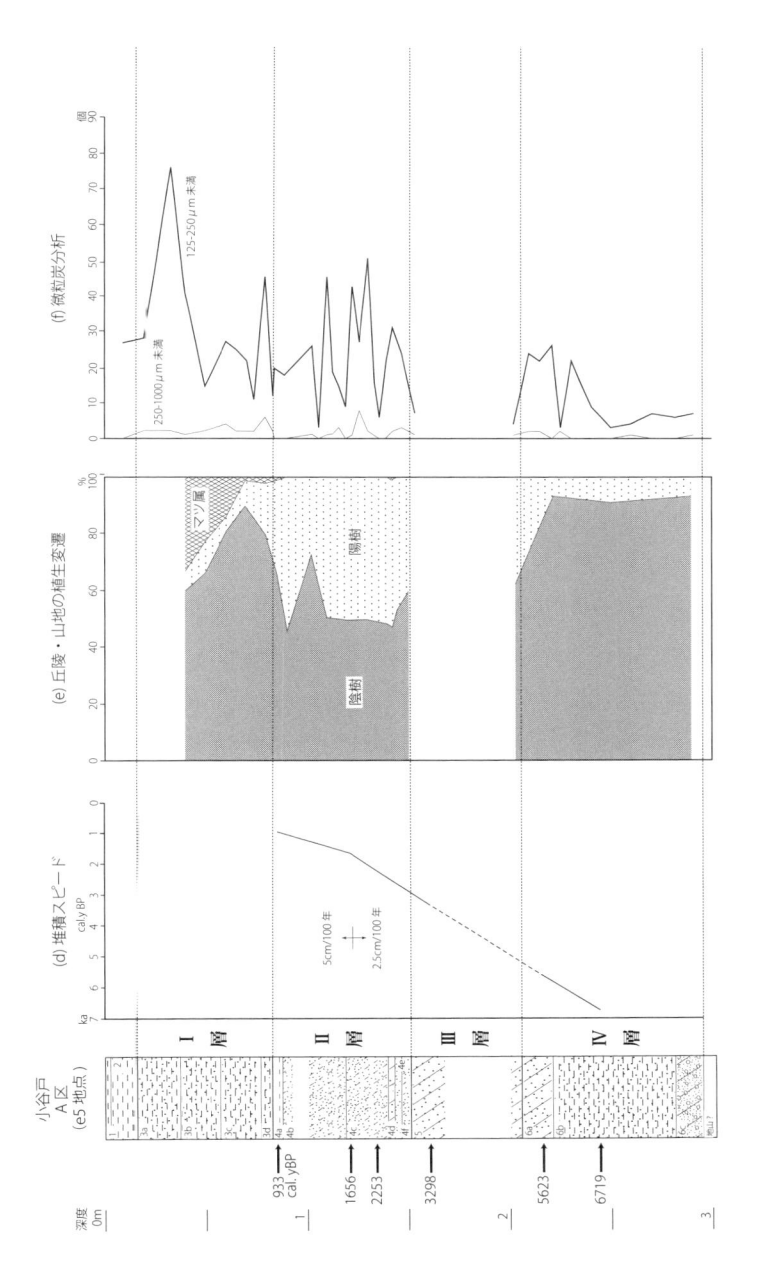

図5（続き）　環境変遷の代替指標（2）

出し、コナラ属アカガシ亜属・シイノキ属－マテバシイ属・ユズリハ属・サカキ属－ヒサカキ属・ヤマモモ属・ホルトノキ属といった陰樹（照葉樹）と、ウラジロエノキ属・ニシキギ科・ウルシ属・エノキ属－ムクノキ属・アカメガシワ属・コナラ属コナラ亜属・オオバギ属（近似種）といった陽樹（落葉樹）に分けて集計してみると、Ⅲ層下端から陽樹が増え始め、Ⅱ層中では陽樹と陰樹が拮抗する傾向を示した（図5(e)）。樹冠が開けて林床に光が差し込むと、パイオニア植生の陽樹が先に進入する。Ⅱ層の中ほどで周辺丘陵からの土砂流出量が増加したこととあわせて考えると、遅くとも3300年前には照葉樹林が後退し始めて落葉樹の疎林や裸地が拡大し、1600年前には丘陵の地表面が台風やスコールの雨食を被りやすい状況になっていた可能性がみえてくる。

6 微粒炭分析にみる火災の痕跡

　丘陵の土壌侵食や植生変化を引き起こした要因の1つに火災が考えられる。その確認のためには、試料中の微粒炭分析が有効である。植物質素材の不完全燃焼によって発生する炭化物は化学的に安定しており、土壌中に残存していることが多い。そのうち、直径が数百μ（ミクロン）以下を微粒炭と呼ぶ［井上・北瀬 2010］。ガウス型プルーム・モデルによる推計では、火災による上昇気流が10m程度であれば、20〜200μの微粒炭は給源から風下125m以内に落下する。特に、200μを超える大型微粒炭は風下50m付近に落下のピークがくる［Whitlock & Larsen 2001: Fig.2］。もちろん花粉化石と同様に、落下後に水系によって運搬されて二次堆積する可能性を考えなければならないが、調査地である裏田原谷戸の集水範囲は周辺の丘陵とバンナ山系の山裾に限られるから、堆積物中の微粒炭が大きいほど近隣植生の燃焼に由来すると考えてよい。

　そこで、小谷戸A区のボーリングコアから採取した深度の異なる湿潤試料各1ccを、過酸化水素で処理して有機物を取り除き、125μ、250μ、1000μ（1mm）の3段のフルイにかけて大型微粒炭の検出を試みた［川本 2014］。1000μを越える微粒炭はほとんど検出されなかったため、125〜250μ未満と、250〜1000μ未満の検出数をグラフに示した（図5(f)）。

　対象とした堆積物コアには採取時の欠落がある。また、年縞をもつ湖沼堆積物と異なり、堆積年代の時間分解能も粗いため、火災頻度の指標となる単位期間あたりの微粒炭集積率を求めることはできない。しかし、Ⅱ層の複数の試料からは、125〜250μ未満の微粒炭が40〜50個検出されており、30個未満にと

どまるⅣ層の試料と比べると多い。さらに大型の 250 ～ 1000μ 未満の微粒炭も全体に検出数は少ないものの、顕著なピークがⅡ層中に確認できる。残念ながら、Ⅲ層は大きく欠落しているため変化の傾向を連続的に示すことはできないが、丘陵からの崩積土で谷戸内の堆積スピードが加速する 1600 年前までに、近隣の丘陵上で照葉樹林を後退させる火災が増加した可能性がある。亜熱帯の湿潤な気候を考えると野火は考えづらく、おそらくは野焼きや焼畑といった人為的に熾された火災だったのではないだろうか。

7　環境変遷史からみる石垣島の先史文化

　微粒炭や花粉化石の変化は、谷戸内の堆積スピードが加速する 1600 年前よりかなり早い時期から始まっている。微粒炭の増加傾向はⅣ層の上部、較正年代で 5623cal.yBP（PLD20133）あたりに認められるし、花粉化石にみる丘陵上の陰樹／陽樹割合が拮抗する現象もⅢ層下端から生じている。名蔵における先史文化期の開始は、赤色胎土の土器を指標とする狩猟採集段階の下田原期で、八重山諸島全体では 4800 ～ 3600 年前の文化期だから［小林ほか 2013］、浦田原谷戸の周辺でも丘陵上の植生に変化をおよぼす先史居住がこの時期には始まっていたのかもしれない。

　浦田原谷戸から北に 1.5km ほどしか離れていない名蔵川河口近くには、下田原期の大田原遺跡が立地する（図2）。名蔵川によって開析されて残丘化した基盤岩（富崎層）の上に褐色土が堆積した丘陵地で、周りの崖線よりさらに数 m 高い。遺跡からは石斧に加えて、植物質食料の調理用と思われる磨石・敲石・石皿・凹石、さらに照葉樹林に生息するイノシシ、海獣類のジュゴン、ブダイ科・フエフキダイ科・ベラ科・ハリセンボン科・サメ類といった現在の名蔵湾内に生息する魚種、アラスジケマン・リュウキュウサルボウなど干潟から内湾浅海に生息する貝類、そしてマングローブ湿地のシレナシジミなど食糧残滓が幅広く出土している［沖縄県教育委員会 1980; ズエバ＝ノソバ 2009］。化石マイクロアトールの高度や浅層ボーリング調査の堆積物試料が示したように、当時の海岸線は谷戸内まで入り込んでいた。それゆえ、丘陵の崖線付近は生態学的には、内陸の照葉樹林と干潟や沈水藻場といった浅海との移行帯だったと考えられる。大田原遺跡と同様に、浦田原の丘陵上にも下田原期に遡る未発見の遺跡が存在した可能性は十分にある[注4]。

　不思議なことに、次の文化期の無土器期は今のところ 1800 年前までしか遡

らず、下田原期と無土器期のあいだには 2000 年余りの空白がある。八重山諸島では、空白期間に該当する遺跡が今のところ発見されていないのである。巨大津波といった自然災害によって島民が途絶えたのか、気候変動や環境変化に起因する居住戦略の変化なのか可能性はいくつか指摘できるものの、未だに解明はされていない [e.g. 河名 2009; 島袋 2011; 山口・小林 2016: 5]。しかし、浦田原小谷戸 A 区の花粉分析によると、3600 〜 1800 年前の空白期間に相当する時期に下田原期以上に照葉樹林が後退し、パイオニア植生の陽樹（落葉樹）が増加している（図 5(e)）。微粒炭分析のグラフにも、3300 〜 1600 年前のあいだに複数回のピークが認められ、丘陵上での火災が窺える（図 5(f)）。先史文化の空白期間を考えていくうえで、植生変遷にかかわる環境史的データの蓄積が八重山諸島全体で進むことが今後の鍵となるだろう。

　先述したように、谷戸内の堆積スピードが大きく変化したのは 1600 年前以降だった。先史文化期の無土器期にあたる。1800 年前から 12 世紀初頭まで続く土器を伴わない時期の総称で、名蔵では神田貝塚や名蔵貝塚が知られている（図 2）。神田貝塚からは、石斧・磨石・敲石といった石製品とともに多数のイノシシ骨が出土している。海獣類はジュゴンに加えてウミガメが検出され、またブダイ科・フエフキダイ科・ベラ科を主体とする魚骨が得られている。貝類については、干潟に生息するアラスジケマンガイが大多数を占めるが、リュウキュウサルボウ・カンギク・シレナシジミも出土しており、大田原遺跡と同様に、内陸丘陵とマングローブ湿地から浅海の食料資源を幅広く利用していたと考えてよい [沖縄県教育委員会 1980]。

　当該期の遺跡のほとんどは、標高 5 m 以下の砂丘上で発見されている。たとえば神田貝塚は、大田原遺跡の下の旧砂州上に立地する。名蔵貝塚群も、現在の沖積低地の中に残る旧砂嘴の微高地に点在する。無土器期の相対的海水準は下田原期より少なくとも 60cm は低かったはずで、沖合方向に新たに形成された砂州や砂嘴が海岸線に近い居住域として志向されたのだろう [島袋 2011]。それゆえ、内陸からは遠ざかったようにみえる。ただし、丘陵で得られる資源が下田原期と同様に利用されていたことは、出土遺物に明らかである。また花粉分析の結果では、1600 〜 1000 年前のあいだに陰樹の割合が一時的に上昇するものの、全体的には陽樹が陰樹に拮抗する傾向に変わりはない。穀物栽培の痕跡はみつかっていないが、たとえばオセアニアや東南アジア島嶼部で一般的なヤマノイモ科やサトイモ科の焼畑栽培が、無土器期の八重山諸島で行われていたとしても不思議ではない。

写真3　矢板で囲われたトレンチ内で出土資料を取り上げる（浦田原発掘地点）

8　木本から草本へ変化した谷戸内の植生

　ところで、谷戸内における農耕活動の開始時期を考える際に、小谷戸A区内で実施したトレンチ発掘調査の情報が役に立つ（写真3）。調査時点で休耕田となっていた小谷戸内で、湧き出る地下水をポンプで排水しながら地表面から1.2mほど掘り下げたところ、ボーリング柱状図のⅡ層に対応するシルト混じりの灰色砂層まで確認することができた。Ⅰ層に対応する土壌は黒褐色の粘土層で、砂粒や小礫が多く混入する下部と比較的少ない上部に分層できた。

　まず驚いたことに、灰色砂層のトレンチ底面から樹木の根株がみつかった。ボーリング調査では把握できない情報である。樹種同定の結果、準マングローブ林を構成するサガリバナとサキシマスオウであることが判明した[注5]。4試料の年代測定を実施したところ、2000〜2300年前と900〜1000年前の較正年代が得られた。ちょうどⅡ層の堆積期間に対応し、氾濫原的堆積環境が少なくとも1000年あまり続いたことを裏付ける結果となった。

　1000年ほどの時期差がある根株がトレンチ底面のほぼ同じ深度から検出されたのは、小谷戸内を流下する地下水の水頭レベルがⅡ層上面あたりに位置し、水付きの嫌気的環境下で長期間にわたって腐らずに残存したからであろう。

　灰色シルト混じり砂層の上には暗灰黄色の砂質粘土が薄く堆積し、有機質に富んだ黒褐色粘土がさらにその上を覆う。Ⅱ層の砂層からⅠ層の粘土層への変化は、崩積土中の細い粘土粒子が地表水によって洗い流されない程度に、谷戸内の地表面が高くなったことを意味する。ところで、Ⅰ層下部（A区柱状図3c相当）の黒褐色粘土層からは乾燥重量で50mgを超える大型の炭化物が多数出土した。

年代測定用の炭化物試料にはサガリバナやサキシマスオウノキが含まれ、較正年代は 800 〜 1100 年前であった。八重山諸島では無土器期の終盤から歴（原）史時代の新里村期にかかる時期である。

　花粉分析の結果を合わせると、谷戸内の氾濫原を覆っていた準マングローブ林が 800 年前までには焼失し、その後はイネ科やカヤツリグサ科の草本植生に変化したと想定できる。丘陵以上に湿潤な谷戸内であることを考えると、準マングローブ林は意図的に焼き払われた可能性が高い。八重山諸島の穀類栽培は、ちょうど 12 〜 13 世紀の新里村期に始まっていたと考えられている。石垣島のビロースク遺跡からは炭化米と炭化ムギの出土とともに、出土土器片に付着したイネのプラント・オパールが検出されているからである［石垣市 2009; 宇田津 2005］。それゆえ調査時点では、浦田原谷戸の人為的火入れを当該期の水稲耕作にともなうものと想定したが、その直接的な証拠は得られなかった[注6]。

9　水田景観の形成

　I 層下部からは無紋土器の小片 31 点や青磁片 1 点とともに、5cm カットで採取したサンプル土壌の水洗選別によって炭化米も 41 点（内、完形 18 点）を検出できた（写真 4）。八重山諸島では、耕地の可能性が高い沖積低地の土壌中から検出された初めての炭化米である。先にも触れたように、新里村期を期待して炭化米そのものの年代測定を実施したが、その結果は 470cal.yBP と 383cal.yBP であった[注7]。この年代は、13 世紀末〜 17 世紀初頭に比定される歴（原）史時代の中森期に該当する。出土した無紋土器片は摩滅しているために型式決定はできないが、混和材や器厚などは中森式土器としても違和感はない[注8]。また口縁直下に雷文帯をもつ青磁片は、名蔵シタダル遺跡から回収された明代中期（15 世紀第 3 〜 4 四半期）の貿易陶磁器に類例があり［先島文化研究所 2009］、炭化米の年代と整合的である。I 層下部からは炭化ムギ 2 点も検出され、較正年代は 387cal.yBP であった[注9]。16 世紀後半には谷戸内の水稲耕作と並行して、丘陵上の畑地で麦作が行われていたと考えてよい。

　800 〜 1100 年前のサガリバナやサキシマスオウの木本炭化物と 470 〜 380 年前の炭化米が I 層下部に混在するのは、水稲耕作にともなう田起こしで撹乱を受けたからであろう。共伴する土器片や青磁片を合わせて考えれば、浦田原谷戸内における水稲耕作の開始は新里村期ではなく、中森期の 15 世紀後半以降とみた方がよい。中森期に入るとフルスト原遺跡や新里村西遺跡からも、炭化

写真 4　浦田原発掘地点から出土した炭化イネ（1〜4）と炭化ムギ（5, 6）

米やイネのプラント・オパールが検出されており、稲作が広く行われていたことはすでに指摘されている［石垣市 2009; 宇田津 2005］。ただし、新里村期のビロースク遺跡を含め、いずれも石灰岩台地上の集落址であるため、イネの栽培が水耕によるものだったのか、これまで確証は得られていなかった。そのなかで、浦田原谷戸の低地発掘調査と浅層ボーリング調査は、遅くとも 15 世紀後半には水稲耕作が行われ、水田景観が広がっていたことを明らかにした点で意義がある。

　八重山諸島の文化史では、対外交渉史の観点から 12〜13 世紀が 1 つの画期となる。それ以前は八重山諸島内での往来が主で、東シナ海のなかでは相対的に孤立していたが、12〜13 世紀以降、特に 14〜15 世紀になると輸入陶磁器や鉄製品（鉄鍋、刀子、手斧）が増加し、対外的な交易が盛んになったと考えてよい［e.g. 島袋 2017; 山極 2017］。15 世紀後半に浦田原谷戸で水耕栽培されていたイネや、周辺の丘陵上で畑作されていたムギは、この時期の交易活動を通してもたらされたのであろう。

　最後に残った I 層上部にはビニールの小片が混じる一方で、イネ科草本類の炭化試料は 189cal.yBP（PLD20124）の較正年代を示した。18 世紀後半から近現代の耕作土と考えられ、15 世紀後半〜 16 世紀後半の I 層下部とは時期差がある。興味深いことに、近世の土器であるパナリ焼きの破片は 1 点も検出されなかった。次章の小林論文が詳細に検討しているように、近世期の名蔵の人口は 18 世紀中ごろまで小規模だったことが史料の参遣状から分かっているから、16 世紀後半から 18 世紀中ごろまでのあいだに耕作が中断した時期があったのかもしれない。

　I 層上部の中ほどでは、ヌノメカワニナやタニシ科貝類が面をなして分布す

ることを確認できた。試料として採取したヌノメカワニナを年代測定したところ、減衰曲線による較正年代で A.D.1989 〜 1991 年という結果を得た。浦田原の本谷戸は 1983 〜 1991 年に圃場整備されたことが分かっている。土地の所有者によると、発掘調査を実施した小谷戸 A 区は、整備事業から取り残されたために休耕状態になったとのことで、ヌノメカワニナの較正年代はまさにこの時期に対応する。水田が管理されなくなって 20 年のあいだに、丘陵からの崩積土がヌノメカワニナの検出面の上に厚さ 30cm 以上も堆積している。堆積スピードに換算すると 1.5m ／ 100 年に達し、先史期に比べて驚くほどの速さで小谷戸が埋積されていることになる。周囲の丘陵に広がるサトウキビ畑からの赤土流出がその主因であろう。

　残念なことに I 層は、過去の水稲耕作によって撹乱を受けており、中森期から現代にいたる植生変化を連続的に示すことはできない。しかし、I 層下部と I 層上部のあいだで時期的な隔たりがあることを踏まえると、近世期以降の I 層上部でマツ属の花粉が急増する点は示唆的である（図 5(b)）。琉球王府による森林開発と関連する可能性があるからである。名蔵における杣山の開発や管理にかかわる景観史については、次の小林論文に譲ることにしよう。

おわりに──代替指標から景観史へ

　浅層ボーリング調査で採取したコア試料の各種分析結果や低地発掘調査の所見をまとめると、名蔵の浦田原谷戸には以下の環境変遷が想定できる。完新世中期の 5600 〜 4300 年前ごろ、シイ類を中心とする照葉樹で覆われた丘陵の下で、谷戸内には浅海が入り込んでいた。その後、海面が相対的に低下してマングローブ林が谷戸奥から出口へと広がっていった。本谷戸出口（B 区）の堆積環境は、およそ 1500 年前にパンダナスやサガリバナ、サキシマスオウといった準マングローブ樹種が優占する氾濫原へと変化した。それより奥にある小谷戸（A 区）では、さらに早く 2300 年前には氾濫原になっていた。

　小谷戸の堆積環境はマングローブ湿地から氾濫原へと急激に変化したようで、その背景には 2 つの要因が絡んでいたと考えられる。1 つは琉球海溝で発生した逆断層地震による隆起で、もう 1 つは周辺丘陵から流れ込んだ崩積土の埋積である。谷戸内の堆積物から検出された花粉化石では、3300 年前ごろには陰樹（照葉樹）と陽樹（落葉樹）が拮抗する。また、微粒炭が多く含まれることから、人為的な火入れによって丘陵地に疎林や空地が拡大し、激しい降雨が

洗い流した丘陵の土砂で谷戸内が埋まり始めたと考えられる。

崩積土の埋積は 1600 年前あたりから急速に進み、1000 年前には灰色の砂粒から黒褐色の粘土へ堆積物が変化した。少なくとも小谷戸 A 区では、準マングローブ林が 800 年前ごろに人為的に焼かれ、イネ科の草本植生へ変化した。本谷戸出口の B 区でもほぼ同時期に、イネ科のキビ族やウシクサ族が優先し始めたことをプラント・オパール分析と花粉分析が示しており、人為的な火入れが浦田原谷戸全体に及んだようにみえる（詳細は別稿に譲る）。

埋積が進むことによって潅水と排水の管理がしやすくなったばかりでなく、準マングローブ林の火入れによって、粘土質堆積物に多量の大型炭化材や微粒炭が混ざり込み、それらが活性炭となって草本植生由来の可溶腐植を集積・維持し、農耕に適した黒褐色の有機質土壌が形成された可能性がある［e.g. 山野井 1996］。ただし、イネ科草本植生への変化が水稲耕作の開始を意味するわけではない。谷戸の水田開発は、もうしばらくの時間が経ってからで、炭化米の年代は中森期の 15 世紀後半ごろに始まったことを示している。同時期には、丘陵上の畑地でムギの栽培も始まっていたと考えられる。

このように、現在みる浦田原谷戸の水田景観の背景には、およそ 6000 年間にわたる自然の営力と人間の営為の絡み合いがあった。その歴史を解明するために様々な地形面で実施した浅層ボーリング調査は 16 地点を数え、総掘削深度は 70m 近くに達した。それは、完新世名蔵の環境変遷を感得するための試行錯誤の深さと言い換えてもよい。記録したボーリング柱状図を見比べ、堆積環境の時間的なずれを掘削地点間で推定し、こうして浦田原谷戸のジオアーケオロジー調査へと進んでいったのである。そこから得られた成果が一連のプロクシー（代替指標）である（図 4・図 5）。景観の物理的側面には過去の人間の働きかけが刻まれているはずだが、当然ながらその働きかけを直接観察することは不可能である。だからこそ、できるだけ多くのプロクシーを組み合わせねばならない。そうすることによって始めて、蓋然性の高い景観史がみえてくる［Balee & Erickson 2006: 2-3］。それは暗号の解読というよりも、絡み合った糸を解きほぐす作業（disːagling）といった方がしっくりくる。

もちろん一連のプロクシーはグラフとして表現されているから、そのままで景観史になるわけではない。自然と人間の絡み合いの景観史があたまのなかで像を結び始めるには、名蔵の丘陵地を歩き回り、春の大潮に合わせて遠浅の干潟を超え、名蔵湾の沈水藻場から陸地を遠望し、マングローブ湿地をカヤックで分け入って、内奥潟湖の静謐な水面に響く渡り鳥たちの声を聞いた末に、よ

うやく辿り着いたバンナ岳山頂からの眺望が、解きほぐされたプロクシーの複数のラインと重なり合うことが必要だったのである。振り返ってみるとその経験はまさに、初めのうちは当て所なく巡り歩いたフィールドの道すじ（threads）が、景観史という筋みちあるいは軌跡（traces）へ生成変化してゆくプロセスだったと言えるだろう［e.g. インゴルド 2014: 18-19］。

〈謝辞〉　本研究は、文科省科研費新学術領域研究『サンゴ礁学——複合ストレス下の生態系と人の共生・共存未来戦略』（2008 ～ 2012 年度）を構成する計画研究班「サンゴ礁——人間共生系の景観史」、ならびに慶應義塾大学次世代研究プロジェクト推進プログラム『太平洋島嶼の歴史生態学——「高い島」と「低い島」の景観史研究』（2012 ～ 2014 年度）による成果である。研究の完成には、石垣市民の皆さまをはじめ、多くの方々にお世話になった。ここに厚く御礼申し上げる。なお、浅層ボーリング調査にあたっては、パレオ・ラボの藤根久氏ならびに鈴木茂氏に多大なご協力をいただいた。また、東邦地下工機社が製作したボーリングサンプラーとホッティポリマー社製の極薄ポリカーボネート管を使用した。使い勝手が良く、良質な堆積物試料を採取することができた。

注

(1)　砂質石灰岩は、琉球層群最上部の大浜層に比定される海成シルトと砂粒の固結堆積物と考えられる。付着物のパイプ状片片からえられた年代は、48,572 ± 510 yBP（PLD16247）だが、海成炭酸塩にしては δ 13C 値が -6.94 ± 0.16 と低く、堆積後の陸水性続成作用を考えなければならない。最終氷期の海面低下によって陸化した時期に、土壌中の有機物分解に由来する軽い炭素の影響を受けた可能性がある［山口・小林 2016: 28］。大浜層の石灰岩は、ウラン系列年代にもとづいて約 12 万年前に形成されたサンゴ礁で、現在までに 15 ～ 20m ほど隆起したと考えられている［山田ほか 2007.21］。我々が採取した砂質石灰岩も 12 万年前に広がっていた礁池の水深 15m 前後にたまった堆積物と考えられる［山口・小林 2016: 8］。

(2)　較正年代の後ろに付した PLD 番号は、測定機関がパレオ・ラボであることを示している。なお、海成炭酸塩の暦年較正には、海洋リザバー効果（⊿R）の補正が必要である。石垣島の⊿R については近年、明和の津波石の研究から 10 ± 37 という値が報告されている［Araoka, et al. 2010］。ただし本論文では、2016 年刊行の報告書で用いた⊿R 値（35 ± 25‰）を使用した［Hideshima, et al. 2001］。なお、両⊿R 値による較正年代の差は 10 年程度で、大きく変わらない。

(3)　西表島のハイドロアイソスタシーについて、上部マントルと下部マントルの境界深度ならびに各マントルの粘弾性を変数としてモデル計算した研究がある［Yokoyama, et al. 2016］。ただし、この研究では完新世中期以降の局地的な地殻変動（た

とえば、逆断層地震による隆起）は考慮されていない。

(4)　下田原式土器や同時期の石器が、浦田原谷戸南側の丘陵上に位置する平地原遺跡からも表採されている［沖縄県教育委員会 2003: 355-356; 河名 2009］。

(5)　2016 年刊行の報告書作成段階でタイプ A に分類していた不明花粉が、鈴木茂氏（パレオ・ラボ）によって後にサキシマスオウと同定された［鈴木茂 2016: 図 5.2］。

(6)　住居の屋根材用の茅場か、あるいは新里村期の新里村東遺跡からはウシの骨が出土しているから［石垣市 2009］、イネ科の草本類が家畜用飼料として利用されていたのかもしれない。

(7)　炭化米から得られた 2 つの較正年代（2 Σ）の詳細は以下の通りである［山口・小林 2016: 95-99］。PLD22969（中央値 470cal.yBP）: 330 〜 359cal.yBP（19%）、429 〜 506cal.yBP（81%）。PLD22971（中央値 383cal.yBP）: 316 〜 408cal.yBP（63%）、421 〜 477cal.yBP（37%）。15 世紀後半から 16 世紀後半にかけて谷戸内で水稲耕作が行われていたと考えられる。

(8)　出土土器片 8 点については薄片作製による偏光顕微鏡観察をパレオ・ラボに依頼した。その結果から、砂岩と泥岩を基質にチャート、石英−雲母片岩、ホルンフェルス、結晶質石英岩を含むバンナ岳の冨崎層［遅沢ほか 2013: 5; 中川ほか 1982: 4］由来のローカルな粘土を素材とする土器と考えられる。検出された鉱物片は石英と輝石で、土器片 1 片を除くとそれほど多く含まれないことから、粘土の準備段階で水肥が行われたのかもしれない。すべての土器片には粒径 200μm 〜 1mm 強のカルシウム片が多く混入しており、混和材であろう。山極ら［2018］によって報告された新里村期から中森期の土器片の特徴と一致する。ただし、浦田原発掘地点の試料については、土器片 8 点中 6 点の混和材は結晶度の高い石灰質破片であり、海砂ではないことが偏光顕微鏡観察によって判明している。バンナ岳の南側裾野に認められる更新世の琉球石灰岩に由来する砂粒と考えられる。この特徴は土器の焼成温度と関連するかもしれない［c.f. 嘉生 2014］。詳細は別稿に譲ることとする。

(9)　炭化ムギから得られた較正年代（2 Σ）の詳細は以下の通りである［山口・小林 2016: 95-99］。PLD22971（中央値 387 cal.yBP）: 308 〜 335cal.yBP（20%）、349 〜 457cal.yBP（80%）。16 世紀後半には、谷戸内の水稲耕作と並行して、丘陵の畑地でムギ作が行われていたと考えられる。

参考文献

石垣市
　2009　『有土器から無土器へ——先島諸島先史時代無土器期のくらし』石垣市史考古ビジュアル版 3.
インゴルド , T.
　2014　『ラインズ——線の文化史』工藤晋訳，左右社.
井上淳・北瀬（村上）晶子

56

　2010　「湖沼堆積物中の燃焼痕跡物として記録された後氷期の人間活動」第四紀研究
　　　　49（3）：173-180.

宇田津徹朗
　2005　「石垣島における稲作の起源を追って――プラント・オパール分析法を用いた
　　　　検討」『石垣市史のひろば』28：24-34.

沖縄県教育委員会
　1980　『石垣島県道改良工事に伴う発掘調査報告――大田原遺跡・神田貝塚・ヤマバ
　　　　レー遺跡』沖縄県文化財調査報告書第 30 集.
　2003　『沖縄県史各論編第二巻（考古）』

遅沢壮一・田中浩紀・渡邊康志・仲里健
　2013　「石垣島の地質」沖縄県立博物館・美術館，博物館紀要 6：1-18.

嘉生泰花
　2014　『八重山諸島のパナリ焼土器片にみるバリエーションのあり方――混和材と胎
　　　　土の分析を通して』慶應義塾大学文学部民族学考古学専攻 2013 年度卒業論文.

河名俊男
　1989　「琉球列島の第四紀地殻変動」『月刊地球』11（10）：618-630.
　2002　「琉球弧のネオテクトニクス」木村政昭編『琉球弧の成立と生物の渡来』，pp.
　　　　59-83，沖縄タイムス社.
　2009　「石垣島周辺域における下田原期以降，12 世紀前半までの自然環境――「未発
　　　　見の空白期」と無土器期との関連性に係わる試論」石垣市『有土器から無土器
　　　　へ――先島諸島先史時代無土器期のくらし』石垣市史考古ビジュアル版 3，pp.
　　　　43-46.

川本智仁
　2014　『大微粒炭の増減から検討する火事の歴史と景観変化における人為的要因――
　　　　石垣島名蔵地区浦田原谷戸内のボーリング調査試料を中心として』慶應義塾大
　　　　学文学部民族学考古学専攻 2013 年度卒業論文.

小林竜太・山口徹・山野博哉
　2013　「リモートセンシングによる石垣島サンゴ礁形成史の地域差推定――先史資源
　　　　利用研究に向けて」『考古学研究』60（2）：55-72.

先島文化研究所編
　2009　『沖縄県石垣島名蔵シタダル海底遺跡共同研究報告書――大濱永宣氏調査収集
　　　　資料を中心に』先島文化研究所.

島袋綾野
　2011　「先島諸島の先史時代――八重山諸島を中心に」高宮広土・伊藤慎二編『先史・
　　　　原史時代の琉球列島――ヒトと景観』，pp. 267-289，六一書房.
　2017　「中世・近世期における八重山諸島とその島嶼間ネットワーク」小野林太郎・
　　　　長津一史・印東道子編『海民の移動誌――西太平洋のネットワーク社会』，pp.

　　　　238-268, 昭和堂.

ズエバ＝ノソバ, イリーナ

　2009　『石垣島名蔵地区の完新世環境史と人間居住史の関係解明——地球科学分析と
　　　　自然遺物分析を通して』慶應義塾大学大学院文学研究科 2008 年度修士論文.

鈴木　茂

　2016　「ボーリング試料の花粉分析」山口徹・小林竜太編『石垣島の景観史研究（I）
　　　　——名蔵地区の浅層ボーリングと低地発掘調査』, pp. 53-70, 慶應義塾大学民族
　　　　学考古学研究室小報 14.

中川久夫・土井宣夫・白尾元理・荒木裕

　1982　「八重山群島 石垣島・西表島の地質」『東北大学地質古生物研邦報』84：1-22.

古川久雄

　1992　『インドネシアの低湿地』勁草書房.

山極海嗣

　2017　「海を渡り, 島を移動して生きた最初期の『海民的』人びと——宮古・八重山
　　　　諸島の先史時代からみた海域ネットワーク」小野林太郎・長津一史・印東道子
　　　　編『海民の移動誌——西太平洋のネットワーク社会』, pp. 214-237, 昭和堂.

山極海嗣・青山洋昭・泉水仁・石川良介・藤本真悟・亀島慎吾・新垣力

　2018　「琉球列島八重山地域における土器文化消滅時期前後の土器粘土成分の比較
　　　　——X 線分析顕微鏡（XGT）を用いた土器粘土素材の利用・加工へのアプローチ」
　　　　『貝塚』73：7-15.

山口　徹

　2009　「『高い島』と『低い島』——歴史生態学の視点から」吉岡政德監修『オセアニ
　　　　ア学』, pp. 117-131, 京都大学学術出版会.

　2013　「絡み合う人と自然の歴史学に向けて——その学際的広がりにもとづく理論的
　　　　考察」『史学』82（3）：107-126.

山口徹・甲斐祐介

　2007　「ピッ\ 耕地の景観史——マーシャル諸島マジュロ環礁のジオアーケオロジー
　　　　調査から」『社会人類学年報』33：129-150, 弘文堂.

山口徹・小林竜太

　2016　『石垣島の景観史研究（I）——名蔵地区の浅層ボーリングと低地発掘調査』
　　　　慶應義塾大学民族学考古学研究室小報 14, 平文社.

山田茂昭・松田博貴・大村明雄

　2007　「沖縄県石垣島産造礁サンゴ化石の 230Th/234U 年代とその意義」『地質学雑誌』
　　　　113（1）：19-22.

山野井徹

　1996　「黒土の成因に関する地質学的検討」『地学雑誌』102（6）：526-544.

58

Anderson, A.
   2002   Faunal collapse, landscape change and settlement history in Remote Oceania. *World Archaeology* 33(3): 375-390.

Araoka, D., M. Inoue, A. Suzuki, Y. Yokoyama, R.L. Edwards, H. Matsuzaki, H. Kan, N. Shikazono, and H. Kawahata
   2010   Historic 1771 Meiwa tsunami confirmed by high-resolution U/Th dating of massive Porites coral boulders at Ishigaki Island in the Ryukyus, Japan. *Geochemistry, Geophysics, Geosystems* 11(6), Q06014.

Balee, W. and C. L. Erickson (eds.)
   2006   *Time and Complexity in Historical Ecology: Studies in the Neotrapical Lowlands.* Columbia University Press, New York.

Butzer, K. W.
   1982   *Archaeology as Human Ecology: Method and Theory for a Contextual Approach.* Cambridge University Press.

Deschamps, P., N. Durand, E. Bard, B. Hamelin, G. Camoin, A.L. Thomas, G.M. Henderson, J. Okuno, and Y. Yokoyama
   2012   Ice-sheet collapse and sea-level rise at the Bølling warming 14,600 years ago. *Nature* 483: 559-564.

Goto, K., T. Kawana, F. Imamura
   2010   Historical and geological evidence of boulders deposited by tsunamis, southern Ryukyu Islands, Japan. *Earth-Science Reviews* 102: 77-99.

Hideshima S, E. Matsumoto, O. Abe, and H. Kitagawa
   2001   Northwest Pacific marine reservoir correction estimated from annually banded coral from Ishigaki Island, southern Japan. *Radiocarbon* 43: 473–476.

Hongo, C. and H. Kayanne
   2008   Holocene coral reef development under windward and leeward locations at Ishigaki Island, Ryukyu Islands, Japan. *Sedimentary Geology* 214: 62-73.

Kawana, T.
   1987   Holocene crustal movements in and around the Sekisei Lagoon area of the South Ryukyu Islands. *The Earth Monthly* 9: 129-134.

Kirch, P. V.
   1984   *The Evolution of the Polynesian Chiefdoms.* Cambridge University Press.

Kirch, P. V. and T. L. Hunt (eds.)
   1997   *Historical Ecology in the Pacific Islands.* Yale University Press.

Prebble, M. A. Anderson and D. J. Kennett.
   2012   Forest clearance and agricultural expansion on Rapa, Austral Archipelago, French Polynesia. *The Holocene* 23(2): 179-196.

Schiffer, M. B.

1983　Toward the identification of formation processes. *American Antiquity* 48(4): 675-706.

Whitlock, C. and C. Larsen

2001　Charcoal as a fire proxy. In, J.P. Smol, H.J.B. Birks and W.M. Last (eds.), *Tracking Environmental Change Using Lake Sediments, Volume 3: Terrestrial, Algal and Siliceous Indicators,* pp. 1-23, Kluwer Academic Publishers.

Yokoyama, Y., Y. Maeda, J. Okuno, Y. Miyairi, and T. Kosuge

2016　Holocene Antarctic melting and lithospheric uplift history of the southern Okinawa trough inferred from mid- to late-Holocene sea level in Iriomote Island, Ryukyu, Japan. *Quaternary International* 397: 342-348.

第2章　石垣島名蔵における近世琉球統治政策の景観史
近世琉球行政文書からみる
名蔵地区浅層ボーリング資料の一解釈

小林竜太

はじめに

　石垣島は琉球列島南部を構成する八重山諸島に属する大型島嶼である（本書第1章の図1）。石垣島南西部の西側に湾口を開き、内陸を前勢岳・バンナ岳・於茂登岳に囲まれる範囲を名蔵（方名：ノーラ）と呼ぶ（図1a、本書第1章の図2も参照）。現在の石垣市大字名蔵の範囲におおむね該当し、地名は明治41年までの村名「名蔵村」に由来する。村名は1647年に江戸幕府の命により薩摩藩が調進した『宮古八重山両島絵図帳』に「石垣間切那蔵村」としてすでに記載されている［金城1992］（図1b）。

　現在の名蔵には海岸線に砂州が発達し、沿岸の干潟には藻場が広がり、サンゴ群集の点在する浅海へと続いている。細長い砂州によって河口以外が閉じられた陸側は汽水の潟湖となっており、北側の名蔵川と南側の浦田原水路から流れ込む幾重もの細かい流路が伸びる。流路沿いにはマングローブ湿地が発達し、氾濫原から低湿地へと続く。後背には標高5〜10mの傾斜の緩やかな段丘が伸び、流路沿いはところどころ谷状の地形を呈する。こうした段丘を前勢岳・バンナ岳・於茂登岳が取り囲み、山から谷戸へと河川が流れ込んでいる。各地形面の生き物について概観すれば、浅海にはハタ科、ベラ科、フエフキダイ科、ヒメジ科などの多様な魚種が生息しており、藻場はこうした魚種の稚魚の生育場所となっている［太田・工藤2007］。干潟で潮干狩りすれば、アラスジケマンガイやイソハマグリなどの小型の二枚貝が採取できる［ズエバ＝ノソバ　2009］。砂州上には防風林として植樹されたモクマオウや自然植生のハスノハギリなどが海岸林を形成する。マングローブ林の植生は潮位や塩分濃度によって帯状構造を示す［持田1990］。河口側にメヒルギ、メヒルギの後背や内陸の河川沿いに張り付くようにオヒルギが分布し、後背の氾濫原はアダンやサガリバナなどの準マングローブ、低湿地には草本類が繁茂する。現地でアンバルと呼ばれるこの湿地では、マングローブ林床にキバウミニナやシレナシジミなどの貝類［名

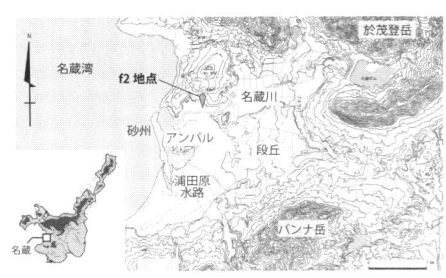

a：名蔵周辺の地形図（国土地理院基盤地図情報より作成）

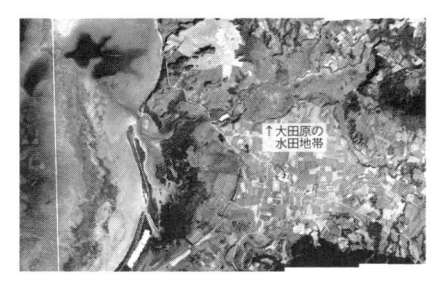

c：1977年名蔵周辺航空写真（国土地理院空中写真より作成）

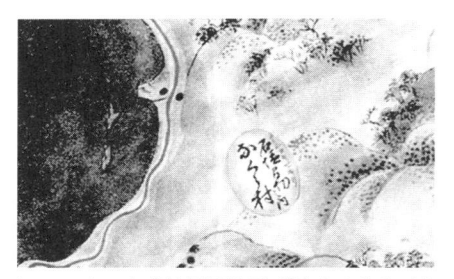

b：1647年の名蔵村周辺絵図（『宮古八重山両島絵図』（金城1992）より抜粋）

d：2011年の名蔵周辺衛星写真（IKONOS衛星画像）

図1　名蔵周辺の地形図・絵図・航空写真・衛星写真

和2001]、ガザニなどの甲殻類が生育し、一部は渡り鳥の飛来地としてラムサール条約により保全されている。緩やかな段丘の崖線にはところどころリュウキュウマツが群落を形成し、平らな場所に広がるサトウキビ畑と民家の随に点在する常緑広葉樹林の群落は、段丘の自然植生の名残であろう。大きな谷戸には水田が広がり、小さな谷戸の廃棄された旧水田域には牧草地となっている場所もある。丘陵上にはスダジイなどの常緑広葉樹林の高木が生い茂り、リュウキュウマツの群落も散見される。

　現在の名蔵地域を海岸から於茂登岳へと散策し、フィールドに入る前と戻ってきた後に調べた知識で補塡すれば、このような記述となる。筆者の専門は考古学であり、特に資源利用の歴史をテーマとしているため、フィールドを歩けばその関心は自ずと地面の形と、そこで利用することのできる資源の存在に向けられる。しかし、資源利用の歴史を探求するためには、過去の景観を明らかにしなければならない。過去の景観が現在と同じとは限らないからである。数

十年前であれば空中写真や古写真、現地に暮らす方にお話をうかがうことである程度推定が可能である。図 1c は 1977 年、図 1d は 2011 年の名蔵地域を移した航空写真及び衛星写真である。名蔵川中〜下流域の大田原と呼ばれる水田地帯が、現在みられる整然と区画された水田ではないことや、砂州の南側のマングローブ林が 2011 年には林分を大きく広げていることが確認できる。農作業中だった方からは、名蔵南部の浦田原谷戸の水田は昔ドブっ田で、胸までつかるほど深いことを教えていただいた。数十年の間でも、土地の利用や周辺の植生は少しずつ変化していることがわかってくる。さらに過去を知ろうとすれば、徐々に情報が少なくなっていく。前掲した絵図（図 1b）は名蔵周辺が描かれたもっとも古い史料であるが、海岸線の砂州は浅瀬に浮かぶ 2 つの島として描かれている。砂州の発達は約 300 年の間の出来事であったようだ。そうなれば、砂州によってふさがれたマングローブ湿地も現在と大きく形を変えていた可能性が高い。ここまでくると、画像資料や聞き取りだけでは限界となってくる。さらに情報を追加しようとすれば、方法は限られてくる。その一つが、地面を掘削して地下の堆積物を分析する方法である。

　2008 〜 2012 年度に慶應義塾大学が中心となって実施した石垣島名蔵地区の環境史調査は、こうした過去の景観を探るための研究であった［山口ほか 2016］。名蔵における長期的な自然堆積のプロセスを理解した上で、丘陵地から沖積低地への土壌流出や沖積低地の水田化といった人間由来の変化を捉えることを目的とし、マングローブ湿地と干潟域に分布する離水マイクロアトール調査、砂州・沖積地・段丘における浅層ボーリング調査、沖積低地の発掘調査が実施された。調査成果は既刊の報告書で詳述しているが、完新世後期の海面変動、海退後の谷戸の沖積化やマングローブ湿地の遷移など、非常に分厚い環境史データを得ることができた。ところで、総計 16 地点、総延長 80 m 弱のボーリングコアとその分析を通じて、あることが着目された。それは採集された資料のほとんどが約 500 年前以前の堆積物であり、近世と推定できる堆積物がほとんど認められないことであった。これは近世の堆積物は埋没している深度が浅く、中世以降の継続した農耕活動によって撹乱されたか、農地改良や土地造成などの近代以降の人間活動によってほとんど削平されてしまったためと考えてよいだろう。しかし、筆者にとって近世の堆積物は非常に関心を寄せる資料の一つであった。それはこの地域の資源利用史研究にとって、中・近世以降は文書資料が活用可能であるためである。近世の八重山は琉球王府の政治的影響下にあり、島という限られた土地において、持続的開発を進めながら地方統治

を実現するための様々な資源管理政策が実施されており、そのやり取りの記録が古文書として残されている。また、ボーリング調査によって得られた堆積物中に遺存する花粉を分析できれば、周辺植生の変遷に関わる情報が得られる。

そこで、本稿では近世に該当する可能性のある年代試料が得られ、かつ花粉化石が検出された f2 地点（図 1a）の試料を用いて、堆積物の観察による堆積環境と花粉分析による周辺植生の変遷を推定し、近世における文書記録を精査することで石垣島名蔵における近世景観史の記述を試みたい。ただし、近世の堆積物を特定するには非常に難しい問題がある。

1　近世における放射性炭素年代測定法の制約

堆積年代の推定には、放射性炭素年代測定法を用いている。この測定法は、地球に降り注ぐ宇宙線によって大気中の放射性炭素同位体（14C）が一定濃度に保たれていること、および動植物が生存中に取り込んだ 14C が死後に放射壊変によって一定の速度で減少することを前提に、木片や貝片などの有機化合物中の 14C 濃度を測定して年代値を求める分析手法である。簡潔にいえば、一定速度で減少するという性質を「タイマー」として利用することで年代を推定するのである。ただし、14C の生成に関わる宇宙線の強度は、太陽活動や地磁気に影響して変動するため、大気中の 14C 濃度も経年的に変動することが知られている。そのため、歴史学や日常で使っている西暦などの暦年代と対比する場合は、この変動を踏まえて 14C 年代を暦年代に換算する必要がある。それらの換算の対応関係を定めたデータセットを暦年較正曲線と呼んでいる。

暦年較正曲線は、建築物に使われている木材の年輪など、暦年代のわかっている試料を用いて更新されてきた。こうした研究の結果、およそ近世から近代にあたる 1650 〜 1950 年頃の 14C 濃度は変動が激しく、暦年較正によって換算される年代幅が大きくなってしまうことが判明してきた。

こうした課題を解決するために、統計学的手法を用いて、暦年代の判明している火山灰層や歴史津波などの堆積層を境界線として条件付けすることで年代を絞り込む方法や、14C 濃度の変動が激しい時期の複数の年代試料を用いて試料間の層序学的な新旧関係から年代を絞り込む方法なども存在する〔e.g. 大森 2013〕。しかしながら、前述の通り、近世の堆積層は人間活動によって削平や撹乱を受けることが多く、未撹乱の分厚い近世堆積層から統計学的に有意な絞り込みをおこなうための十分な年代試料を得ることは難しい。なお、本地域には

1771 年に発生した、明和の大津波と呼ばれる歴史的な災害が記録されている［石垣市総務部市史編集室 1998］。八重山全体としては甚大な被害をもたらしたものの、名蔵における被害については「磯部の所々に被害が出た」とされるに留まり、田畑への影響も軽微であったことから、明瞭な津波堆積層を判別することは難しいと思われる。

　こうした将来的な試料増の期待値が低いことを鑑み、現時点で活用可能なデータを組み合わせることで、石垣島名蔵における近世景観史の一解釈を提示したい。

　なお、沖縄における歴史区分としての「近世」は「江戸時代」と年代が異なる。本稿では 1609 年の島津氏による琉球侵攻（以下「島津侵攻」）から 1879 年の沖縄県設置までを「近世」とする[注1]。また、古文書記録の年代には当然年号が用いられているが、放射性炭素年代測定の年代値と対照する関係上、すべて西暦で示すこととする。

2　名蔵川河口域低湿地における堆積物観察とその推定年代

　名蔵地区の浅層ボーリング調査は、地区全域における浅層の堆積プロセスと植生の変遷を推定するために実施された。調査手法の詳細については、既刊の報告書で詳述しているため省略するが、丘陵 2 地点、沖積低地 7 地点、氾濫原・低湿地 5 地点、砂州 2 地点の総計 16 地点でボーリング資料が実施された。このうち、氾濫原・低湿地で実施された f2 地点（図 1 a）では、近世を示す可能性のある年代値が得られ、その年代値の得られた堆積層には花粉化石が遺存していた。

　f2 地点は、名蔵川にかかる神田橋下流側北岸の草本湿地に位置する。図 2 は f2 地点のボーリング柱状図である。堆積物の土質は大きく 4 つに区分される（第 I 〜 IV 区分）。最下部の第 IV 区分は径 10 〜 50mm のサンゴ礫が多く混じるシルト質砂粒を主体とし、褐灰色の色調を呈することから、浅海底堆積物と推定される。第 III 区分はサンゴ礫や貝類遺体片が多く混じる砂粒を主体とし、褐灰色の色調を呈する。下位の第 IV 区分と比べて混入するサンゴ礫の粒径が細かく、シルトの割合が少ないことから、干潟や三角州などの河口堆積物と推定される。第 II 区分は有機物が混じる砂質シルトを主体とし、黒褐色の色調を呈することから、マングローブ湿地堆積物と推定される。また、有機質は下部から上部にかけて減少し、シルトに対する砂粒の割合は下部から上部にかけて増加する傾

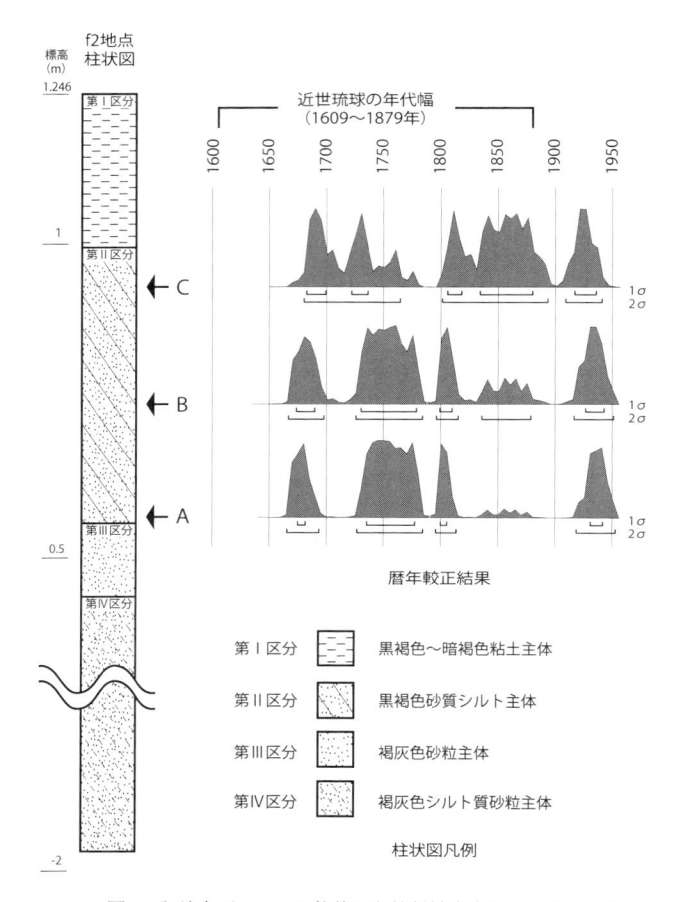

図2　f2地点ボーリング柱状図と放射性炭素年代測定の結果

向にあり、上位の第Ⅰ区分へと遷移する漸次的様相が認められる。第Ⅰ区分は
植物生材が全体に混じる粘土で、黒色系や褐色系の色調を呈することから、低
湿地・水田堆積物と推定される。

　堆積物の観察から、浅海底（第Ⅳ区分）から河口付近の干潟・三角州（第Ⅲ区
分）へと変化し、マングローブ湿地（第Ⅱ区分）を経て低湿地・水田（第Ⅰ区分）
に到る変遷が読み取れた。大局的には、河口が徐々に海側へと移り変わるにし
たがって、本地点の堆積環境も変化したと推定される。第Ⅲ区分以下からは先
史時代の年代値が得られており、近世に該当する年代値が採取された区分はマ

ングローブ湿地堆積物と推定される第Ⅱ区分である。つまり、第Ⅲ区分と第Ⅱ区分には年代的に大きな不整合が認められる。このことは、第Ⅲ区分干潟・三角州環境以降に、本地点は侵食・運搬環境となり、第Ⅱ区分において堆積環境へと移り変わり、植生もマングローブ林に変遷したことを示唆する。そして第Ⅱ区分における下位から上位にかけての漸移的様相は、第Ⅱ区分以降が混交の少ない一連の堆積物であることを示している。

　第Ⅱ区分からは年代測定試料が3点採取されている（図2のA〜C、表1）。較正ソフトはCalib7.0.4、較正曲線はIntcal13を用いて暦年に較正した。暦年較正の中央値はA〜Cにかけて、徐々に新しい年代値を示しており、また近世の範囲におさまる値が得られた。しかし、2σの誤差範囲はいずれも暦年でAD1650〜1950年までの非常に幅広い範囲に分布する。より細かく誤差範囲の信頼率でみたとき、AとBは近世（1609年〜1879年）の範囲に高い割合を示すが、Cについては近代にも高い割合を示している。

　したがって、第Ⅱ区分の堆積年代は下位において近世である可能性が高く、上位は近世から近代の可能性が高いという推察に留まらざるを得ない。

3　ボーリング試料の花粉分析

　f2地点の花粉分析では、22点の試料を採取し、そのうち19試料で花粉分析が実施された。検出された花粉・胞子・藻類の分類群数は、樹木45、草本21、シダ植物3、藻類2の総計71種類であった。図3に主要な樹木花粉の検出状況を示した。試料ごとの検出数が10点以上の種を選出した。検鏡の際に、原則として樹木花粉の総数が200個を超えるまでカウントされているので、検出数が少ない試料内においても分類群の出現率が5%に達する樹種が記載されていることとなる。ヒルギ科はマングローブ湿地、タコノキはマングローブ湿地後背〜氾濫原、残りは丘陵・段丘に生育する樹種である。さらに、丘陵・段丘の樹種は、マツ属が針葉樹、アカメガシワ属・オオバギ近似種は陽樹（落葉樹）、シイノキ属－マテバシイ属・コナラ属アカガシ亜属・ヤマモモ属は陰樹（照葉樹）に細分可能である。また、増減の指標として各試料内における頻度ごとに色分けした網掛けを施している。低湿地の植物としては、水田稲作の指標としてイネ科と水田雑草の分類群とされるオモダカ属・ミズアオイ属を示した。

　近世と推定される第Ⅱ区分最下部の試料No.8では、丘陵・段丘でシイノキ属－マテバシイ属とコナラ属アカガシ亜属が優占し、マツ属も一定量検出され

表1　f2 地点第Ⅱ区分採取試料の放射性炭素年代測定結果

試料記号 (Labo-code)	採取試料	2σ 暦年代範囲 中央値 (cal.yBP)	14C 年代を暦年代に較正した年代範囲	
			1σ 暦年代範囲	2σ 暦年代範囲
A (PLD-14829)	種類：炭化材 （種不明） 深度：0.30-0.32m	117	1683AD(11.1%)1699AD 1722AD(8.2%)1736AD 1805AD(7.2%)1817AD 1833AD(30.1%)1879AD 1916AD(11.6%)1934AD	1680AD(32.9%)1764AD 1801AD(47.1%)1892AD 1908AD(15.4%)1939AD
B (PLD-14830)	種類：植物生材 （散孔材） 性状：最外年輪 深度：0.5m	184	1673AD(10.7%)1689AD 1730AD(37.4%)1778AD 1799AD(7.8%)1809AD 1926AD(12.3%)1942AD	1666AD(16.1%)1697AD 1725AD(40.7%)1784AD 1796AD(10.8%)1815AD 1835AD(9.1%)1878AD 1916AD(18.8%)1951AD
C (PLD-14831)	種類：植物生材 深度：0.68-0.69m	188	1675AD(6.6%)1682AD 1735AD(45.0%)1777AD 1800AD(5.7%)1805AD 1930AD(10.9%)1941AD	1666AD(17.1%)1694AD 1727AD(48.5%)1784AD 1796AD(10.7%)1813AD 1918AD(19.1%)1952AD

＊［山口ほか 2016：表 7.1］より作成

ている。低湿地においては、ヒルギ科とタコノキ属が一定量検出されている。試料 No.7 では、丘陵・段丘でシイノキ属－マテバシイ属とコナラ属アカガシ亜属が出現率を減少させる一方で、マツ属は出現率を増加させる。低地部ではタコノキ属が出現率を大きく増加させる[注2]。

　試料 No.8 ～ 7 においては、丘陵・段丘において陰樹林が減少し、明るい場所が増えることで、先駆樹種のマツ属が増加したと推定される。ただし、ここでは陽樹の増加が認められないことに着目したい。f2 地点の南側に位置する浦田原谷戸で実施されたボーリング調査（e 地点）では、約 3300 年前にも陰樹林の減少が認められ、陽樹林と花粉化石の出現率が拮抗する結果が得られている［山口ほか 2016］。このことは陰樹林の減少とマツ属の増加に、先史時代とは異なる人為的影響があったことを示唆する。低地部では準マングローブ林が拡大している。丘陵において疎林や裸地が拡大したことで雨食による低地部への土壌流入量が増加し、準マングローブ林が生育する氾濫原が拡大した可能性がある。

　試料 No.5・6 では、丘陵・段丘において減少したシイノキ属－マテバシイ属が上部に向かって少しずつ増加する傾向を示し、マツ属は高い出現率を維持する。ここにおいても陽樹林から陰樹林への漸移的な変化は認められず、また陰樹林が回復してもマツ属の出現率が維持されている。低地部においては、ヒルギ科が減少し、タコノキ属は高い出現率を維持している。第Ⅱ区分は堆積物の土質観察によってマングローブ湿地堆積物と推定されたが、花粉化石の出現

図3は、f2地点の柱状図と花粉分析の結果を示す。

土質区分	試料No.	シイ属-マテバシイ属	ヤマモモ属	ヤブニッケイ属	オオバギ属近似種	アカメガシワ属	マツ属繊維膜束亜属	マツ属(不明)	タブノキ属	ヒノキ科	その他樹木花粉	樹木花粉合計	イネ科	オモダカ属	ミズアオイ属	その他草本花粉	草本花粉計
I	1	36	12	11		7	68	33	12	1	22	202	249			41	290
I	2	87	7	10			35	12	11	1	33	206	372	1	1	1152	1526
I	3	84	10	11	10	4	26	6	14	1	45	204	297	7	1	1825	2130
II	4	62	2		3	5	73	16	58	2	45	266	519	3	3	135	660
II	5	54	1	23	3		93	31	447	6	10	666	45	1		21	67
II	6	13	1	12	1	10	94	57	313	20	9	520	20	1		14	35
II	7	28	6	12	1	2	58	11	346	94	12	563	20	2		7	29
II	8	85	6	36			13	3	21	21	35	230	20			18	38
III	9	92	5	17	2	2	17	4	26	32	26	223	37			30	67
III	10	116	13	25	2	2	4	1	6	21	28	220	1			8	9
IV	12	119	18	24	2	2	6	1	8	6	32	210	2			8	10
IV	13	118	9	23	2	11	3	3	2	12	26	214	7			6	13
IV	15	133		29	1	3	3	3	12	9	24	210	1			7	8
IV	17	150	9	28	2		3		6	4	30	231	6			7	13
IV	19	196		26	2	3			3	3	34	265	8			17	25
IV	20	172	9	18	1		2			2	24	225				5	5
IV	22	172	14	19					2	1	26	234	1			6	7

樹木花粉凡例　>50%　50～20%<　20～10%<　5～10%<

陰樹／陽樹／針葉樹

f2地点柱状図　標高(m) 1.246 … 1 … 0.5 … 0 … -2　第I区分／第II区分／第III区分／第IV区分

図 3　f2地点花粉分析の結果

率は準マングローブ樹種のタコノキ属が優占する。このことは後背に準マングローブ林が卓越する一方で、名蔵川本流に近い f2 地点には河川沿いの狭小な範囲に張り付くように分布するマングローブ林が、河口からやや離れた内陸部に成立していたと推定される。

　最上部の試料 No.4 では、丘陵・段丘においてシイノキ属 − マテバシイ属が増加し、マツ属は出現率を維持しており、下位の傾向を維持している。一方、低地部ではタコノキ属が減少し、イネ科が高い出現率を示す。イネ科は第Ⅱ区分の下位より一定量検出されていたが、試料 No.4 では高い出現率を示している。水田雑草のオモダカ属についても、出現率は低いものの、イネ科の増加に合わせて検出されている。イネ科花粉の増加から水田環境が推定されるが、イネ科花粉は水田雑草の花粉を伴って下位においても検出されているため、この時期に水田環境が拡大したと推定される。同時にタコノキ属が減少することから、氾濫原が水田へと変化した可能性が高い。

　以上のように、堆積物観察からはマングローブ湿地～低湿地・水田環境への漸移的変化が推定され、放射性炭素年代測定からは近世～近代の可能性が指摘できる堆積物中に、花粉分析によって周辺植生の変遷と丘陵・段丘における人為的影響が示唆された。そこで次節以降は、上述の花粉分析の結果に対応する人間活動が近世の文書記録に読み取れるかについて精査する。

4　近世琉球王府による八重山統治の来歴と諸政策の背景

　具体的な分析に入る前に、琉球王府による諸政策の背景として、八重山統治の来歴を概観したい。以下の内容は『球陽』［石垣市総務部市史編集室 2013］による。1390 年に中山が入京を促し、宮古・八重山は始めて来朝・入貢する。入京後、王府の支配下に入ったことで、島での暮らしは王府側の政策によって影響を受けていくこととなる。例えば、1486 年には王命を受けた毛国瑞（恩納親方安治）が八重山へ渡り、農耕を勧め、土着の神を祭ることを禁止して風俗を整えたとされる[注1]。

　しかし、1500 年に琉球王府の支配に反発した大浜村のオヤケアカハチが反乱を起こし、王府側が軍を組織して鎮圧するという事件が起きた。この事件を契機に宮古・八重山には地方支配のための頭職が設置されることとなり、支配の体制が整備されていく。ただし、この段階の八重山統治は近世と比較してかなり緩やかであり、近世以降の統治政策実行に関わる王府と八重山の頻々とした

やり取りは記録されていない。こうした状況が変わってくるのが、1609 年の島津侵攻以降である。この侵攻によって琉球は実質的に薩摩藩の支配下に置かれることとなり、1611 年には慶長検地が実施されて琉球の石高は 89,086 石（内、八重山の石高は 6,881 石余）と定められる。さらに 1647 年に江戸幕府の命により薩摩藩が調進した『宮古八重山両島絵図』および『宮古八重山両島絵図帳』（以下「絵図」・「絵図帳」）には、村ごとの石高が記載され、耕作者についても明記された。検地以降、琉球王府には薩摩藩への貢租支出の問題が出てくるため、八重山統治は厳格さを増していく。加えて耕作者−耕地の関係が村ごとに記載されたことから、八重山各地の開発は形式上「村」単位で進んでいくこととなる[注4]。

　ここからは、石垣島蔵元と琉球王府間の行政文書のやり取りをまとめた『参遣状抜書』（以下「参遣状」）［石垣市総務部市史編集室 1995］や八重山をめぐる行政日誌を中心にまとめられた『八重山島年来記』（以下「年来記」）［石垣市総務部市史編集室 1999］を中心に、近世琉球王府の八重山統治の諸政策の背景を確認する。薩摩藩の支配下に置かれた琉球は、薩摩藩への貢租支出に加えて、幕府の鎖国政策によって自由な対外貿易が規制されてしまう。したがって、島津侵攻以前の環東シナ海世界における自由な交易拠点としての性格を失い［上里 2018:199-200］、必然的に国内の生産性向上を目指すこととなる。この時期の改革を牽引したのが、17 世紀後半に琉球王府の摂政を務めた羽地朝秀（摂政在任期間：1666 ～ 1673 年）である。後に「羽地仕置」として編纂される一連の布達には、王府による地方の直接支配体制の確立や開墾の奨励などが含まれている［高良 1993; 樺山 1998］。また、尚貞王（在位 1669 ～ 1709 年）の時代には、海上交通・漁業の発達によるくり舟や馬艦船の建造などで木材需要が増加した［三輪 2008: 20］。こうした諸改革により、農村部では開墾と新田開発によって生産力が拡大し、八重山においてもその結果が人口爆発としてあらわれることとなる。しかしながら、急激な人口増加・耕地拡大・造船などはいずれも森林資源の劣化を招くものであり、沖縄本島では 1709 年に台風による土壌流出と干ばつが頻出して未曾有の大飢饉がおこった（年来記）。八重山においても、翌 1710 年に御続米を沖縄本島に対して手配するよう命令が下っている（年来記）。

　こうした状況を引き継いだのが蔡温（官職在任期間：1712 ～ 1761 年）である。蔡温が抱える課題は、生産の基盤である生態資源の回復と維持管理を成し遂げ、自給的生産体制を建て直すことにあり、その政策に一貫する方針は、風水思想に基づく資源管理体制の確立である［三輪 2008］。その具体的な内容は、後に『林政八書』[注5]［加藤 1997］としてまとめられる各規定集に読み取れるが、特に重

視されているのは山林の管理である。例えば、1742 年に蔡温より八重山に下される『山林真秘』の冒頭には、「木材を採ることは、人間の生活にとって、大事なことである。人間の生活は、すべて木材のおかげで、うまくやってこられた。もしも、木材の力を頼らなければ、人間は、田が耕せなくなり、家屋が作れなくなり、衣類が織れなくなり、陶器が作れなくなり、鉄が鋳られなくなり、海が渡れないようになる。」[仲間 2009: 12-13]（年来記）と記されており、山の管理が重視されていたことが伺える。また、『林政八書』の内容は、琉球王府の御用木を生産する杣山の管理政策が基本となっているが、『林政八書』の一つである『杣山法式仕次』（1747 年）には、杣山の面積が少ない間切は、無理に御用木を仕立てるよりも、松や雑木（御用木以外の樹種）などを可能な限り増やすことが大事であると述べられており［仲間 2014a: 15-16］、農民が日常生活で使う用木を得るための里山にまで、きめ細やかな指示が通達されていることが伺える。

5　近世名蔵に関わる文書記録

　上述の八重山統治の背景を踏まえて、近世名蔵村に関わる記録を確認したい。1647 年の絵図では、名蔵村の表記は北・東・南を山地に囲まれた平地に記載されている。絵図であるため正確な位置はつかめないものの、山地との相対的な位置関係から、現在の段丘上に村の中心があったと考えてよいだろう。絵図帳に計上されている石高は 22 石 7 斗 5 合である。米における 1 石は成人が 1 年間に消費する量であるから、近世初頭段階の名蔵は規模の小さな村落が存在する地域であることが読み取れる。

　ところが、1693 年に地方統治の拠点である蔵元を瓦葺にする申請が許可され、その瓦を生産するために 1695 年に名蔵地域に瓦窯が造られることとなる（年来記）。現在では名蔵瓦窯跡という遺跡として知られており、神田橋から南側へ約 100m の段丘上に位置する［当真・大城 1979］。1696 年には蔵元、1703 年には権現堂の拝殿、1705 年には在番仮屋、1715 年には美崎御嶽の拝殿が瓦葺になっており（年来記）、これらの建物を葺いた瓦は名蔵瓦窯で生産されたことになる。

　その後、1724 年に八重山では甕や壺を沖縄本島から買ってきて不自由していたため、山田平等に壺焼き窯を造ったとされる（年来記）。山田平等窯は前勢岳とバンナ岳の間を抜ける谷の南麓に所在している窯跡と推定されている［阿利 1993］。壺焼きのための土の採取と調合を検討してこの場所が選ばれたとされるが、操業する内に薪木や土を得る場所が遠くて人手がかかるため、1730 年にこ

れらの便が良い黒石川という場所に新たに壺焼き窯を造って引き移ったとされる（年来記・参遣状）。黒石川の窯跡は遺跡として知られており、現在のバンナ岳南東の山裾に位置している［当真・大城 1979; 阿利 1993］。そして 1731 年には、新たに造られた黒石川窯でも瓦が良好に焼くことができたため、名蔵瓦窯での瓦生産体制を引き上げたとされる（年来記）。

　名蔵で瓦が生産されていたのは 1695 〜 1731 年までの約 35 年間という短い期間であったが、窯業には多くの薪木が必要となるため、名蔵周辺の植生に影響を与えたことが想定される。名蔵瓦窯の操業期間中の 1713 年に「川堂に杁[注6]畑を開墾し、植え付けた」という記述があり、さらに 1716 年にも「川道に杁を植え付けた」とされる（年来記）。川堂は八重山諸島の地誌をまとめた『八重山嶋由来記』の「川原　石垣方」の部分に「川堂川原」と記載されている流域と推定され、現在の名蔵ダムより上流側の名蔵川中〜上流域に比定される［石垣市総務部市史編集課 1989、玻名城 1983］。川道も川堂と同じく「カードー」と読むことができるため、1713 年に開墾した植林地に 1716 年にも植林したと考えて良いだろう。また、名蔵瓦窯の次に造られた山田平等の地においても、山田平等窯から黒石川窯へと生産体制が移転した後の 1732 年に「杁を仕立てた」との記述がある（年来記）。窯業で消費された森林資源の補塡として、杁の植林が行われていた可能性が高い。

　名蔵瓦窯が閉窯してから数年後に、名蔵村にはもう一つ大きな変化が訪れる。1737 年に八重山各村の状況調査が実施され、その中で名蔵村は男女合わせて 53 人、風気は良く田畑も広くて住みやすい土地であると評価されたが、その一方で、山が近いため猪害が多く、人口も少ないので田畑を囲う猪垣の維持には非常に難儀しているため、他の村から 200 人ほど寄百姓して独立し、村役人をおいて欲しいと請願がなされている（参遣状）。この請願が許可され、最終的には石垣・登野城より 500 人強が移住して 600 人規模の独立村となった。人口規模で 10 倍近くの変化となる。

　登野城と石垣の両村から移住者が選ばれたのは、もともとこの 2 つの村から名蔵地域へと通耕していたことと、移住元の両村が人口加圧で疲弊してきたためとされる（参遣状）。こうした人口加圧による村落生活の疲弊は、この時期に八重山全域で発生していた社会問題であった。その背景は、前述した羽地による国内生産の増大政策であり、17 世紀後半まで八重山全域で 5,000 人程であった人口規模が、1730 年頃には 20,000 人弱、最終的に 18 世紀後半に 30,000 人弱に迫るという人口の激増が起こっていた（参遣状・年来記）。人口増加にともな

う建材や薪炭材の需要増大は、森林資源の劣化を招いたようであり、1737年の参遣状に八重山の杣山が憔悴してきており、石垣島では家を作るための木材も少なくなってきていると報告されている［仲間 1984: 136; 加藤 1997］^(注7)。八重山においては、1738年に杣山管理の基本方針をまとめた『杣山法式帳』(1737年)をもって管理は一段と厳しくするように通知されている（年来記）。実際に1746年に杣山に仕立てた御用松を焼失させてしまう事件に対しては、焼失時のすべての役人（名蔵村の役人も含む）が流刑ないし退役させられている（年来記）。

　琉球王府による資源管理政策が厳格さを増すなかで、1740年には名蔵川の河川整備事業が実施された（年来記）。具体的な整備内容は記録されていないが、氾濫を防ぐための河岸改修や水田稲作のための灌漑整備が実施されたとみて良いだろう^(注8)。同文内で、「（八重山地域の）河川整備はこれより始まった」（年来記）とされるが、他の河川に先んじて名蔵川流域が選ばれた理由は明記されていない。おそらく、数年前に田畑が広いと高評価された点と、杣山の憔悴と寄百姓による人口の急増という状況が背景と考えられる。

　その後も、1741年の杣山境界の測量調査の実施や、1743年の八重山中の上納田地の検地を実施すると共に、杣山内の伐採や焼開きを禁じる命令を出すなど（年来記）、持続的な開発を可能にするための様々な政策が実施されていく。こうした対応が実を結び、18世紀後半まで八重山の人口増加は続くこととなる。『林政八書』の一つで、地域毎の杣山運営計画を規定した『就杣山惣計條々』(1748年)にも、八重山は杣山の面積も広く、島内の用材自給もまかなえているため、沖縄本島の備蓄林として位置づけられている［仲間 2014b: 27］。しかし、1771年に発生した明和大津波によって、八重山は壊滅的な損害を被ることとなる［石垣市総務部市史編集室 1998］。大津波の後も、琉球王府は復興のための様々な政策を実施していくが、少なくとも人口面においては減少の一途をたどることとなる。

　文書記録にみる近世名蔵の資源利用の実態は、以下の4段階に整理可能である。すなわち、小規模な村落が存在した頃から名蔵瓦窯が営造されるまでの第1段階（～1695年）、瓦生産による森林資源減少を補塡するための植林や人口増加にともなう八重山全域の杣山の憔悴と人口加圧抑制のための寄百姓が行われるまでの第2段階（～1737年）、琉球王府による資源管理政策が強化されてから明和の大津波が発生するまでの第3段階（～1771年）、大津波以降の第4段階である。

6　近世琉球行政文書からみる名蔵地区浅層ボーリング資料の一解釈

ここまでみてきた情報を図4にまとめた。花粉分析において、f2 地点第Ⅱ区分最下層の試料 No.8 では、丘陵・段丘ではシイノキ属－マテバシイ属を中心とした陰樹林にマツ属の混じる混成林が繁茂し、低地部海側の湿地にはマングローブ林、陸側の氾濫原には準マングローブ林が生育していた。試料 No.7 では丘陵・段丘では陰樹林が減少してマツ属が増加し、低地部では氾濫原が拡大して準マングローブ林が増加した。文書記録の精査においても、小規模な村落があるのみであった第1段階から、名蔵瓦窯が営造され、人口が増加する第2段階において森林資源の劣化が進行したと推察される。

『杣山法式仕次』には有用樹種の植林についての項があり、王府の公用と士族の建築用木材として樫木（マキ属イヌマキ、*P. macrophyllus*）、いく（モッコク属モッコク、*T gymnanthera*）、いちょ（ヒメツバキ属イジュ、*S. wallichii ssp. liukiuensis*）、椎木（シイノキ属イタジイ、*C. sieboldii*）、百姓の家屋であれば前述の4つに加えて松（マツ属リュウキュウマツ、*P. luchuensis*）、ともん（タブノキ属タブノキ、*M. thunbergii*）、かし木（コナラ属アカガシ亜属オキナワウラジロガシ、*Q. miyagii*）などの他、下級の雑木であっても高さが 1.5 〜 1.8 m にもなれば建築材として有用であるため、どのような樹木でも曲木にならないように山を管理するようにと規定されている［仲間 2014: 13-14］。『杣山法式仕次』は第3段階の規定集であるため、第2段階の用材の種類と多少の差違も生じていると思われるが、建築用材としての有用性に大きな変化があったとは考えにくい。だとすれば、名蔵瓦窯営造の契機となった蔵元などの公的施設の建築に加え、人口増加による全般的な建築用材の需要増大にあわせて、既存の優占種であるシイノキ属－マテバシイ属やコナラ属アカガシ亜属の陰樹林が伐採されていった状況を反映している可能性がある。また、同じく『杣山法式仕次』には、船材や陶器を焼く大薪の樹種としてリュウキュウマツが用いられていると記述されている［仲間 2014: 13］。マツ属の増加には陰樹林伐採による二次林化に加えて、尚貞王時代の造船用材需要の高騰と名蔵瓦窯運営に伴う植林も含まれていた可能性がある。

森林資源の劣化は土壌の流出を招き、氾濫原を拡大して準マングローブ林も拡大したと推定される。また、試料 No.6 では低地部でマングローブ樹種のヒルギ科が減少する。土壌の流出が続くことで名蔵川流域の堆積作用が強まり、f2 地点付近は河川沿いに張り付くように分布する狭小なマングローブ林へと変

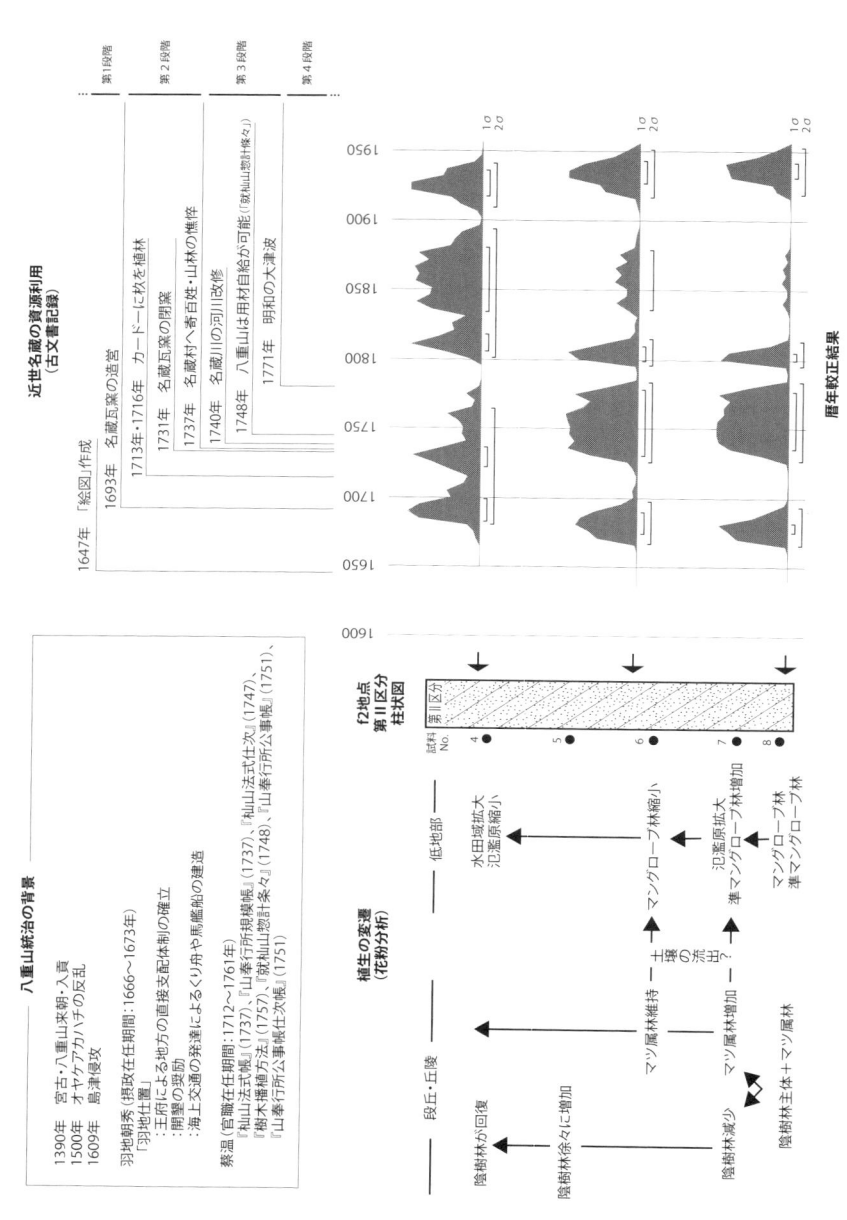

図 4　近世名蔵景観の代替指標（花粉分析・放射性炭素年代測定・古文書記録）の対応関係

化したと推定される。

　人口の増加によって八重山の山林は徐々に疲弊し、建築用材の確保にも問題が生じてくる。第 3 段階では、こうした状況に対処するために、琉球王府による杣山を中心とした資源管理政策が実施されていく。『杣山法式帳』をもって杣山管理をより一層厳しくするよう通知し、名蔵川の河川整備を実施して生産体制を強化している。花粉分析では試料 No.5 より、丘陵・段丘でマツ属の増加傾向を維持したままシイノキ属－マテバシイ属が出現率を回復させていく。試料 No.4 では低地部で氾濫原が縮小して水田環境が広がったと推定される。こうした花粉分析の結果は、第 3 段階の琉球王府の諸政策の結果と対応する可能性がある。琉球王府の対策は実を結んだようであり、八重山では人口が激増しているにもかかわらず、諸島内における用材需要が自給できるまでに回復していく。

　しかしながら、1771 年に発生した明和の大津波の被害は甚大であり、第 4 段階以降、人口は減少の一途をたどることとなる。

　このように f2 地点第 II 区分の堆積年代を近世と推定したとき、花粉分析の結果と近世琉球の八重山における諸政策は整合性が高い。ただし、第 2 段階では、窯業で消費された森林資源の補填として杉が植林されていたと推定されるが、花粉化石にスギ属の増加は認められない。杉は建築用材などに用いられたと思われるが、植林の規模が小さかったためか、植林したが上手く根付かなかったのであろうか。少なくとも、リュウキュウマツの群落が現代にも認められる一方で、スギ属の群落は現在の名蔵景観に見当たらない。

　おわりに

　過去の景観が今みる景観と異なることを前提にするならば、その景観の変化を直接観察できないかぎり、地下の堆積物に残された痕跡を分析したり、当時の景観の中に生きた人びとの記述を探ったりしながら推定していかなければならない。つまり、過去の景観を反映する資料／試料を集める作業といってよい。そして、景観が「人と自然の絡み合いの歴史的産物」［山口 2013］であるならば、人文社会科学と地球科学の両者が取り扱うデータを巧みに組み合わせることが重要となる。

　ただし、異なる分野のデータを組み合わせることとなるため、その質の違いに注意しなければならない。特に近世については放射性炭素年代測定による年

代推定に制約がある。歴史津波や火山灰層によって年代範囲が限定される堆積物や年縞をもつ湖沼堆積物などが得られるに越したことはないが、すべての地域で良好な試料／資料がえられるわけではない。であるならば、多分野にわたる試料／資料をできるだけ多く集めることが求められる。

　本稿では、ボーリングコア試料の堆積物観察と花粉分析に近世琉球の文書記録を組み合わせることで、近世名蔵の人と自然の絡み合いを記述することを試みたが、まだ十分なデータ量というには心許ない。特に名蔵瓦窯は近世名蔵の資源利用を解明する重要な遺跡である。窯跡から検出された木炭などを分析すれば、窯焼きに用いた樹種について手がかりが得られるだろう。また、冒頭で示したとおり、名蔵には多様な海産物を有する名蔵湾という資源が存在する。琉球王府の勧農政策によって、陸域資源が重視されていたといっても、海産資源の利用価値が低かったと考えるべきではない。琉球列島における民俗学的研究は、琉球列島民に漁労に関わる多様な自然認識や民俗分類が存在することを明らかにしている［e.g. 喜舎場 1934］。実際、1704 年の参遣状には、石垣島の 6 ヵ村の百姓が魚取りに人手を割いて農作業に集中していないことを取り締まるように命令が下っている。また、年毎に税として納める上納米や上納布には代納が認められており、18 世紀の『公事帳』（『規模帳』）には、様々な海産物の交換レートが「代夫〇〇人」と定められている［黒島 1997］。こうした実態を反映してか、事例は少ないが八重山の近世村落における発掘調査では、近世の貝塚が形成されていたことが明らかとなっている［e.g. 東海大学網取遺跡・カトゥラ貝塚発掘調査団 2007］。

　田畑を耕し、山林の管理をおこないながら、潮の満ち引きや天候に応じて海へと出かけて、潮干狩りや漁をおこなう風景も、近世名蔵の景観要素の一つであったはずである。名蔵における将来的な発掘調査資料の増加を念頭に、さらに多角的なデータを組み合わせていけば、より蓋然性の高い近世名蔵景観史を描けるだろう。

〈謝辞〉　本稿の作成にあたっては、下記の諸氏にご助言・ご助力いただきました。記して感謝申し上げます。出野雄也、久保田良男、鈴木茂（五十音順、敬称略）

注
(1)　　近世の区分は高良倉吉の定義による［高良 1993］。
(2)　　試料 No.7 〜 5 ではタコノキ属が圧倒的に多く検出されているため、他の試料と

単純に比較はできないが、そのため他試料の 2 ～ 3 倍まで検鏡している。また、丘陵・段丘でマツ属に比べてシイノキ属 – マテバシイ属などの陰樹林花粉が相対的に少ないことは間違いない。

(3)　『球陽』の成立は 1745 年以降とされるため［田名 1992］、この記録自体が『球陽』編纂の 300 年以上前の出来事である。この頃の八重山諸島は、考古編年では新里村・中森期に該当し、既に農耕が開始され、サンゴ礫やサンゴ石灰岩で集落を区画する構造の村々が各地で成立しつつあった段階である［石垣市総務部市史編集室 2010］。

(4)　ただし得能［2007: 48-49］によれば、これはあくまでもその村に住む人を掌握するためであり、村域間耕作である「通耕」が事実上黙認されていたと指摘する。

(5)　蔡温の執政下において作成された『杣山法式帳』(1737)、『山奉行所規模帳』(1737)、『杣山法式仕次』(1747)、『樹木播植方法』(1757)、『就杣山惣計条々』(1748)、『山奉行所公事帳』(1751)、『山奉行所公事帳仕次帳』(1751) に、後に山奉行が作成した『御差図扣』(1869) を加えた 8 書を、沖縄県が 1885 年に編纂したものが『林政八書』である。

(6)　近世琉球における林政書等で用いられる「杣」は日本産のスギ（*Cryptomeria japonica*）であり、中国から導入されたコウヨウザン（*Cunnighamia lanceolata*）は「杉」と表記し区別している［仲間 2014: 14］。

(7)　参遺状には「其嶋杣山之儀漸々致憔悴就中大地山之儀ハ伐明作職仕候付近年木絶ニ罷成家材木等有少候」［仲間 1984a: 136］とある。

(8)　例えば、1735 年に沖縄本島北部の穀倉地帯である羽地大川流域を襲った台風被害に対して、その復旧のために蔡温によって実施された羽地大川の河川改修では、河岸改修・灌漑水路整備・農業用貯水池設置・橋梁架設が実施されている。

参考文献

阿利直治
　1993　『黒石川窯址　沖縄県石垣市黒石川（フーシナー）窯址発掘調査報告書』石垣市文化財調査報告第 15 号，石垣市教育委員会.

石垣市総務部市史編集課
　1989　『いしがきの地名 (1)』石垣市史研究資料 1.
　1995　『参遺状抜書（上巻・下巻)』石垣市史叢書 8・9.
　1998　『大波之時各村之形行書・大波寄揚候次第』石垣市史叢書 12.
　1999　『八重山島年来記』石垣史叢書 13.
　2010　『八重山の民間交易隆盛期中森期──中国陶磁器・人口の急増』石垣市史考古ビジュアル版 6.
　2013　『球陽──八重山関係記事集（上巻)』石垣史叢書 19.

上里隆史

80

2018 『新装版　海の王国・琉球　「海域アジア」大交易時代の実像』（有）ボーダー・インク.

太田格・工藤利洋

2007 「名蔵湾周辺海域における沿岸性水産重要魚類の分布」『平成17年度沖縄県水産試験場事業報告書』, pp. 181-193.

大森貴之

2013 「暦年較正とベイズ推定（総特集　第四紀研究における年代測定法の新展開——最近10年間の進展（1）放射性炭素年代)」『月刊地球』35（9）：509-516.

加藤衛拡

1997 「林政八書　全（琉球)」佐藤常雄・徳永光俊・江藤彰彦編『日本農書全集57 林業2』農山漁村文化協会.

樺山紘一

1998 『東アジア・東南アジア伝統社会の形成』岩波講座世界歴史13.

環境庁自然保護局

1998 『第5回自然環境保全基礎調査』海辺調査総合報告書.

喜舎場永珣

1934 「八重山における旧来の漁業」『八重山民俗誌　上巻　民俗編』, pp. 50-78, 沖縄タイムス社.

金城　善

1992 「正保国絵図の調進と琉球国絵図の概要」沖縄県教育委員会文化課琉球国絵図史料編集委員会編『琉球国絵図史料集第一集——正保国絵図及び関連史料』緑林堂書店.

黒島為一

1997 「『公事帳』（『規模帳』)」『石垣市立八重山博物館紀要』第14・15号合併号, pp. 72-105, 石垣市立八重山博物館.

ズエバ＝ノソバ, イリーナ

2009 『石垣島名蔵地区の完新世環境史と人間居住史の関係解明——地球科学分析と自然遺物分析を通して』慶應義塾大学大学院文学研究科2008年度修士論文.

高良倉吉

1993 『琉球王国』岩波書店.

田名真之

1992 「首里王府の史書編纂をめぐる諸問題」『沖縄近世史の諸相』ひるぎ社.

東海大学網取遺跡・カトゥラ貝塚発掘調査団

2007 『網取遺跡・カトゥラ貝塚の研究——沖縄県西表島所在の先史時代貝塚・近世集落遺跡の発掘調査』東海大学総合研究機構プロジェクト「宮古・八重山地域の総合的研究」成果報告書.

当真嗣一・大城慧編

1979　『石垣島の遺跡——詳細分布調査報告書』沖縄県文化財調査報告書 22，沖縄県教育委員会.

得能壽美

2007　『近世八重山の民衆生活史——石西礁湖をめぐる海と島々のネットワーク』榕樹書林.

仲間勇栄

1984　「沖縄の杣山制度・利用に関する史的研究」『琉球大学農学部学術報告』31：129-180.

2009　「The Secrets of Forestry: An English Translation of the Sanrin Shinpi（山林真秘）of Saion」『琉球大学農学部学術報告』56：11-21.

2014a　『『林政八書』中の「杣山法式仕次」——その和訳・英訳と内容分析」『琉球大学農学部学術報告』61：11-22.

2014b　「『林政八書』中の「就杣山惣計条々」——その和訳・英訳と内容分析」『琉球大学農学部学術報告』61：23-28.

名和　純

2001　「琉球列島における内湾干潟の貝類相」『WWF Japan サイエンスレポート』4：1-44.

玻名城泰雄

1983　「資料紹介「八重山嶋由来記」」『石垣市立八重山博物館紀要』3.

町田　貞

1984　『地形学〔自然地理学講座 1）』大明堂.

三輪大介

2008　『蔡温の資源管理政策　琉球環境経済史の試み——農務帳と林政 7 書を中心に』Discussion Paper No.J08-05.

持田幸良

1990　「マングローブ林主要構成群落の分布・配列とハビタット——東カリマンタンと西表島の例」『地形』13：319-324.

山口　徹

2013　「絡み合う人と自然の歴史学にむけて——その学際的広がりにもとづく理論的考察」『史学』82（3）：107-126.

山口徹・小林竜太

2016　『石垣島の景観史研究（Ⅰ）——名蔵地区の浅層ボーリングと低地発掘調査』慶應義塾大学文学部民族学考古学研究室小報 14，平文社.

第3章　陸に上がったサンゴ
　　　　漆喰からみる石垣島のシマ景観

深山直子

1　サンゴ（礁）を考える視点

　現代日本において、色とりどりの魚が集まるサンゴや、エメラルド・グリーンに光るサンゴ礁——サンゴの群落によって形成される地形——の海を、ビールのポスターやテレビのCM、あるいはパソコンの壁紙画面などにおいて、目にすることは多い。従って、サンゴそしてサンゴ礁は、美しくも平面的な「背景画」として妙に既視感のあるものになっている。

　そのようないわば平均的なサンゴ（礁）観に比べると、私のそれは多少異なると言っていいだろう。なぜなら文化人類学者として、オセアニアと沖縄の各地においてフィールドワークの経験があるために、これまでにサンゴに触ったり、サンゴ礁の上に立ったりする機会が少なからずあったからである。2009年にはポリネシアのツバルで、ひととサンゴ礁の関係性を解明することを目的とした調査研究に携わり、住民が環礁——リング状に形成されたサンゴ礁——にどのように住まい、環礁をどのようにまなざしているのか、その一端を垣間みることができた［深山・石森 2010］。しかしながら、そこでのフィールドワークが短期だったこともあり、住民とサンゴ（礁）の具体的で直接的な関係性には踏み込めないなかで、「背景画」としてのサンゴ（礁）とは一線を画した、立体的な「サンゴある」景観に迫ったとまでは言い難かった。

　ところが同じ頃、その名も「サンゴ礁学」という大型の科研費研究プロジェクトに参加する機会を得た[注1]。プロジェクトの目的は、様々な理由で危機的状況に置かれているサンゴ礁について、その破壊・劣化の過程と修復・再生のモデルを明らかにすることにあり、チーム全体が共通のフィールドとしていたのが、石垣島であった。生物学、化学、地学、工学など多分野にわたるサンゴ（礁）研究者が集うなか、自然科学者に比べて社会科学者は僅かだった。私はそれまでサンゴ（礁）を専門的に研究してきたわけではないので、研究会や会合を通じて、サンゴの生態やサンゴ礁という地形の特徴、そしてサンゴ（礁）が直面

する問題やそれへの対応策など、全くもって未知だったことがらを数多く学んだ。その過程で、サンゴ（礁）がこれだけ目的や方法の異なる分野からアプローチされてきたことに衝撃を受けた。と同時に、自然科学者たちがみな、サンゴ（礁）に普遍的な価値を認めた上で、最終的にはその保全や回復を目指している点に、多少の違和感を覚えていた。プロジェクトの主題を考えれば、参加する研究者が「サンゴ（礁）はよきものである」という前提を共有し、それ自体を問うことにさほどエネルギーを割こうとしなかったことは、当然とも言えるし、今となっては私のそのような感じ方にも短絡的で稚拙な部分があったと思う。とはいえ、文化人類学者としては、実際にサンゴ礁を生活空間とする現地住民とサンゴ（礁）の具体的で直接的な関係性を、不問に付すことはできないと感じた。そこで私はこの研究プロジェクトで、石垣島を歩き回って住民がどのようにサンゴ（礁）をまなざし、「サンゴある景観」に暮らしてきたのか、考えることに決めた [Fukuyama 2016]。

2　サンゴ（礁）の直接的利用

　人間によるサンゴ（礁）の利用について、正面から論じる先行研究は少ないものの [渡久地 1990]、様々な利用の仕方があることはこれまでも指摘されてきた [目崎 1980]。この点に関連して、土屋・藤田はサンゴ礁という生態系が人間に多様なものごとを提供するという視点から、「生態系サービス」という概念に関心を寄せている。そしてサンゴ礁の「生態系サービス」を、魚などのグッズの提供、精神的価値と社会・文化的価値の提供、教育・研究の場の提供、地球環境変動の情報の提供、埋め立ての場の提供、という5種に大別する [土屋・藤田 2009: 101-114]。本稿で取り上げるサンゴ（礁）の直接的利用とは、魚などのグッズの提供を、それを享受する人間の側からみた表現であるといえる [土屋・藤田 2009: 107]。

　サンゴ礁の海は、多様な生物が棲んでいる上に、陸域に隣接しており、浅く穏やかで人間にとって活動しやすい。従って南西諸島でも、いわゆる「地先の海」であるラグーン（礁湖）を中心とする海域において、魚介類を得るための漁撈・漁業は、欠かせぬ生業活動であった [例えば、喜舎場 1977]。現在それは、かつてより重要性が減じつつあることは否定しえない。とはいえ、現金収入を目的とする漁業は続いているし、また漁業に携わらない住民のあいだでも漁撈は、食卓に彩りを添える「おかずとり」、あるいは家族や隣人と季節を楽しむ娯楽など、

多様な意味や価値を持つ活動として続けられている。

　その一方で、南西諸島で広く、サンゴそれ自体を採集対象とする漁撈・漁業活動が行われていたことは、今や現地ではあまり語られないし、また先行研究においても十分に注目されてこなかった。殊に石垣島に関しては、この「忘却」を後押しする出来事があったと考えている。それは、1970年代から80年代にかけて起きた新空港建設問題である［石垣市ウェブサイト］。沖縄県は1979年に、石垣島の南東部に所在する白保の沿岸に、新空港を建設する計画を発表した。埋め立て・建設予定地となったとされた白保地先は、サンゴ礁が発達し、アオサンゴそしてハマサンゴの大群落がみられたこともあって、島外から少なからぬ人びとが加わり、計画への反対運動が高揚した。その過程で、生物としてのサンゴや環境としてのサンゴ礁を保全することが主張され、と同時に住民の視点に立って、漁撈・漁業活動の空間としてのサンゴ礁を維持することが強調された［小橋川・目崎1989］。反対運動の結果として1989年に、白保地先での新空港建設計画は撤回された［石垣市ウェブサイト］(注2)。10年間にわたったこの出来事について、石垣島の市街地である四箇に住む70代半ばの男性は、「かつてサンゴをきれいだなんて言うひとはいなかったが、白保の空港の問題が取りざたされるようになってからサンゴ、サンゴと言うようになった」と述べた［N氏20100324(注1)］。確かに、新空港建設問題を重要な契機として、サンゴ（礁）は保全すべきものとして位置付けられ、住民とサンゴ（礁）の関わりは、サンゴ礁に棲むサンゴ以外の生物の捕獲といった、住民によるそのいわば間接的利用に偏って、注目を集めるようになったと考えられる。

　加えて本土への沖縄復帰以降、沖縄で観光産業が急速に成長していき、石垣島でも来島する観光客数が右肩上がりに増加するなかで［久住2008］、海中鑑賞を目的としたグラスボートやマリン・スポーツが人気を博した。そしてサンゴ（礁）が観光資源として重要性を増したため、「愛でる」対象として定着した［下田2013］。その一方で1970年代以降、大量発生したオニヒトデによるサンゴの捕食や、白化によるサンゴの死滅が深刻化したことも、保全の対象としてのサンゴ（礁）観がますます普及していった理由だと考える［例えば、日本サンゴ礁学会ウェブサイト］。

　こうして石垣島の住民は現在、サンゴ（礁）に対して、以前とは大分異なるまなざしを投げかけるようになっていると思われる。では、かつて住民にとって、サンゴ（礁）はいかなるものであったか。それを「想起」し、「サンゴある景観」の特徴を浮かび上がらせる一助として、本稿ではサンゴの直接的利用、

特にサンゴを原材料として漆喰を作り、使う左官仕事に注目する。そして、漆喰が創り出す集落の景観を確認すると同時に、漆喰が映し出す島（シマ）の景観に注目する。なお、本稿で使用する主なデータは、2009年から2013年までのあいだに、断続的に石垣島で実施したフィールドワークで得たものである。

3 「石」としてのサンゴ

2009年の夏、私は先述の「サンゴ礁学」の一員としては初めて、石垣島を訪れた。住民とサンゴ（礁）との関わりを明らかにしたいと考えていたが、その時点では具体的な計画はなかった。とりあえず、歴史的に政治・経済・文化の中心であり続けてきた市街地である四箇（しか）を歩き回ってみた。しかし私の先入観に反して、都市の名にふさわしく建築物が密集するなかでは、サンゴに繋がるものが見当たらないどころか、海の気配も希薄なように思われて途方に暮れた。しばらくして、つてをたどって四箇（しか）・登野城に居住する、何ごとにも博学な70代半ばのY氏と知り合いになった。私の研究について話すと、笑いながらサンゴは街なかでも、そこかしこにあると言った。共に外を歩き、彼の指さす方に目をやると、コンクリートや木などといった私が住む東京でも馴染みある建材に交じって、いびつで隙間の多い石のようなものがブロックのように積み上げられて、塀を成していた。近くで見てみると、サンゴの骨格が見て取れるものも多い。目が慣れてくると、住宅や聖地である御嶽（オン）など、いろいろなところにサンゴが使われていることに気付くようになった。次第に利用される場所によって、異なる種類のサンゴが選ばれていることもわかってきた。その後、四箇（しか）を中心に、時には白保まで足を延ばして、「陸に上がったサンゴ」を探すと同時に、高齢者を主とする様々な住民から、サンゴの直接的利用に関する話を集めた。その結果、この島でサンゴはかつて、建材として盛んに利用され、それが現在でもかなり残っていることが明らかになった。

サンゴの建材、厳密にはサンゴ由来の建材は、まず使用時に、死んでからの経年の末に石灰岩化しているか否か、換言すればもはや石／岩か、あるいはサンゴの生体／死体と呼ぶべきものか、で大別できる。前者はいわゆるサンゴ石灰岩であるが、私が関心を向けるのは後者の方である。一口にサンゴの生体／死体と言っても、サンゴの種類に応じて多様な用途がある（写真1）[注4]。具体的に挙げるのならば、野屋墓（ヌーヤーバカ）という古い形態の墓では、遺骨を納めるために石積みの囲いを設け、その上部に屋根として、柄のある広げた傘状のテーブルサ

キクメイシを用いた礎石

エダサンゴを用いた敷砂利

ハマサンゴを用いた葛石

ハマサンゴを用いた邸宅（宮良殿内）の塀

写真1　いろいろなところに用いられるサンゴの建材（全て石垣島の四箇にて筆者撮影）

ンゴを被せることがあった。また、伝統的な木造建築の住宅では、柱と地面が接するところに、礎石として球状のキクメイシを、その上部を一部平らに加工して配置した。さらに住宅では、軒先直下の雨だれが落ちるところに配置する葛石、そして邸宅や御嶽を囲む塀や井戸の枠として、塊状のハマサンゴを必要な形に裁断して積み上げることがあった。加えて、住宅、あるいは御嶽の敷地では、浜に上がった細い枝状のエダサンゴの礫を、しばしば敷砂利として撒いた［石垣 n.d.］。いずれの場合も、自然のサンゴの形状を活かした用途であり、加工の度合いが低い点が共通している。海中から採ったばかりの「なまの」サンゴは柔らかく切断しやすいが、浜に上がってしばらくたった乾いたサンゴは固い、というのは、何人もの住民が指摘したことだった。

　さらに聞いていくと、サンゴは住宅に葺かれた瓦の隙間を塗装するために使われる、漆喰の原材料でもあったという話が出てきた。後述するが、漆喰を製造するためには、サンゴからまず生石灰を作り、さらに生石灰を消石灰にする必要があり、その他のサンゴの建材に比べると加工の度合いが抜きんでて高い。従って、サンゴから漆喰を作り、その漆喰を使って塗装することは、基本的に

表1　石垣島でサンゴを意味する語彙

語彙	意味（カッコ内は島内でその語彙が採取された地名）
イナガ・イシ	海石（四箇ほか＊）
イン・マチィ	海松（石垣、白保）
ウール	海石（四箇ほか）
ウル・イシ	海石（石垣、白保）
ウールヌパイ・イシ	海石、石灰用の石（四箇ほか）
カサ・イシ	海より産する笠形の石（四箇ほか）
カツォーラ・イシ	カサイシに同じ（白保）
チィブリィ・イシ	菊花石（四箇ほか）
ボージィ・イシ	菊花石（白保）、坊主石の義
ムン・ッシィ・イシ	菊花石（四箇ほか）、麦摺石の義

『八重山語彙』［宮良 1930］より抜粋、一部修正。
＊旧石垣町のこと。宮良は「石垣町の言語」を「八重山標準語」、「石垣語の標準語」としている
　［宮良 1930: 2］。

は専門性の高い仕事であったと考えられる。強い日差しに照らされる瓦屋根の赤褐色と、その隙間に塗られた漆喰の白色から成る格子模様は、沖縄を象徴するイメージのひとつである。石垣島でも、古い住宅には残っていることがあるし、近年建築されたホテルや別荘などでも、原材料や製造方法は昔のままではないだろうが、赤褐色と白色のコントラストが目立つデザインの屋根は、「沖縄らしい」として好んで選ばれている。ところが、他のサンゴの建材と違い、私はサンゴから漆喰が作られていると聞いた後も、瓦屋根とサンゴを結び付けて捉えることはなかなか難しかった。そのような特別さも加わって、私は漆喰に強い関心を寄せるようになった。

　ここで、住民がどのようにサンゴをまなざしてきたかを知るために、その手がかりとして現地語に着目してみたい。石垣島の四箇（しか）・大川出身の言語学者、宮良當壯は、1930 年に『八重山語彙』という辞典を出版した［宮良 1930］。四箇（しか）の方言を中心に、八重山諸島各地域の語彙が網羅的に収録されているこの大著から、石垣島島内においてサンゴを意味する語彙を全て抽出した（表1）。表1からは、基本的に住民がサンゴを「石」として認識していたことと同時に、その形状から「松枝」型、「菊花」型、「笠」型の3タイプに大別していたことが示唆される。いわゆるエダサンゴ、キクメイシ、テーブルサンゴが、それぞれの典型であるものと思われる。加えて、麦をする、脱穀するための石という意味の「ムン・ッシィ・イシ」、サンゴの灰をつくるための石という意味の「ウールヌパイ・イシ」という語彙も挙がっていた［宮良 1930］。

　事実、後述する左官たちも、聞き取り調査のなかでサンゴをイシと呼ぶこと

が最も多かったように記憶している。ただし、サンゴをあくまで鉱物の石に似ているものと位置付けたのであり、石と等号で結んではいなかったことには留意したい。白保の石工であるK氏は、かつては柱の礎石にするために、球状のキクメイシを自分で採集していたという。採集時のコツとして、「ボウズイシ（キクメイシ、表記は筆者の聞き取りに基づく）は、丸い『目』（ポリプ）のところから『虫』（触手）が出てきている時は、足を使って簡単にとれるが、『虫』が引っ込んでしまうとギュッとなってとれなくなってしまう」（丸カッコ内は筆者補足）と表現した［K氏 20100329］。あるいは、多くのひとが「なまの」、「生きている」サンゴなどと表現することからもわかるように、住民はサンゴが生物であることは当然知っている。彼らにとってサンゴは、生物だが石のような資源であり、その意味で中間的な存在だったといえるだろう。

4　サンゴを使った左官仕事

1. ムチの盛衰

　次に、「ウールヌパイ・イシ」としてのサンゴから作られた漆喰は、沖縄そして石垣島でどのように定着し、どのように衰退していったのか、みていきたい。漆喰は、古代より世界各地の建築物において、接着したり、溝を埋めたり、表面を平坦にしたりするために使われてきた粘着質の建材であり、日本でも広く使われてきた［藤田・西山 2004］。その原材料は、炭酸カルシウムを主成分とした「海の石」と総称される貝やサンゴと、「山の石」と総称される石灰岩に大別することができる。いずれの場合もまず熱を加えることによって、生石灰を生成する。次に生石灰に水を加え混ぜて、消石灰を生成する。この段階では、化学反応として発熱が起きる。この消石灰こそが漆喰の主要な成分である（図1）。

　沖縄では、サンゴが堆積し石灰岩化したサンゴ石灰岩を原材料として、まず生石灰を生成し、次にそれに水、そして刻んだ稲の藁を加えて餅――沖縄の言葉でムチ[注5]――のような状態になるように混ぜ合わせ、漆喰すなわちムチを作ることが一般的であった［國吉 2004: 40］。ムチは、墓の表面の加工や、船板や骨壺の蓋の接着に使われたが、近年の主たる用途は何と言っても、瓦屋根の目地を塗り込むことだったようである［國吉 2004: 40］。なお、漆喰にまつわる仕事としては、漆喰製造、瓦製造、瓦葺き、漆喰塗装、が挙げられるが、一口に左官あるいは漆喰大工／漆喰屋といっても[注6]、それら全てをやる者もあれば、一部をやる者もいたようで、仕事の内容に幅があったと考えられる。

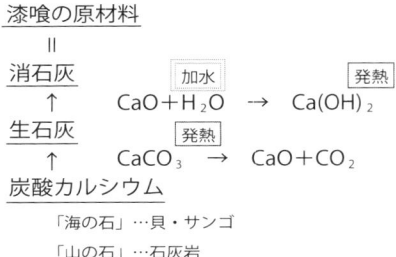

漆喰の原材料
=
消石灰
↑　　　　CaO＋H₂O　→　Ca(OH)₂
生石灰
↑　　　　CaCO₃　→　CaO＋CO₂
炭酸カルシウム

「海の石」…貝・サンゴ

「山の石」…石灰岩

図1　漆喰製造の過程

　この建材がどのように沖縄で定着したか、その歴史について粗描したい。中国で明朝末期の 1637 年に出版されたといわれる技術百科書『天工開物』に、野焼きで二枚貝のカキを意味する「蠣」を焼成して「蠣灰」を作ることが書かれている［宋 1989（1969）: 218-219］。その約 1 世紀後の 1731 年、蘇州から漂着した呉自成が沖縄に、窯による「石灰」の「焼法」を伝えたという［琉球史料研究会 1960］。そして琉球王府の下では、瓦奉行の砂官主取が左官仕事を統制するようになり、建築物の瓦葺きは、町方すなわち首里・那覇の首里城、寺院、一部の士族、地方では役所たる番所にのみ許可された［國吉 2004: 42; 那覇市企画部市史編集室 1979: 337］。すなわち左官仕事は、瓦奉行所の管轄下に置かれた、都市特有の職人技術だったのである。

　ところが 1889 年に民間の住宅にも瓦葺きが許可されたことによって、漆喰と瓦、そして左官の需要は増えていった［國吉 2004: 42］。1935 年には、台湾から漆喰の塗装をあまり必要としないセメント瓦が、名護で導入された［比嘉 2006: 78］[注7]。世界大戦が始まると住宅の建築件数自体が減り、また沖縄戦においては大半の建築物が被害を受けたと推測される。終戦を迎えた後、セメント瓦の需要が沖縄全域で増えていったものの［比嘉 2006: 78］、戦後もしばらくは沖縄各地で「フェーヤチガマ（灰焼窯）がならび煙をたなびかせていた」［國吉 2004: 42］という。事実、1957 年の時点で、「（沖縄本島）各所に」、「巣箱型の原始的の石灰窯（Little beehive ovens）があって、石灰を焼いている」［岡 1957: 34］と指摘されており、1947 年から 1950 年代にかけて、石灰の生産量が急増したというデータもある［岡 1957: 35］。例えば国頭村辺野喜区では、1970 年頃まで「石灰や（フェーガマ）」が「営業していた」という記述がある［「字誌辺野喜」編集委員会 1998: 131］。

　しかしながら次第に、セメント瓦をはじめとする新たな建材や技術の普及によって、漆喰の需要が減っていき、従来のような左官仕事は下火になっていっ

たと考えられる。そして沖縄復帰の年である 1972 年に、沖縄県漁業調整規則が制定され、その第 5 条では「サンゴ漁業の禁止」、第 39 条では「岩礁の粉砕、土砂・岩石の採取の禁止」が定められた［沖縄県ウェブサイト］。つまり、サンゴはその生体、死体、そしてサンゴ石灰岩も容易には採集することができなくなったのであり、サンゴからの漆喰製造には実質的な終止符が打たれた。

　さて、石垣島に焦点を当てると、1695 年に本島から瓦製造の職人が招聘されて名蔵窯で製造を始め、その翌年には島政機関である蔵元が初めて瓦葺きになったという［石垣市総務部市史編集室 1999: 41］。八重山諸島では、沖縄本島以上に瓦の使用が制限されており、士族の邸宅である殿内にも許可されず、禁止令が度々出されていた。ただしこのことは逆説的に、瓦が普及しつつあったことを示すといえよう［石井 2010: 152］。

　その後、先述したが 1889 年に瓦葺きが解禁されたことによって、石垣島でも左官の需要が増えた。そのなかで明治 30 年代（1897 ～ 1906 年）は、本島の首里・那覇の左官が単身で来島し仕事を担っていたという［石垣市史編集委員会 1994: 830］。しかし明治 40（1907）年辺りを境に、その左官のなかに石垣島に妻子を呼び寄せて移住する者が現れたと考えられ、「瓦製造の傍ら漆喰業」を行うようになった［石垣市史編集委員会 1994: 830］。元左官の T 氏はこの点について、もともと「漆喰大工」という仕事はなかった石垣島に、自分たちを含め沖縄本島から移住した左官がいた一方で、いわば「何でも屋」としてこの仕事を担うひとも出てきたのだろうと語った［T 氏 20120814］。事実、明治末期から大正時代にかけて、「漆喰業を始めた」ひととして、4 名の名前が挙がっている［石垣市史編集委員会 1994: 830］。また、例えば大正 11 年の新聞広告には、「一　石灰製造並に販賣　一　瓦屋根葺請負」、昭和 13 年の新聞広告には「シツ喰用石灰　製糖用石灰」という文言があり、石灰そして漆喰の製造や左官仕事が定着していたことが垣間みられる［石垣市立八重山博物館 1989: 86］。

　1935 年にセメント瓦が沖縄本島にもたらされると、間もなく石垣島にも導入されたが［角南 2017: 125］、従来の赤土の瓦が引き続き主流だったようで、「瓦葺は次第に数を増し戦前は八、九分通りは瓦屋根となっていた」［宮城 1972: 18］と回想されている。戦後になると、先述のように本島では新たな建材や技術の急速な流入のともで、セメント瓦が普及していった。しかし石垣島を始めとする八重山では、相変わらず赤土の瓦がセメント瓦に取って代わられる速度は本島よりも遅く［比嘉 2006: 90］、戦後の復興景気もあって、赤土の瓦製造は盛んになったという［石垣市史編集委員会 1994: 830］。従って漆喰を扱う左官の需要も増した

写真 2　漆喰を作るためのサンゴ石の運搬風景（1961〔昭和 36〕年 7 月 25 日。八重山郵便局北付近）『八重山写真帖』より転載［石垣市総務部市史編集室 2001: 179］。石垣市教育委員会市史編集課がデータを所蔵・提供。

とみえ、戦後に「漆喰業を営んでいた人々」として、旧大浜村の 5 人、旧石垣町の 10 人の名前が挙がっている［石垣市史編集委員会 1994: 831］（写真 2, 3）。ところが、1959 年、1966 年、1968 年などに大型台風の襲来が相次ぎ、住宅に深刻な被害を与えた。その直後は、やはり元左官の M 氏が指摘したように、修復等のため左官の需要が増えたようである［M 氏 20120807］。また、1970 年代初頭には、経済状況の改善を理由に、瓦葺き屋根が増加したという側面もあった［杉本 1974: 276］。とはいえ次第に、風雨に強い鉄筋コンクリート造の住宅、いわゆるスラブ建築に切り替わっていった［比嘉 2006: 91］[注8]。

　1967 年には石垣島最後の瓦焼き窯が閉鎖され、島内での瓦製造は終焉を迎えた[注9]。当然、漆喰と左官の需要もまた減少したと考えられ、サンゴを原材料とした石灰の焼成は、「専門にしていたサンゴ礁石採取人が仕事を止めてしまったから」、1965 年頃まででなくなったという［石垣市史編集委員会 1994: 846］。1972 年の沖縄県漁業調整規則の制定は、その流れを決定付けただろう。「それでも、屋根ふきの業者は海岸近くに打ち寄せられている小さな礁岩を拾って、細々と焼成を続けていた」が、1975 年頃で終わり、その後は沖縄本島より石灰を移入するようになった［石垣市史編集委員会 1994: 846］。原材料の供給が途絶えたこと以外にも、手間がかかることや、窯での焼成時に煤煙公害があることにも要因があったと指摘されている［石垣市史編集委員会 1994: 831］。

写真 3　漆喰製造用の窯（1965〔昭和 40〕年 1 月 1 日。字登野城）
『八重山写真帖』より転載（石垣市 2001: 179）。石垣市教育委員会市史編集課がデータを所蔵・提供。

2. 左官と漆喰──当事者の話を中心に

①どんな左官か

　私が調べた限りでは、現在の石垣島に、サンゴ焼成のための窯はその跡を含め存在しない。しかしながら高齢者の多くは、ドーム状のサンゴ焼成の窯があった場所や、自分の居住地域にいた左官の名前を正確に憶えていた。さらに、漆喰製造と漆喰塗装の経験双方を持つ左官だった人びとが、高齢ながらも健在であった。

　私は、南東部の白保にて、左官 A 氏の妻に会うことができた [注10]。加えて四箇にて、複数の住民から名前が挙がった登野城の左官 T 氏（男性）、石垣の左官 M 氏（男性）と知り合うことができた。A 氏の妻は自身もまた左官仕事に携わってきたことを考えると、3 人はみな、左官仕事の当事者だったとみなせよう。以下では、かれらから聞き取った情報を再構成する [注11]。なお、聞き取り調査は主に、A 氏の妻に対しては 2010 年 3 月 29 日、T 氏に対しては 2012 年 8 月 14 日、2013 年 3 月 12 日、M 氏に対しては 2012 年 8 月 7 日、2012 年 8 月 9 日に実施した。まず、A 氏、T 氏、M 氏の 3 人について、基本的な社会的属性と左官になった経緯をまとめたい。以下で引用した現地語をはじめとする言葉に続く丸カッコ内は、筆者が説明を補足したところである。

　A 氏の妻は、1919（大正 8）年生まれで、1911（明治 44）年頃生まれた A 氏は 20 年以上前に亡くなった。妻は父母ともに白保出身で、白保生まれ育ちである。対して A 氏は、父が本島首里出身、母は白保出身だった。父の代で石垣島白

保に住むようになり、Ａ氏自身は白保で生まれたが、首里で教育を受けた。Ａ氏は、台湾とのあいだで貿易商のようなことをやっていたが、戦後それがうまくいかずに、左官になった。当初は那覇から漆喰を仕入れていたが、その後同じ白保のＳ氏から漆喰製造の方法を習い、自らやるようになった。Ａ氏が60歳くらいになるまで、左官をやっていたという。

　Ｔ氏は、1928（昭和3）年生まれである。父母はともに本島首里出身で、兄たちには首里生まれもいるが、Ｔ氏は石垣島生まれである。Ｔ家は首里に住み代々左官を務めてきた家系だった。父や祖父は、「公共事業」で宮古島をはじめとする離島に行くことがあり、大正時代初期に石垣島に住むようになった。数年後に母と祖母も呼び寄せた。石垣島では首里出身の左官は自分たちのみで、那覇出身の左官は四箇の2軒だったという。Ｔ氏は父や兄とともに、17歳から左官として働いた。戦争が始まると、軍に石灰を供出する必要が生じて忙しくなったが、その後戦争の激化により、自分も違う仕事に徴用された。終戦の前年1944年、弟、母、父を次々に亡くした。戦後しばらくしてから、兄と2人で左官仕事を再開した。最後に漆喰製造をしたのは、自分が30代の頃であると記憶するが、那覇から漆喰が入ってくるようになって、漆喰製造はやめたという。

　Ｍ氏は、1933（昭和8）年生まれである。父は島根出身で、20代の半ばに石垣島に住むようになり、木材の切り出しや木炭製造をしていた。母は四箇・石垣の出身だった。父が早くに亡くなり、生活苦のなかで10代には船乗りをし、20代になると本島那覇において軍のもとで働いたこともあった。しかし21、2歳で四箇新川のＲ瓦工場で仕事を得て、瓦製造のみならず左官仕事も体得した。24歳ごろに再び那覇に移り、左官として雇われた後に独立開業したが、復帰の前年1971年に石垣島に戻った。復帰の翌年1973年に再び開業し、10数年前までは活発に仕事をしていたという[注12]。

　左官として、Ａ氏、Ｍ氏は石垣島において自ら仕事を始めた「新規起業型」であるのに対して、Ｔ氏はおそらく王朝時代まで遡れる首里の祖先より、代々続けられてきた「家業継承型」であることがわかる。その点についてＴ氏は、先述したように「新規企業型」を「何でも屋」と呼んで「家業継承型」と差異化し、自分たちの強い自負心を隠さなかったことは印象に残っている。

②どのようにサンゴを入手したか

　次に3人から聞いた話から、かつての左官仕事、なかでも原材料となるサンゴを採集し漆喰を製造するまでの過程を中心に、再構成する。

　沖縄の他地域では、石灰の原材料としてサンゴ由来のサンゴ石灰岩を利用することもあるが、石垣島では基本的に「海中から生きたサンゴ石」を採集してそれを原材料としてきたことに特徴がある［石垣市史編集委員会 1994: 831-832］。A氏の妻は、A氏と共にサンゴを採集したことを鮮明に覚えていた。海の干潮時に歩けるようになる「バッタンジ（浅瀬）渡って」、「ピー（礁嶺）のはしっこ」に行き、先だけが平たく加工されているティンガラ（金棒）を使って、原材料となるペーヤギイシ（灰焼き石）すなわちサンゴを、折って採ったという[注11]。その際にはわきに3尺かける3尺、すなわち約90cm四辺の藁のかごを置いて採ったサンゴを入れていき、それがいっぱいになると2人でかごについた棒を担いで運んだ。大変な重労働で、A氏は妻によく、「25回運んだら帰っていいよ」と言ったという。「ウミンチュ（漁師）のくり舟」で運んでもらうこともあった。サンゴはいずれの種類でも構わないが、「平たい方がとんがった方より、実があるからいい」とのことだった。

　他方T氏は、サンゴの採集は自分でせずに、「専門のひと」、すなわち自分の窯の近くに住んでいた宮古島系住民のS氏から買い取っていたという。S氏は海中のサンゴを採集するほかに、台風後に浜に上がったサンゴを持ってくることもあった。テーブルサンゴがほとんどだったが、キクメイシを使うこともあった。ただし、エダサンゴは使わなかったという。サンゴが採れなくなってからは、住宅の建て替えなどで廃棄された礎石である、キクメイシを拾いに行ったこともあった。しかし、「なまの」サンゴの方が、漆喰の粘着力があり、原材料としてよかったという。

　M氏もやはり漁師から買い取っていたという。漁師の多くは、サバニ（小型漁船の一種）を持つ沖縄本島の糸満系住民だった。ただし、浜に上がったサンゴを自分で採集することもあった。サンゴの種類はテーブルサンゴでもスーイシ（塊状のサンゴを指しているか）でも構わないが、テーブルサンゴはスーイシに比べて、かさばるわりにたいした量の石灰が採れなかったという。沖縄復帰からおよそ7年後に、最後の漆喰製造を行った。サンゴの採集が禁止されると、那覇で大分県の石灰岩を原材料に製造された漆喰を購入するようになった。

　サンゴの入手方法としては、A氏は「自己入手型」、M氏は「買取型」、T氏は「折衷型」であるといえよう。

③どのように漆喰を製造したか
　採集したサンゴを漆喰に加工する方法に関しては、3人の語りに共通する部

分が多かったので、まとめて記す[注14]。ただし、情報源が1人だったり、各人の情報が異なっていたりする部分については、その名を示す。3人は自分の窯を持っていて、その場所を明瞭に記憶していた。その土地は、T氏とM氏の場合は自分の所有地であるが、A氏は部落共有地と考えられるところだった。いずれも、窯が高熱になるに加え、大量に煙が出るから、集落から離れたところにあったという。窯はドーム状で、高さ2.5m、奥行き2.5m（T氏）、あるいは高いところで3.5m、円の直系2m（M氏）、といった大きさで、正面の口以外に、上部と裏側にも口が開いていた。骨組みはなく、赤土、瓦、石、場合によってはレンガや米袋も使って、下から積み上げた。A氏とM氏は自ら行ったが、T氏はT氏の父と、沖縄本島の出身者で窯を作ることに長けたY氏が協働で建て、完成後はY氏がこの窯を使うこともあったという。

　採集したサンゴはまず窯の周辺に積んで天日で1か月ほど乾燥させるが、その時に非常に強い臭気を発したという（M氏）。その後、サンゴを焼成するために窯に入れる際には、火が通りやすいようにテーブルサンゴは立てて配置し、2段目はそれに垂直に交差するようにやはり立てて配置した（M氏）。他方塊状のサンゴは、ドーム内の両端にレンガを積み、その上にドストル（鉄格子）を載せて、その上に置いた（M氏）。

　窯に火を入れると、「2晩3日」（A氏）、「50時間不眠不休で」（T氏）、あるいは「2日間まるまる」（M氏）焼いた。はじめは弱火で水分を飛ばし、その後は強火で焼き続けた。焼き始めて8時間後、火の周りのサンゴが焼けると、一度正面の口から薪を出してサンゴの焼けた部分を棒で落として外に出し、それが自然に落ちてしまうことによって薪の上に積み上がることのないようにした（T氏）。約1日経った段階で、焼けて石灰になったサンゴが落ちてくるので、それを鉄で先が曲がっているカカジヤー（引っ掻き棒）でかき出したともいう（M氏）。複数人で協力しながら、燃料である薪をくべ続けた。夜明け前に始めて、2晩後の朝4、5時に終わった（T氏）。その間、その場に妻が食べ物や飲み物を持ってくることもあった（M氏）。焼き上がりは、「イシが赤い時はまだだが、青白く光ると具合がいい」というように判断したという（M氏）。

　薪に最も適しているのは、首里でトゥブシ、石垣島でアカシという松の芯の部分だったという（T氏）。後には、古タイヤや廃油も燃料に使った。バンカー油（廃油の一種）を、窯の中にパイプで送る仕組みを工夫したこともあった（M氏）。焼き終わると、3つの口に蓋をした状態にして（M氏）、一晩冷ますために放置した。そして、口を開け空気を入れて、ひとが窯の中に入ってサンゴを取り出

した（T氏）。正面の口からカカジヤーで引っ掻けると落ちてきたともいう（M氏）。

　その後、焼けたサンゴを、漆喰を製造する場所へと運び、山積みにした。これに井戸水をかけると、「ヤマイモを中に入れても煮えるくらい」に熱が出て、焼けたサンゴが「溶けて」いったという（T氏）。その上に、山刀あるいは「押し切り」で10cm（T氏）、もしくは5、6cm（M氏）の長さに切った藁を被せて、さらにその上から水浸しにし、長い棒を使って中の方にも水が浸透するようにした。「蒸し風呂」のようになる危険な作業だったという（M氏）。しばらくしたらフォークやミツマタで藁を混ぜ込み、泥状のそれを山積みにした。2、3日置いて藁が柔らかくなると、杵と臼で突いた。コンクリート製の臼と木製の杵を自ら作り、「女の人夫」を3人ほど雇って突いた（A氏）。女性が「ユンタ（労働歌）のような歌」を歌いながら突いていたこともあったという（T氏）。他方、工場では、直径1mの石、あるいはセメントでできた臼と、木の杵で突いていたという（M氏）。後には、精米機を改造した機械や（A氏）、特注した羽が回るタイプの機械を（M氏）、導入したこともあったという。いずれにせよ漆喰を十分に攪拌し、藁の繊維を細かくして空気が入り込まないようにし、発酵しすぎないようにすることが重要であった（T氏）。

　漆喰製造の頻度は、年4回（M氏）から年6回（A氏）ほどだったが、場合によっては1か月後にまた、ということもあった。戦時中には、石灰を軍に供出しなければならなかったので、窯を3棟持って次から次へと火を入れていた時期もあったといい、さらに戦後も公共事業が多く間に合わないほど忙しかった時代があったという（T氏）。

④どのように漆喰で仕事をしたか

　サンゴを焼いただけで加水していない生石灰は、黒糖製造の際に欠かせない添加物だった（注15）。従って生石灰を売ることがあったといい（T氏）、先述した昭和10年代の新聞広告にも「製糖用石灰」の文言があった。また塗装を自分でするひとには、漆喰を「製品」として売った（T氏、M氏）。周囲の島、遠くは与那国島へ「製品」を船で送ったこともあった（M氏）。

　塗装をする直前には、漆喰に水を入れて練り直し、そして砂を混ぜた。この際に細かい砂（後述のニービと同じか）の方がいいので、島西部の名蔵に砂を取りに行ったという（T氏）。一方、漆喰にはシタジ（おそらく下地）とジョームチ（おそらく上漆喰）があり、漆喰に砂、場合によってはセメントや接着剤などを混ぜるのだが、ジョームチの方が漆喰の割合が高かったという（M氏）。漆喰を製造

してから時間が経つと藁の繊維が発酵してやわらかくなり、扱いやすいが弱くなった（T氏）。

瓦で屋根を葺く際には、於茂登岳に生えるオモトダケに、クウズという植物の表皮の紐を編み込んで、下地となる野地を作った（M氏）^(注16)。そして、赤土もしくは赤土とニービ（粒子の細かい砂の一種）を混ぜたもので雌瓦を葺き、それに噛み合うように雄瓦を葺いた。その作業から1日以上（T氏）、あるいは4、5日（M氏）経ってから、瓦と瓦のあいだに漆喰を塗装した。これにより、屋根は風雨に強くなるという。瓦には工場やその時の出来によって良し悪しがあり、形に差があるものをうまく葺くのにも技術が必要だった。

塗装作業をするために、漆喰を携えて島北部や周囲の島にも行った。西表島の祖納には定期船で、波照間島にはカツオ漁の漁船で5時間かけて行き、遠くは波照間島、宮古島、久米島にも行った（T氏）。あるいは波照間島、西表島などへは自分の船で行き、報酬に含まれていた交通費を浮かせて得をしたこともあった（M氏）。

なお、瓦を葺くときには、家主が瓦や赤土、そして労働者を準備するのが一般的だった。T氏は、島内の北端集落、平久保で「戦後に初の（おそらく平久保において初の）」瓦葺を手掛けた際に、馬で1日がかりで行ったことを鮮明に記憶していた。その日は大雨になったため、T氏は「無理だ」と言ったものの、家主が「ひとを集めてしまったのでお願いしたい」と言うので、命綱を付けて片手で葺いた。その後、漆喰の塗装もした。漆喰は、川平周りの船で、やはり1日がかりで他の職人と共に運んだという。

以上、3人の当事者の語りからは、左官の姿と漆喰製造を中心とする左官仕事が具体的に浮かび上がってこよう。

5　サンゴの集落／島景観

さて、これまでの記述から景観史という概念についてどのような考察が可能だろうか。石垣島においてサンゴは、現地語では石に似ているものとして認識されてきた。漆喰に関する調査からは、海に生息するサンゴが採集され、漆喰に加工され、そして瓦を葺くために塗装されるまでの過程が、具体的に明らかになった。すなわち住民が、サンゴを直接的利用の対象として位置付けてきたことは、揺るぎようのない事実である。少なくともこの島でサンゴ礁は、サンゴの採集から加工、そして使用に至るまでの、人びとによる一連のサンゴへの

働きかけの場だったとさえ言い表すことができよう。ひとの手を経て「陸に上がったサンゴ」は、ひとが暮らす住宅の一部となって、集落景観（シマ）を作りだしてきたのである。

　さらに、左官たちの話からは、別の次元の景観もまた、浮かび上がってくる。左官仕事は元来、琉球王朝の中心都市であった沖縄本島の首里や那覇において、職人技術として発達した。ところが 19 世紀末に石垣島でその需要が高まるようになると、当初こそ本島の左官が一時滞在して仕事を担っていたが、1910 年代初頭辺りから、T 氏の祖父と父のように、石垣島に移住する左官が現れるようになった。つまり、本島から離島へ、漆喰製造の職人や道具のみならず、その技術までもが「移植」されたわけである。ちなみにそれが可能となったのは、石垣島でも漆喰製造ができ、かつ左官が職業として成立しえたからであり、その背景にはサンゴ礁の発達、燃料を供給する森林の発達、あるいは一定の需要の存在といった、沖縄本島との共通点があったと考えられる。

　さて左官が原材料のサンゴを入手する際には、T 氏は宮古島系住民、M 氏は沖縄本島の糸満系住民、A 氏はウミンチュに、サンゴの採集や運搬を依頼することがあったという。石垣島でウミンチュという場合には、漁業に従事する他島系住民——自身もしくは祖先が他島出身であるような人びと——を意味することが一般的であるから、いずれの左官も漆喰製造において、海に精通した他島系住民に一部の作業を託していたことになる。さらに、自ら製造した漆喰を持参して塗装の作業を行うために、周辺の集落（シマ）はもとより石垣島の北端など遠隔地を訪れることは日常で、さらに八重山諸島のほぼ全域、場合によってはより遠い島にも出張していたという。

　まとめるならば、左官、漆喰、左官仕事は、まず沖縄本島から石垣島南部へと拡がり、石垣島で定着した後には異なる島々の出身者を結び付けたのであり、さらに石垣島南部から島内の各地、そして他島へと拡がっていったといえる。ここには、まさにムチを「接着剤」として、複数の集落（シマ）のみならず、島々が繋がれており、その意味で島景観（シマ）がみてとれる［例えば、安渓 1988］。建材として「陸に上がったサンゴ」は、住民の生活世界が陸のみならず海にも立脚していることを象徴する。集落景観（シマ）は、海によって囲まれていると同時に繋がれてもいる島という環境の固有性と不可分であるという点で、島景観（シマ）でもあるわけだ。石垣島の住民は、もちろん左官か否かなどといった違いにより質や度合いこそ異なれども、確かに身体実践を通してサンゴ（礁）と関わりながら、集落／島景観（シマ）を構築し共有してきたと捉えられる。

　ところで、景観に対する人類学的な先行研究では、景観を「一次的」景観と「二次的」景観、あるいは内的景観と外的景観、「場所」と「空間」、といったように二項対立的に捉えてきた。おおむね、前者は自己によって日常生活における身体実践を通して構築される景観であるのに対して、後者は他者によって政治経済的な価値付けを通して生産される景観であると説明され、前者の解明に力点を置いてきたと言える［河合 2016: 22］。

　石垣島では、住民が伝統的に構築した「サンゴある景観」すなわちサンゴの集落（シ）／島（マ）景観が「一次的」景観、島外からの力の先導の下で、保全や観光資源化を目的として生産された「サンゴある景観」が「二次的」景観に相当し、後者が前者に卓越しつつあるようにみえる。しかしながら、そのように結論付けるのは短絡的であろう。なぜならば本稿で描き出したことからも明らかなように、サンゴの直接的利用を記憶する住民が健在で、サンゴの建材はなおも現役で住宅等を形作っているなかで、固有の集落（シ）／島（マ）景観は決して消滅していないからである（注17）。

　ある環境に住まう人びとの景観は、時間をかけて重層的に織り成されるものであり、その意味で本質的に景観史として捉えるべきである。石垣島の住民が共有する「サンゴある景観」を考えるに際して重要なのは、「一次的」景観と「二次的」景観の二項対立を見出すことよりむしろ、景観における重層性を通時的な視点から解きほぐすことにある。そうした場合、サンゴの集落（シ）／島（マ）景観は、そのひとつの層を成していることがわかった。かれらは、その島に住まわない人びととは、確かに異なる、厚みある「サンゴある景観」をみているのだ。

〈謝辞〉　石垣島でのフィールドワークにおいては、左官だった方々を始め、数多くの住民に大変お世話になり、多くのことを教えて頂いた。本稿については、「サンゴ礁学」に参加した研究者、そして小田亮氏（首都大学東京）から、有益なコメントを頂いた。ここに記して、心より感謝申し上げたい。

注
(1)　2008 年から 2013 年に実施された、新学術領域研究（研究領域提案型）（4004）「サンゴ礁学──複合ストレス下の生態系と人の共生・共存未来戦略」（代表：東京大学・茅根創）のこと。
(2)　2013 年に新石垣空港が開港したことは記憶に新しいが、紆余曲折を経て、当初の計画とは別の場所に海上埋め立てを行わない形で建設された。

(3)　8 桁の数字は、聞き取った年月日（この場合は、2010 年 3 月 24 日）を示す。以下同様。

(4)　住民は、テーブルサンゴをカサーライシ、カサイシ、ヒレーク、キクメイシをツブルイシ、チブルイサー、ボウズイシ、ハマサンゴを、キンイシ、スプライシなどと呼んでいた（表記は筆者の聞き取りに基づく）。ただし、これらは必ずしも石垣島固有の言葉ではないと思われる。

(5)　先述の宮良は標準語の「Sek-kai（石灰）」の項目で、八重山語彙として、①イシ・バイ、②ウール・ヌ・パイ、②ムッチィを挙げており、②には「ウールは海石の名。その灰と云ふ義」、③には「餅の義。ただし水を混じて捏ねたるものを云ふ」と説明を加えている［宮良 1930］。現在の石垣島では、筆者が聞き取った範囲ではムチという表記が音声と最も近いと思われたため、本論では沖縄本島と同じムチとする。

(6)　例えば『那覇市史——資料篇第 2 巻中の 7 那覇の民俗』には、左官の呼び方として「漆喰細工、漆喰塗細工、漆喰塗屋」を挙げている［那覇市企画部市史編集室 1979: 337］。宮良は標準語の「Sakan（左官）」の項目で、八重山語彙のなかの石垣島内の言葉として、①ウール・ファーシィ・ピトゥ、②ムチィ・ファーシィ・ピトゥを挙げており、①に「石灰を食はす人の義」という説明を加えている［宮良 1930］。となると、②は「漆喰を食わせる人」という意味になろう。

(7)　セメント瓦は針金で固定するが、それを葺いたり修復したりする際には、セメントを混ぜた漆喰を使う。ただし、赤瓦の方が小さいために、より大量の漆喰を要したという［沖縄本島名護におけるセメント瓦工場の工場長 H 氏 20130306］。

(8)　比嘉は、八重山では沖縄本島などとは異なり、瓦葺き建築からセメント瓦葺き建築を経ずにスラブ建築に移行することが多かったのではないかと指摘している［比嘉 2006: 91］。

(9)　1989 年に新たな瓦工場が創業したが［石垣市史編集委員会 1994：830］、現在では廃業している。

(10)　WWF サンゴ礁保護研究センター「しらほサンゴ村」の職員の紹介を受けた。

(11)　石垣島の漆喰製造については、『石垣市史各論編——民俗・上』にも左官から聞き取ったデータを含む記述がある［石垣市史編集委員会 1994：830-832］。

(12)　漆喰の製造から塗装までの一連の左官仕事において、A 氏は 3 人、すなわち宮古島系住民 2 人、白保出身の 1 人を雇っていた。M 氏は多い時は 7 人、T 氏は 6 人ほど雇っていたという。

(13)　A 氏の妻から聞き取った語彙に関しては特に、白保の言葉か、首里の言葉か、それ以外か、わからない。沖縄においてバッタンジはワタ（ン）ジ（渡地）と同じで、礁池のなかの海岸と礁縁とを結ぶ橋状の微高地を指し、ピーはヒ（ピ）シ（干瀬）と同じで、サンゴ礁の外側を取り巻く岩盤からなる帯状の地形を指すのだと考えられる［島袋・渡久地 1990: 258］。

(14)　以下、私が聞き取った情報をもとにしている。なお、フレスコ画家・研究者の大野が M 氏に対して漆喰に関する聞き取り調査を実施し、窯の建造やサンゴの焼成

に関して図を交えながら詳しくまとめている［大野 1999, 2000a, 2000b］。

(15) 生石灰には、染料や釉薬に添加するという用途もあった。

(16) この点について、「ユツリ（えつり＝垂木の上に編むもの）は瓦屋根用はウムト竹と言ってウムト山中から切り出し、茅屋根はユシキ（すゝき）で間に合わせる」という記述がある［宮城 1972: 431］。ここでいうウムト山は於茂登岳、ウムト竹は於茂登岳の竹、であろう。また、同書に茅葺き、瓦葺き屋根の「ユツリ編み用」として、「クジ（とうづるもどき）」という植物の名が挙がっている［宮城 1972: 431］。

(17) 石垣島の「サンゴある景観」について、平面的な「愛でる」ものとしての景観が、その浸透に従い、立体的な「住まう」ものとしての景観に変化する、つまり「二次的」景観が「一次的」景観化する可能性がある。同様に、「一次的」景観が「二次的」景観化する可能性もまたあろう。本論では、この点について取り上げられず、また「一次的」景観と「二次的」景観という区別の有効性について、さらなる検討に踏み込めなかった。今後の課題としたい。

参考文献

「字誌辺野喜」編集委員会
 1998 『字誌辺野喜』国頭村字辺野喜区.

安渓遊池
 1988 「高い島と低い島の交流——大正期八重山の稲束と灰の物々交流」『民族学研究』53（1）：1-30.

石井龍太
 2010 『島瓦の考古学——琉球と瓦の物語』新典社.

石垣英和
 n.d. 「住まいを考える」（シンポジウムにおける読み上げ原稿）.

石垣市総務部市史編集室
 1999 『石垣市史叢書 13——八重山島年来記』石垣市.
 2001 『八重山写真帖——20 世紀のわだち 下巻』石垣市.

石垣市史編集委員会
 1994 『石垣市史各論編——民俗 上』石垣市.

石垣市八重山博物館
 1989 『石垣市立八重山博物館紀要』8（八重山新聞広告集 I）, 石垣市立八重山博物館.

大野 彩
 1999 「沖縄の漆喰——（1）窯作り」『左官教室』522：47-48.
 2000a「沖縄の漆喰——（2）漆喰を作る」『左官教室』523：56-57.
 2000b「沖縄の漆喰——（3）屋根漆喰とシーサー」『左官教室』524：48-49.

岡 淳平

　　1957　「石灰焼成雑感（その2）」『石膏と石灰』30：34-36.

河合洋尚

　　2016　「序論——景観人類学の動向と本書の枠組み」河合洋尚）『景観人類学——身体・政治・マテリアリティ』，pp.13-36，時潮社.

喜舎場永珣

　　1977　『八重山民俗誌』沖縄タイムス社.

久住健治

　　2008　「沖縄県における観光振興の現状と課題——石垣島・宮古島を中心に」『立法と調査』281：86-92.

國吉房次

　　2004　「造形素材としての漆喰について——沖縄漆喰研究序説」『沖縄県立芸術大学紀要』12：37-50.

小橋川共男・目崎茂和

　　1989　『石垣島白保サンゴの海——残された奇跡のサンゴ礁（増補版）』高文研.

島袋伸三・渡久地健

　　1990　「イノーの地形と地名」『民俗文化』2：243-263.

下田健太郎

　　2013　「石垣島の『エコツーリズム』を紡ぐ実践と語り」『三田社会学』18：107-119.

杉本尚次

　　1974　『日本民家探訪——民俗・地理学的考察』創元社.

角南聡一郎

　　2017　「近代八重山におけるモノの越境——台湾との関係を中心に」上水流久彦・村上和弘・西村一之編『境域の人類学——八重山・対馬にみる「越境」』，pp.113-140，風響社.

宋　應星

　　1989（1969）　『天工開物——東洋文庫130』藪内清（訳・注），平凡社.

土屋誠・藤田陽子

　　2009　『サンゴ礁のちむやみ——生態系サービスは維持されるか』東海大学出版部.

渡久地健

　　1990　「南島のサンゴ礁と人——最近の研究の一素描」谷川健一編『日本民俗文化資料集成第五巻——渚の民俗誌』，pp.482-496，三一書房.

那覇市企画部市史編集室

　　1979　『那覇市史——資料篇第2巻中の7 那覇の民俗』那覇市役所.

比嘉武則

　　2006　「先島（宮古・八重山）に於けるセメント瓦の一考察」『名護博物館紀要あじまあ』13：77-95.

深山直子・石森大知

2010 「『沈む』島の現在——ツバル・フナフチ環礁における居住を巡る一考察」『史学』
79（3）：57-75.

藤田洋三・西山マルセーロ
2004 「左官技術における石灰の使用に関する歴史的考察」『竹中大工道具館研究紀要』
16：1-41.

宮城　文
1972 『八重山生活誌』沖縄タイムス社.

宮良當壯
1930 『八重山語彙』東洋文庫.

目崎茂和
1980 「沖縄のサンゴ礁と開発問題」『地理』25（8）：84-93.

琉球史料研究会
1960 『註譯琉球事始舊記』琉球史料研究会.

Fukuyama, N.
2016 Producing Plaster: Traditional Uses and Knowledge of Coral on Ishigaki Island, Okinawa.
In H. Kayane (ed.), *Coral Reef Science: Strategy for Ecosystem Symbiosis and Coexistence with
Humans under Multiple Stresses.* pp. 65-72. Springer.

〈参考ウェブサイト〉（2018 年 5 月 30 日閲覧）
石垣市「企画部企画政策課・新石垣空港政策推進班」
http://www.city.ishigaki.okinawa.jp/home/kikakubu/kikaku/new_airport/index.htm#p3
沖縄県「沖縄県漁業調整規則」
http://www.pref.okinawa.jp/reiki/34790210014300000000/347 9021001430000000/3479021001
4300000000.html
日本サンゴ礁学会「サンゴ礁 Q&A」
http://www.jcrs.jp/?page_id=622

第4章 パラオ共和国バベルダオブ島の古植生調査

鈴木 茂

はじめに

南太平洋ミクロネシア地域に所在するパラオ共和国は大小数百の島々から構成されている。その中で最大の島、バベルダオブ島においては幹線道路建設に伴い考古学及び古環境学調査が行われている。そのうち Welch [2002] が行った堆積物・花粉・炭化物を用いた古環境調査で、それまで森林植生が優勢であったが、4500~4200 年前にサバンナを示す花粉やシダ植物胞子が増え始め、4000年前にサバンナを示す花粉が強く増加するといった劇的な変化が生じていたことが示された。また、この時期の堆積物よりココヤシの花粉が検出され、炭化物の増加もみられることなどから人間の入植を考える可能性が示されている。その後、2500~2000 年前には内陸部から海岸部への土壌流失が認められ、その要因として人間の生産活動が影響している可能性が考えられている。

このバベルダオブ島においては日本の委任統治領（1919~1945 年）となっていた1937年に西部のゲルメスカン川流域にパイナップルの缶詰工場が造られた。この缶詰工場建設に先立って日本人による入植が行われ、パイナップル栽培や、自給用のキャッサバや大豆などのマメ類の栽培も行われるようになった。このような日本人入植に伴う生産活動やそれ以前における人間活動及び古植生について検討する目的でボーリング調査を実施した。以下に、採取したオールコアボーリング試料より分割・採取した土壌試料について行った花粉分析、放射性炭素年代測定の結果を示し、試料採取地点周辺の植生変遷について検討した。さらにオールコアボーリング試料の土壌観察結果を合わせ、この地域周辺の景観史について考察した。

1 調査地の設定

バベルダオブ島は火山噴出物で構成され、島東部地域はこの火山噴出物の丘

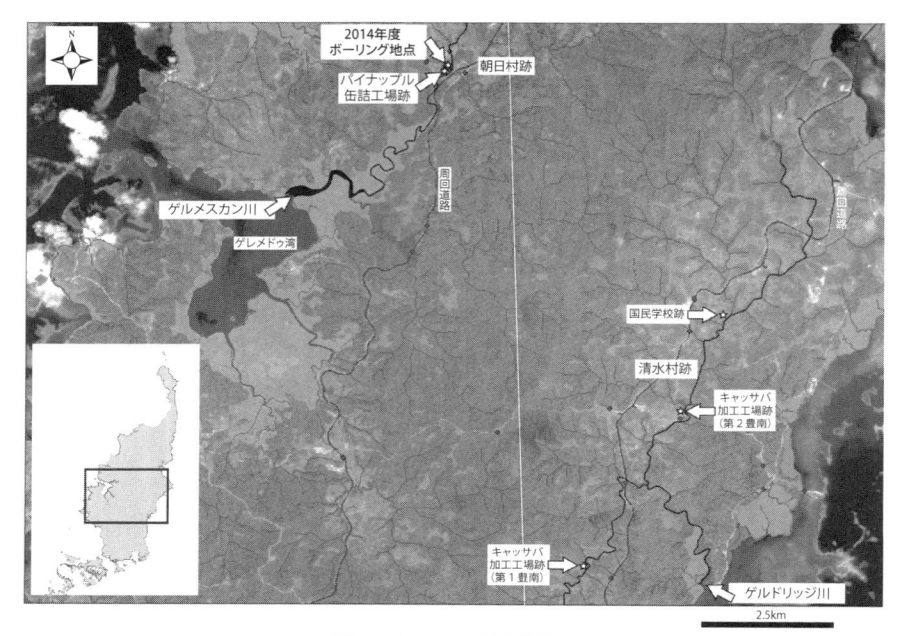

図1　ボーリング調査位置図

陵部が海岸地域に迫り、低地部は狭い状況が推察された。一方、島西部地域は低地部の占める面積が広く、ゲルメスカン川の下流域にはマングローブ湿地が広く形成されている。また、日本の委任統治下においてこのゲルメスカン川流域に朝日村が設置され、流域は宅地や農地などに開拓された歴史がある。そのうちマングローブ湿地の存在から花粉分析を行う上で良好な試料（土壌）が得られる可能性が高いと推測された。加えて日本人によって開拓された歴史について、得られた花粉化石から示される可能性が期待された。こうした観点から、ゲルメスカン川流域の低地部に調査地を設定し、周辺地域の踏査から、河口より 5km ほど上流のゲルメスカン川右岸の低地部、旧朝日村パイナップル缶詰工場跡付近（北緯 7.52542 度、東経 134.54795 度）の標高 6m 地点をボーリング地点とした（図1）。

2　ボーリング調査の記録

　ボーリング調査は 2014 年 8 月 26 日〜 9 月 3 日の 9 日間で行った。その詳細

についてここでは記録風に記してみた。

　8月26日の夜に成田を出発し、真夜中にベース地の今は無きグリーンベイホテルに着き、仮眠した。翌27日にパラオ歴史保全局（Palau Historic Preservation Office）に行って調査の趣旨・目的をプレゼンテーションした後、ベラウ・ナショナル・ミュージアムでパラオの歴史等の展示物を見学し、植物関係の書物を購入した。

　28日に再びパラオ歴史保全局に行き、調査地の所有者からの調査許可を得てから、調査地周辺の踏査を行った。ボーリング地点周辺には缶詰工場の建物跡や機械類の残骸が残っており、工場周りはイネ科やカヤツリグサ科の草地となっている（写真1）。また、当時植栽したかと思わせるように等間隔に並んだヤシ類が生育している。この草地周辺にはオオバギ属などが生育しており、ボーリング地点脇にはハングシヤツデやヤエヤマアオキ属（ノニ？）が、ゲルメスカン川（写真2）の川岸にはタケ類も認められる。その他、工場跡周りにはタコノキ属やフヨウ属が、丘陵部にはヒサカキ属やノボタン属が生育している。また、谷を挟んだ対岸のパラオ・オーガニックファーム入口脇の丘陵崖には食虫植物のモウセンゴケ属が多く生育している（写真3）。ボーリング地点周辺はこのような低木類や背の高い草本類が生い茂る小さな高まりや窪地、開けた草地が入り組んだやや複雑な地形が形成されている。

　翌29日にボーリング調査を実施した。試料採取は東邦地下工機社製のボーリングサンプラーを用いて、長さ30cm、径2cmのポリカーボネート管（PC管）を装填したサンプラーを打ち込む形で行い（写真4）、深さ30cm毎に土壌を採取した。昨日の現地踏査および調査当日共に天候に恵まれ、というか恵まれすぎて、非常に熱く、熱中症予防に留意しながらの調査で、途中近くの村で購入したアイスキャンディーのうまさが良い思い出である。調査は、中・下部において厚く泥炭が採取され、それが途切れた時点で終わるところであった（実際は566cm）が、行けるところまでとちょっと欲を出して大変な事態になってしまった。基盤に当たって打ち込めなくなると予想されたがなかなか止まらず、気が付くとボーリングサンプラーが抜けなくなってしまったのである。急きょやぐらを組み、滑車を使って、やぐらの支柱が折れてしまうくらいの負荷をかけてようやく抜くことができたが、熱帯の林はうす暗くなっていた。

　30日はカヤンゲル環礁への巡検を行った。カヤンゲル島では高木のパンノキや島中央部低地のタロイモ水田（写真5、6）を観察し、畑とは思えない所でのキュウリやカボチャの栽培？を確認した。また、生活道路上には土器片（写

写真1　パイナップル缶詰工場跡

写真2　ゲルメスカン川

写真3　丘陵崖のモウセンゴケ属

写真4　ボーリング風景

写真5　タロイモ水田

写真6　タロイモの花

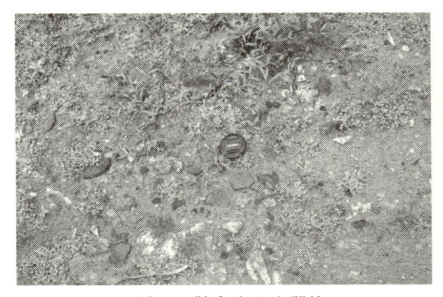

写真7　散在する土器片

写真8　清水村波止場

写真9　マングローブ林

写真10　ボーリング試料観察風景

写真11　アイライ・バイ

真7）が散在していた。

　31 日はバベルダオブ島における日本人の痕跡をたどる踏査を行った。はじめに小松氏夫妻が経営する Ueki ファームを訪問・懇談し、園内の果樹（パッションフルーツなど）等を見て回った。その後大日本帝国海軍通信基地跡、キャッサバ加工工場跡、清水村波止場跡（マングローブ林：写真 8、9）などを巡った。また、ボーリング地点の土地所有者が主催するバーベキューパーティーに参加しご馳走になった。そのお礼に「上を向いて歩こう」をみんなで歌ってその場を後にした。

　9 月 1 日は採取したボーリング試料の観察を行った（写真 10）。この日は朝から激しいスコールにたびたび襲われる荒天であった。土壌観察ということでベランダ（自然光）での観察を行ったが、スコールやそれに伴う強風で、幾度か場所を移動するなど大変であった。

　2 日は自由行動ということで、私共年寄り連中はベラウ国際空港脇のベラウ農産物保全・検疫局（Bureau Agriculture Plant Protection and Quarantine Service）に行った。その後、清水村国民学校跡やアイライ・バイ（写真 11）を巡り、3 日早朝にパラオを発ち、帰国した。

3　ボーリング試料

　採取されたオールコアボーリング試料（PL-001）は全長 566cm で、大きく 6 層に区分した（図 2）。以下に各層の特徴について記す。

　最上部 1 層（深度 0~16cm）は黒色の砂レキ混じり粘土で、0~11cm まで植物の細根が多量に混入している。また、深度 10cm に炭化材が、14~15cm に径 10mm 前後のサンゴ礫が認められた。

　2 層（16~111cm）は色調等から 2a 層と 2b 層に分層される。そのうち 2a 層は褐色の粘土で、粗粒砂が少量混入しており、周辺丘陵部からの崩落土が主体と推測される。2b 層は暗赤褐色の粘土で、所々に 2a 層類似のブロックが混入している。

　3 層（111~228cm）は色調等から 4 つに分層される。3a 層は粘性が高い黒褐色粘土、3b 層はやはり粘性の高いにぶい黄褐色の粘土、3c 層も粘性の高い黄褐色の粘土で、所々に 3b 層類似のブロックが混入している。3d 層は粘性の高い暗灰黄色の粘土で、深度 222~227cm に 2b 層類似のブロックが混入している。この 3 層以深は水付きの堆積層である。

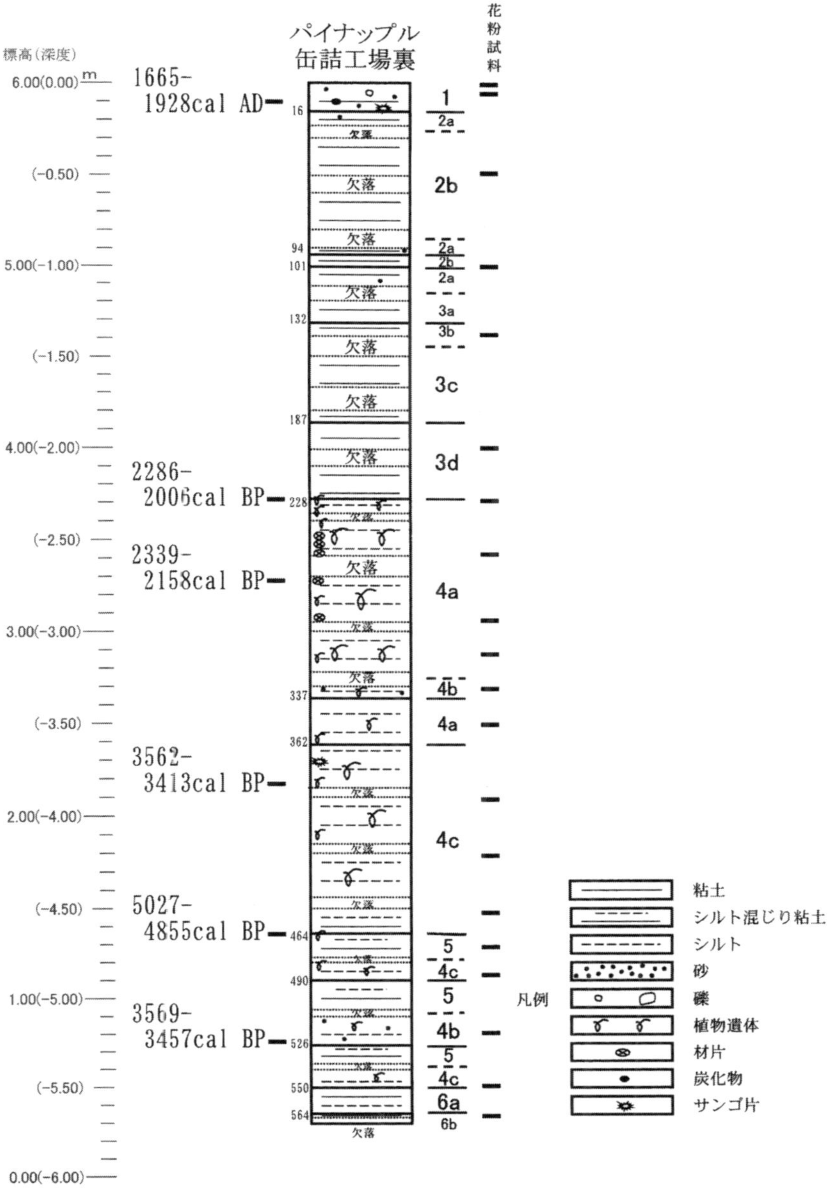

図2　ボーリングコア PL-001 の地質柱状図

表1　放射性炭素年代測定および暦年較正の結果

測定番号	遺跡データ	試料データ	δ 13C (‰)
PLD-27867	層位：1層 黒色砂礫混じり粘土 深度：10	種類：炭化材 試料の性状：最終形成年輪 状態：wet	-24.92 ± 0.20
PLD-27868	層位：4a層 黒色シルト（泥炭） 3d層と4a層の境界 深度：228.5-229	種類：生材 試料の性状：最終形成年輪 状態：wet	-32.14 ± 0.20
PLD-27869	層位：4a層 黒色シルト（泥炭） 深度：272	種類：生材 試料の性状：最終形成年輪 状態：wet	-27.64 ± 0.20
PLD-27870	層位：4c層 黒褐色シルト（泥炭） 深度：383-385	種類：草本類 状態：wet	-27.63 ± 0.25
PLD-27871	層位：5層 灰オリーブ色シルト混じり粘土 4c層と5層の境界 深度：464-465	種類：草本類 状態：wet	-28.10 ± 0.24
PLD-27872	層位：4b層 黒色シルト（泥炭） にぶい黄褐色砂粒が混入 深度：524-525	種類：泥炭 状態：wet	-27.72 ± 0.27

　4層（228~464cm）は色調等から3つに分層される。4a層は黒色のシルトで、植物遺体が多量に混入している。また、深度305~308cmに3d層類似のブロックが混入しており、340~346cm辺りに径1mm前後のシルトブロックが認められる。4b層はにぶい黄褐色砂が混じる黒色シルトで、灰色砂粒や多量の植物遺体が混入している。4c層は黒褐色のシルトで、植物遺体が多量に混入している。深度367~369cmに径1~2mmのシルトブロックの混入が認められる。また、390cm以深に灰オリーブ色シルト混じり粘土がブロック状に多量に混入している。

　深度464~550cmは上記4b層（植物遺体が多量に混入している黒色シルト）や4c層（植物遺体が多量に混入している黒褐色シルト）、下記5層（灰オリーブ色シルト混じり粘土）の類似の互層である。

　5層は黄褐色粘土粒子が所々に混入している粘性の高い灰オリーブ色のシルト混じり粘土で、4c層類似のシルトがブロック状に混入している。また、にぶい赤褐色粘土粒子が少量ブロック状に混入している。さらに、深度526~537cmににぶい赤褐色粘土ブロックが多量に混入している。

暦年較正用年代 （yrBP±1 σ）	14C 年代 （yrBP±1 σ）	14C 年代を暦年代に較正した年代範囲	
		1 σ 暦年代範囲	2 σ 暦年代範囲
181 ± 18	180 ± 20	1668-1681 cal AD (15.9%) 1739-1750 cal AD (10.8%) 1763-1782 cal AD (23.3%) 1798-1802 cal AD (4.1%) 1938-1950 cal AD (14.2%)	1665-1685 cal AD (18.4%) 1733-1786 cal AD (45.8%) 1792-1808 cal AD (9.5%) 1928... cal AD (21.6%)
2124 ± 21	2125 ± 20	197-151 cal BC (44.0%) 139-113 cal BC (24.2%)	337-330 cal BC (1.1%) 205- 88 cal BC (90.2%) 77- 57 cal BC (4.2%)
2249 ± 20	2250 ± 20	380-357 cal BC (24.3%) 285-235 cal BC (43.9%)	390-350 cal BC (33.0%) 304-209 cal BC (62.4%)
3260 ± 22	3260 ± 20	1605-1584 cal BC (19.2%) 1557-1555 cal BC (1.7%) 1545-1501 cal BC (47.3%)	1613-1497 cal BC (93.5%) 1472-1464 cal BC (1.9%)
4355 ± 25	4355 ± 25	3011-2978 cal BC (30.2%) 2966-2951 cal BC (11.7%) 2943-2915 cal BC (26.3%)	3078-3074 cal BC (0.9%) 3024-2906 cal BC (94.5%)
3288 ± 23	3290 ± 25	1611-1530 cal BC (68.2%)	1620-1508 cal BC (95.4%)

　6層（550~566cm）は2層に分層され、上位6a層は暗灰黄色シルトとにぶい赤褐色粘土がほぼ等量に混じり合う土相で、植物遺体は認められない。6b層は6a層に類似するが暗灰黄色シルト粒子が多く混入している。

4　放射性炭素年代測定

　上記柱状試料より6層準から採取した炭化材や生材、草本遺体、泥炭を用いて放射性炭素年代測定を行い、その結果を表1に示した。2 σ暦年代範囲を以下に記す。最上部1層より採取された炭化材は1665～1928cal. AD（PLD-27867）、深度228.5～229cm（生材）は2286～2006cal. BP（PLD-27868）、深度272cm（生材）は2339～2158cal BP（PLD-27869）、深度383～385cm（草本類）が3562～3413cal BP（PLD-27870）、深度464～465cm（草本類）が5627～4853cal BP（PLD-27871）、深度524～525cm（泥炭）が3569～3457cal BP（PLD-27872）であった。

表2　産出花粉化石一覧表

			1	2	3	4	5
樹木							
シュロ属		*Trachycarpus*	19	37	—	—	—
ココヤシ属近似種		cf. *Cocos*	—	—	3	—	—
ヤナギ属		*Salix*	—	10	—	—	—
ハンノキ属		*Alnus*	3	12	—	—	—
シイノキ属－マテバシイ属		*Castanopsis － Pasania*	7	21	3	—	—
ウラジロエノキ属		*Trema*	—	—	—	—	—
イスノキ属		*Distylium*	—	—	—	—	—
ジャケツイバラ属		*Caesalpinia*	1	1	—	—	—
サンショウ属		*Zanthoxylum*	—	6	—	—	—
フウ属		*Liquidambar*	3	3	—	—	—
センダン属		*Melia*	1	2	—	—	—
ユズリハ属近似種		cf. *Daphniphyllum*	—	—	—	—	—
カンコノキ属近似種		cf. *Glochidion*	—	1	—	—	—
アカメガシワ属		*Mallotus*	3	—	—	—	—
シラキ属		*Sapium*	3	2	—	—	—
オオバギ属		*Macaranga*	59	44	—	—	—
ウルシ属		*Rhus*	1	3	8	—	—
モチノキ属		*Ilex*	—	1	—	—	—
カエデ属		*Acer*	—	—	—	—	—
ツタ属		*Parthenocissus*	1	2	—	—	—
ツバキ属		*Camellia*	—	—	—	—	—
サカキ属－ヒサカキ属		cf. *Cleyeae － Eurya*	7	4	—	—	—
ジンチョウゲ科近似種		cf. *Thymelaeaceae*	3	—	—	—	—
イイギリ属		*Idesia*	—	—	—	—	—
ホルトノキ属近似種		cf. *Elaeocarpus*	—	—	—	—	—
サガリバナ属		*Barringtonia*	—	—	—	—	—
ヒルギ科		Rhizophoraceae	1	10	—	—	—
モモタマナ属近似種		cf. *Terminalia*	—	—	—	—	—
ミズガンピ属		*Pemphis*	—	—	—	—	—
フトモモ属		*Syzygium*	—	—	—	—	—
ツツジ科		Ericaceae	—	3	—	—	—
ハイノキ属		*Symplocos*	—	—	2	—	—
エゴノキ属近似種		cf. *Styrax*	—	—	—	—	—
イボタノキ属		*Ligustrum*	—	—	—	—	—
トネリコ属		*Fraxinus*	—	—	—	—	—
チシャノキ属近似種		cf. *Ehretia*	151	130	1	—	—
スナビキソウ属		*Argusia*	—	—	—	—	—
ニワトコ属近似種		cf. *Sambucus*	—	—	—	—	—
ガマズミ属		*Vibrunum*	—	—	—	—	—
タコノキ属		*Pandanus*	9	7	—	—	—

6	7	8	9	10	11	12	13	14	15	16	17	18	19	20
2	—	—	4	1	34	—	—	15	32	—	—	—	—	4
—	—	—	—	—	1	—	—	—	—	—	—	—	—	—
—	—	—	—	—	—	—	—	—	—	—	—	—	—	—
—	—	—	—	—	—	—	—	—	—	—	—	—	—	—
2	3	—	1	—	—	1	3	2	1	4	—	5	—	1
4	2	—	—	—	—	1	—	—	—	—	—	—	—	—
11	—	—	—	—	—	—	—	—	—	—	—	—	—	—
—	—	—	—	—	—	—	—	—	—	—	—	—	—	—
—	—	—	—	—	—	—	—	—	—	—	—	—	—	—
—	—	—	—	—	—	—	—	—	—	—	—	—	—	—
—	—	1	—	1	—	—	1	—	—	—	—	—	—	—
21	4	—	—	—	—	—	—	—	—	7	—	6	—	1
9	—	—	—	—	—	—	—	—	—	—	—	—	—	—
3	1	2	1	1	1	—	—	—	—	—	—	1	—	—
—	—	—	—	2	—	—	—	—	—	—	—	—	—	—
28	13	5	3	7	6	5	5	6	9	1	—	7	—	2
7	4	2	10	9	1	13	6	1	1	2	—	6	—	—
—	—	—	—	—	—	—	—	—	—	—	—	—	—	—
—	—	—	—	—	—	—	—	—	—	—	—	1	—	—
—	—	—	—	—	—	—	—	—	—	—	—	—	—	—
—	—	—	—	—	1	—	—	—	—	—	—	—	—	—
38	16	2	—	1	—	—	—	—	—	—	—	6	—	—
—	—	—	—	—	—	—	2	—	—	—	—	—	—	1
—	—	—	—	—	—	—	—	—	—	2	—	1	—	—
—	1	1	—	1	—	—	—	—	—	—	—	—	—	—
2	2	1	—	—	2	2	1	—	2	2	—	5	—	1
40	74	123	92	114	22	84	55	26	52	44	2	178	12	13
1	—	—	1	—	—	4	—	—	—	—	—	1	—	—
—	—	—	—	—	—	2	8	—	—	—	—	—	—	—
9	45	2	2	2	1	2	5	—	2	2	—	6	—	2
—	—	—	—	—	—	—	—	—	1	—	—	—	—	—
—	—	1	—	—	—	—	—	—	1	1	—	—	—	2
—	—	1	1	1	—	—	—	—	—	—	—	—	—	—
1	2	—	—	2	—	—	1	1	—	—	—	1	—	—
—	—	1	—	1	—	—	—	—	—	—	—	1	—	—
—	—	—	—	—	1	1	1	1	—	—	—	—	—	—
1	—	—	2	—	—	—	1	—	—	—	—	—	—	—
7	3	2	2	—	1	1	—	2	—	—	—	—	—	—
—	—	—	—	1	—	—	—	—	—	—	—	—	—	—
29	52	1	2	4	2	2	3	3	4	—	—	3	—	4

草木						
イネ科	Gramineae	53	50	—	—	—
カヤツリグサ科	Cyperaceae	18	11	—	—	—
ユリ科	Liliaceae	—	—	—	—	—
クワ科	Moraceae	—	—	—	—	—
ギシギシ属	*Rumex*	—	—	—	—	—
スベリヒユ属近似種	cf. *Portulaca*	—	—	—	—	—
キンポウゲ科	Ranunculaceae	—	—	—	—	—
バラ科	Rozaceae	—	2	—	—	—
マメ科	Leguminosae	1	1	—	—	—
ヒメハギ属近似種	cf. *Polygala*	9	16	—	—	—
トウダイグサ科	Euphorbiaceae	—	1	—	—	—
アカバナ属	*Epilobium*	—	—	—	—	—
ミズユキノシタ属	*Ludwigia*	3	—	—	—	—
セリ科	Umbelliferae	—	—	—	—	—
シソ科	Labiatae	—	—	—	—	—
ナス属	*Solanum*	—	1	—	—	—
フタバムグラ属近似種	cf. *Hedyotis*	—	—	—	—	—
アカネ属－ヤエムグラ属	*Rubia － Galium*	—	—	—	—	—
キュウリ属	*Cucumis*	—	—	—	—	—
キク亜科	Tubuliflorae	3	2	—	—	—
シダ植物						
ゼンマイ科	Osmundaceae	1	2	—	—	—
単条型胞子	Monolete spore	402	476	74	1	142
三条型胞子	Trilete spore	136	158	318	16	2011
樹木花粉	Arboreal pollen	272	299	17	0	0
草木花粉	Nonarboreal pollen	87	84	0	0	0
シダ植物胞子	Spores	539	636	392	17	2153
花粉・胞子総数	Total Pollen & Spores	898	1019	409	17	2153
不明花粉	Unkouwn pollen	119	188	66	2	4

5　花粉分析の方法および結果

　上記した柱状試料より分割採取した 20 試料について以下のような手順にし
たがって花粉分析を行った。
　試料（湿重約 2g）を遠沈管にとり、10% の水酸化カリウム溶液を加え 20 分間
湯煎する。水洗後、0.5mm 目の篩にて植物遺体などを取り除き、傾斜法を用い
て粗粒砂分を除去する。次に 46% のフッ化水素酸溶液を加え 20 分間放置する。
水洗後、比重分離（比重 2.1 に調整した臭化亜鉛溶液を加え遠心分離）を行い、浮遊物

111	1	1	4	—	15	9	9	12	37	—	—	4	—	2
174	2	1	1	—	7	5	1	5	17	—	—	2	—	2
—	—	—	—	1										
3	—	—	1	3	—	1	2	3	2	1				
1	—	—												
—	—	3												
—	—	—	1											
1	—	—	1	3	—	—	2	3	1	—		3		
3	4	1	2	—	—	4	—	1	2	3	—	4		
—	—	—	1	—	5	3	3	2						
												1		
3	—	—	—	1										
										1				
										1				
—	—	1										2		
1	—	—	—	—	1									
1														
2														
										1				
—	—	—	—	—	—	—	—	—	—	—	—	—	—	—
261	31	35	191	338	125	224	117	73	173	56	26	192	135	42
475	37	20	78	45	371	25	73	199	341	14	19	34	31	117
215	222	145	121	148	73	117	92	57	113	58	2	228	12	31
300	7	7	11	8	24	24	15	27	64	6	0	16	0	4
736	68	55	269	383	496	249	190	272	514	70	45	226	166	159
1251	297	207	401	539	593	390	297	356	691	134	47	470	178	194
44	34	26	22	45	36	33	31	25	36	17	7	60	12	11

を回収し、水洗する。水洗後、酢酸処理を行い、続けてアセトリシス処理（無水酢酸9：1濃硫酸の割合の混酸を加え3分間湯煎）を行う。水洗後、残渣にグリセリンを加え保存用とする。検鏡はこの残渣より適宜プレパラートを作製して行い、その際サフラニンにて染色を施した。

　観察の結果、検出された花粉・胞子の分類群数は、樹木花粉40、草本花粉20、形態分類を含むシダ植物胞子3の総計63である。これら花粉・シダ植物胞子の一覧を表2に、それらの分布を図3に示した。なお分布図は全花粉胞子総数を基数とした百分率で示してある。また表および図においてハイフン（−）で結んだ分類群はそれら分類群間の区別が困難なものを示し、クワ科・バラ科・

118

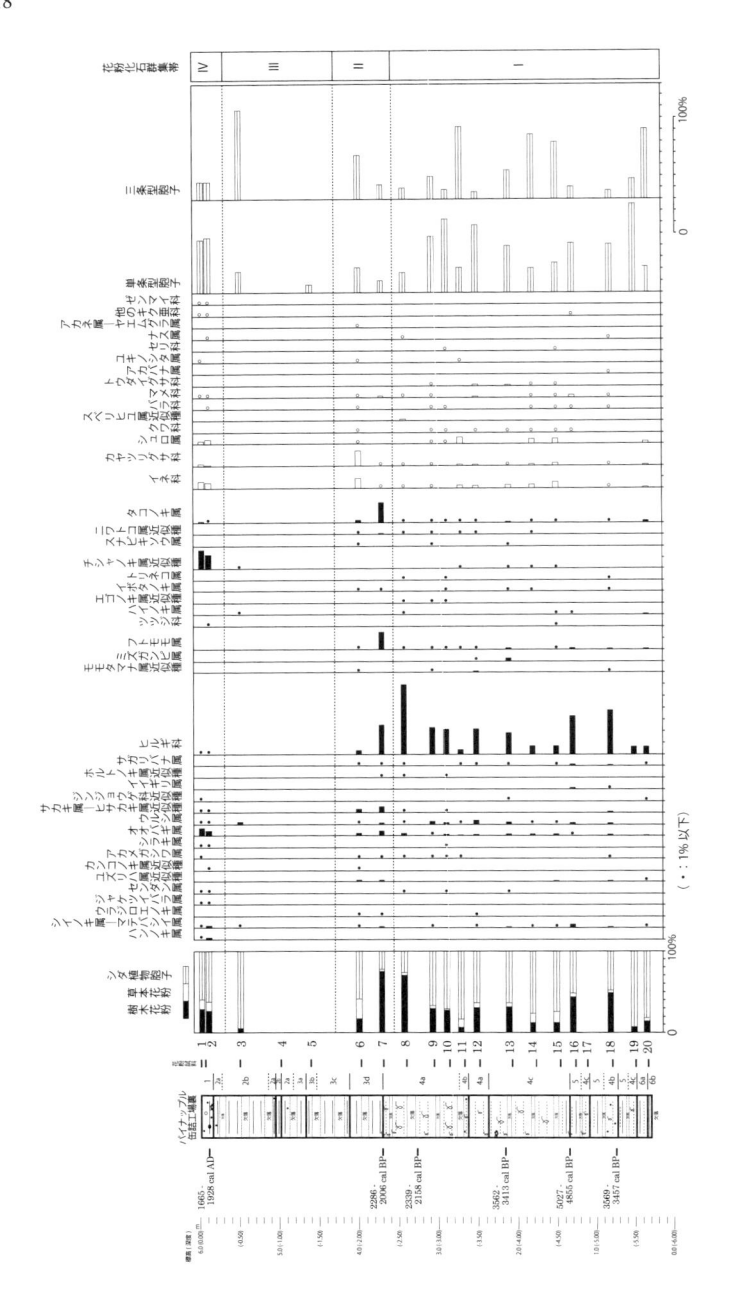

図3 ボーリングコア PL-001 の花粉化石分布図（全花粉・胞子総数を基数として算出した）

マメ科の花粉には樹木起源と草本起源のものとがあるが、各々に分けることが困難なため便宜的に草本花粉に一括して入れてある。

　検鏡の結果、樹木花粉に層位的変化が認められたことから花粉化石群集帯（下位よりⅠ～Ⅳ）を設定し、その特徴について記す。

　花粉帯Ⅰ（試料 No.8 ～ 20）：ヒルギ科が、変動は大きいものの総じて多産していることで特徴づけられ、試料 No.8 では 60% 近い出現率を示している。その他、樹木花粉ではオオバギ属やウルシ属、フトモモ属、タコノキ属などが多くの試料で観察されている。シダ植物胞子は花粉帯Ⅰを通して多産しており、試料 No.8 を除いて 50% 以上を占めている。

　花粉帯Ⅱ（試料 No.6, 7）：ヒルギ科の急激な減少で特徴づけられる。タコノキ属やフトモモ属も試料 No.7 では突出した産出を示しているが、直上の試料 No.6 では急減している。その他では、オオバギ属やサカキ属 – ヒサカキ属が 5% 前後を示し、ユズリハ属近似種も両試料で 1% を超えて得られている。草本類ではイネ科やカヤツリグサ科が試料 No.6 において 10% 前後を示している。花粉帯Ⅰで多産していたシダ植物胞子は試料 No.8 に引き続き試料 No.7 においても出現率を下げているが、試料 No.6 では 60% を超えるほどに回復している。

　花粉帯Ⅲ（試料 No.3 ～ 5）：シダ植物胞子、特に三条型胞子の多産で特徴づけられるが、試料 No.4 では少量の産出にとどまっている。花粉は試料 No.3 において樹木類のウルシ属やハイノキ属などがわずかに観察されているのみである。

　花粉帯Ⅳ（試料 No.1,2）：15% 前後の出現率を示しているチシャノキ属近似種の多産で特徴づけられ、オオバギ属が 5% 前後、シュロ属も 3% 前後とやや多く観察されている。その他、シイノキ属 – マテバシイ属やヒルギ科、タコノキ属などが検出されている。草本類ではイネ科が 5% 前後を示しており、カヤツリグサ科も両試料で 1% を超えて検出されている。シダ植物胞子は花粉帯Ⅲに比べ占める割合を下げているが、それでも 60% を超える出現率を示している。

6　植生変遷

　花粉観察で設定した花粉化石群集帯を基にゲルメスカン川下流域、旧朝日村パイナップル缶詰工場跡周辺の植生変遷について記す（図4）。

　花粉帯Ⅰ期（試料 No.8 ～ 20）：時期は放射性炭素年代測定結果から下限はおよそ 3,500 年前頃、上限はおおよそ 2200 年前頃と推測される。この時期の初め頃、ゲルメスカン川下流域の低地部にはマングローブ林が形成され始めたとみられ

120

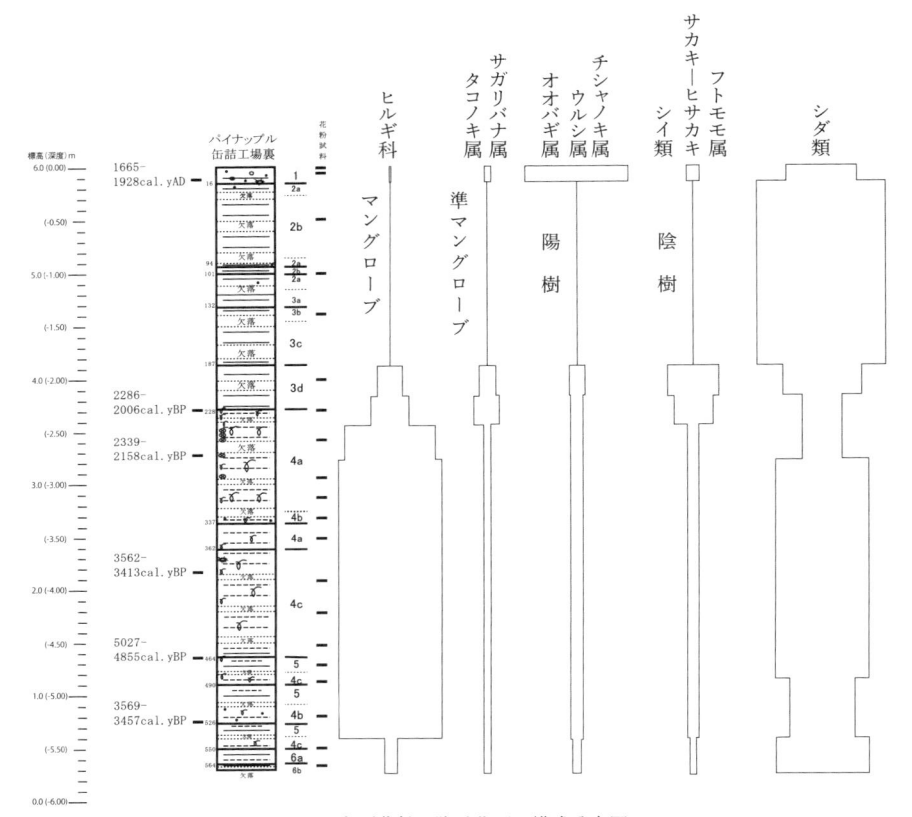

図4　主要花粉・胞子化石の模式分布図

　る。また、周辺丘陵部にはイネ科やカヤツリグサ科およびシダ植物が生育する
草地が形成されていたと推測される。なお、下限の時期について、Welch［2002］
は数か所のボーリング試料の花粉分析から、バベルダオブ島は、4500 年前ま
では森林が発達しており、4500 〜 4200 年前にサバンナを示す花粉やシダ植物
胞子が増え始め、4000 年前にサバンナを示す花粉が大きく増加するといった
劇的な変化が生じたと述べている。本地点の下部試料においてもシダ植物胞子
が多く検出されており、ヒルギ科の花粉も検出されていることから、低地部は
マングローブ林が形成され始め、周辺丘陵部はイネ科やカヤツリグサ科および
シダ植物が生育するサバンナ的な景観を示していたと推測される。こうしたこ
とから下限の時期については3500年前よりやや古くなる可能性も考えられる。

　その後、ゲルメスカン川下流域はオヒルギなどのヒルギ科が生育するマング
ローブ林が広く形成されたと推測され、マングローブ林の背後にはタコノキ属
やサガリバナ属などの準マングローブ林が、さらにその背後にはウルシ属やオ
オバギ属などの陽樹類や、シイ類やフトモモ属などの陰樹類が生育する森林が
成立したとみられる。また、背後の丘陵部には草本類やシダ植物が生育する草
地が広く分布していたと推測される。

　花粉帯Ⅱ期（試料 No.6, 7）：時期は 2100 年前かその前後頃と推測される。ヒル
ギ科を主体としたマングローブ林は急速に縮小したとみられる。代わってタコ
ノキ属が増加していることから、ゲルメスカン川下流域は一時的にタコノキ属
やサガリバナ属などが生育する準マングローブ林に覆われたと推測される。ま
た、ゲルメスカン川流域の低地から丘陵部かけての地域にはユズリハ属やサカ
キ属－ヒサカキ属、フトモモ属などの陰樹類や、オオバギ属などの陽樹類が生
育地を広げたとみられる。また、イネ科やカヤツリグサ科などの草本類も分布
域を拡げ、シダ植物を加えた草地を、丘陵部を中心に形成していたと推測される。

　花粉帯Ⅲ期（試料 No.3 ～ 5）：時期については不明であるが、おおよそ 2000 年
前から近・現代の期間と考えられる。この時期、ゲルメスカン川下流域では丘
陵部からの崩落土により植生は大きく破壊されたとみられる。これにより陽地
が広がり、シダ植物が非常に多く生育する植生が形成されたと推測される。

　花粉帯Ⅳ期（試料 No.1,2）：時期についてはおよそ 1665 ～ 1928 年頃から現在と
推測される。オオバギ属がやや多く観察されており、パイナップル缶詰工場
など、日本委任統治期（1920 年代～ 1930 年代）の開発による伐採跡地などにウル
シ属などとともに分布を広げたとみられる。一方、林内での生育が考えられる
チシャノキ属近似種が非常に多く検出されており、ゲルメスカン川流域にはこ
のチシャノキ属近似種やシイ類などが分布する陰樹林も成立していたとみられ
る。また、低地部から丘陵部にかけてはイネ科やカヤツリグサ科およびシダ植
物が生育する草地がこの時期にもみられたと考えられる。

　なお、パイナップル缶詰工場が建設されるにあたって、周辺地域においてパ
イナップルの栽培や自給用のキャッサバ等の栽培が行われていた可能性も推察
されるが、それを支持する花粉化石は見つかっていない。一方でシュロ属が比
較的多く検出されており、植栽された可能性が推察される。

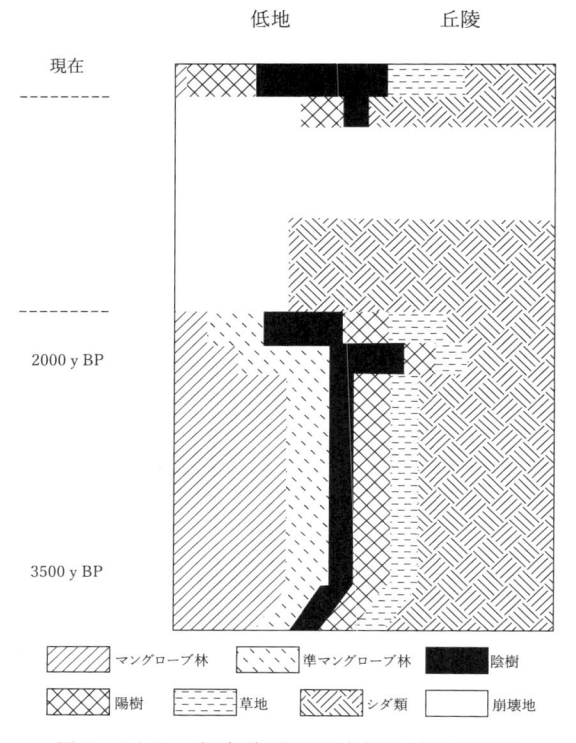

図5 パイナップル缶詰工場跡地点付近の植生変遷図

7 ゲルメスカン川下流域の景観史

　ボーリング試料の観察結果およびそれを用いて行った花粉分析の結果を述べてきたが、これらの結果を踏まえゲルメスカン川下流域の景観史について考察を試みた（図5）。

　4000 〜 3500 年前と推測される頃のゲルメスカン川下流域はヒルギ科を主体とするマングローブ林が形成され始めた。その周辺丘陵部にはイネ科やカヤツリグサ科およびシダ植物が生育する草地が形成され、サバンナ的景観を示していたと推測される。なお、Kayanne et al. [2002] はパラオ諸島における 6 本のボーリングコアの層序学的研究から海水準変動について、暦年代 7200 年前まで 30m/1000 years と急速に上昇し、それ以後 2.2m/1000 years に減速したこと

を述べており、上記はこの減速した時期にあたると推測される。

　約3500年前頃のゲルメスカン川下流域の低地部はマングローブ林に覆われていたと推測され、現在の河口より5km上流の本地点まで満潮時には海水が侵入していたと推測される。一方で、洪水やそれに伴う周辺丘陵部からの土砂の流入などが頻繁に起こっていたとみられ、増減が激しいヒルギ科花粉の産出状況からもみられるように、マングローブ林はその影響を強く受けていたと推測される。この土砂の流入の一因として人間の活動が影響していることも考えられる。このマングローブ林の周辺にタコノキ属やサガリバナ属の準マングローブ林が、シイ類やサカキ属－ヒサカキ属などの陰樹林やアカメガシワ属やオオバギ属などの陽樹林が、また丘陵部には草地が形成されていたとみられる。

　その後、2200年前頃にかけてのゲルメスカン川下流域の低地部は土層観察において砂や褐色土の混入は少なくなっており、比較的安定したマングローブ林が形成されていたと推測される。この周辺には依然としてタコノキ属やサガリバナ属の準マングローブ林が、シイ類やサカキ属－ヒサカキ属などの陰樹林やアカメガシワ属やオオバギ属などの陽樹林が、また丘陵部には草地が形成されていたとみられる。その中、周辺部からの土砂の流入が考えられる試料No.11より栽培要素の可能性があるココヤシ属近似種が1点のみであるが得られており、この時期における人間活動の存在を示唆していることも考えられる。

　約2100年前頃と推測される時期、ゲルメスカン川下流域に成立していたヒルギ科を主体としたマングローブ林は急速に縮小したと推測される。すなわち、バベルダオブ島では2100年前頃に海が退き、マングローブ林は海側に大きく後退したとみられる。これについて藤本・宮城 [1990] は、ミクロネシア、ポナペ島のマングローブ林調査から2600〜1900年前の間に一度海水準が低下したことを明らかにし、加えて北西太平洋地域の広い範囲で海水準の低下が確認されていることから、地球規模での変動の可能性を指摘している。

　マングローブ林に代わってその背後に分布していた準マングローブ林構成種のタコノキ属が増加し、パイナップル缶詰工場跡周辺低地部は一時的にタコノキ属やサガリバナ属などが生育する準マングローブ林に覆われたとみられる。さらにその周辺の低地から丘陵部かけての地域にはユズリハ属やサカキ属－ヒサカキ属、フトモモ属などの陰樹類や、オオバギ属などの陽樹類が生育地を広げたとみられる。この時期の丘陵部は依然としてシダ植物が多く生育しており、草本類のイネ科やカヤツリグサ科も一時期生育地を拡げたと推測される。

　その後、崩落土の堆積が認められることから、ゲルメスカン川下流域は丘陵

部からの崩落土によりそれまで成立していた森林や草地は破壊され、一時的に荒れ地が広がったとみられる。この陽地化した荒れ地にシダ植物が侵入し、分布を拡大した。その後、再び丘陵部からの大きな崩落が起こったことが考えられ、シダ植物もみられないような荒れ地と化したと推測される。そうしたところに比較的早い段階で再びシダ植物が侵入し、ゲルメスカン川流域にはシイ類やハイノキ属などの樹木類もみられるようになった。

　崩落土の堆積については日本の委任統治期における開発が起因していることも考えられる。1927 年に設置された朝日村はゲルメスカン川の中流から下流にかけての丘陵地の斜面及び低地に形成され、森林であった場所が開墾され、宅地や農地がつくられ、丘陵の斜面地から低地にかけて一面のパイナップル畑が広がっていた［飯田ほか 2011］。飯田ほか［2011］はさらに、こうした開墾の結果、スコールなどにより大量の土砂が流失し、下流のマングローブ林や湾内に堆積したと記している。ボーリング試料をみると、泥炭層と崩落土との境界は非常に明瞭であることから、泥炭層が崩落土により切られてしまっている可能性も推測される。すなわち、委任統治期に近い時期までマングローブ泥炭は堆積していたが、崩落土により流失してしまった可能性が推測される。これについてはさらなる詳細なボーリング調査により解明されることが期待されよう。

　近・現代のゲルメスカン川下流域はチシャノキ属近似種やシイ類、サカキ属‐ヒサカキ属、フトモモ属などの陰樹林が流域に沿って成立していたとみられ、その周辺から丘陵部にかけてはウルシ属などの陽樹林が分布し、丘陵部にかけてはイネ科やカヤツリグサ科およびシダ植物が生育する草地が成立していたと推測される。こうしたところに日本委任統治期（1920 年～1945 年）の開発に伴う日本人の入植が始まり、1927 年にパイナップルの缶詰工場が建てられた。工場周辺地域においてはパイナップルの栽培や自給用のキャッサバやマメ類の栽培が行われていたと推測される。また、シュロ属が比較的多く検出されており、植栽された可能性が推察される。こうした開発によりアカメガシワ属やオオバギ属、ウルシ属といった陽樹類が伐採跡地などに分布を拡げたとみられる。

　戦後、パイナップル缶詰工場周辺は荒廃し草地化したと推測され、近年ではカヤックによるゲルメスカン川の探検ツアーなどの観光地化が進んでいる。

おわりに

　目的の一つは、日本人による土地開発に伴う植生の変化をとらえることに

あった。また、栽培植物、すなわちパイナップルやタロイモ等の花粉化石の検出およびその動向をとらえたい思いもあった。しかしながら、分析の結果、今回のボーリング試料には委任統治期の堆積物は流失して無くなっている可能性が推察され、栽培植物の花粉も一つとして得ることができなかった。よって、開墾による自然植生の変化や栽培植物の出現状況といったことが見えない結果となった。これは開墾による土壌流失の影響が大きかったことを物語っていると推察される。とに言え、旧朝日村のどこか一部に連続した堆積物が残っている可能性があるのではないかとかすかな希望であるがそのように考えている。今後、より詳細な地形観察や現地踏査等を行うことにより、削られていない連続した堆積物を採取し、分析を行いたいと考える次第である。

参考文献

飯田晶子・大澤啓志・石川幹子
　2011　「南洋群島・旧日本委任統治領における開拓の実態と現状に関する研究──パ
　　　　ラオ共和国バベルダオブ島の農地開拓とボーキサイト採掘の事例」『公益社団
　　　　法人 日本都市計画学会 都市計画論文集』46（3）：319-324.

藤本潔・宮城豊彦
　1990　「ミクロネシア，ポナペ島における後期完新世海水準微変動とマングローブ林
　　　　の成立」『地学雑誌』99：87-94.

Kayanne, H., H. Yamano, and R.H. Randall
　2002　Holocene sea-level changes and barrier reef formation on an oceanic island, Palau Islands,
　　　　Western Pacific. *Sedimentary Geology* 150: 47-60.

Welch, D. J.
　2002　Archaeological and Paleoenvironmental Evidence of Early Settlement in Palau. *INDO-
　　　　PACIFIC PREHISTORY ASSOCIATION BULLETIN* 22: 161-174.

第5章　道の交差と記憶の相克
パラオ共和国ガラスマオ州における鉱山採掘と村落景観

飯高伸五

はじめに

　本章では、日本統治期から戦後のアメリカ統治期を経て現在に至るまでの期間を対象に、パラオ共和国ガラスマオ（Ngardmau）州[注1]における村落景観の変化を、形態面と認識面の双方から検討していく。形態面での分析においては、鉱山採掘が行われていた日本統治期の史資料、戦後のアメリカ統治期の史資料、筆者が現地調査で得たデータをもとに、時代ごとに建設された道および家屋の位置の推移に注目しながら、集落の変化を辿っていく。認識面での分析においては、パラオ側と日本側の行為媒体（agency）が、現在のガラスマオの村落景観をどのように見ているのかを、メモリースケープ［Cole 2001: 290］――人々が過去を想起する枠組みに加え、その枠組みを働かせる社会・歴史的力学や、特定の記憶を喚起する実践をも含む――に注目しながら検討していく。様々な行為媒体は、メモリースケープを通して採掘時代の記憶を参照しながら、いかに現在の村落景観に対峙しているのであろうか。

　ガラスマオ州は、パラオ諸島（Palau Islands）のバベルダオブ（Babeldaob）島西海岸に位置し、植民地統治以前の村落を概ね引き継ぐ行政単位で、ウルドマン（Urdmang）、ゲルトイ（Ngerutoi）、ゲトポン（Ngetbong）の3集落から構成される（図1）。現在の人口は200人に満たないが、日本統治期末期の1940年から数年間、軍事用に需要が高かった軽金属アルミニウムの原料となるボーキサイトの採掘が行われ、日本、朝鮮半島、ミクロネシア地域――赤道以北のミクロネシアは日本統治下にあり「南洋群島」と呼ばれていた――から多数の労働者が流入した。太平洋戦争時には日本軍が駐留し、米軍の爆撃対象にもなった。

　日本の敗戦とともにすべての労働者が引き揚げたが、採掘設備はそのまま放置された。1980年代末以降、ガラスマオでは、高さ約30mのパラオ最大の滝（Medal a Iyechad）――日本語からの借用語でタキ（taki）とも呼ばれる――を見どころにした観光開発が行われた。2007年にバベルダオブ島を周回する幹線道

図1　パラオ諸島とガラスマオの位置

路、通称コンパクトロード^(注2) が完成すると、日帰りの観光客も多くみられるようになった。鉱山採掘時代の残滓の一部は、パラオ歴史保存局（Palau Historic Preservation Office）によって史跡に登録され、整備・保存されている。

　以下では、本題に入る前に、まず筆者自身が辿ったガラスマオに至るまでの道すじを示し、本章で分析対象とする村落景観を見出すに至った過程を描写する。わざわざ筆者自身の辿った道すじを内省的に提示する理由は、ガラスマオを舞台とする人々のメモリースケープを紐解いて行くためには、鉱山採掘を担った旧宗主国出身の調査者自身も、ガラスマオの景観をめぐる行為媒体として位置づけておく必要があるからである。ガラスマオの人々は、日本統治期を直接記憶している世代も、間接的にしか知らない戦後世代も、鉱山採掘時代の村落を念頭に置きながら日本人に対峙している。私にとってのガラスマオの景観は、現地社会との関係性のなかで立ち現れてきたものである。

　自身のガラスマオへの道すじを踏まえて、次いで形態面から村落景観の変化を辿っていく。ガラスマオの伝統的集落には、船着き場から丘陵地帯の屋敷地へ、そして湿地帯のタロイモ田へと続く石畳の道 (chades) があり、その周辺で人々の社会生活が営まれていた。本稿では、伝統的集落をドイツ統治期の民族誌［Krämer 2002］から再構成し、ここをゼロポイントとする。日本統治期末期の鉱山採掘時代には、既存の石畳の道を一部破壊しつつ、新たに建設された道の周囲に鉱山街が形成されていった。戦後、鉱山会社関係者および採掘労働者はほぼ全員退去したが、やがて丘陵地帯に住んでいたガラスマオの人々も鉱山街の跡地に住むようになった。ボーキサイトの積み出し港など、採掘時代のインフラの一部が生活に利用されると同時に、廃墟となった採掘関連施設も随所に残された。近年では、コンパクトロードの建設によって、都市機能を担うコロール（Koror）との往来が容易になったが、集落の形態に大きな変化はない。

　石畳の道、鉱山街の道、コンパクトロードという異なる時期に異なる目的で建設された道の重なり合いを念頭に置きつつ、さらに景観をめぐる認識面での検討を行う。日本側とパラオ側の行為媒体は、それぞれ異なる枠組みで鉱山採掘時代を想起し、異なる村落景観を見出している。戦後ガラスマオを再訪した日本人の旧移住者は郷愁の思いで採掘時代の面影を探そうとしたが、観光客は日本統治期について無知であるか忘却しており、ガラスマオの自然を消費するに留まっている。一方で、ガラスマオの人々は過去の採掘事業を自分たちの村の賑わいと読み替えて、歌や踊りを通じて世代を超えて記憶しつつ、太平洋戦争に伴う破壊も時折想起している。こうしたメモリースケープの交差を踏まえて、最後に、日本側と現地側の行為媒体の関係性を検討し、異なるメモリースケープがどのように相互作用しているのかを検討していく。

1　ガラスマオへの道のり

　2002 年 8 月 24 日から 25 日にかけて、あるパラオ人女性の葬儀に参加するために、私はパラオ共和国ガラスマオ州を初めて訪問した。大学院生として現地調査を始めたばかりだった私は、当時首都が置かれていたコロール^(注3)で、ビザ取得の手続きや調査村の選定を行っていた。この過程で知り合った X さんは、自身の母親 L さんの死に際して、パラオ社会の慣習を学び始めた私に、葬儀の一部始終に同行することを認めて下さった。当時は、バベルダオブ島を周回するコンパクトロードが建設途上で、陸路は未整備であったため、人口が集中

する都市部のコロールとバベルダオブ島の村落部とで2度にわたって葬儀を行い、参列者からの寄付金（badek）を募ることが慣例であった。故Lさんはガラスマオ出身であったが、晩年はコロールで暮らしていたことから、まずはコロールで、次いで故地のガラスマオで葬儀が執り行われた。

　8月24日朝、コロールのカトリック教会で祈りが捧げられた後、棺はコロールのXさん宅に運ばれた。そこで葬儀を済ませた後、Xさんを初めとする故Lさんの近親者は、正午前にコロール波止場から何台かのスピードボートに分乗してガラスマオに向かった。ボートが出たコロール波止場は、伝統的集落の船着き場があった所だが、日本統治時代には港として整備が進み、日本人移住者によって広く利用された。スピードボートはバベルダオブ島の西海岸を北上してガラスマオに到着し、日本語からの借用語で「シンハトバ」（sinhatoba）（図1）と呼ばれる港に接岸した。事前の勉強不足で、その名前の由来を知らなかったが、港には朽ち果てたコンクリートの構造物があり、架空鉄道のケーブルを支えていたという鉄塔の残骸を港から東方の山々に臨むことができた。流暢な日本語を話す年長男性が私の案内役となり、日本統治期にガラスマオでは「アルミノシゴト」が行われ、ここからボーキサイトが積み出されていたということを教えてくれた。「アルミノシゴト」とは、アルミニウムの原料となるボーキサイトの鉱石を採掘・運搬する仕事のことを指している。

　こうして「シンハトバ」という名前の由来や採掘時代の様子について概ね理解し、私はガラスマオに入っていった。その後、故Lさんの棺は採掘時代に建設された道を通って車で親族宅に移され、ガラスマオ在住の人々が主な参列者となって再び葬儀が行われた。そして、近親者による最後の別れを済ませた後、棺は近親の若い男性たちに担われ、丘陵地帯にある親族集団（kebliil）の土地に運ばれ、埋葬された。植民地統治以前のパラオでは、海岸から丘陵に続く石畳の道の周囲に、石畳の土台を持つ屋敷地が配置されていた。屋敷地には、人々が住む屋敷（blai）と死者を埋葬する石積みの墓（odesongel）とが隣接していた。日本統治期には、公衆衛生政策によって屋敷地内での埋葬が禁じられ、公共墓地が普及していった。日本統治期からアメリカ統治期にかけては、丘陵地帯の伝統的屋敷地から沿岸部への移動と集住が進行していったが［飯髙 2009a; Iitaka 2011］、近年では親族集団の土地が再び埋葬地として利用されるようになっている。故Lさんおよびその娘のXさんは、ガラスマオの3集落——ウルドマン、ゲルトイ、ゲトポン——のうち、ゲルトイ集落の親族集団TBの出身であった。故Lさんが埋葬されたのは、このTBの屋敷地であった。ここは既に居住地と

して放棄されて久しいが、近年埋葬地として再び利用されるようになり、故Lさんの埋葬以前にもTBの成員が埋葬されていた。

　棺を囲んで喪に服していた「近親の年長女性」ら（*ngarasar*）は、埋葬が済んだ後も、ガラスマオでの葬儀会場となった故Lさんの親族宅に留まり、一夜を過ごした。そこは「近親の年長女性」のみが集う場であったが、Xさんやその他の年長女性の配慮で、特別に私も滞在を許された。場違いなところにいたために、翌朝には村の若者たちに奇異の目でみられたのをよく覚えている。迎えた8月25日、Xさんは公共墓地に埋葬されているTBの成員の墓を、「近親の年長女性ら」とともに訪れ、私に記念撮影を頼んだ。そして、親族集団の若い男性Tさんに指示して車を手配させ、南に隣接するアルモノグイ（Ngermlengui）州との境界近くにある、標高242mのパラオ最高峰、ゲルエルウース（Ngerchelchuus）の頂上付近まで連れて行ってくれた。道中では鉱山採掘時代に削られた山肌を随所に見ながら、日本統治時代の説明を受けた。その後、Xさんと一行は荷物をまとめてシンハトバまで車で移動し、スピードボートに分乗してコロール波止場に向かった。

　その後、私は主な調査村を、ちょうどガラスマオ州の東側に山を挟んで隣り合っている、バベルダオブ島東海岸のオギワル（Ngiwal）州にすることになり、ガラスマオにはXさんとともに時折、コロール経由で訪問する程度であった。ボートでシンハトバから集落に行くこともあったが、次第に道路の整備が進み、陸路で行くことも可能になってきた。そして2004年8月6日、建設途中のコンパクトロードを通ってコロールからガラスマオを訪問し、約3週間の現地調査を行った。現地では、2002年8月の訪問時やその後の訪問時にもたびたび案内してくれたTさん宅（図4の㊳）に滞在した。この家はXさんの所有であったが、日本統治期の病院跡に建てられ、入口にはコンクリートのターミナルが残っていた。この他にも、ガラスマオの集落には「オフロ」などの借用語を用いた屋号があり、日本統治時代の名残りを感じた。

　ガラスマオでの調査後すぐに、私はパラオでの長期滞在を終えて日本に帰国した。数年後にパラオを再訪してみると、コンパクトロードの完成に伴い、都市部からバベルダオブ島村落部への交通の利便性が大きく向上していた。もはや都市部と村落部で葬儀を2回やる必要はなくなり、海路でシンハトバからガラスマオに降り立つこともなくなった。村落部の人々はコロールへの車通勤もできるようになった。ガラスマオでは、パラオ最大の滝を訪問する日帰りバスツアーが毎日組まれ、韓国系資本がレジャー観光を推進するようになった。同

時に、日本統治期の鉱石運搬用鉄道跡は史跡に指定され、2004年にはブッシュナイフで伐採しながら歩いた山中の軌道跡の一部は容易に歩けるように整備されていた。

　いまにして思えば、故Lさんの葬儀が行われた2日間およびその後の現地調査で、私が辿ったガラスマオへの（での）道すじは、日本統治期末期以降、ガラスマオの人々が経験してきた劇的な村落景観の変化を、時系列に沿ってはいないが、追体験するものであった。ボーキサイトを積み出したシンハトバから初めて集落に入り、葬儀の後には旧集落の道を歩いて埋葬地に至った。鉱山街の形成とともにできた道は、集落のメインロードとなっていたが、鉱石を運んでいだ鉄道の軌道跡は山林の廃墟となっていた。ガラスマオ再訪時には、コンパクトロードを通って集落に入り、観光化と遺産化によって整備された軌道跡を歩いた。私のガラスマオへの（での）道すじは、伝統的な石畳の道、鉱山街の道、そしてコンパクトロードの重なりあいを辿りながら、在来のパラオ社会、日本統治、アメリカ統治の記憶が交差する空間に身を置き、複雑に意味づけられた景観へと導かれることであった。

2　重なりあう道

　ここでは、ガラスマオに建設された異なる道の重なり合いに留意しながら村落景観の変化を形態面から辿っていく。ゼロポイントとするクレーマーの民族誌の時代、鉱山採掘に伴い短期間に大きな変化がもたらされた日本統治期末期、そして戦後アメリカ統治期から独立後のコンパクトロード建設までの3つの時期に注目して検討を進める。

1. クレーマーの民族誌の時代

　図2はドイツ統治期に調査を行ったオーギュスティン・クレーマー（Augustine Krämer）の民族誌［Krämer 2002: 81］、近年の考古学的および民族誌的研究［Snyder 1983; Petrosian-Husa et al. 2002］、筆者の聞き取り調査から再構成した、1900年代のガラスマオの集落を示している。集落の周囲に標高約50〜200mの山々が連なる地形は、パラオ諸島の他村落と比して独特である［Krämer 2002: 75］。パラオの他村落の人々は、特異な地形のガラスマオのことを「薄暗い村」「太陽が昇るのが遅い村」「夕方早々に暗くなる村」などと言って揶揄することもある。実際、ガラスマオの集落から日の出や日の入りが水平線上に見えることはない。

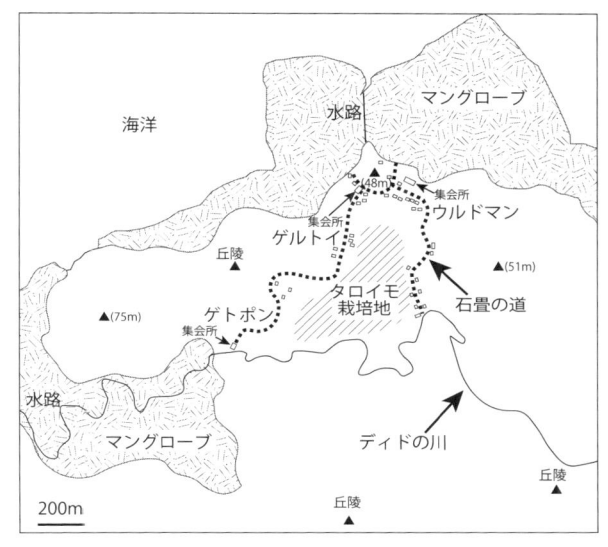

図2　ガラスマオの伝統的集落

　また、沿岸部はマングローブで覆われ、ベルダオブ島東海岸の村々にみられるような「美しい砂浜」は存在しない［Krämer 2002: 118］。
　ガラスマオの地理的条件は、伝統的な集落の構成にも幾分異なる特徴を与えている。パラオのほとんどの村落では、伝統的な船着き場から上陸すると、まず湿地帯にタロイモの栽培地が広がり、次いで石畳の道を辿って丘陵地帯へと登っていくと集会所（bai）と屋敷（blai）が配置されていた。これに対して、山がちなガラスマオでは、集落の北端にある船着き場からすぐに南の丘陵地帯へと登る石畳の道が2本敷かれていた。どちらの道も、標高約15mの丘陵地帯まで上がってから程なくして下り、平地に出ると湿地帯のタロイモ栽培地を通って生活用水を供給する「ディドの川」（Diong ra Did）に至るまで続いていた。そして、その南方には山々が控えていた。パラオの伝統的な集会所や屋敷が丘陵地帯に位置していたのは、村落間の戦闘に際して防衛上の必要性があったからである。ガラスマオでも屋敷の多くは丘陵地帯にあったが、丘陵を超えたタロイモ耕作地周辺の低地にもあった。沿岸から直ぐに急峻な丘陵があり、背後には山々がひかえているため、内陸の低地でも安全であったからである。
　クレーマーの調査時点で、ガラスマオは序列化された3つの集落から構成され、推定350人の人口を擁していた［Krämer 2002: 74］。この概算は、ヨーロッパ

134

人との接触以降の人口減少を反映している。各集落の名称は、序列の高いほうから順に、ウルドマン、ゲルトイ、ゲトポンであった。この構成は現在でも変わっていない。この他に廃村として 8 集落の跡が報告されており、そのなかには放棄されて間もないものもあった [Krämer 2002: 84]。

　植民地統治以前のパラオの村落は序列化された集落からなり、偶数順位と奇数順位の集落が「半分と半分」(bitang ma bitang) に分かれて競合・連帯していた [Force 1960: 34-36]。この時点で 3 集落しか存在しなかったガラスマオは理念型からは外れるが、ウルドマンの人々が東側の石畳の道沿いに、ゲルトイとゲトポンの人々が西側の石畳の道沿いに屋敷を構えており、外見上は「半分と半分」になっていた。屋敷は石畳の土台の上にあり、特定の親族集団に帰属していた。ここに称号保持者を中心として、親族集団の女性成員の子孫のほか、他所から妻を迎えた男性成員とその家族らが居住していた [杉浦 1944]。パラオの親族集団は、女性成員の子孫 (ochell) を中心に男性成員の子孫 (ulechell) も加わって構成される柔軟性をもっている [青柳 1985: 32; Smith 1983]。人口減少が進んで以降、こうした柔軟性を通じて、序列上位の屋敷が優先され、下位の屋敷が放棄されていった。

　ドイツ統治期および日本統治期を通じて、パラオでは植民地政策が広く浸透していった。ドイツ統治期には、コプラ生産が奨励されるとともに、年齢集団の活動が制限されるなど社会生活が統制された [青柳 1985: 78-79; Hezel 1995: 117]。日本統治期には、南洋庁が置かれていたコロールが日本人移住者の都市となり、バベルダオブ島では日本人入植者による農地開拓が行われた。1935 年には、パラオ支庁管内の日本人が現地人を上回っている [南洋庁長官官房調査課 1938: 4]。パラオ諸島南端に位置するアンガウル（Angaur）島のリン鉱石採掘現場には、ミクロネシアの他地域からも労働者が徴用され、マリアナ諸島の製糖業に次ぐ産業に成長していった。現地人子弟を対象とした公学校が各地に設立され、日本語を話せる労働力が産出されていった[注4]。

　こうした政策は、ガラスマオにも例外なく浸透していった。ガラスマオの子弟は、近隣のガラルドに設置された現地人子弟向けの公学校に通うようになり、更なる教育や就労のためにコロールに移動する若者もでてきた。一方で、鉱山採掘以前のガラスマオは、日本人による入植や開発の対象とはならず、既存の村落に大きな変化はなかった。村落人口は 1930 年の時点で 129 人、このうち 1人は布教に関わる外国人であった[南洋庁長官官房 1932a: 205]。この人口数はクレーマーが概算した頃からは半減しているが、日本統治期末期に鉱山採掘が行われ

るまで、集落の構成に大きな変化はなかった。

　ガラスマオの村落景観が大きく変わったのは、帝国日本の軍事戦略により、1940年から大がかりなボーキサイト採掘事業が行われてからのことであった。

2. 鉱山採掘の時代

　パラオでボーキナイトの鉱山採掘を念頭においた調査が行われたのは1935年のことであった。既に山東省や沖縄でリン鉱石採掘に関わったことがある政友会関係者の部下が、三井鉱山株式会社とともに調査隊を組織し、バベルダオブ島に鉱床を発見した。1937年には、三井鉱山株式会社と国策会社の南洋拓殖株式会社とが主要株主となり、南洋アルミニウム鉱業株式会社（以下、南洋アルミニウム）が設立された［峰松 1970: 147-149］。会社の通称「アルミガイシャ」は、「アルミノシゴト」とともにパラオ人の間にも定着した語彙となり、当時を知る年長者から戦後世代まで広く用いられている。

　当初はガラスマオの南に隣接するアルモノグイで採掘が行われていたが、鉱床が乏しかったのに加え、日本軍の砲台が設置され、沿岸防衛の拠点となったため、操業は中止された［峰松 1970: 164］。以後、急速にガラスマオで採掘設備が整備され、1940年に本格的な操業が始まった。当時、日本は南方の占領地域ビンタン（Bintan）からボーキサイトを移入していたが、連合国による貨物船の撃沈が相次いでいたため、南洋アルミニウムに大幅な増産が命じられ、内地、沖縄、朝鮮半島、ミクロネシア各地から多数の労働者が導入された［峰松 1970: 177］。こうして、ガラスマオの人口は急増し、操業開始から2年後の1942年の時点で、南洋アルミニウム勤務者だけでも690人——「邦人」576人、当時「島民」と呼ばれたミクロネシアの人々が114人——にものぼった。「邦人」労働者の内訳は、約190人の沖縄出身者、約150名の朝鮮半島出身者、約190人の内地出身者で、その他に40名から50名ほどの技師や事務職員がいたという［峰松 1970: 180-181］。「島民」労働者のなかには、地元のガラスマオの人々、パラオ各地からきた人々に加えて、ヤップ（Yap）島やモートロック諸島（Mortlock Islands）から徴用された人々もいた。

　図3は、南洋アルミニウム社員による回顧録［峰松 1970］、戦後間もなく行われたアメリカ海軍による調査［Bridge and Goldich 1948］、パラオにおける戦争遺跡の研究［Bailey 1991］、筆者による聞き取り調査［cf. 飯髙 2007, 2009b］をもとに再構成した、ボーキサイト採掘時代のガラスマオを示している。採掘地は伝統的集落があった地点より1キロから3キロ南方の山々に点在していた。ボーキサイ

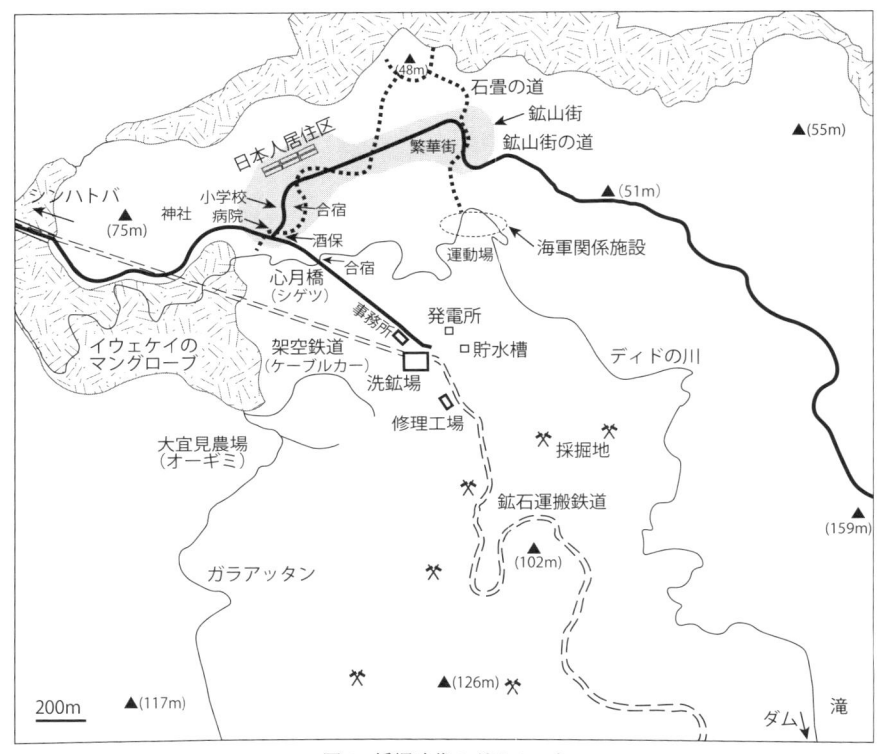

図3　採掘時代のガラスマオ

トの鉱床はパンダナスの樹が所々に生えている程度の丘陵の草原にあり、鉱石
は赤褐色で痩せた粘土質の土壌に埋蔵している。丘の斜面を手作業で段々に削
る「階段掘り」で進められた採掘の跡は、いまなお赤土が露出したままで、ガ
ラスマオの特徴的な景観になっている。

　実際にボーキサイト採掘が行われた採鉱場は合計で6ヶ所、未着手の採鉱場
が2ヶ所、その他、調査によって鉱床の存在が確認されただけの山が6ヶ所あっ
た [Bridge and Goldich 1948]。採鉱された鉱石は、鉱石運搬鉄道により洗鉱場に運
ばれ、そこで洗われてから架空鉄道（ケーブルカー）により港（シンハトバ）に運
ばれ、輸送船に積まれた。洗鉱場の近くには、南洋アルミニウムの事務所、機
関車などを修理する修理工場、発電所などが建設された。輸送船に供給される
水は、滝の近くに建設されたダムから敷かれたパイプを通じて運ばれた。鉱山
街の西端には病院、酒保（売店）、小学校などが建設され、東端には映画館、食堂、

カフェ、娼家などが建ち並ぶ繁華街が形成された。北西の高台には、南洋アルミニウム社員の社宅や、日本人労働者のための長屋が建造され、神社も建立された。一方で、「島民」労働者の合宿は、心月橋——現在でもガラスマオの人々はこの付近を「シンゲツ」の短縮形で「シゲツ」と呼んでいる——付近や、小学校の道向かいの低地などに建造された。ウルドマン集落の南方は、戦時中に日本海軍に接収され、資材置き場などに使われていたという。こうして急激に賑わいをみせたガラスマオは、日本人の間で「第二コロール」と呼ばれていた [Petrosian-Husa et al. 2002: 91-92]。

　採掘された山々は南洋庁によって「官有地」と分類された土地であった。「官有地」とは、南洋庁下の土地調査において、「島民」が用益していないことを理由に、公的財産に編入された土地である [南洋庁長官官房 1932b: 100]。一方で、南洋アルミニウムによって建設された設備、とりわけ社員や労働者の居住区は「島民有地」と分類された土地に属し、ガラスマオの人々の居住区画と隣接・重複していた。南洋アルミニウムは、ガラスマオの人々から土地を賃貸し、鉱山街をつくっていった。当時の賃貸関係の一部は「ガラスマオ民有地賃貸借各人別　面積実測図」（昭和16年7月19日附）に記されている[注5]。この実測図は、アメリカ統治下の1975年に複製が作成され、現在パラオ共和国の土地調査局 (Bureau of Lands and Survey) に保管されている。ガラスマオの人々の間では通称「アルミダイチョウ」と呼ばれている。

　図3に示すように、南洋アルミニウムの到来とともに建設された鉱山街は、ガラスマオの人々の集落と部分的に重複していた。丘陵地帯から下る2本の石畳の道を横切るかたちで新しい道路が建設され、その周囲に南洋アルミニウムの社員や労働者の居住区が建設された。石畳の道が、パラオの人々の社会生活の中心であったことを考慮すれば、南洋アルミニウムの到来に伴って出現した鉱山街は、既存の集落を大きく攪乱するものであったことは疑いない。

　鉱山採掘を経て、ガラスマオは太平洋戦争期の軍事的展開にも巻き込まれた。操業開始の頃には南部仏印へ向かう日本軍の部隊が、1943年頃からはソロモン諸島やニューギニアから撤退した部隊が駐留するようになった [峰松 1970: 177-181]。ガラスマオは米軍による爆撃や艦砲射撃の対象となり、南洋アルミニウムの施設も破壊された。現在でも爆撃跡や弾痕が随所に残っている。また、兵士や民間人が戦時中に米軍の攻撃を逃れて避難生活を送った山林は、日本語からの借用語でヒナンバ (hinanba) と呼ばれ、現在でも当時の武器や生活物資の残骸が残っている。

3. 戦後からコンパクトロード建設まで

　太平洋戦争後、ほぼ全ての採掘労働者は出身地に引き揚げた。例外として、パラオ人女性と懇意になったヤップ人労働者のなかに、戦後ガラスマオに留まった者が僅かながらいた。また、パラオ人女性と南洋アルミニウム勤務の日本人との間に生まれた人々も残留し、パラオ人として戦後を生きた[注6]。1946年のガラスマオの人口は 148 人となり [Gorenflo 1996: 51]、南洋アルミニウム関係者に限っても 700 人近くの人口を擁した採掘時代から、以前の水準にほぼ戻っている。アメリカ軍政は、ボーキサイトの採掘再開を念頭において、ガラスマオの地質調査をしたが [Bridge and Goldich 1948]、資源としての利用価値に乏しいこと、ガラスマオの人々が採掘に反対していること、南洋アルミニウムが接収ないし賃借した土地の返還請求が起こっていることなどにより、採掘は再開されなかった。こうして、ガラスマオには採掘以前の静寂が戻ったが、山肌には採掘跡が生々しく残り、南洋アルミニウムの設備は放置された。

　採掘設備の大半は放置されたままであったが、戦後に再利用されたものもある。架空鉄道のケーブルは漁具の銛として再利用されたという。戦後パラオの人々が、ガラスマオにこのケーブル目当てにやってきた時期もあった[注7]。滝の近くに建設されたダムからシンハトバまで敷かれていた水道管は、アメリカ信託統治時代に撤去され、再利用されたという[注8]。現在でもガラスマオの家々には、リアカーなど採掘時代に使われていた廃物が無造作に置かれている。採掘時代の廃品・廃物利用の詳細については、更なる検証の必要があるが、ガラスマオの人々が最も積極的に利用し、生活のなかに取り込んでいったのは、鉱山街の道や建造物の跡であった。

　既述のように、鉱山街の道は伝統的な石畳の道と一部重なり、既存の集落の一部を攪乱していた。一方で、丘陵地帯の屋敷地は鉱山街によって直接攪乱されず、戦後も人々が居住していたが、戦後になって人々は平地に降り、鉱山街の道の周囲に住むようになった。こうした集落の再形成後も、ウルドマン、ゲルトイ、ゲトポン 3 集落の区分は維持され、旧集落での位置関係は概ね再生産された（図1、図4）。平地への移動に伴って、集落の北端にあった旧来の港はほとんど利用されなくなり、かつて鉱石を移出していた「シンハトバ」が日常的に利用されるようになった。鉱山街への移動が、どれくらいの時間をかけて、どのように進んでいったのかを正確に再構成することは難しいが、屋号が明記されたアメリカ統治期のセンサスの情報に、既存の民族誌と聞き取り調査から

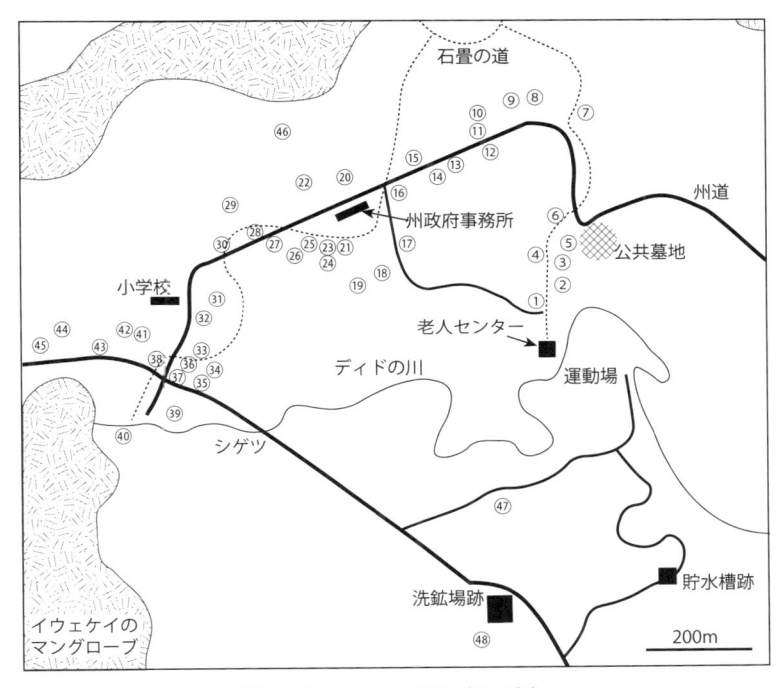

図 4　ガラスマオの家屋（2004 年）

得た情報を重ね合わせることで、部分的に再構成できる。

　この手法にしたがって 1962 年のガラスマオのセンサス[OPS 1962]を検討すると、全 38 世帯のうち 2 世帯を除く 36 世帯が、鉱山街の道の周囲に集住していたと推測される[注9]。既述のように、ガラスマオには、丘陵地帯から南に下った平地にも伝統的屋敷地があった。これらの屋敷地は、鉱山街の建設により直接攪乱されたが、人々は居住を続けていた。戦後になって移動してきたのは、丘陵地帯の屋敷地にいた人々である。かれらは、戦後もしばらく従来の屋敷地に住んでいたが、1962 年の時点ではゲデシール（Ngedesiil）とガルカバイ（Nerkabai）という 2 つの屋敷にいた人々を除き、鉱山街の周辺に降りてきていたと推測される。

　居住地としての伝統的屋敷地の放棄、それに伴う平地への移動と集住は、日本統治期からアメリカ統治期にかけて、パラオで広く見られた現象であった［飯高 2009a: Iitaka 2011］。ガラスマオの場合は、元来の地理的条件から既に平地にも屋敷地があったこと、鉱山街の跡地が新たな集住先として利用されたことに移動と集住の特徴がある。移動に際して、旧集落の屋号は移動先でも一部用いら

れたが、新たな屋号も多数用いられるようになった。鉱山街にあった建造物の
うち、特にコンクリートの土台は再利用され、オフロ、クラブ、トコヤなど、
かつての鉱山街での呼称も屋号に用いられた[注10]。現在では、鉱山街の道は舗
装され、その周辺にガラスマオのほとんどの住民が居住している。

　図4は、2004年の時点におけるガラスマオの集落の構成を示している。総
計48世帯が存在し、そのうち2世帯を除く全ての世帯が日本統治期に建設さ
れた鉱山街の跡地に集住していた。1962年の時点と比して、集落の構成に大き
な変化はない。比較対象としている1962年と2004年の人口データがないが、
これらの年代に近いところで1967年に227人 [Gorenflo 1996: 51]、2000年に221
人 [OPS 2000: table 1] というデータがあり、この間の人口数に大きな変化はみら
れない。一方で、世帯数は10増えている。これは、鉱山街の道の周りに核家
族か比較的小規模の拡大家族単位での居住が進み、家屋が増えていったためで
あると推測される[注11]。例外的な2世帯は、集住地区からはやや離れた場所に
居を構えている（図4、世帯番号㊼、㊽）。どちらも鉱山採掘時代の施設の跡地に
住んでおり、世帯番号㊼はデンキブ（電気部）、同㊽はセンコウジョウ（洗鉱場）
と呼ばれている場所にある。集住地区が手狭になってきたため、その周辺部に
家屋が拡張していったのである。

　2007年にバベルダオブ島を周回するコンパクトロードが完成すると、「シン
ハトバ」はガラスマオの玄関口としての地位を失った。人々は陸路、自動車で
コンパクトロードからガラスマの集落に入ることが一般的になった。旧鉱山街
を貫く道は2ヶ所でコンパクトロードと連接し（図1）、コロールからガラスマ
オの集落までは約1時間半で結ばれた。ここ最近の集落の構成に大きな変化は
ないが、2015年時点での在来人口は、185人とやや減少傾向にある。一方で、
地域観光の拠点となるビジターセンターがコンパクトロード沿いに設置され
（図1）、滝を見に来る観光客で賑わうようになった。ボーキサイトを運んでい
た鉄道の軌道跡は、パラオ歴史保存局によって遺産化され、ビジターセンター
から訪問できるようになっている。しかし、ほとんどの観光客は滝の観光を目
的としており、日本統治期の産業遺産に関心を持つことは稀である。

3　採掘時代の記憶

1. 忘却と想起

　以上、ガラスマオの村落景観の変化を道の重なり合いに注目しながら辿って

きた。それでは、日本統治期末期のボーキサイト採掘は、現在どのように人々の景観認識に影を落としているのであろうか。日本側とパラオ側の双方の行為媒体がいかなるメモリースケープを通して過去の採掘時代を想起し、現在のガラスマオの景観に対峙しているのかを検討していきたい。

　採掘事業を行った南洋アルミニウムに勤務していた日本人は、戦後、鉱石が埋蔵していた褐色の土壌にちなんで赫土会という同窓会を組織し、会誌の発行などを通じて採掘時代を偲んだ。三井金属鉱業株式会社の関係者によってガラスマオでの採掘の歴史がまとめられ、帝国日本の産業史のなかに位置づけられたこともある［峰松 1970］。かれらが戦後、現地再訪をしたのかどうか、現時点では明らかにできていないが、こうした会社関係者の活動とは別に、旧移住者による現地再訪が断続的に行われてきた。例えば、沖縄出身者が組織した南洋群島帰還者会の会員のなかでガラスマオに在住経験のある人々は、パラオでの慰霊祭に参加した際にガラスマオまで足を伸ばし、かつての居住地を再訪することもあった[注12]。

　こうした日本側の人々の動向は確かに存在したが、かれらは思い出のなかで採掘時代のガラスマオに向きあうことがあっても、現在のガラスマオの姿に向き合うことはほとんどなかった。かれらの関心は採掘時代の面影を見出し、過去の生活を偲ぶことにある。このためか、当時を直接知る人々の高齢化が進み、物故者が多くなってくると、現地再訪も行われなくなっていった。沖縄出身者らを中心として、現在でも旧南洋群島移住者による現地訪問は行われているが、パラオでは都市部のコロールおよび激戦地ペリリュー（Peleliu）の訪問が中心で［Iitaka 2015］、ガラスマオまで足を伸ばす訪問者は稀である。現在、ガラスマオを訪問する日本人の大半は、コンパクトロードを通って滝の見物に来る観光客である。かれらは、遺産化された鉱石運搬鉄道跡を部分的に辿って滝まで行くが、ボーキサイト採掘時代のガラスマオに注目する者はほとんどいない。一般観光客にとって、採掘時代のガラスマオは無知や忘却の彼方にある[注13]。

　一方で、ガラスマオの人々は、現在でも採掘時代を頻繁に、また積極的に想起している。ボーキサイト採掘は帝国日本の利潤追求の一環であったが、現在の時点において、ガラスマオの人々は「アルミノシゴト」が行われていた当時を、ガラスマオが最も賑わっていた時代として語り継いでいる。ここでは、帝国日本の事業を自分たちの村の賑わいとみなそうとする価値の転換が企図されている。このことはパラオの年長者によって「第二コロール」という帝国時代の呼称が積極的に用いられていることに顕著に現れている。「第二コロール」とは、

採掘で賑わうガラスマオの様子を誇示するために、元々日本統治によって用いられたプロパガンダの呼称であった。しかし、現在ではパラオの年長者によって往事のガラスマオの賑わいを物語る際に、よく用いられている［Petrosian-Husa et al. 2002: 91-92］。

　さらに、採掘時代の賑わいは、世代を超えて歌い継がれてきたパラオ語と日本語混じりの歌を通して、人々の集合的記憶となっている。ガラスマオに留まらずパラオで広く知られている歌として「アルミノシゴト」と「すばらしい村」という2つの歌がある。どちらも採掘現場での労働経験があるパラオ人によって作られた歌で、労働現場の光景や労働者の様子を歌っている。前者はルウール・カスケ（Rehuher Kaske）によって作成され、1日の労働の流れを時間に沿って描いている。後者は後にパラオ共和国国歌を作曲・作詞したイメセイ・エゼキエル（Ymesei Ezekiel）によって作られた歌で、沖縄民謡の安里屋ユンタのメロディー——採掘現場にいた沖縄出身の労働者から学んだと予想される——を借りて、様々な民族集団が労働現場で共に働く様子を歌っている［飯髙 2009b］。

　ここでは労働者の1日を歌った「アルミノシゴト」に注目し、その歌詞から当時のガラスマオの景観を分析してみたい(注14)。1番から3番までの歌詞は、ガラスマオの特定の場所の描写を背景として、採鉱の労働に従事していた人々の様子が生き生きと描かれている。そして、4番と5番の歌詞からは、仕事が終わって労働者たちが帰って行く鉱山街の様子を垣間見ることができる。歌詞は以下の通りである。

1.　アルミの仕事は、評判がケーブルカー
　　Arumi no singoto wa hiobang ga keburuka
　　サイレンが7時（に鳴って）、我々は仕事を始める
　　Saireng no sitizi ki hazimar ra singoto
2.　山の上には、ガラアッタンが近い
　　Yama no ue ni ua Ngerchetang nga chikai
　　採鉱場の仕事、働いているパラオの人は皆若い
　　Saiko-zio no singoto kitar Belau el di mekekerei
3.　休みの時間、涼しい東風が吹く
　　Yasumi no zikang cheluut a mei leltel ongos
　　タマカイの山の上で、体が涼しい
　　Elme mengeluut ra bedengam re bebul a Temekai el Ked

4.　仕事の帰り、待ち遠しいのはグラウンド

　　Kaeri ra singoto machidosi ra gurando

　　楽しい皆さん、我々はディドの川まで行って水浴びをする

　　Tanosii minasan ki mo merech ra Diong ra Did

5.　後のことは、我々は合宿まで帰って行く

　　Ato no koto wa ki kaeri mora kasiuku

　　夕飯を済まして、我々はシゲツ（心月橋）まで散歩する

　　Yuhang sumasite ki sanbo mora Singetsu

　この歌にはガラスマオの地名が頻出する。2番の「ガラアッタン」と3番の「タマカイ」は山の名前である。「ガラアッタン」は採鉱が行われていた山のすぐ脇にあることから、「山の上にはガラアッタンが近い」とは作業をしながら見た風景を歌っている。「タマカイの山の上で、体が涼しい」とは過酷な作業の合間に息抜きをする様子である。4番では、1日の労働を終えた人々が「ディドの川」で水浴びをしている様子が描かれている。「ディドの川」は伝統的集落の石畳の道の果てにあり、ガラスマオの人々に生活用水を供給していた。この近くにはグラウンド（運動場）が整備され、娯楽の場所となっていた（図3、図4）。仕事の後でグラウンドに出て楽しむ労働者の様子がここには描かれている。

　そして5番の歌詞には「シゲツ」が出てくる。これは、南洋アルミニウムが建設した「心月橋」付近を指す（図3、図4）。現在でもガラスマオの人々に「シゲツ」と呼ばれ、ここに掛けられた橋は集落への入口となっている。採掘時代、この周辺には「島民」労働者のための合宿（注15）があった。この他にも、他村からやって来たパラオ人、朝鮮半島出身者、ヤップ島やモートロック諸島の人々の居住区が設置された［峰松 1970: 169］。帰宅した後に「夕飯を済まして、我々はシゲツまで散歩する」とは、ガラスマオの若者や別の合宿にいた労働者が、シゲツの合宿に住む労働者を訪ねていった様子を歌っている（注16）。

　「アルミノシゴト」は「すばらしい村」と並んで、ガラスマオが賑わっていた時代のいわばお国自慢の歌として現在まで歌い継がれている。過酷な労働現場を舞台としているが、作業風景は全体的におおらかに描かれており、「楽しい皆さん」という独特の表現に示されるように、労働後の娯楽を示唆する描写もある。帝国日本による利潤追求は歌のなかで換骨奪胎され、ガラスマオの賑わいや人々の楽しみの光景に転換されている。現在、パラオ共和国で実施されている州対抗の歌とダンスの競技会などに際して、これらの歌はガラスマオを

144

代表する歌として行進踊りに合わせて披露されるのが定番になっている。「ア
ルミノシゴト」は、戦後生まれの若い世代にも人気を博しており、1990年代には、
パラオ人男性歌手ゴアルソン・コデップ（Goalson Kodep）がアルバム『Keburuka
（ケーブルカー）』に収録し、ヒットさせている。

2. 発展と破壊の記憶

　お国自慢の歌に刻まれている村の栄華とともに、ガラスマオの人々は、ボー
キサイト採掘に伴って進行した破壊についても時折想起する。なかでも、採掘
に伴う環境破壊や、戦時中の日本兵や軍馬の流入、戦時下での米軍による爆撃
などは、筆者の聞き取りに対する回答のなかでしばしば言及された。

　環境破壊への言及としては、水質汚染に関する語りがある。採掘現場から鉱
石運搬用の鉄道により洗鉱場に運ばれた鉱石は振り分けられ、「ログ・ウォッ
シャー」という機械にかけられた［峰松 1970: 166］。当時を知るガラスマオの年
長者によれば、この工程で洗い流された赤土はすぐ西側を流れるガラアッタン
川——「アルミノシゴト」に登場する山の名前でもある——に流された。この
ため、川が注ぐ地点であった「イウェケイのマングローブ」（Taoch ra Iwekei）（図 3）
は真っ赤に染まったという。ここはゲトポン集落の人々が利用していた水場と
近く、人々の生活への影響も大きかったと推測される。現在でも、ガラスマオ
の漁獲高が少ないのは、採掘時代の排水のためだという年長者もいる。当時を
知らない若い世代も、採掘に伴う水質汚染と少ない漁獲高とを関連させて認識
していることがある［飯高 2007］。

　1994年、太平洋戦争の激戦地ペリリュー島で実施された日米戦闘終結50周
年記念式典では、パラオ共和国大統領らに続き、各州の伝統的首長がスピーチ
を行った。この時、ガラスマオの伝統的首長ベオ・サカジロー・デメク（Beouch
Sakajiro Demek）（1921年生、男性）[注17]は、採掘時代のガラスマオの賑わいと太平
洋戦争期の混乱に言及しつつ、以下のような地域史を自身の体験を交えながら
紹介している。

　　皆さんは、昔ガラスマオに大きなカイシャがあって、ボーキサイトを掘っ
　ていたことを知っているだろう。ガラスマオにやって来れば、かつて大が
　かりなプロジェクトがあったことを示すケーブルカーの鉄塔がまだ建って
　いるのがすぐ目に入る。カイシャがやって来たとき、私はまだコロールに
　いたが、プロジェクトのことはよく知れ渡っていた。その後、ガラスマオ

で働き始め、1 ヶ月の稼ぎは 21 円にもなった。こうして働き始めて以来、現在まで私はガラスマオに住んでいる。

　ガラスマオに来たカイシャは非常に多くの人々を雇っていた。日本人、朝鮮人、沖縄人などがガラスマオにやってきて、家族を含めて 3000 人はいただろう。パラオ人も北はカヤンゲル、南はアンガウルまで各地から 150 人ぐらいは来たであろう。ヤップ人も 40 人くらい、トラック人も 30 人くらいはいたであろう。私はこうした光景を見て、このプロジェクトがいかに大規模なものであったのかを改めて認識した。

　プロジェクトは戦争が終わるまで続いた。戦争が近づくと 4000 人規模の兵隊がやってきて道路を建設した。この頃は軍馬がたくさんいて、人が歩くのも大変なほどであった。ガラスマオの山々に行けば、いまでも鉄砲の弾がたくさん落ちている。戦後、ガラスマオの人々は下に降りてきた。その頃には、道（旧集落の石畳の道：筆者注）が悪くなっていたために移動することになった。

　最後に、以下のことだけ強調してスピーチを終わりにしたい。ガラスマオにいた多くの人々の名前を逐一挙げていけば、ガラスマオは「第二コロール」というほど、大規模な村であったということがわかるだろう。

　労働者の人数や賃金の詳細については確認を要するが、ここで注目したいのは語りの枠組みである。ここには、ベオ自身が青年の頃にアルミガイシャで働いていた経験からガラスマオの賑わいが語られ、「第二コロール」という表現で締めくくられている。同時に、スピーチの後半には戦争時代の様子が語られ、兵隊や軍馬でごった返していたガラスマオの様子が描写されている。兵隊や軍馬の記憶は、他の年長者の語りにも頻出する。軍馬がうろつくためにパラオ人の集落が「泥だらけになった」という述懐や、初めて見る軍馬が恐ろしくて兵隊に付き添われて勤労奉仕に行ったという述懐も聞かれた[注18]。また、筆者の聞き取りに対して、ベオは、軍馬とともに持ち込まれた牧草がガラスマオに蔓延り、駆除できないままで困っているとも語った[注19]。確かに、コンパクトロードから村道に入り、シゲツの橋を渡る手前には、牧草らしき草が蔓延る風景を現在でも目にすることができる。

　また、ベオのスピーチのなかでは、戦後の集落の形成についても言及がある。「戦後、ガラスマオの人々は下に降りてきた」とは、丘陵地帯に住んでいた人々が鉱山街の周辺に移動してきた様子を指している。移動の理由として「道が悪

くなった」といっているが、これは伝統的集落の石畳の道が劣化したことを意味している。形態面での分析において、鉱山街の道が既存の集落の石畳の道を横切って建設された様子は既に述べたが、その際に、石畳の道の一部が破壊されことをガラスマオの年長者は記憶している。

2004年の調査時点で、集落で最年長だったGW（1909年生、女性）は流暢な日本語で、アルミノシゴトが始まるとガラスマオには「ロームシャがたくさん」来て、集落は「家がたくさんで隙間がない」状態になったという。戦争時代になると、ベオのスピーチで示されているように「軍馬がたくさんいて歩くのも大変なほど」になっていった。集落の石畳の道は、鉱山街の道の建設が行われた時に加えて、日本兵の駐留後にコロールに続く道の建設が行われた時にも破壊されたという。GWによれば、石畳の一部は剥ぎ取られ、道路の土台に使われたのだという[注20]。現在、伝統的集落の石畳のうち、ウルドマンの石畳はほぼ現存しているが、鉱山街の道と交差する部分は途切れている（図3、図4）。ゲルトイとゲトポンの石畳の道は、鉱山街に組み込まれていなかった丘陵地帯の一部分を除き、ほとんどが現存しない。石畳が実際に新しい道路の土台に転用されたのかどうかに関しては更なる検証が必要だが、GWを含むガラスマオの年長者は、石畳の破壊を「ロームシャ」や兵士の到来とともに記憶していることは確かである。石畳の道の劣化は、自然の要因ではなく、戦時体制下の人工的な要因によるものであったと考えられる。

そして、ベオのスピーチは、山中に残る戦争遺物についても言及している。ソロモン諸島やニューギニアからの撤退部隊が駐留していたガラスマオは、米軍の爆撃や艦砲射撃の対象となった。現在でも、村内には空爆のクレーターを確認することができる。戦時中ガラスマオにいた人々——現地人、帝国内の各地からやって来た労働者、南洋アルミニウム関係者とその家族、そして駐留していた日本兵——は米軍の攻撃を逃れて、山中のヒナンバでの生活を余儀なくされた。ベオがいうように、ヒナンバには日本兵が残した弾薬や武器のほか、様々な生活用品が散在している。

以上の検討から、日本側とパラオ側の行為媒体は、それぞれ異なるメモリースケープを通して現在の景観を見ているということがわかる。日本側の行為媒体の前には、一義的な景観が現前している。南洋アルミニウム関係者や元ガラスマオ在住者らは、郷愁の思いで鉱山採掘時代の残滓をみるが、現在のガラスマオに対する関心は薄い。その態度は帝国ノスタルジアの様相を呈している。一方で、観光客の大半は採掘時代に無知ないし無関心で、滝の観光を通してガ

ラスマオの自然を消費するに留まっている。その態度は戦後日本における外地の集合的忘却の典型である。いずれの場合も、過去と現在が分離した状態で、人々はガラスマオの景観に対峙している。

　対照的に、ガラスマオの人々の前には、複雑に意味づけられた村落景観が現前している。かれらは、帝国日本による鉱山採掘の意味を転換して自分たちの村の栄華として想起し、現在の景観のなかに過去の発展の記憶を刻み込んでいる。同時に、採掘や戦争とともに進行した破壊の記憶も時折姿を現し、発展の記憶を相対化している。ここでは、相反する価値付けの間を揺れ動きながら採掘時代が想起され、葛藤とともに過去と現在が節合されている。ガラスマオの人々の前には、矛盾をはらんだ景観が現前している。

　ガラスマオの人々が発展の記憶と破壊の記憶の間で揺れながら、現在の村落景観に対峙しているのは、為す術もなかった帝国日本の事業展開に翻弄された結果であることは否定できないが、同時に自らの選択的な想起と忘却の結果でもあろう。記憶研究においては、痛みを伴う過去が部分的に忘却されたり、トラウマとなる苦痛に至っては想起そのものが不可能となったりすることも指摘されている［Cole 2001; 宮地 2007］。ガラスマオの人々は、石畳の道を破壊されたときに怒り、兵士や軍馬を前にして恐怖を感じた。こうした感情とともに採掘時代を想起し続けると必然的に苦痛が伴う。集合的な防衛反応として、ガラスマオの人々は、帝国日本による利潤追求の事業を自分たちの村の賑わいと読み替え、発展の記憶として継承してきた。それでも時折、破壊の記憶が不可避的に想起される。破壊の記憶は、筆者が聞き取りを行った個人的な空間のみならず、ペリリュー戦終結記念式典のような公的空間でも姿を現す。こうした記憶のもつれのなかで、ガラスマオの人々は現在の村落景観を見ているのである。

　おわりに

　残された問題は、日本側と現地側の行為媒体の関係性の検討である。双方は、ボーキサイト採掘が行われていたガラスマオの過去を異なる枠組みで想起しながら、異なるかたちで現在の景観を見出している。この点では、確かに双方の行為媒体はすれ違っているが、ともにガラスマオを舞台として、1940 年代の僅かな時期ではあるが、同じ時空間に身を置いていた。また、戦後においても、ガラスマオを再訪した日本人の姿は、現地社会の人々の目にも映っていたはずである。採掘時代のガラスマオのことにしか関心がない日本人の訪問者も、再

　訪先でパラオの人々と何らかのかたちで接触していた可能性もある。異なるメモリースケープで村落景観を見ている行為媒体は、現場で出会い、相互に影響し合っているかもしれないのである。

　例えば、ガラスマオの人々は、戦後、日本からの訪問者にいかに対峙し、かれらの到来をどう認識したのであろうか。さらにいえば、鉱山採掘を経て大きく変化した村落景観のなかに、日本人訪問者はどのように組み込まれていたのだろうか。私自身が辿ったガラスマオへの道すじを改めて思いおこすと、日本人訪問者は、ガラスマオの人々にボーキサイト採掘時代の記憶を喚起する媒介であったように思われる。冒頭で述べたように、2002 年に初めてシンハトバからガラスマオに降り立ったとき、私は採掘時代の残骸を前に、年長者の流暢な日本語でアルミガイシャがあった頃の村の様子について説明を受けた。滝を見て帰る観光客とは異なり、集落に滞在する日本人は多くはいない。やや特殊な訪問者を前にして、採掘時代のガラスマオの賑わいが積極的に提示されたのではないだろうか。

　「アルミノシゴト」や「すばらしい村」が、州対抗のダンス競技会などで披露されることに示されるように、ガラスマオの人々は、パラオの他村落の人々に対して採掘時代の栄華を提示し、地域的独自性を示すことがある。ここでは、ガラスマオの歴史が他村落の歴史から弁別され、卓越化されて提示される。一方で、現在の日本人訪問者に対して過去のガラスマオを積極的に提示することは、パラオの他地域の人々にお国自慢をするのとはまた別の意味を持っている。帝国日本による過去の鉱山採掘事業がガラスマオを大きく変貌させたことをよく知らない現在の日本人に対して、ガラスマオの人々は採掘事業を帝国主義による搾取や破壊としてではなく、村が最も賑わっていた頃の様子として提示する。そうすることで、日本人による理解や認知を求めているのである。ここでは、軍事的な都合で行われた性急な採掘に対する批判的な視座が欠落しているようにもみえるが、人々が帝国主義の地域的展開を忘却しているわけではない［cf. Cole 2001］。むしろ、旧帝国の中心部で忘却されていた帝国史が周辺部から想起され、日本人をガラスマオの人々と同一の地平に引き込もうとする力が働いている。

　日本人訪問者を前にして、パラオ人の間で日本統治期が積極的に想起され、提示されるという現象は広く認められる。1960 年代後半に、日本の旧軍人軍属や旧移住者が戦没者慰霊のためにパラオを訪問するようになったのと同時期に、日本人移住者を父親に持つパラオ人たち――日本では「日系人」と呼ばれ

る［e.g. 小林 2010］——は、自分たちの出自について考えるようになり、パラオサクラカイというアソシエーションをつくった［飯髙 2016a］。かれらは慰霊団の受け入れにも尽力し、日本統治期を懐かしみ、肯定的に語りながら、訪問者を受け入れた。こうした歓待を前にして、ペリリューやアンガウルなどの激戦地を再訪した旧軍人軍属とその家族は、かれらを希有の「親日家」、延いては日本人そのものとさえ認識するに至った［日本サクラ会 1968］。

　日本統治期の経験を一見して肯定的に語るという現象は、パラオサクラカイの人々に限らず、日本統治期を知る年長者の間でも広くみられる。こうした日本統治期の語り口は、日本のメディアによってパラオ人の「親日」感情の証拠として取り上げられ、一部の学術的言説のなかにも再生産されてきた。しかし、これは実際には「親日」感情の表出ではなく、旧宗主国の人々に対峙した際に表出する特異な語りの形態である［飯髙 2016b］。ガラスマオの人々が採掘時代を読み替えて自分たちの村の栄華の頃として想起するように、パラオの人々は、アメリカ統治が敷かれた戦後世界と対比しながら、日本統治期を郷愁とともに想起することがある。年長者からすれば、公学校で修得した日本語を駆使して働いていた時代と異なり、戦後は日本語能力に価値はなくなってしまった。また、戦前は様々な産業が導入されたが、戦後はアメリカの統治戦略のもとで産業が停滞した時期もあった。公学校で学んだ価値観とは異なる価値観で教育が行われ、疎外感を感じることもあった。このように、統治国の交代という歴史過程を背景として、年長者は複雑な感情をもって日本統治期を想起する［三尾2016］。しかし、日本人に対峙しているときには、それが「親日」感情の表出であるかのように誤解されてしまうことも往々にしてある。

　ガラスマオには、いつ頃からどれぐらいの頻度で旧軍人軍属や旧移住者が再訪したのか、現地人はどのように受け入れにあたっていたのか、ここでは解明できなかった。しかし、1960年代末から現在まで、日本人の現地訪問が断続的に実施されてきたことは確かである。その際、私自身が経験したように、流暢な日本語を話す年長者が日本統治期への郷愁を語りながら、来訪者の対応にあたったことは想像に難くない。採掘時代のガラスマオの賑わいを懐かしむような歌や語りが、ガラスマオの人々の口から発せられた時、日本人訪問者は帝国ノスタルジアをかきたてられるであろう。そして、パラオ人もまた日本統治期への郷愁を抱いているという誤解を通して、かれらの帝国ノスタルジアは強化され、採掘時代のガラスマオの景観をいっそう鮮明に浮かび上がらせたであろう。日本側とパラオ側のメモリースケープは、誤解のもとに奇しくも節合し、

150

共振し合っていたと考えられる。

　しかし、ガラスマオの人々が採掘時代の栄華を日本人に語るのは、日本統治の忘却や「親日」感情の表出によるものではない。むしろ、変わり果てた村落景観も歴史のひとこまに組み込み、日本統治期に喪失した共同体の統合を現在の時点から奪還しようとしているからである［cf. Cole 2001］。それは、帝国日本の事業だったにも関わらず、採掘時代のガラスマオについてよく知らない現在の日本人訪問者に対する、辛辣な問いかけであるともいえる。帝国日本の事業展開は、戦後引き揚げた日本人にとっては過去のことになったが、引き続きその場に身を置くガラスマオの人々にとっては過去のこととはならなかった。かれらは、眼前に残された採掘時代の廃墟と折り合いをつけて生きていかなればならなかった。私に提示された採掘時代のガラスマオの景観は、年長者の話す流暢な日本語とともに姿を現した。換言すれば、異なるメモリースケープを持つパラオ人と日本人との関係性を背景として、前者から後者に提示され、立ち現れてきたものである。本稿で検討してきたのは、こうして私自身が引き込まれていったガラスマオの景観であった。

〈謝辞〉　本稿で提示した現地調査のデータは、公益信託澁澤民族学振興基金「平成14 年度 大学院生等に対する研究活動助成」および JSPS 科研費 08J02475, 24720393, 15K03049 を通じて収集されたものである。2016 年 9 月 19 日に慶應義塾大学三田キャンパスで開催された、景観史研究会（慶應義塾大学東アジア研究所「歴史生態学と歴史人類学の節合による景観史研究の拡張——アジア太平洋のフィールドワークから発想する」）では「パラオ諸島における鉱山採掘と村落景観の再創造」と題した発表を行い、研究代表者の山口徹先生ほか研究メンバーから有益なコメントを頂きました。現地調査では、パラオ国立博物館（Belau National Museum）、ガラスマオ州の方々、とりわけ X さん一家に大変お世話になりました。記してお礼申し上げます。

注
(1)　パラオの地名表記は、日本統治期に慣例となっていたカタカナ表記に準じている。これらの表記には、現地語の発音と一致しないものも多いが、日本統治時代に日本語教育を受けた年長者がカタカナで筆記する際に当時の慣例表記を用いること、また日本統治時代に関する現地語と日本語混じりの歌にカタカナの慣例表記が用いられることなどを鑑みて、ここでは日本統治期の慣例表記をそのまま用いる。
(2)　自由連合協定（Compact of Free Association）を結ぶアメリカ合衆国からの資金で建設されたため、協定の名前にちなんでコンパクトロードと呼ばれている。

(3)　2006 年、主要都市としての機能の多くをコロールに残したまま、大統領府をはじめとする一部政府機関はバベルダオブ島東海岸のマルキョク（Melekeok）に移転した。この遷都は、パラオ共和国憲法で明記された文言に従って実行されたものである。遷都の背景には、二大首長であるアイバドル（Ibedul）とルクライ（Reklai）をそれぞれ輩出する、コロールとマルキョクの均衡関係に関する認識があった。

(4)　1922 年の南洋庁設立とともに設置された現地人子弟向けの公学校では、日本語や修身のほか、実学中心の教育が施された。公学校卒業後はコロールなどの都市部に設置された公学校補習科や、同科を卒業した男子を対象としたコロールの木工徒弟養成所などに進学する者もいた［南洋群島教育会 1938］。

(5)　賃貸借とはいうものの、国策会社によって遂行される事業のなかで、ガラスマオの人々には選択の余地がなかったと考えられる。なお、この実測図には、マルキョクの高位親族集団の出身で、当時「島民」労働者の監督に当たっていた人物の名前が、何筆もの土地の所有者と記されている。しかし実際のところ、この人物はガラスマオに土地権は持っていない。記載されている所有者の正確性に関しては検討の余地がある。

(6)　かれらは、非嫡出子であったために、日本人の父親とともに、まだ見たことがない日本へ「引き揚げる」ことは認められなかった［飯高 2016a］。朝鮮半島出身者と現地人との間に生まれた人々もごく僅かながら存在したが、同様に現地に残留した。

(7)　2004 年 8 月、ガラスマオでの現地調査中、50 代男性からの聞き取りによる。当該男性の年長者からの伝聞に基づく情報。

(8)　注（7）に同じ。

(9)　この手法で位置を特定できたのは、38 世帯中 25 世帯に留まったが、位置を特定できなかった家屋の屋号はどれも旧集落には存在しない名称であった［cf. Krämer 2002: 82-84; Snyder 1983: 22-24］。戦後、鉱山街周辺に立てられた家屋に対して用いられた新しい屋号のうち、現在は用いられなくなったものが残りの 13 世帯であると推定している。

(10)　また、鉱山採掘時代に食糧供給を目的に設置された農場の跡地は、沖縄出身の農場主の名を取って現在でも「オーギミ」と呼ばれている（図 3）。

(11)　こうした居住形態の変化は、戦後に始まったことではなく、日本統治期に調査を行った杉浦健一の報告の中でも指摘されている［杉浦 1944］。杉浦は変化の要因を、ドイツ統治期のコプラ生産の奨励、それに伴う核家族単位での生産の浸透など、社会経済的要因に求めている［杉浦 1944: 259-260］。

(12)　沖縄出身者のなかには、南洋群島の他地域での生活を経てガラスマオに到来した者もいた。朝鮮半島出身者など、強制的に徴用されて南洋群島に渡った人々の間では、ガラスマオの生活に対する郷愁は醸成されなかった。

(13)　こうした観光行動は他地域でも広くみられ、戦後日本における「南の楽園」イメージの形成や、日本統治および太平洋戦争がもたらした現地社会に対する被害の忘却

と表裏一体であることが指摘されている［山口 2007; Yamashita 2000］。

(14)　「すばらしい村」の歌詞については、別稿［飯髙 2007, 2009b］で分析した。

(15)　パラオでは、集合住宅を指す用語として「カシュク」(kashuku) のほか、「ナガヤ」(nagaya) やなどの借用語が用いられる。

(16)　リン鉱石採掘が行われていたアンガウル島では、ミクロネシア各地から徴用された「島民」労働者が、1 日の労働の終わりに、踊りを披露し合っていた。そして、元々トラック諸島で発明された「行進踊り」が伝播し、マトマトン (matomatong) と呼ばれるパラオの行進踊りが形成された［小西 2003］。

(17)　ベオはガラスマオを代表する首長の称号名で、ウルドマン集落の第 1 位親族集団ゲデンゴル (Ngedengoll) から輩出される。サカジローは個人名である。以下では、称号名のみを記す。

(18)　2004 年 8 月に行った GW（1909 年生、女性）への聞き取りによる。

(19)　2004 年 8 月に行った本人への聞き取りによる。なお、ベオによれば、多数の軍馬がすぐに牧草を食べてしまったので、近隣のガラルドにある別種の草を船で取りに行かなければならなかったという。

(20)　GW によれば、当時のガラスマオの人々は、伝統的な石畳の道の破壊を前にして、困惑し、怒りの感情もあったが、「兵隊が怖かった」ので何も言えなかったのだという。

参考文献

青柳真智子

　　1985　『モデクゲイ——ミクロネシア・パラオの新宗教』新泉社.

飯髙伸五

　　2007　「ガラトゥムトゥンの踊る安里屋ユンタ——パラオ共和国ガラスマオ州における『アルミノシゴト』の記憶」『民俗文化研究』7: 104-120.

　　2009a　「日本統治下パラオ，オギワル村落におけるギンザドーリ建設をめぐる植民地言説およびオーラルヒストリーに関する省察」『アジア・アフリカ言語文化研究』77: 5-34.

　　2009b　「経済開発をめぐる『島民』と『日本人』の関係——日本統治下パラオにおける鉱山採掘の現場から」吉岡政德監修，遠藤央・印東道子・梅崎昌裕・中澤港・窪田幸子・風間計博編『オセアニア学』, pp. 345-359, 京都大学学術出版会.

　　2016a　「パラオ・サクラカイ——「ニッケイ」と親日言説に関する考察」三尾裕子・遠藤央・植野弘子編『帝国日本の記憶——台湾・旧南洋群島における外来政権の重層化と脱植民地化』, pp. 213-232, 慶應義塾大学出版会.

　　2016b　「帝国後の「混血」のゆくえ——日本出自のパラオ人の越境経験」『文化人類学研究』17: 8-25.

小西潤子

2003　「ミクロネシアの行進踊り──その伝播とパラオにおける様式変化を中心に」
　　　『阪大音楽学報』1: 33-45.

小林　泉

2010　『南の島のヨ本人──もうひとつの戦後史』産経新聞出版.

杉浦健一

1944　「南洋群島原住民の土地制度」『民族研究所紀要』1: 167-350.

南洋群島教育会

1938　『南洋群島教育史』南洋群島教育会.

南洋庁長官官房

1932a　『昭和5年南洋群島島勢調査書　第一巻　総括編』南洋庁.

1932b　『南洋庁施政十年史』南洋庁.

南洋庁長官官房調査課

1938　『第六回　南洋庁統計年鑑』南洋庁長官官房調査課.

日本サクラ会

1968　『サクラに結ばれて──パラオ諸島慰霊団の記録』日本サクラ会.

三尾裕子

2016　「《特集》外来権力の重層化と歴史認識──台湾と旧南洋群島の人類学的比較
　　　序」『文化人類学』81（2）：217-227.

峰松茂雄

1970　「南洋アルミニウム鉱業株式会社始末誌」『三井金属修史論叢』4: 143- 204.

宮地尚子

2007　『環状島＝トラウマの地政学』みすず書房.

山口　誠

2007　『グアムと日本人──戦争を埋立てた楽園』岩波書店.

Bailey, D. E.

1991　*WW II Wrecks of Palau*. North Valley Diver Publications.

Bridge, J. and S. Goldich

1948　*Preliminary Report on the Bauxite Deposits of Babelthuap Island, Palau Group.* United States
　　　Geological Survey. Washington, D.C.: Military Geology Branch.

Cole, J.

2001　*Forget Colonialism?: Sacrifice and the Art of Memory in Madagascar.* University of California Press.

Force, R.

1960　*Leadership and Cultural Change in Palau.* Chicago Natural History Museum.

Gorenflo, L. J.

1996　Demographic Change in the Republic of Palau. *Pacific Studies* 19(3): 37-106.

Hezel, F.

1995   *Strangers in Their Own Land: A Century of Colonial Rule in the Caroline and Marshall Islands.* University of Hawai'i Press.

Iitaka, S.

2011   Conflicting Discourses on Colonial Assimilation: A Palauan Cultural Tour to Japan, 1915. *Pacific Asia Inquiry* 2(1): 85-102.

2015   Remembering *Nan'yō* from Okinawa: Deconstructing the Former Empire of Japan through Memorial Practices. *History and Memory* 27(2): 126-151.

Krämer, A.

2002   *Results of the South Pacific-Expedition 1908-1910. II Ethnography: B. Micronesia.* Translated by Carmen C.H. Petrosian-Husa, Bureau of Arts and Culture, Ministry of Community and Cultural Affairs, Republic of Palau.

OPS (Office of Planning and Statistics)

1962   Population Census Report of Ngardmau Municipality in Palau. (PAM #922) 1962-1976. *Trust Territory of the Pacific Archives.*

2000   *Census of Population and Housing of the Republic of Palau.* Office of Planning and Statistics, Republic of Palau.

Petrosian-Husa, C., M. Miko and M. Sumaserui

2002   *Ngardmau Ethnography.* Bureau of Arts and Culture, Palau Historic Preservation Office.

Smith, D.

1983   *Palauan Social Structure.* Rutgers University Press.

Snyder, D.

1983   *Archaeological Surveys in Ngardmau and Ngchesar, Republic of Palau.* Office of Historic Preservation, U.S. Trust Territory of the Pacific Islands.

Yamashita, S.

2000   The Japanese Encounter with the South: Japanese Tourists in Palau. *The Contemporary Pacific* 12(2): 437–463.

第6章　成長する景観
恋路島からみた水俣

下田健太郎

はじめに

　本稿では、水俣湾の地先に浮かぶ小さな島——恋路島に光をあて、その景観がかたちづくられてきたプロセスのなかに、人と人、人と自然の絡み合いを読み解いてゆく。

　水俣市は、熊本県の最南端である鹿児島県との境に位置する。肥薩連峰の深い山々に囲まれ、西部は広く海に開けてはるかに天草の島々をのぞんでいる。北の大関山を主水源とする久木野川は、東部の山岳地帯から発する水俣川本流と途中で合流し、さらに南の矢筈岳からいくつもの支流を集めて流れる湯出川と市の中心部で合わさって、広大な内海である不知火海（八代海）にそいでいる。「まちうち」と呼ばれてきた西側の市街地は、かつて水俣川と湯出川の下流がいくどとなく氾濫をくりかえすことで河口部につくられた沖積低地である。不知火海は九州本島と天草諸島に囲まれた内海で、その面積は1200㎢にも及ぶ。外海に比べて穏やかで静かな海であり、風の吹き方や潮の流れの違いによって海面はところどころの色が変わっている。その様子は刻々と変化していくが、夕方に雲間から太陽光がのぞくと、空から降りそそぐ光の柱と、それを反射する海面によって印象的な景観が現れる。

　水俣市の沿岸部には豊かなリアス式海岸が続くが、なかでも水俣川河口から南西方向にある水俣湾は、古来より不知火海のなかでも有数の漁場として知られてきた。その一方で、水俣湾は、水俣病の原因となったチッソ株式会社の工場が、かつて汚染物質を直接排出していた場所でもある。同湾の北側にはかつて、西に向かって突き出した明神崎と呼ばれる岬があったが、その南側は埋立てられ、現在は「エコパーク水俣」として公園化されている。そして、かつての岬と鼻先を接するようにして、北東から南西に伸びた周囲約4km、面積26haほどの恋路島が浮かんでいる。かつては人が住んでいたため、内陸部には井戸や畑の痕跡、石積みなどが残っているが、今では無人島になっている〔水

写真1　水俣湾埋立地から恋路島をのぞむ（2007年8月、筆者撮影）

俣市 n.d.］。海岸部は、砂礫質の浜が数カ所と、安山岩の岩盤が露呈した海蝕崖とで構成されており、同岩特有の板状節理がみてとれる。

　筆者が恋路島に出会ったのは、2007年8月に初めて水俣湾埋立地を訪れたときのことである。海の近くを南北に走る国道3号線から西へと曲がり、起伏のない道路（埋立地の上）を海に向かって行くと海際の親水緑地に着く。海と陸とを直線的に隔てた護岸は西（西南西）の方を向いており、護岸から海の方をみると、手のとどくような距離（約200m程先）に恋路島が浮かんでいる。眼前にたたずむ恋路島は、木々によって覆われた緑豊かな島であり、人為をつくしてできあがった埋立地と著しい対照をなしていた（写真1）。やがて夕暮れどきになると、恋路島の向こう側、さらにはその先に薄ぼんやりと浮かぶ天草の島々の奥に、夕日が沈んでいく様子が目に入ってきた。恋路島の向こうから差す夕日は、まるで後光のように島それ自体の存在感を際立たせていた。辺りが薄暗くなり人の姿も見えなくなった頃、1台の車がやってきて、エプロン姿の中年女性が降りてきた。彼女は護岸の波打ち際に正座し、海に向かって祈っているかのような姿でしばらくじっとしていた。そして帰り際に、持参したボトルから、焼酎を海に捧げていたのである。その女性が帰ると、「ボコッ、ボコボコッ、ボコボコッ」という変則的なリズムで護岸を打つ波の音が際立ってきた。それは、岩場や砂浜に寄せる波の音とは明らかに違い、おぞましく感じたのを憶えている。そして再び海の方を見やると、暗いなかにさらに黒いシルエットの恋路島がぽんやりと浮かんでいた。

　恋路島に初めて上陸することができたのは、それから約1年が経った2008年7月のことである。水俣市に住むある男性に、小型ボートで「ビナ（巻貝）

拾い」に連れて行っていただいた。風の強い日だったが、桟橋のある島の南東
側に近づくと風がいくぶん遮られ、島に包まれているような感覚を覚えた。そ
の後、桟橋の周辺に広がる砂礫質の浜で、ビナを拾い集めていった。水際で岩
をひっくり返したりしていくうちに、ビナ以外にもヤドカリ、ヒザラガイ、イ
ソギンチャクなどさまざまな生きものたちが水際でうごめいていることに気づ
いた。

　これらの経験は、景観を単なる静止した「物理的環境」とみなすことの限界
を筆者に教えてくれた。景観は時間の経過とともに、あるいはそのなかを巡り
歩くことで移ろいゆく [cf. ギブソン 1985; 鳥越 1997: 141]。と同時に、人と人、人と
自然の絡み合いを通じてそれ自体が「成長」を続けてゆくものでもある [cf. イ
ンゴルド 2017: 161-189]。「風景の成長」について論じた民俗学者の柳田國男は、特
に川に着目しながら、「川はわが邦の地貌を今日あらしむる上に、何物よりも
多く参与している……さらに気をつけて見ると川そのものが、普通の生物以
上に栄枯盛衰し、また刻々に流転している」ことに注意を促したうえで、「い
ろいろと移ろって行く活きた風景」を捉える必要性を説いている [柳田 1989: 517-
518]。

　恋路島はかつて島それ自体が「天然の漁礁」[岡本 2015a: 435] をなし、さまざ
まな種類の魚介類を集め、それゆえに水俣市域外からも多くの漁師が魚を獲り
にやってくる場所であった。しかし、1908 年に水俣にやってきたチッソ株式
会社が、その工場排水を水俣湾に直接排出するようになって以降、恋路島の様
相も変化していった。チッソによる工場排水中にはメチル水銀化合物が含ま
れており、汚染された魚介類を食した不知火海沿岸一帯の人びとに甚大な身体
的・社会的被害がもたらされたのである[注1]。恋路島には 1960 年頃まで人が住
んでおり、キャンプ場や海水浴場としても利用されていたが、水俣病の発生後
に無人島となり、それ以降はほとんど人の手が入っていない。こうして現在は、
島のほぼ全体がスダジイやタブノキなどの常緑広葉樹で覆われている。この島
は、水俣病の発生以前から水俣を見つめ続けてきており、水俣病が発生したか
らこそ豊かな原生林を成長させてきているという点で興味深い。そのプロセス
を読み解くには、水俣病の発生以後に光をあてるだけでは不十分であり、より
長期の時間スケールが必要とされる。そして、水俣病をめぐる加害／被害といっ
た対抗的図式だけでは捉えきれない人と人、人と自然の絡み合いを読み解いて
ゆくことが重要となるだろう[注2]。

1　島と岬の境界性——水俣病顕在化以前の恋路島

1. 竜神の棲む島

　不知火海では、八朔の日の前日の夜中から当日未明にかけて、横並びに明滅する神秘的な灯火（不知火）が観察される。これは水面と大気の間の温度差によって遠くの漁火が揺らめいて見える光の屈折現象とされているが、水俣では古くから「千灯籠」や「竜宮様（海を司る神）の御神火」とされ、「あの火が沢山ともった方に大漁がある」とも言われていた［創立記念誌編集委員会 1973: 272］。明滅する灯火に兆しを読みとって漁をする人びとの姿は、水俣ひいては不知火海沿岸の漁業者のあいだで伝えられてきた「シキ」という言葉を想起させる。それは「活発に泳ぐ魚達が、海中の夜光虫の発する青白い燐光によって、魚影として写し出されること」(注1) を指し、「シキがかかる」、「シキが立つ」といったように表現される［cf. 熊本県農商課 1890; 創立記念誌編集委員会 1973: 77; 岡本 1978: 77; 羽賀 1985: 119］。シキのかかり具合は、魚の種類や群の大きさ、泳ぐ方向などを暗示する兆しであり、漁師にとっては海の生きものたちの気配を読みとるための大切な手がかりであった。「シキ」を「自然界のなかに立ち現われる兆し」として広く位置づけるならば(注4)、不知火海にはさまざまな「シキ」が読みとられてきたのである(注5)。

　恋路島についての記述が認められる最も古い文献は、1772 年にその草稿が書かれ、1884 〜 85 年にかけて増補刊行された『肥後国誌』である(注6)。そこには、島の周囲にアワビが多く、島中のことごとくが松山であり、島番の家が 1 軒あると記されている［後藤 1917］。ただし、恋路島は「古路島」及び「古木島」と表記されている。地元の郷土史家である金子昭によれば、「恋路島」という表記は、古くは明治 44 (1911) 年に製図された地図「熊本県葦北郡水俣陣内・丁良親」に認められるものの（図1）、「恋路島」の名前が一般の人びとにも広く知られるようになったのは、1951 年に水俣市が島にキャンプ場を開き、「ロマンの島」(注7) として大々的に宣伝してからのことである(注8)［金子 2002］。それまでは「コジ島」、「コキ島」、「コギ島」と呼ばれることが一般的であった(注9)［金子 2002: 31］。大正時代以前の文献にも「古路島」、「小路島」、「こじ島」、「古木島」、「こき島」、「こぎ嶋」といった記載がみられるが、読み方という点で興味深いのは、1823 年に書かれた日記「薩陽往返記事」における「こち嶋」である［金子 2002: 32-33］。

図1　水俣村落図（1911年）

　金子は、「こち」と「此方」との関連を指摘したうえで、「こち嶋」という表現から「遠い天草島に対して近い島」［金子 2002: 35］という含意を読みとっている。一方で、「こぎ」と「漕ぎ」については両者の関連をほのめかすにとどまっている。「こぎ（漕ぎ）」という動詞は、「櫓または櫂などを動かして船を進める」という動作を表すだけでなく、「深い雪や泥の中をかきわけるようにして進む」［大野ほか 1990: 480］、すなわち抵抗力をもつもののあいだを通り抜けるという含意をもっており、距離の感覚を喚起する言葉でもある[注10]。それゆえ、呼称の揺らぎからは、恋路島が「近いようで遠い島」であり、舟を漕いでそこに渡ることは、何らかの境界を越えるというニュアンスを伴っていた可能性が浮かび上がってくる。

　民俗学者の野本寛一は、「端の眼前に島がある岬、端から飛び石のように岩島が見渡せる岬」の先にある島や岩のことを「先島」と総称したうえで、「岬とその先島をめぐる神の道の伝承は尽きるところを知らない」と指摘している［野本 2006: 50］。野本によれば、「先島」がそのような民俗的思惟を育み得るのは、島というものが「陸地から遮断されることによって聖地性を内在させてい

る」[野本 2006: 4] ことに加え、陸地の果てである岬が「陸と海とがせめぎ合う場……陸と、そこに住まう者の触角」だからであり、その地形ゆえに「風・潮流の変化をもたらす危険な場」として古くから畏怖の対象になってきたからでもある [野本 2006: 49, 55-56]。この点に関して注目されるのは、恋路島と水俣湾北側の明神崎が鼻先を接するような位置関係にあることである^(注11)。

　明神崎は古くから「神の通り道」とも言われてきた。同地区で生まれ育った女性（A氏、1951年生まれ）への聴きとりによれば、明神崎の根元（図1における「百間」の上の辺り）に位置する海岸地帯の旧地名は「藪佐」であり [cf. 色川 1983: 53]、「神さまが住んでいるところ」と言われていた。そして、藪佐から明神崎の南側を岬の突端の方へ抜ける経路は「オオサキウサキ」と呼ばれる「神の通り道」とされ、地元の年配者によってその入り口にお神酒が捧げられていたという^(注12)。そしてこの通り道の先には、「先島」である恋路島が浮かんでいる。江口司によれば、芦北町をはじめとする不知火海沿岸や南九州の西側には、ヤブサ・ヤフサ・ヤクサと俗称される神が点在している [江口 2006]。南九州一帯の調査を行った民俗学者の小野重朗は、このヤブサ神について「天台八房八大龍王であり、天台系の修験者によって伝播されたもので、その性格は名称が示すように龍神であり水神であると思われる」[小野 1981: 304] と推測している^(注13)。

　恋路島と竜神信仰との関連を考えるうえで、水俣湾の南側に位置する茂道半島をめぐる伝承は興味深い。同半島のうち、恋路島の方を向いた面の中央付近の浦は「権が屋敷」と呼ばれ、次のような物語が伝えられてきたのである[創立記念誌編集委員会 1973: 225-226, 242-243]。漁をしながら1人で暮らしていた「権どん」という男性の家に、ある夜美しい娘が訪ねてきて、泊めてくれるよう頼んだ。権どんは何度も断ったが、最終的に2人は夫婦関係を結ぶこととなった。しばらく時が経ったある夜、漁に出た権どんが忘れものに気づき、家へ引き返すと、そこにいたのは炎のような真っ赤な舌をのぞかせた大蛇であった。権どんはこうして妻が大蛇の化身であったことに気づき、逃げ出したまま二度と帰らなかったという。そして、この大蛇は「恋路島から茂道にかけて住む大蛇の化身」であったとされ、「今でもなお時おり、恋路島の妻恋岩寄りの大松をつたい、天に昇る龍の姿が見られる」[創立記念誌編集委員会 1973: 226] と語り継がれてきたのである^(注14)。

　以上のことから、「先島」としての恋路島は畏れを喚起する存在でもあり、竜神や大蛇といった神聖なものをめぐる境界性を帯びていたことがうかがえる。

2. 漁場としての恋路島

恋路島は、生活の糧を得るための場として古くから多くの人に利用されてきた場所でもあった。不知火海は天然の漁礁に恵まれているが、とくに水俣湾周辺は、山から運ばれた養分によって多くの海藻が生い茂る、魚たちにとっての大切な産卵場であり、そこで育った稚魚が成魚となってまたそこに帰ってくるという「母胎」のような海だったのである。たとえば、明神崎の南（図1の「三年ヶ浦」の南西辺り）にある「緑ノ鼻」という網代（あじろ）（地曳網や船曳網などをする場所）は、「もう網たてかさすりゃ、鰮の廻って来よった所」であり、「千貫網代」と言われていた［岡本 1978: 250］。恋路島にも計4カ所の網代があり、船津、丸島、梅戸、湯堂、茂道といった水俣の各集落の漁師によって入会（いりあい）で利用されていたという［岡本 2015a: 393-394］。そこでは60cmを超える真鯛や、そのほかにもアジ、ボラ、マナガツオ、タコ、水イカなどが豊富に獲れていた［久場 1973: 69-72; 岡本 2015a: 259, 427-428］。

「一等漁場」や『魚の宝庫』［岡本 2015a: 393］と評される水俣湾の当時の豊かさは、湾内に真水が湧くほどの水源、繁茂する海藻、湾内の干潟、恋路島を横断するかのように南北に連なった瀬に加え、恋路島や水俣湾沿岸に育っていた松林の存在によってもたらされていた。たとえば、水俣周辺の地曳網で主な対象とされてきたイワシは、環境の変化に敏感な魚であり、1890年に書かれた『熊本県漁業誌』には、「鰮魚は魚族中もっとも軟弱なる性質を有し、常に海辺の陰翳を慕い、水の緩流に游泳するものなれば、ひとたび潮流の変動に際するときは、勢いそのところを換えざるを得ず、故に海中の岩礁を崩し、海岸の樹木を濫伐して、山を赭にするかごときは、漁業者の深く注意を加うべきの要点とす」［熊本県農商課 1890、書き下し筆者］とある。水俣湾沿岸の三年ヶ浦以南には、水俣の名望家が所有する大松林が続いており、茂道半島から南の県境にかけては、「茂道松」として知られる藩政時代から引き継がれてきた松の巨木の森があった［岡本 2015c: 88］。そして、恋路島の松林もまた、「陰翳を慕う」イワシや、それを追う魚たちの群れを数多く寄せ集めてきたのである（注15）。

ただし、恋路島を利用していたのは漁師だけではない。島に住む人びと（島番）にとってそこは生活の場でもあり、「ビナ拾い」や「カキ打ち」（注16）にやって来る人びとにとってはかけがえのない楽しみの場でもあった。父親が恋路島の島番であり、1923年に恋路島で生まれたある男性は次のように語っている。

「恋路島は山番の家があって、井戸も田んぼも畑もあっとたい。恋路島

には網代……があっで、それこそ水俣中、船津も丸島も湯堂も茂道も、網にかかわった人たちは、恋路島の子て、みんな俺を知っとらすもん。うんとカライモつくっとったでな、毎日、こげん太か5升炊き釜で炊いてありよった。朝早うから網に来らった人たちは、そのカライモを一つか二つもろうて食わっとたい。……3月節句には、この辺りの百姓部落の人たちも船頼んで恋路島にビナ拾いに来らすけん、年寄りの人たちはやっぱ俺を知っとらっと。」[岡本 2015a: 166]

　ここからは、恋路島の島番（山番）が、恋路島を漁場として利用する漁師とも親密に交流していたことがうかがえる。また、農村集落の人びとも含めて「みんな俺を知っとらすもん」という語りは、恋路島がいかに多くの人びとに利用されていたかということを示している。

　さらに、1915 年に書かれた『水俣町郷土誌』には、「この島は晩春の頃、貴賤老弱どんな人であっても一緒に潮干狩りをする人が多く、夏の盛りの頃には豪遊している学生も少なくない。ある人が言うには、一度この島で遊んで漁船で島めぐりをすれば、心の奥底から愉快な気持ちにならない人はいないとのことである」[古閑 1915、現代語訳筆者]とあることから、恋路島を通じて人と人、人と自然のあいだに親密な関係が育まれていた様子がうかがえる。水俣の丘陵地帯に住む女性たちは、海際に貝類を採りに行くことを心から楽しみにし、その心情を「味噌瓶ん出た」と表現していたという［鬼塚 1986: 109-110］。味噌瓶はもともと家の外へ持ち出さないものであり、それを使って家の外に出る気持ちを表現していたのである。これらの点は、潮干狩りや磯遊びを楽しむ人びとにとって、恋路島が日常と非日常の境界としての役割を担っていたことを示唆している[注17]。

3. 戦後の恋路島

　1946 年頃、恋路島には法務省管下の児童保護施設「二水海洋学園」が開設された。これは、「問題児 18 人を収容、恵まれた環境と宗教的庇護によって更生の道に明るい希望を見出して来た」[水俣市史編纂委員会 1966: 511]ものとされるが、1949 年には法改正により、厚生省管下の養護施設として水俣市内の平町に移転することとなった。ここで注目されるのは、「問題児を収容」との文言が「島流し」を想起させることである。水俣出身の作家である石牟礼道子は、自伝的な小説『椿の海の記』のなかで、1931 年、チッソ工場に「天皇陛下さまが行幸

のあいだ、不敬この上ないので、本町内の浮浪者、挙動不審者、精神異常者は、ひとりもあまさず、恋路島に隔離」という措置がとられ、「ひとめで正気人とはちがう」祖母に対してもこの措置が適用されかけた一連の経緯について述懐している［石牟礼 1980: 106-109］。これらは、恋路島が、社会から「異物」とみなされた人びとを閉じ込めるという意味でも、ある種の境界としての役割を担ってきたことを示唆している。

　その後、1951 年には水俣市が「恋路島キャンプ村」を開設した[注18]。これは「当時、敗戦の痛手からようやく立ち直ろうとしていた時期で、娯楽やゆとりに欠けていた市民に、家族同伴あるいは団体など気軽に清遊してもらおう」［水俣市史編さん委員会 1991b: 920］という目的のもとで開設され、夏の一時期には観光係の市職員が輪番制でキャンプ村村長として泊まり込み、運営に当たっていたものである。島の南側の 3 分の 1 ほどがキャンプ地と海水浴場として開放され［久保田ほか 2006: 276］、賑わいを見せていた[注19]。こうして「恋路島」の名前も一般の人びとに知れ渡り、「ロマンの島」というイメージもかたちづくられていったという［水俣市史編纂委員会 1966: 61］。

2　仕切られる海

1. 竜神の嘆き

　水俣病が公式に確認されたのは 1956 年 5 月のこととされているが、それから 9 ヶ月後の 1957 年 2 月に興味深い新聞記事が書かれている[注20]。それによると、「一日も早く水俣に行き地元の人を救え」という「神のお告げ」を受け、2 月 17 日に熊本県菊池郡在住のある男性が水俣にやってきて、月浦地区で「霊媒」を行った。すると「戦没者の霊」が現れ、水俣に発生した「奇病」は「沖縄戦没者の霊とかつて恋路島の祭神だった竜神さまが祭礼の絶えたことを歎いて世人に知らせようとしたから」だと伝えたというのである[注21]。同記事ではさらに、この戦没者の霊が「祠を建ててくれ」と頼んだため、地元は半信半疑ながらも「竜神様と戦没者をまつる祠をこしらえることになった」と伝えている。

　背景に関する説明が少ないため、どう読むかが難しい記事ではあるが、新聞中に「地元」の 1 人として紹介されている人物は、民衆史家の岡本達明が作成した「1955 年当時の月浦住戸図」にその名前を確認できる［岡本 2015a: 56］。また、「霊媒」に関しては、月浦に隣接する出月集落に「まっぽしどん」と呼ばれる村の祈禱師が 2 人存在していたことが分かっている［岡本 2015a: 208-213］。さらに、

1955 年頃の恋路島の様子については、次のように報告されている。

　　　「昭和 30 年頃、恋路島の水俣湾側は全面的に貝が死んでいた。色は淡緑
　　　色でどろっとし、玉子の腐ったような悪臭がした。死んだアサリ貝の肉に
　　　海鳥が群がり、恋路島のキャンプ開きの人夫の人たちはふらふらと飛べな
　　　い海鳥を捕らえた」[西村・岡本 2001: 125-126]

　　　「恋路島のカキの一部がおかしな色に変わっているという話が前からあ
　　　り、大したことはないだろうと思って放っておいた。昭和 30 年頃、"あ
　　　んまりひどい"というので見に行ったら、全滅していた」[西村・岡本 2001:
　　　127]

　以上を踏まえるならば、上記の記事は、少なくとも、理解しがたい自然界の
異変に接していくなかで、「奇病」の発生を恋路島に棲む竜神への畏れや死者
に対する敬意が薄れてきていることと重ね合わせて考えた人びとがいたという
ことを示唆している。

　他方、チッソ附属病院の医師や熊本大学の研究班は、「奇病」の原因をつき
とめるための医学的研究へと向かっていった。そして熊大研究班によって、チッ
ソの工場排水中に含まれる有機水銀が原因であることが、1959 年には明らか
にされた。しかし、高度経済成長に向けた国策を背景に、政府は 1968 年まで
公害と認定せず、さらにはチッソにも排水を流させ続け、食品衛生法などとる
べき対策を怠った。こうして「奇病」として恐れられた被害者家族は地域社会
での孤立を余儀なくされるとともに、被害者につらくあたった地域の人びと、
被害の隠ぺいに奔走した漁業関係者のあいだにも水俣病が発症したことで、
地域社会が複雑にねじれ、さまざまな葛藤や苦しみが生みだされてきた[原田
1989]。

　1957 年 11 月には恋路島の南西端に白亜色の灯台が竣工し、1958 年には恋路
島キャンプ村の増設も行われたが、同年 8 月水俣市議会に「奇病対策特別協議
会」が設置され、水俣湾内の漁獲や食用自粛を呼びかけたこと、それに伴い同
湾内の海水浴も自粛するよう行政指導がなされたこともあって、1959 年を境に
自然消滅の形でキャンプ村も閉鎖に至った[水俣市史編纂委員会 1966: 271-272; 水俣市
史編さん委員会 1991b: 921-922]。さらに、1956 年に水俣市の小津奈木地区に発生し
た「松食い虫」が、徐々に飛び火してゆき、1960 年代前半には恋路島の松林

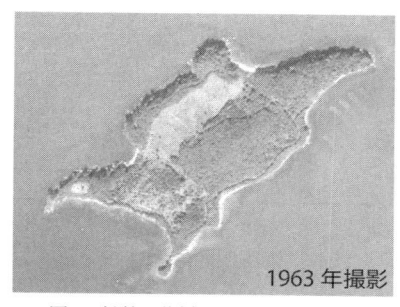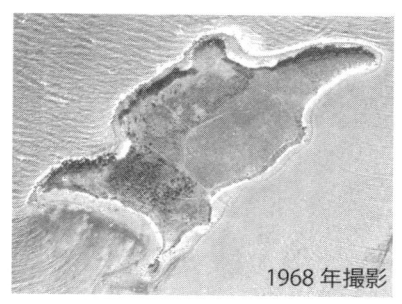

1963 年撮影　　　　　1968 年撮影

図2　松林の伐採による恋路島の変化（国土地理院撮影の航空写真をもとに筆者作成）

が全滅したのである［水俣市史編さん委員会 1991b: 301］。国土地理院撮影の航空写真をみると、1963 年撮影の写真と 1968 年の写真とのあいだに大きな変化が認められる（図2）。前者では、島の内陸部北西側の一帯のみが傾いた長方形のようなかたちの裸地になっているのに対し、後者では、島の北側の海岸林と南西部にまばらに生えている木々のみを残して、島のほぼ全ての植物が伐採されていることが読みとれる[注22]。いずれにせよ、豊かな魚つき林でもあった恋路島の松林は、遅くとも 1968 年までには全て伐採され、ほぼ裸地のような状態になっていたことが分かる。

2. 汚染魚を囲う

　熊本県は 1974 年1月に、水俣湾の湾口を網で仕切って、水俣湾内に汚染魚を封じ込めるための「仕切り網」を設置した[注23]。チッソが排水を停止した 1968 年頃までに水俣湾に流出・堆積した水銀量は、数百トンとも言われ、水俣湾の港湾機能を阻害するだけでなく、汚染魚への不安から地元住民や漁業関係者の懸念材料にもなってきた。そこで、1968 年から湾内の汚染調査を進めていた熊本県は、1977 年から「水俣湾公害防止事業」に着手したのである（図3）。それは水銀値の高い湾奥部を仕切り、水銀値の低い区域の水銀ヘドロを浚渫して埋立地に投入し、そのうえを良質の山土で埋封するというものだった。海上工事を運輸省第四港湾建設局が、陸上工事や監視調査等を県がそれぞれ担当し、1984 年には第一工区の埋立てが、1990 年に第二工区の埋立てがそれぞれ完了した。この工事によって底質中の総水銀値は浚渫前（1985 年調査）の 0.04 ～ 553ppm から、0.06 ～ 12ppm（浚渫完了後、1987 年調査）まで低下したことが確認されている［熊本県 1998］。

　図3をみても分かるように、これら一連の経緯のなかで、恋路島は水銀の汚

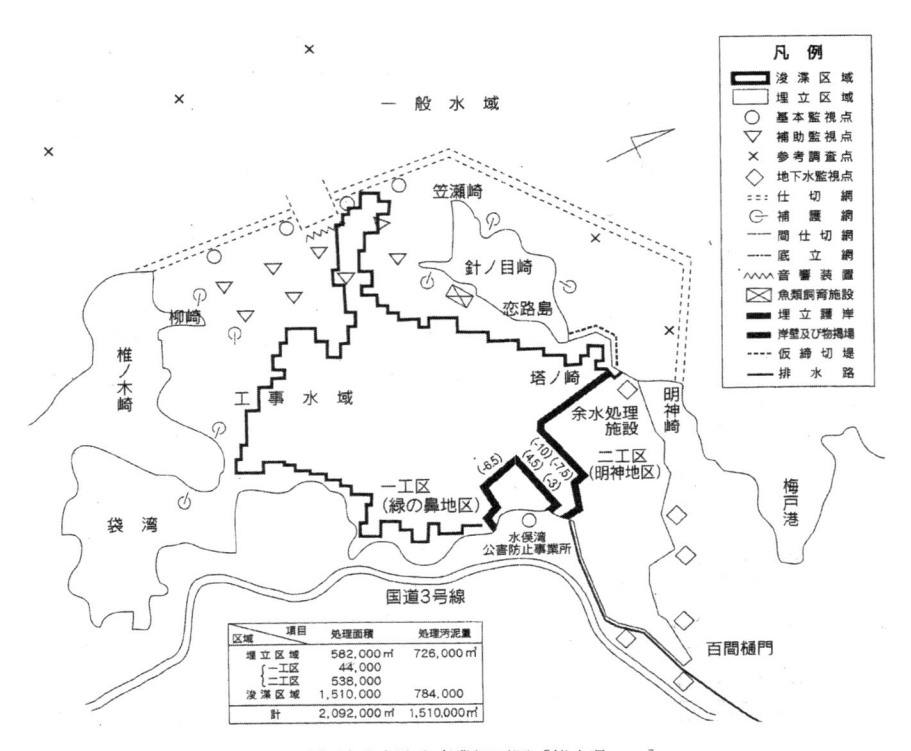

凡　例

▬	浚渫区域
▭	埋立区域
○	基本監視点
▽	補助監視点
×	参考調査点
◇	地下水監視点
⠿	仕切網
⌒	補　　網
―	間仕切網
---	底立網
ᔥ	音響装置
⊠	魚類飼育施設
▬	埋立護岸
▬	岸壁及び物揚場
⠄⠄⠄	仮締切堤
―	排水路

区域＼項目	処理面積	処理汚泥量
埋立区域	582,000 ㎡	726,000 ㎡
〔一工区	44,000	
〔二工区	538,000	
浚渫区域	1,510,000	784,000
計	2,092,000 ㎡	1,510,000 ㎡

図3　水俣湾公害防止事業概要図［熊本県 1998］

染区域を画定し、汚染魚を囲うための境界へと変化した。そして 1974 年以降、仕切られた海の内側では、熊本県が水俣市漁協に委託して水銀汚染魚の捕獲作業がくり返し行われてきた。仕切り網設置から撤去（1997 年）までに捕獲された総漁獲量は 487 トンにものぼり、そのうちの大部分がプラスチック製のタンクに保管され、腐敗発酵した後に、ドラム缶にコンクリート詰めにされ、埋立予定地に投入・処理されてきたのである［熊本県 1998: 56］。水俣湾沿岸に置かれ、徐々に増えていく汚染魚廃棄用の巨大なタンクが並ぶさまは異様であり[注24]、埋立地完成間近の 1989 年の新聞記事では、水俣湾の一角に捨てられた汚染魚のドラム缶が、水面から顔をのぞかせている様子を「魚たちの墓場の風景」と表現している[注25]。

　汚染魚の捕獲作業は当時の新聞記事でもたびたびとりあげられているが、そこには市漁協メンバーの複雑な心情が読みとれる。たとえば、「魚は本来、食

用になるものなのに、捨てるために捕獲するのは忍びない」[注26] との想いから、汚染魚のための供養がくり返し行われてきた[注27]。汚染魚タンク前で行われた「魚霊祭」を扱った 1986 年 12 月の記事では、「こんなふうにとられてすぐ捨てられるつもりで生まれてきたんじゃなかったろうに……。誠に申し訳ない」という関係者の心情が紹介されている[注28]。捨てるために行われる漁や、ドラム缶にコンクリート詰めされて捨てられていく魚たちの姿は、かつて恋路島が育んでいた人と人、人と自然の関係とあまりに対照的である。しかしその一方で、そもそも汚染魚を 20 年以上にわたって捕獲し続けなければならなかったという経緯それ自体が、水俣湾内の海やそこに住む生きものたちがいかに生き続けてきたかを明瞭に物語っているとも言える。

　映画監督の土本典昭は、1980 ～ 82 年当時の水俣湾内の様子について「湾内に微毒を帯びたプランクトンや稚魚が存在する。それを食うカキ・ウツボなど定着性貝類が付着し、ナマコ・アワビ・エビ・イカがすみついている。それらを好餌とする成魚、ボラ・スズキ・クロダイ・カサゴ・イシモチなどが遊泳し、仕切り網内で連鎖的な生活の環をつくっている。とりもなおさず食物連鎖がある」［土本 1988: 359］と記している。さらに、1986 年には、「浚渫ヘドロ埋立ての予定地にさえ、巻貝、小ガニ、ボラ仔、ナマコが棲みだし、それを常食とするサギ、トンビなどが飛来している。水俣湾内の漁獲禁止の立看板の下は皮肉にも禁漁区なるがゆえに魚にとっての天国になっている」［土本 1986: 13］ことを報告している。一方、無人島となっていた恋路島の当時の様子については、1987年の新聞記事で「雑木に覆われた孤島……20 年以上にもわたって人の手が入っておらず、まさに自然そのものが残っている」[注29] と報告されている。

3　地域再生事業のなかの恋路島

1. レジャーランド化の試み

　豊かな植生を取り戻しつつあった恋路島が再び脚光を浴びるのは、都市開発や地域振興の文脈においてであった。特に 1980 年代中ごろ以降、運輸省および熊本県の主導のもとで進められた水俣湾埋立地および周辺地域の活用構想のなかで、恋路島が重要な拠点として位置づけられるようになった。たとえば、「不知火海の豊かな自然を尊重し、自然と人間と産業が調和した新生みなまたづくり」を目標に掲げた「水俣港マリン・タウン・プロジェクト」において、恋路島は「海洋レクリエーション・ゾーン」と位置づけられ、「海に囲まれた

自然豊かな島の自然を生かし、海洋性の強い観光エリアとして整備する」、「埋立地とは橋で結び、一体化させる」という方向性が示されている［運輸省第四港湾建設局ほか 1988: 30］。また、同時期に熊本県がまとめた活用構想では、水俣における「レジャーランド計画」の方向性が示され、その適地として恋路島が挙げられている［熊本県・熊本開発研究センター 1988: 179］。水俣市もまた、こうした動きに呼応しつつ、それまでは個人所有であった恋路島を 1988 年に買収した。そのうえで熊本県は、1989 年に「水俣湾埋立地及び周辺地域具体化構想」を発表した［熊本県 1989］。そこでは埋立地や恋路島が「人間と環境について学び、考える場」と位置づけられてはいるものの、「集客力のある観光レクレーションの基地」といった文言もまた認められる(注30)。そして、この具体化構想に基づいて、その後の地域再生事業が展開されていくことになった［cf. 山田 1999］。

「環境創造みなまた推進事業」とは、水俣病の被害者・市民・行政が共同で国際会議や市民の集い（講座）、展示会等を開催することによって、市民間の相互理解や新たな地域づくりをめざした水俣の地域再生事業を指す。たとえば、環境復元を祈念して 1990 年 8 月に行われた「みなまた一万人コンサート」は、その最初の事業である。これは熊本県の主催で、西ドイツの合唱団を迎え水俣湾埋立地で市民とともに合唱を行うというイベントだったが、開催当日にある被害者とその支援者の手によって、「嘘で塗り固めた観光レジャーランド化の開発構想は、またもや大罪を重ねることになります。毒殺された、この海の痛みを分ってあげて下さい　生きものの命を奪い尽したその罪の深さを忘れて、なんのこれからの水俣がありましょうか」と書かれた抗議のビラが配られた。この出来事は熊本県・水俣市の職員に被害者との対話の必要性を強く認識させるきっかけとなり、その後の事業展開を方向づける上で大きな意味をもったという［山田 1999: 36］。こうして、恋路島の活用計画にも大きな変化がみられるようになる。レジャーランド化ではなく、「自然と触れ合える場として最小限の整備を行う……自然保全を基本としながら市民の意向を踏まえて検討していく」［熊本県・水俣市 1992: 20］、「自然を活かした整備を進める」［熊本県環境公害部 1994：37］という方向性が打ち出されるようになったのである。

2.「環境再生のシンボル」

ただし、恋路島の「自然を保全する」、「自然を活かす」という方向性は、先述の抗議だけにもとづくものではない。水俣市は、1991 年 7 月以降、「行政と市民各界・各階層との団体ごと、地区ごとの意見交換会」を 40 回以上にわたっ

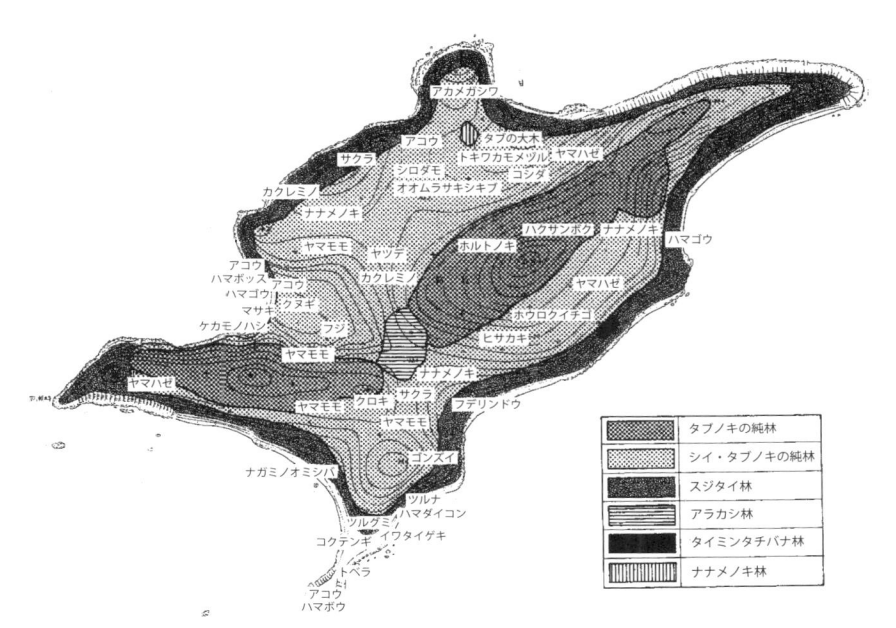

図4　1991 〜 92 年当時の恋路島の植生分布［熊本県開発研究センター 1992］

て実施するなど、各市民団体や被害者団体と対話を重ねた。その結果として市内全 26 地区に「寄ろ会みなまた」が発足し、さらに、市内 17 の市民グループの連携によって水俣の環境改善をめざす「みなまた環境考動会」（以下、「考動会」）が発足した。なかでも「考動会」のメンバーは、恋路島と水俣の人びととのあいだを橋渡しする上で重要な役割を果たした点で注目される。彼らは 1991 年以降、恋路島を「環境再生のシンボル」[注31] と位置づけつつ、その清掃活動とともに小道や桟橋の整備を行うなど、人びとが再び島に渡るための下準備を行った。清掃活動が必要だったのは、「考動会」のメンバーが 1991 年 7 月に数十年ぶりに島に渡った際、「照葉樹林が生い茂り……メジロ、ホオジロ、モズなどの野鳥の宝庫」で、岩には「カキがびっしりと」付着していた一方で、「海岸には空き缶などが打ち上げられ、無人島とは思えないほど」だったからである[注32]。

　この動きと並行しつつ、1991 〜 92 年にかけて、地元の植物学者である椎葉昭二と九州東海大学の戸田義宏による植生調査が行われた[注33]。戸田による報告（図4）では、アコウ、ハマボウといった「亜熱帯的要素」や「希少種であ

るハマナツメの分布」とともに、「島全体 (26ha) の約 8 割がシイ・タブ主体の混交林であり、そのうち約 3 割がほぼタブノキの純林である。……一般にタブノキの立地は、住宅地・耕作畑地など人為的に開発されやすい。したがってタブノキの残存林分は、きわめて貴重な植生学的研究対象資料となる」ことが指摘されている [熊本開発研究センター 1992: 92]。図 4 には、タブノキの純林の分布位置が示されているが、そこはかつて松林が伐採され、ほぼ裸地となっていた場所であり、まさに人の手が入らなかったことによってタブノキが「自然に」萌芽し、成長してきたことが分かる(注34)。それゆえ、島の利用形態としては「極力、人為的影響を与えないように考慮すべきであり、小径等についても十分自然に優しいスタイルをとるべきである」[熊本開発研究センター 1992: 92] と、同報告で付言されている。

そこで「考動会」のメンバーたちは、「開発の手をあまり加えず、自然に親しむことを主眼に計画を練った」(注35)という。1991 年 10 月に同会のメンバーによってつくられた島の南東側の桟橋は、小型船舶が停泊できる程度の自然石を積んだ桟橋であり、1992 年の夏前までに整備された野営場もまた約 1000 ㎡の簡易的なものであった(注36)。その上で、同会は、1992 年の夏に恋路島の「島開き」を行って市民に一般開放したのである。それは「どんなふうに利用するか決まる前に、みんなで恋路島に渡れるようにして、見てもらって、考える場を提供」するための手づくりの活動だったという [みなまた環境考動会 1994]。

これを受けて、恋路島の活用に関する市民間の議論も活発化したことがみてとれる。1993 年 8 月には地域再生事業の一環として「恋路島及び水俣湾の活用を考える市民討論集会」が開催され、「水俣病の発生以来遠ざかっていた市民の思い出の島」をめぐる討論のなかで「自然保護かレジャー開発かなどの意見」が出たが、「みんなの海、みんなの恋路島」という意識のもとで意見を整理していくという方向性が確認されたという [みなまた環境考動会 1994; 環境創造みなまた実行委員会・水俣市 1999: 5]。その後も同事業のなかで、「みなまた恋路島マリンフェスタ」が 1994 〜 95 年にかけて 2 回開催されたほか、95 年には「恋路島アドベンチャー・ピクニック」が行われた。いずれも自然の大切さを見直す機会として企画され、前者では恋路島を一周するカヌーツーリングやカヌー教室などが、後者では島内の散策や海岸生物の観察、浜でのバーベキューなどが行われたという [環境創造みなまた実行委員会・水俣市 1996]。

その後「考動会」は、1996 年 5 月に「発展的に」解散することになったと報告されている [環境創造みなまた実行委員会・水俣市 1999: 26]。翌 1997 年は、水俣湾

から仕切り網が撤去され、熊本県知事によって水俣湾内の魚介類の「安全宣言」が出された年であり、多くの住民が水俣湾の「再生」を強く意識したと推測されるが、それ以降に恋路島で大きなイベントが開催された形跡はない[注37]。「考動会」が解散した経緯の詳細は不明だが、水俣市が1993年に実施した「恋路島及び水俣湾の活用に関するアンケート調査」や、1994年実施の「水俣市民意識調査」の結果をみると、恋路島にレジャー施設を整備することへの要望が根強かったことがうかがえる[注38]。一方で、当時を知る関係者への聴きとりからは、恋路島へのキャンプ施設等の整備に対して、島の魚つき林を重視する地元の漁業者からの強い抵抗があったことが分かっている[注39]。「考動会」は17団体を包括するグループとして、特定の価値観を唯一のものとして活動するのではなく、ゆるやかな合意をつくりながら恋路島と付き合っていくというスタンスをとってきたことを先にみたが、その解散は、レジャー施設を望む声と自然を残してゆくことを望む声の間で、意見の調整が困難になっていったことを示しているのかもしれない。

3.「再生」の意味

　一方で、なぜ恋路島が「環境再生のシンボル」とされたのか、そこで言う「再生」とは何を指していたのかという点については、さらに一考の余地があるように思われる。というのは、そこには、単に植生が快復したという意味での環境再生とは異なる「再生」が託されていたとも考えられるからである。社会学者の向井良人は、1960〜70年代にかけて興隆した「水俣病」の病名変更運動を分析するなかで、従来「患者」に対する「抑圧者」と位置づけられてきた多くの水俣市民が、水俣出身ということでいわれなき仕打ちを受けたり、子どもの就職や結婚に影響があったりと、外部社会からのさまざまな偏見や差別を経験してきたことに注意を促している［向井 2000］。また、水俣出身の民俗学者である谷川健一は、1970年代初頭に行われた対談のなかで「庶民の歴史がすでに水俣には何百年、何千年とあったわけです。……そういうもののはてに水俣病が出てきた……そこに断絶感だけが際立ってきて、水俣といえばドス黒いものであって、それ以外の何ものでもないというイメージがありますね。……しかし、その黒の下には何が塗られているかということです。そこが問題だと思います」［谷川 1972: 35］と語っている。これらの指摘は、外部社会からのまなざしによって、水俣に住む人びとのあいだに少なからず水俣病発生以前／以後という断絶の意識が生じていたこと、さらに「公害のスティグマから地名を切り離

すことによって水俣へのネガティブなまなざしを断とうとする適応行動」［向井 2000: 72］と位置づけられる病名変更運動もまた、部分的には谷川の言う「断絶感」に基づいていた可能性を示している。

1991 年に数十年ぶりに恋路島に渡った際、「考動会」のメンバーたちは、「かつての恋路島を知っている人たちから思い出を聞きながら」島を巡り歩いたという[注40]。また、「考動会」のメンバーと共に恋路島に渡った人びとからは、「先輩に連れられて船釣りで何度か島で遊んだことを思い出しました」［みなまた環境考動会 1994］といった感想が寄せられている。これらの点は、「考動会」のメンバーが「再生」という言葉に託していたであろう言外の意味を浮かび上がらせる。すなわち、恋路島は、「患者」や「市民」といった区分けがまだ存在しない時代から水俣を見つめ続けてきたがゆえに、人と人、人と自然の関係をふたたびとり結ぶための触媒としての可能性をもち得るということである。というのは、第 1 節からも明らかなように、恋路島は「夏は泳ぎ、藻をとり、小魚とたわむれ、干潟を掘り、海辺のさわやかな風にふれ、オゾンを胸一杯吸い、心身共に疲れを癒し、憩う」という当時の生活世界の記憶と密接に結びついており、かつて「海辺で楽しむ想いは、町に住む人々とて、農山村の人々と一緒」［久保田ほか 2006: 252］だったからである。この島はさらに、現に豊かな自然を取り戻しつつあることで、かつてあった何かの「再生」にかかわる兆しとしても存在している。だからこそ、人と人、人と自然とのあいだの乖離を埋めるための象徴、すなわち、「再生のシンボル」としての力を期待されたのではないだろうか。

4 移ろいゆく景観のなかで

1. 岬で生きる

次に、明神崎で生まれ育ったある女性（A 氏）と恋路島の景観を巡り歩いた経験をもとに、移ろいゆく景観のなかに見いだされる兆しのありようを、より具体的に読み解いていくことにしたい。

A 氏は水俣湾沿岸の明神崎で 1951 年、チッソに勤める父親の娘として生まれた人物である。A 氏の祖父（1886 年生まれ）は、もともと水俣市の北隣にある芦北町で漁をしていたが、1934 年頃に家族を連れて明神崎に移り住んだのである。水俣病が「奇病」と呼ばれていた 3 歳のとき（1954 年）に父親が発病、5 歳のとき（1956 年）に漁師だった祖父が発病するとともに、父親を劇症型水俣病

で失っている。A氏は明神崎の南側にある生家にいまなお住み続けており、庭には家を抱くように巨大なアコウの木が生えている。A氏が「魚見張りの木」とも呼ぶこの木は、網元だったA氏の祖父が、海面にイワシの魚影（来集の兆し）を発見し、網子たちに合図を送るために登っていた木でもあった。聴きとりを重ねるなかで、このアコウの木が、A氏が埋め立て以前の景観を辿るときの参照点でもあることが分かってきた。

　A氏の生家の下（南側）は現在では埋立地になっており、眼前には不自然に平らな土地が広がっているが、アコウの木の脇を抜けて石段で海に降りていった先には、かつて砂浜と石垣でつくられた簡単な波止場があり、そこにモマンチョと呼ばれる木造の手漕ぎ舟が繋がれていた。A氏は4、5歳の頃、このモマンチョで祖父に恋路島まで連れていってもらい、手巻きの釣り糸で魚釣りをしたときの記憶をとても嬉しそうに語っていた(注41)。かつての波止場の周りに広がっていた砂浜や磯辺は、A氏の遊び場でもあった。そこにはナベコサギと呼ばれる小魚やカニなどたくさんの生きものがおり、ビナやヒザラガイといった貝類と戯れた経験をA氏は実に活き活きと語ってくれた。そして、「貝がいっぱいいたからねぇ、カラス貝とかねぇ。なんかフジツボとかねぇ、へへっ、なんかねぇもう、歩けばほら、ジワジワパツンッとかっていう音がする」、「ゾワゾワゾワゾワゾワーって、音たてて、移動するわけよ」といったように、幼い頃に感じた生命の賑わいを、しばしば擬音を使って表現していた(注42)。

　この背景には、風が強く当たる岬、そして波打ち際での生活を続けるなかでA氏が育んできた、音に関する独特な感性があると推測される。たとえばA氏は、「やっぱりあの、風が出てきたときの、波の音とかちがうもんねぇ。もうザワザワザワザワってしてきたときはねぇ。あもう、なんか台風になりそうだ、とかねぇ。で、やっぱ寝てるときにここ（A氏の生家）はやっぱ波の音がずっと聴こえよったからねぇ。それで今ほら、（潮が）引いた時の波の音と、満ちてるときの波の音が違うもんねぇ。あー満潮やねぇとか分かりよった」と語っていた(注43)。この語りは、風の音や波の音が自然界のなかに立ち現れる兆し、すなわち「シキ」（第1節の1を参照）でもあることを示している。

　そんなA氏にとって、恋路島はいかなる島として存在してきたのだろうか。それは幼い頃に祖父と魚釣りに行った思い出の地であると同時に、A氏の祖父母が明神崎にやってきた頃には「明神から恋路島までアワビがザワザワ、音を立てながら移動するのが聴こえとった」(注44)とA氏が聴かされてきた場所でもある。A氏は、「考動会」（第3節の2を参照）によって小道や桟橋が整備された後、

1990 年代中ごろに恋路島に渡り、島のなかを巡り歩いたという。A 氏はそのときの経験について「あれ、明神じゃなかっかなって錯覚を起こすぐらい、おんなじような風景だった」[注45]と述懐していた。さらに、恋路島の海岸部の景観が、埋立てられる前の明神崎の南側の景観と「そっくり」であることをくり返し強調し、たとえば、2007 年 8 月に A 氏の仕事場の一角で行った聴きとりでは、次のように語っていた。

> 「恋路島に行ってみればよく分かるんだけど、ここ（明神崎）とね、なんかそっくりの海岸線なんですよ。だからたぶん昔はつながっとったんだと思うんだけど、その埋立て前の明神の海岸にいるような感じがする。その恋路島に行くと、うんそっくり、岩とかもね。今でもそう。今でもっていうかもう恋路島はそのままだからね。昔のままだから」[注46]

　これらのことは、恋路島の景観が、A 氏にとっての遊び場であったかつての海際の景観を体現し続ける存在であり、自らが生まれ育った明神崎と分かちがたいものとして捉えられていることを示唆している[注47]。

2. 甦る島

　2009 年 8 月 22 日の夕方には、A 氏の案内で水俣湾埋立地（親水緑地）を歩きながら聴きとりを行った。なお、この聴きとりの時点で、A 氏が恋路島に渡った 1990 年代中ごろから約 15 年が経過していた。1995 年に撮影された航空写真と、2009 年の写真を比較すると（図 5）、後者では森がより密になり、1995 年当時には若木だった木々もさらに成長してきていることがうかがえる。8 月 22 日は晴れの日で、日の入りは 18 時 55 分であり、親水緑地にいたのは 17 時 15 分〜 18 時頃のことである。聴きとりも終わりに差し掛かった 17 時 40 分頃、A 氏は祖父と恋路島に魚釣りに行ったとき（4、5 歳の頃）の記憶に言及した後、次のように語っていた。

> 「だけどもうその後は、父親が亡くなった後すぐ（祖父が）寝込んでしまったから、もう（恋路島に）連れてくるっていうこともできなくなった。だから、ホントはもっともっとこう海で遊べるっていうか、食べたりできるのに、それがもう私たちは無くなってしまった。奪われてしまったていうかねぇ、できなくなってしまったの」

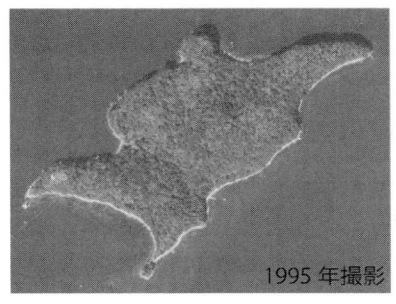
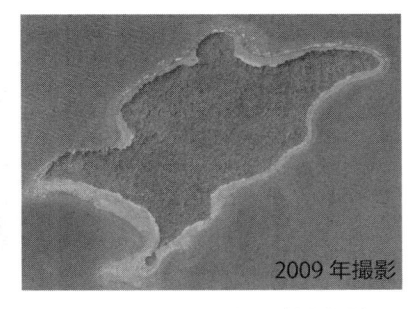

1995 年撮影

2009 年撮影

図5　1995 年以降の恋路島の変化（国土地理院撮影の航空写真をもとに筆者作成）

　この語りを発してからまもなく、A 氏は海際へ移動し、明神崎の方へ（親水緑地を南から北へ）ゆっくりと歩き始めた。そして、夕日に照らされる恋路島を見つめながら、次のように語っていたのである。なお、このとき恋路島から明神崎に向かう風（南西風）が吹いており、歩き始めたことで風の音もさらに強く聴こえるようになっていた。また、干潮時だったため、恋路島は海面の上に大きく現れ出ていた。

　　　「だけどあれだね、自然ってホントに強いっていうかねぇ。あんだけやっぱり、生きものがいっぱいこう、生まれるっていうのがすごいよねぇ。あんな、あんな、はははははは。私はその恋路島ってね、やっぱり偉いなっち思った。小さい島だけどね、あの、ほったらかしにしてあるから、いっぱいほら、木の葉とか腐葉土がいっぱいあるじゃない？　だからね、やっぱり栄養が豊かなのよ。あの島でやっぱり、なんていうかな、甦るっていうか、生きてくんじゃないかなって、なんかそんな気がする……」

　この語りからは、徒歩移動を通じて、奪われたもの／人間が奪ったものを象徴する「人工的な」埋立地から、夕日や海、原生林、風によって織り成される「自然な」恋路島の景観へとその意識が移っていくに伴って、A 氏もまた恋路島に導かれるように語りを展開させている様子がうかがえる。これらのことは、恋路島を含む水俣湾沿岸の景観が、A 氏に外在する「物理的環境」への眺めなのではなく、移ろいゆくことで A 氏と相互に作用しあう、すなわち A 氏と共にある存在であることを示している。さらに、2007 年に A 氏の仕事場の一角で行っ

た聴きとりの際には「もうそのままだからね。昔のままだから」と語られていた恋路島の景観が、ここでは動きのある存在として捉えられるとともに、そのなかに「甦っていく」あるいは「生きていく」という新たな兆しが読みとられている。1990年代中ごろ以降もその豊かな森を成長させ続けてきた恋路島の景観の変化とともに、巡り歩くことで刻々と移ろいゆくその景観が、「甦り」の兆しをA氏に想起させた可能性がここに浮かび上がる。

おわりに

　恋路島はかつて、畏れの感覚を喚起する境界であっただけでなく、豊かな漁場や生活の場として、あるいは貝類を採取する場所として、人と人、人と自然とのつながりをも育んでいた。しかし、水俣病の発生以降は無人島となり、さらには水銀汚染魚を囲うための境界の一部へと変化した。すなわち、「身振りの軌跡 trace of a gesture」や「それに沿って生活が営まれる踏み跡」によって構成される場所ではもはやなく、仕切り網という「点と点をつなぐ連結器 point-to-point connectors」の一部となったのである［インゴルド 2014: 122, 133］。

　ただし、第2節以降でみてきたように、汚染魚の囲いとなった島も、それによって囲まれた海もまた生きることをやめなかった。すなわち、仕切り網の内側（水俣湾内）は禁漁区であったがゆえに、食物連鎖にもとづく魚たちの「生活の環」を復活させつつあったのであり、1960年代にほぼ全ての木々が伐採された恋路島もまた、人の手が入らなくなったことによって豊かな原生林を取り戻してきた。そして、恋路島がこのように「生命を継続して生みだしている成長と更新の場」［インゴルド 2017: 167］であり続けたがゆえに、そこにさまざまな「シキ」（自然界のなかに立ち現れる兆し）が読みとられ、「環境再生のシンボル」といった新たな意味もまた見いだされてきたのだと考えられる。A氏の事例からはさらに、巡り歩くことで景観それ自体が移ろいゆくこととともに、その経験が新たなリアリティの感覚を喚起するという側面もまたみてとれた。

　従来の人類学的な景観論の多くは、多かれ少なかれ、静止した物理的景観に多様な意味が付与されるとみなす図式を前提としてきたように思われる。たとえば、人類学者のマーガレット・ロッドマンは、「一つの物理的景観（a single physical landscape）が、異なる使用者に応じて多義的な場所の意味をかたちづくり、表現する」［Rodman 1992: 647］ことに注目しつつ、「社会的景観（social landscape）」を捉えることの重要性を説いている。しかし、柳田國男が指摘するように、「見

らるる物それ自身が、すでに以前の約束を破っている」［柳田 1989: 542］のだとすれば、「一つの物理的な景観」を措定することの危うさも見えてくる。本稿で示してきたように、恋路島の「景観」は常に未完の産物であり続けてきた。この意味で、「景観」とは人と人、人と自然の絡み合いを通じて常につくり直されている（under construction / work in progress）存在であると言える［cf. Ingold 2000: 154, 189-208］。一方で、「シキ」と人との関係が示唆するのは、特定の「物理的景観」に対して人が多様な意味を付与するというよりも、移ろいゆく景観のなかにさまざまな兆しが見いだされ、それに人が応答していくというあり方ではないだろうか。人と人、人と自然の絡み合いのなかに移ろいゆく「景観」を捉えていくことの有効性を指摘して、本稿を閉じることにしたい[注48]。

〈謝辞〉　末筆ではありますが、水俣であたたかく受け入れてくださった方々に深く感謝申し上げます。本稿を執筆するうえで、A氏とそのご家族をはじめ、郷土史家の金子昭氏、本稿で用いた資料を閲覧させてくださった「水俣病センター相思社」と水俣市立水俣病資料館の方々にはとくにお世話になりました。棚橋訓先生（お茶の水女子大）には「島からみる」という視点に関して貴重なご示唆をいただきました。そして山口徹先生の研究プロジェクトのなかで、マーシャル諸島やパラオのバベルダオブ島、石垣島といったさまざまな島嶼世界を体感させていただいた経験は、恋路島のあり方を考える際の重要な参照枠になりました。ご協力とご教示をいただいた皆さまに厚く御礼申し上げます。

　なお、本研究の基礎となる調査の一部は、日本学術振興会科学研究費補助金（課題番号 12J05277、16J06277）、および澁澤民族学振興基金「2014 年度　大学院生等に対する研究活動助成」を受けて行った。

注
(1)　水俣病の被害は、1956 年に公式に確認された当初、水俣湾周辺の漁村集落で多く見いだされ、その後、不知火海沿岸一帯まで広がっていることが確認された。その症状を明確に定義づけることは困難だが、なかでも発生初期にみられた急性劇症型の患者が死に至る過程は壮絶なもので、軽症とされる患者の場合でも、神経症状により手足のしびれや運動失調など生活全般にわたってさまざまな程度で障害をもつことになった。
(2)　本稿で用いるデータは、筆者が 2006 年以降に水俣・芦北地域で断続的に行ってきた計約 28 ヶ月のフィールドワークの成果に基づく。
(3)　「つらつらの趣き③　『識』について」本願の会編『魂うつれ』第 7 号（2001 年 10 月発行）p. 28。

(4)　大和ことばの「しき（色）」は、「きざし。ほのかに動くものが目に見える、その様子。古くは自然界の動き」[大野ほか 1990: 456]を表す。「しき」はさらに、「手には取れないが、立ちのぼり、ゆらぐので、その存在が見え、また、感じられるもの」[大野ほか 1990: 448]や気配などを意味する「け（気）」と結びつくことで、「けしき（気色）」を表す。

(5)　水俣の茂道集落に住む漁師の男性（T 氏、1939 年生まれ）は、「最近はな、あまり聞こえんばってん」と前置きしつつも、「ガラスを爪で引っかくような音」をさらに高くした音で「ちっちっちっ」と鳴く船霊（フナダマ）の存在について教えてくれた。同氏によれば、その声は、「魚にしても、家のことにしても、油断をするな。もうちょっと気（魂）を引き締めろ」という兆しとして伝えられてきたという（2008 年 7 月 24 日、筆者による聴きとり）。

(6)　金子昭は、増補された『肥後国誌』における恋路島の項を、文政 10（1827）年写本の（農中三澄による）解読文と比較したが、「差異はなかった」と報告している[金子 2002: 31]。

(7)　「恋路島は大丈夫　熊大で調査　海水浴例年通りに」熊本日日新聞 1957 年 6 月 14 日。

(8)　『肥後国誌』には、恋路島の東南部にある「恋ノ浦塔」の名称について、肥前の竜造寺軍と島津軍との合戦の際、袋湾（水俣湾のなかにさらに深く入り込んだ小湾）から乗船した島津軍の武将、河上左京の妻が左京を慕ってこの島に渡り、武運を祈って石を積んだことに由来するとの説明が認められる。「ロマンの島」というキャッチフレーズは、この恋物語に由来する。

(9)　水俣市浜地区出身のある男性（1941 年生まれ）は、子どもの頃「コギシマ」と呼んでいたことを教えてくれた。そして、「恋路島」になってから「まだ 40 〜 50 年くらいだと思う」とおっしゃっていた（2012 年 5 月 15 日、筆者による聴きとり）。

(10)　水俣川河口の西側にある丸島集落の漁師（1908 年生まれ）が、「小路島で引くときは、ここから網船に乗って着いたおり、夜のパラッと明くる時分じゃった。漕いで行きよったでな、二時間ばかりかかるもんな」[岡本 1978: 246]と述懐しているように、出発地や風・潮の具合に応じた違いはあるものの、手漕ぎ船で恋路島に渡ることは実際にそれなりの時間と労力を要するものであった。

(11)　1933 年に水俣尋常高等小学校が編纂した『水俣郷土誌』には、恋路島と明神崎の起源に関する次のような伝承が記されている。「昔此の島は瀬戸内海にあったのだが、あるとき章魚と蟹がこの島を引っぱって来て明神ヶ鼻につけた。所が津波があってついに明神ヶ鼻から切れてしまったのである。だから今でもこの島の近海には蟹や章魚が多い」[水俣尋常高等小学校 1933]。

(12)　2012 年 10 月 11 日、「水俣病を語り継ぐ会」の学習会の際に、A 氏から教えていただいた。講師をつとめた A 氏は、明神崎南側の斜面の林のことを「山」と呼び、参加者を連れてそこに降りていくときに「今から山の中に入ります。山の中に入るときには『入らせて頂きます』っていうおことわりをそれぞれのなかで言って頂け

れば」と語っていた。

(13)　『西遊雑記』には、古河古松軒が 1783 年に水俣を訪れたときの記録が含まれており、水が枯れたため数十の村が申し合わせ、海岸に小屋を建てて、竜神に雨乞いをしていたときの様子が描写されている［水俣市史編さん委員会 n.d.］。

(14)　物語の大まかなあらすじは一定しているが、細部に関しては語り手によっていくつかのバリエーションが存在する。たとえば、権どんと妻のあいだには子どもが生まれ、大蛇はその子どもをあやしていた。そして大蛇はその後、権が屋敷から恋路島に泳いで渡り、大きな竜巻を起こして天に昇ったとする物語もある［創立記念誌編集委員会 1973: 242-243］。

(15)　当時の水俣湾の景観を思い描くうえで、月浦で生まれ育ったある男性（1931 年生まれ）による次の記述は、非常に示唆的である。「水俣湾の中にもうひとつ深く入り込んだ袋湾は、濃緑したたる茂道松の鬱蒼とした古木を鏡のように映していた。湾口から少し入った所の竹林と椿の下蔭には、いずこからとも知れぬ泉が湧き出て、平和な海面に異質な渦巻と流れを作っている。……古木の影絵に慕い寄る魚群には安息の地であったのか、時にはさざ波をつくって遊泳し、時には競うがごとく、海面高く跳梁するエビナ（ボラの子）や、澄み切った底浅い岸辺をゆうゆうとしてゆったり散策する魚群もみられた」［久保田ほか 2006: 273-274］。なお、恋路島の松林は『肥後国誌』に記載されて以降、1960 年代まで生き残った。月浦在住のある男性（1944 年生まれ）は、当時の恋路島について「以前はあそこは松林だったですよ。……いわゆるフスマに書いてあるようなああいう、かたちのいい松があった」と語ってくれた（2012 年 4 月 17 日、筆者による聴きとり）。

(16)　写真家の桑原史成は「恋路島は、水俣湾の漁場の中にあって自然のカキの宝庫とまでいわれてきた。カキの季節になると地元の人は『カキ打ち』といって岩や石についているカキの殻をもぎ取ってきた」と書いている［桑原 1986: 186］。

(17)　大和ことばとしての「アソビ」は、「日常的な生活から別の世界に心身を解放し、その中で熱中もしくは陶酔すること。宗教的な諸行事・狩猟・酒宴・音楽・遊楽などについて、広範囲に用い」［大野ほか 1990: 30］られていた。日本の風土について研究したフランスの地理学者オギュスタン・ベルクは、磯という非居住域での「アソビ」に、「文化の秩序に意識的に断層を生じさせ、そこに自然の深層にある秩序を浮かび上がらせ、そうして文化の秩序を再生させる」働きを読みとっている［ベルク 1992: 82］。

(18)　恋路島は個人が所有していたため、水俣市は「借り上げ」という形でキャンプ場を開設した［水俣市『広報みなまた』802 号、1992 年 6 月 1 日］。

(19)　当時、キャンプ村の手伝いをしていたという元市職員の男性によれば、福岡県からの参加者もいたという。この男性は、当時のことを振り返りつつ、「まあ（参加者が）来ればテントんところまでゴザ持ってってな、敷いて、『ここですよ』ちゅってそん、あそこに泊まってひと月ぐらいかな。んであそこに泊まって。もう帰って来るより

180

このうちのそこらへんのほうが良かな」と語ってくれた（2012年7月24日、筆者による
聴き取り）。

(20) 『十字街』熊本日日新聞 1957 年 2 月 19 日。

(21) 1944 年、沖縄の全学童を熊本県や宮崎県に疎開させるよう国が命じたため、第一
次疎開学童 3000 名が 3 隻の輸送船に分乗して那覇港を出発した。そのうち対馬丸
は潜水艦の攻撃を受けて沈没した。その後も疎開は続けられ、水俣にも終戦に至る
まで数百名の沖縄の児童が疎開していたという［水俣市史編さん委員会 1991a: 932-
936］。

(22) 国土地理院による 1948 年撮影の写真には、1963 年の写真にみられる長方形型の裸
地はまだ存在していない。かつて島の南側の 3 分の 1 ほどがキャンプ場と海水浴場
として開放されていたことを考慮するならば、この長方形の区域も「松食い虫」に
よる影響で伐採されたものと推測される。それゆえ、松林の伐採は、1960 年代に一段
階的に行われたと考えられる。

(23) これは、第 3 水俣病をめぐる社会不安と魚価の暴落を鎮静化するために行われた。
1973 年に熊本大学水俣病第二次研究班が、熊本県天草郡有明町に水銀病類似患者がいる
と報告し、このことが広く報道された結果、水銀汚染が広がっているという社会不
安が生まれ、有明海及び不知火海で獲れた魚価の魚価の暴落や観光客の激減等が起
こっていたのである［熊本県 1998］。

(24) 「水俣湾の汚染魚タンク ふえ続け 13 個に」朝日新聞 1983 年 5 月 30 日。

(25) 「魚たちの墓場──水俣湾」熊本日日新聞 1989 年 9 月 10 日。

(26) 「汚染魚供養」朝日新聞 1983 年 12 月 9 日。このときには、水俣湾沿岸の公害防止
事業所前で神官による祝詞の後、参加者（約 20 人）から次々に祈りが捧げられた
という。

(27) 現在までに、少なくとも 1983 年 12 月、1984 年 10 月、1986 年 12 月に行われたこと
が分かっている。

(28) 水俣市漁協に所属していながらも、汚染魚の捕獲に長いあいだ加わることのでき
なかったある女性（E 氏、1938 年生まれ）は、土本典昭監督によるドキュメンタリー
映画『不知火海』（1975 年公開）のなかで、魚から人へと主語を任還を
せながら次のように語っている。「もう魚がなからんば私は、まず魚をとるための
ちが、私か、そのために生活してきたんですけど……コンクリ詰めいろいろ見とってですず
ね、もう痛かですよ身体を、魚が今日もコンクリ詰めしようらちなれば、思っ
た瞬間うごかなくなるんですよ私の、身体が。で、その、その魚が私に何を言い
聞かせようかっちしとったやるかっちいったときにですね、やっぱり一つは『おそろ
しい』っちいうような感じでとですね、痛みは消えますけども……」（土本典昭監督『不
知火海 ［IF 〈INDEPENDENT FILMS〉DVD シリーズ］ 2 公害の原点・水俣から学ぶ』、
株式会社シグロ、1975 年公開。映像記録をもとに筆者から書き起こしたもの）。

(29)　「孤島を海の〝楽園〟に　水俣湾・恋路島」西日本新聞 1987 年 12 月 9 日。

(30)　恋路島は「マリンパーク」として整備し、その主要施設として「マリーナ、人工海浜、フィッシングデッキ、橋（恋路島〜明神崎）、花木園、動物ふれあい広場」を設置するという構想が示されている［熊本県 1989: 3］。

(31)　水俣市発行の『広報みなまた』785 号（1991 年 9 月 1 日）に、「地域の再生を目指して進められている『環境創造みなまた推進事業』の中で、環境再生のシンボルと位置づけされているのが恋路島です」との記載が認められる。「考動会」の事務局長（当時）もまた、新聞記者に対し「環境再生のシンボルとして、島の活用を考えるきっかけにしたい」と語っている（「〝憩いの恋路島〟30 年ぶり復活」読売新聞 1992 年 7 月 18 日）。

(32)　「水銀禍でさびれた恋路島　憩いの場へ再生」朝日新聞 1992 年 1 月 30 日、および「ロマンの島恋路島を目指す　緑の小道づくりに 40 人」水俣市『広報みなまた』785 号（1991 年 9 月 1 日）。

(33)　調査の経緯については『広報みなまた』802 号（1992 年 6 月 1 日）、水俣市［n.d.］、熊本開発研究センター［1992］を参照した。

(34)　この時点でのタブノキの胸高直径については、「52cm を最大とし 20 〜 30cm のものが数多い」と報告されている［熊本開発研究センター 1992: 92］。

(35)　「水銀禍でさびれた恋路島　憩いの場へ再生」朝日新聞 1992 年 1 月 30 日。

(36)　「〝憩いの恋路島〟30 年ぶり復活」読売新聞 1992 年 7 月 18 日。同会のメンバーによって整備された道もまた、航空写真からは確認できない程度の小さな道である。

(37)　筆者が水俣で調査を行っていた時期（2006 年以降）にも、「ビナ拾い」に加え、自然観察やカヌー体験程度の利用はなされていた。その後、水俣市は 2015 年度に、恋路島に関わりのある団体等からなる「恋路島利活用検討委員会」を設置し、2017 年には島の利活用のための手引きを作成した。そこには、森、海、漁場を「守り、育み、利活用していくルールやシステムの検討」の必要性とともに、「恋路島の価値を未来につなぐための配慮事項」として、原則として入島人数を 20 名／回以下とすることや「恋路島の入島・渡航に当たっては、水俣市に相談した上で、入島許可申請の手続きを行うものとする」［水俣市 2017: 7］旨が記されている。

(38)　前者では、1993 年の夏に恋路島に渡った 359 名のうち 66 名から自由回答式で感想や意見が寄せられている。そこには豊かな照葉樹林をそのまま残していくことへの要望が散見される一方で、明神崎から恋路島への架橋、キャンプ施設、水族館、海水浴場、市民レクレーション場、遊園地の整備を強く望む声が認められる。後者では、選挙人名簿から無作為抽出によって選ばれた水俣市に住む 20 歳以上の男女1000 名から、550 通の回答を得ている。選択回答式の設問（全 39 問）のうちの一つに「恋路島をどのように活用したらいいと思いますか」という問いが設定されている。その結果は、全 550 人中 272 人（49.5％）が「キャンプ場等の整備」を、101 人（18.3％）が「現在のまま保全」を、69 人（12.5％）が「自然動植物園」を、46 人（8.4％）が

　　「海洋レジャー基地」を、39 人（7.1％）が「水族館」を、5 人（0.9％）が「その他」を選択している。なお、無回答は 550 人中 18 人（3.3％）である。

(39)　2013 年 11 月 23 日、筆者による聴きとり。

(40)　「ロマンの島恋路島を目指す　緑の小道づくりに 40 人」水俣市『広報みなまた』785 号（1991 年 9 月 1 日）。

(41)　2012 年 7 月 29 日、筆者による聴きとり。

(42)　2013 年 11 月 15 日、筆者による聴きとり。

(43)　2013 年 11 月 15 日、筆者による聴きとり。

(44)　2012 年 4 月 21 日、筆者による聴きとり。

(45)　2013 年 11 月 15 日、筆者による聴きとり。

(46)　2007 年 8 月 11 日、筆者による聴きとり。

(47)　この点に関して、図 4（1991 ～ 92 年当時の恋路島の植生）にアコウの木が認められることは示唆的である。

(48)　本稿でも試みてきたように、移ろいゆく景観を捉える際に重要なのは、点と点、あるいは「間隔の両端」に焦点を当てるのではなく、「間隔そのものに沿って身をおくこと」［ベルクソン 2010: 27］であると考えられる。

参考文献

石牟礼道子

　1969　『苦海浄土──わが水俣病』講談社.

　1980　『椿の海の記』朝日新聞社.

色川大吉

　1983　「不知火海民衆史──水俣病事件史序説」同編『水俣の啓示──不知火海総合調査報告（下）』, pp. 3-164, 筑摩書房.

インゴルド, T.

　2014　『ラインズ──線の文化史』工藤晋訳, 左右社.

　2017　『メイキング──人類学・考古学・芸術・建築』金子遊ほか訳, 左右社.

運輸省第四港湾建設局・熊本県・水俣市

　1988　『水俣港マリン・タウン・プロジェクト調査報告書（概要版）』.

江口　司

　2006　『不知火海と琉球弧』弦書房.

大野晋・佐竹昭広・前田金五郎編

　1990　『岩波古語辞典　補訂版』岩波書店.

岡本達明

　2015a　『水俣病の民衆史　第 1 巻──前の時代』日本評論社.

　2015b　『水俣病の民衆史　第 5 巻──補償金時代』日本評論社.

2015c 　『水俣病の民衆史　第 6 巻——村の終わり』日本評論社.

岡本達明編
　1978　『近代民衆の記録 7　漁民』新人物往来社.

鬼塚　巌
　1986　『おるが水俣』現代書館.

小野重朗
　1981　『民俗神の系譜——南九州を中心に』法政大学出版局.

金子　昭
　2002　「恋路島はいつから」水俣芦北文化誌の会『千鳥巣』77：31-38.

環境創造みなまた実行委員会・水俣市
　1996　『平成 7 年度環境創造みなまた推進事業報告書』.
　1999　『環境創造みなまた推進事業総括報告書（平成 2 年度〜平成 10 年度)』.

ギブソン, J. J.
　1985　『生態学的視覚論——ヒトの知覚世界を探る』古崎敬ほか訳，サイエンス社.

久場五九郎
　1973　「水俣工場労働者史（2)」『月刊合化』15（5)：40-92.

久保田好夫・阿部浩・平田三佐子・高倉史朗編
　2006　『水俣病誌』世織書房.

熊本開発研究センター
　1992　『平成 3 年度熊本県委託調査事業　水俣地域における環境再生・創造ビジョン調査』.

熊本県
　1989　『水俣湾埋立地及び周辺地域開発整備具体化構想』.
　1998　『水俣湾環境復元事業の概要』.

熊本県環境公害部
　1994　『水俣湾の環境対策』.

熊本県・熊本開発研究センター
　1988　『公害防止事業埋立地活用策可能性調査　報告書』.

熊本県農商課
　1890　『熊本県漁業誌　第一編　上』(1972 年複製,「天草の民俗と伝承の会」発行).

熊本県・水俣市
　1992　『水俣湾埋立地及び周辺地域開発整備具体化構想に基づく施設整備の概要』.

桑原史成
　1986　『水俣　終わりなき 30 年——原点から転生へ』径書房.

古閑五八郎
　1915　『水俣町郷土誌』.

後藤是山編

184

   1917　『肥後国誌　下』九州日日新聞社印刷部.

下田健太郎

   2017　『水俣の記憶を紡ぐ——響き合うモノと語りの歴史人類学』慶應義塾大学出版会.

創立記念誌編集委員会

   1973　『創立記念誌——袋小学校 100 周年・袋中学校 25 周年記念』創立記念事業実行
       委員会.

谷川健一

   1972　「水俣病問題の欠落部分」石牟礼道子編『水俣病闘争——わが死民』，pp. 31-37,
       現代評論社.

土本典昭

   1986　「海は死なず——水俣病その 30 年」『新日本文学』464：12-31.

   1988　『水俣映画遍歴——記録なければ事実なし』新曜社.

鳥越けい子

   1997　『サウンドスケープ——その思想と実践』鹿島出版会.

西村肇・岡本達明

   2001　『水俣病の科学』日本評論社.

野本寛一

   2006　『神と自然の景観論——信仰環境を読む』講談社.

羽賀しげ子

   1985　『不知火記——海辺の聞き書』新曜社.

原田正純

   1989　『水俣が映す世界』日本評論社.

ベルク, A.

   1992　『風土の日本——自然と文化の通態』篠田勝英訳，筑摩書房.

ベルクソン, H.

   2010　『創造的進化』合田正人ほか訳，筑摩書房.

水俣市

   2017　『恋路島がたり——恋路島の価値を未来につなぐために』.

   n.d.　「恋路島を環境再生のシンボルに」.

みなまた環境考動会

   1994　「より良い環境のまち、水俣をめざして」.

水俣市史編纂委員会

   1966　『水俣市史』水俣市.

水俣市市史編さん委員会

   1991a　『新水俣市史（上)』水俣市.

   1991b　『新水俣市史（下)』水俣市.

   n.d.　『古松軒の見た雨乞い習俗・水俣郷神社号名の変更』水俣市史編さん委員会.

水俣尋常高等小学校

　1933　　『水俣郷土誌』.

向井良人

　2000　　「『水俣病』という烙印について――まなざしの力学」『文学部論叢　地域科学篇』
　　　　　　68：67-85.

柳田國男

　1989　　『柳田國男全集 2』筑摩書房.

山田忠昭

　1999　　「『もやい直し』の現状と問題点」『水俣病研究』1: 31-44.

Ingold, T.

　2000　　*Perception of the Environment: Essays in Livelihood, Dwelling and Skill*. Routledge.

Rodman, M.

　1992　　Empowering Place: Multilocality and Multivocality. *American Anthropologist* 94(3): 640-656.

第7章　儀礼と観光のはざまの景観史
インドネシア、バリ・アガの村落の事例から

鈴木正崇

はじめに――バリ・アガの村へ

　バリ島はインドネシアの中でもヒンドゥー文化が維持されていることで知られ、その独自性からバリ・ヒンドゥーと呼ばれている。しかし、バリのヒンドゥー文化はインドとは異なり、在地の祖先祭祀や水や山の信仰と融合し、アガマ・ティルタ (*agama tirta*, 水の宗教) とも呼ばれる独自の世界を作り上げてきた。さらに、その中にはバリ・ヒンドゥーとは異なる、先住民の文化の要素を色濃く持つと推定されるバリ・アガ (*Bali Aga*) がいる[注1]。バリ・アガの住む村落は東のカランガッサム (Karangasem)、中央のキンタマーニ (Kintamani)、北のブレレン (Buleleng) などの山岳地帯に点在する [Reuter 2002][注2]。

　こうした多層的で地域性に富むバリで、近年は宗教組織のパリサダ・ヒンドゥー・ダルマ (*Parisada Hindu Dharma*) が勢力を拡大して、インドネシア国家の中での公認された宗教としての「ヒンドゥー教」(*Agama Hindū*) として教義や儀礼を整備して制度化する試みが進行し [永渕 2007]、バリ・アガにもその影響が及んできた。従来の儀礼過程が改変され、ヒンドゥー教の教義に基づく意味付けが加えられて、寺院建築が改造されるなどの動きが起こっている。一方では、1967年にングラ・ライ国際空港が開港して、1970年代以降にマス・ツーリズムが進展し、1980年代には世界的な観光地になった。宗教の制度化と観光開発がバリを大きく変えてきた。

　本研究は、バリ・アガの一村落であるトゥンガナン・プグリンシンガン (Tenganan Pegeringsingan)[注3] を事例として取り上げ、年間100日に及ぶ儀礼を行う村落が、観光化とグローバル化に巻き込まれつつも、伝統文化を維持し現代世界と対峙していく状況を考察し、儀礼と観光と生活の狭間で揺れ動く景観の歴史の動態を考察することを目的とする。

1 村落

1. 村落の変化

　トゥンガナンはバリ島東部のカランガッサム県に所属するバリ・アガの村落である。トゥンガナンは厳格な慣習法（アダット *adat*, アウイッグアウイッグ *awig-awig*）に基づき伝統的な慣行を維持してきた[注4]。慣習法の秩序維持の機能は現在でも強く働いているが、現代的な生活形態にはそぐわない条項もあり、葛藤や問題が生じ、今後は変動が細部に及ぶ可能性がある。一方で、トゥンガナンは観光名所として広く知られている。1963 年のアグン山の噴火によって共有田が火山灰で壊滅し、10 年間不作が続いた。1970 年代から在来のバリ米（*baas Bali*）の耕作[注5]に代えて、政府が高収量品種 HYV を導入した「緑の革命」が展開して三期作が実現し、稲の収穫量は格段にあがったが、決して豊かとは言えなかった。そこで、1980 年代以降、村落をまるごと観光地とする「文化観光」に方向転換して、土産物販売も導入した。トゥンガナンの村落の景観は観光客を惹き付ける魅力を持っていた。三方に門があり、村内には各所に祠や拝所や寺院が点在し、集会場や住居や小屋が立ち並び、水牛が広場を自由に行き来し、各所に籠に入れた鶏が置いてある。周囲には鬱蒼とした森が広がる。現在は、村全体が土産店のようであり、屋外や家の中にこの村で創作された工芸品のアタ（*ata*）製品が置かれている。アタはシダ科の蔓草で、葉を取り茎の部分を乾燥させて編んで加工し、籠、ランチョンマット、コースター、ティッシュケースなどの民芸品となった［プトゥ・スティア 2007］。家の中には仮面、アクセサリー、楽器などが所狭しと置いてある。布が展示され、地元だけでなくスンバやジャワなどの布も売られている。昼間は各家の前には臨時の出店も作られ、装飾卵や民芸品の販売を行う。村は午前 9 時から夕方の 17 時までひっきりなしに訪問する観光客で賑わうようになった。観光業は自営業であり、数多くの儀礼を行うトゥンガナンにとっては、住民の多くが村を生活の場としているので、時間調節に融通が効き現金収入が得られ、最良の職業選択であった。

　一方、祭では、縦横絣の儀礼衣のグリンシン（*geringsing*）をまとって盛装した大人・若者・女性達が、拝所、集会場、坂道などを舞台に複雑な儀礼や舞を展開する。グリンシンは村名の由来にもなっている。祭の時には、純鉄製の聖なる楽器（鉄琴）のスロンディン（*selondhing*）が演奏され独特の音色が村内に満ちる。祭を目当てにくるカメラマンも多い。村落は伝統的な慣行を維持し、現在も年

間 100 日を超える儀礼は継続している。儀礼が作り出す景観は村落の根底にある。自然景観に留まらず、儀礼空間・音空間を含めた村落の生活とその変化を考えてみたい。

2. バリとの出会いと先行研究

　筆者のバリとの関わりは 1990 年に始まり、断続的に訪問を続け現在に至った。当初は中部のウブド近郊の村を拠点としてバリ・ヒンドゥーの儀礼や演劇の変化を探究していたが、次第にカランガッサムの調査に重点を移行し、特にウク暦のクニンガン前後のルジャンという少女の舞や、サンヒヤン・ドゥダリという少女の神がかりを研究の主題にするようになった。併せて 2005 年以後に、バリ・アガの文化を色濃く残すとされるトゥンガナン・プグリンシンガンに足繁く通った。祭の参与観察は、2010 年 6 月にウサバ・サンバー（usaba sambah）の後半部、2011 年 2 月にウサバ・カサ（usaba kasa）、2012 年 6 月にウサバ・サンバーの前半部、2013 年 1 月にウサバ・カサの一部と断続的に行った。その後、2013 年 9 月に少年たちが正式に若者組（トゥルナ Teruna）に入るためのイニシエーションのトゥルナ・ニョマン（teruna nyoman）を参与観察する機会を得た。2014 年 9 月はこの儀礼の補足調査に行き、2016 年 2 月は観光化の更なる進展を見届けた。本稿の基礎資料はこれらの調査に基づく。トゥンガナンの研究は数多くあるが[注6]、ラムセイヤーの包括的なモノグラフ [Ramseyer 2009] が刊行されて新たな段階に入った[注7]。本稿はこの本がトゥンガナンの祭祀の諸相をヒンドゥー文化に引き寄せて外部の視点で解釈したことへの反論も含んでおり、バリ・アガの考え方を可能な限り現地の文脈の中で考えてみようとする試みでもある。

3. 多様な時間認識

　トゥンガナンの生活を秩序づけているのは複雑な時間の観念で複数の暦が併用されている。その中で最も重要なのは、この村独自のトゥンガナン暦で、バリ・ヒンドゥーとは全く異なる時間認識が定着している。一般に、バリ・ヒンドゥーはウク暦（wuku）を用い、太陽や月の運行とは関係なく、7 日を単位とし、年間は 30 週で構成され、1 年は 210 日である。1 月は 35 日（tumpek）で 6 ケ月からなる。トゥンガナンではウク暦は殆ど使わない。古いヒンドゥー寺院や多くのバリ・アガは大陰太陽暦のサカ暦（saka, 毎月 29 日か 30 日）[注8] を使い、新月の翌日から次の新月までの 30 日を一月として 12 ケ月で構成し、数年ごとに閏月を設けて調整する。月はサシ（Sasih）といい、第 1 月をカサ（Kasa）、以下、カロ（Karo）、

クティガ（*Ketiga*）、カパット（*Kapat*）、クリマ（*Kelima*, サンバー *sambah*）、クナム（*Kenem*）、クピトゥ（*Kepitu*）、コル（*Kolu*）、クサンガ（*Kesanga*）、クダサ（*Kedasa*）、ドゥスタ（*Desta*）、サッダ（*Sadda*）の12ヶ月である。前半15日の「白分」はタンガル（*tanggal*）、後半15日の「黒分」はパングロン（*pangelong*）という。「白分」15日目が満月のプルナマ（*purnama*）、「黒分」15日目が新月のティレム（*tilem*）で月齢が基本である［Eiseman 1989: 187］。この地域の寺院の祭、オダラン（*odalan*）はこの暦に従うことが多い。太陽暦では、第1月のカサは6月^{（注9）}、第12月のサッダは翌年の5月頃にあたる。カランガッサムでもトゥンガナン以外ではサカ暦が使用される。「バリ米」の二期作の農耕は6ヶ月が耕作期で、1・2月から5・6月と、7・8月から11・12月であり、6月から翌年5月というサカ暦とよく符合する。

　トゥンガナン暦はサカ暦と異なり、1年12ヶ月、3年間で1095日、つまり365日×3となる循環暦である。3年目には閏月がはいるなど複雑化する。月の名称はサカ暦と同じで、第1月をカサ、以下、カロ、クティガ、カパット、クリマ、クナム、クピトゥ、コル、クサンガ、クダサ、ドゥスタ、サッダの12月からなる。ところが、トゥンガナン暦のカサ月は太陽暦で言えば、1月から2月頃にあたり、サカ暦と月の名称は同じでも時期が異なる。各月は前半の「白分」のタンガル（*tanggal*）、後半の「黒分」のフッド（*hud*）に二分され、タンガル15日をプルナマと称して儀礼基準日とする。プルナマは一般には満月を意味するが、トゥンガナン暦では単純に各月の前半の15日目を指す。月の最後の日のティレムも新月ではなく、毎月の30日目の最後の日である。各家ではプルナマとティレムには、海側の小祠のサンガー・クムラン（*sanggah kumulan*）に供物を捧げる。これをチュニガ（*ceniga*）という。なお、「黒分」のフッドはトゥンガナンの独自の名称である。

　トゥンガナン暦は3年で一巡する。第1年のタフン（*tahun*）をサンバー・ビアサ（*sambah biasa*）といい、各月で30日ずつ12月からなり360日、第2年のタフンもサンバー・ビアサだが、第1月のカサから第10月のクダサまでは30日で、ドゥスタとサッダが26日になり総計352日になる。第3年はサンバー・ムーラン（*sambah muran*, 閏年）といい、カサ、カロ、クティガ、カパットは各30日、次にカパットの閏月が27日挿入され、クリマ、クナム、クピトゥ、コル、クサンガ、クダサは各30日、ドゥスタとサッダが各28日で総計383日となる。3年間の合計は1095日で365日×3に相当する。ちなみに、2011年・2012年・2013年の3ヶ年が循環のサイクルで、2013年は閏年であった。トゥンガナン暦はサカ暦を変形し換骨奪胎したと考えられる。トゥンガナン暦は太陰太陽暦の

サカ暦のズレを3年ごとに修正して、農作業と対応した生業暦に編成し直したのである。

　トゥンガナンの年間の祭祀は複雑で多岐にわたるので、本稿では暦の第1月（2月頃）のカサ月に行われるウサバ・カサと、第5月（6月頃）のクリマ月に行われるウサバ・サンバーを取り上げて考察する。カサ月とクリマ月は、在来のバリ米を栽培する農耕暦では耕作の初めと農作物の収穫期に対応し、収穫感謝のウサバ・サンバーの祭は年間最大である。祭祀を通じて農耕儀礼の基礎をなす村落の景観史を検討する。

4. 村落の景観を探る

① 3つの集落——バンジャール

　トゥンガナンはバリ島東部の海辺に面したチャンディ・ダサ（Candi Dasa）の西方の道を山側に入り、やや登った所にあるパセダハン村（Pasedahan）を通りぬけた奥に位置する。北・東・西の三方を丘（bukit）に囲まれた細長い盆地状の土地に村がある。村はかつては壁に囲まれていたとされ、現在も一部は石積みの壁が残り、北門、東門、南門があって、独特の景観を形成する。制度上は、慣習村のバンジャール・アダット（banjar adat）としてのトゥンガナン・プグリンシンガンである。村の領域は877.7haと広大で、約224haの水田が北の丘の彼方に広がる。集落は8haで狭い地域に集住し、人口は571名（2012年）である。内部はバンジャール・カウ（Banjar Kauh, 西集落）（図1-I・II）、バンジャール・トゥンガ（Banjar Tengah, 中集落）（図1-III・IV）、バンジャール・パンデ（Banjar Pandé, 鍛冶集落）（図1-V・VI）の3つの集落から構成され、分かれて、北から南に向かって整然と列状に家々が連続して展開する（図1）。バンジャール・パンデは昔、鍛冶屋（パンデ）が多く居住していたことに因む名称で[注10]、バンジャール・カンギン（Banjar Kangin, 東集落）ともいう。3つの集落のうち、生活や祭祀の実権は、バンジャール・カウとバンジャール・トゥンガが掌握し、厳格な意味でのトゥンガナン・プグリンシンガンはこの2つのバンジャールの住人である。

　人口は2012年の統計では、プグリンシンガンは301人、パンデ系は270人であった。1990年の統計では、村の総人口は510人で、プグリンシンガン306人117世帯に対して、パンデ系204人55世帯で、プグリンシンガンは20年余りほとんど変化がなく、パンデ系が増えた。プグリンシンガンとは、儀礼布のグリンシンの布をまとう人の意味で、儀礼を執行する特権を持ち、村の行政に携わる。婚姻は村の中の者同士で行うことが義務付けられ（村内婚）、血の純粋さ

を維持して、権威ある地位を保ってきた。広大な水田は彼らの共有地で収穫物は毎年、クリマ月（サンバー月）に成員に分配される。相互の分配率は役職者の地位序列に応じて異なるが、その具体的内容は公表されていない。年間最大の祭はこの月に行われる。

　稲は穀物倉で保管し、余剰分は家畜や装飾品の購入にあてた。プグリンシンガンの人々は地主で、周囲の8つの村の人々に水田を耕作させ、経済的には豊かな生活を享受している。年間100日を越す精緻な儀礼を発達させてきた基盤にはこうした経済的基盤の安定性があった。村内の森林地帯の75％は個人所有だが、プグリンシンガンの人々に限定され、外来者に土地は売らないという約束事があって、事実上は村の財産である。

　集落の居住空間はプグリンシンガンの人々の共同管理下に置かれ、成員が村内の者と結婚すると一区画が与えられる。しかし、外部の者と結婚した場合は、慣習法に違反したとして村に住む資格を喪失し、外に出て行かなくてはならない。その場合、完全に村の外部に出るかバンジャール・パンデに住む。しかし、子孫の復帰は許されない。村の外部で就職した人も同様で、子孫はプグリンシンガンに戻れない[注11]。バンジャール・パンデには様々な理由で慣習法に反した人々や、鍛冶屋、外部の転入者などが住む。トゥンガナンはバリ・ヒンドゥーの4つの階層であるカスタ（casta）体系、ブラーマナ（brahmana）、サトリア（satria）、ウエシア（wesia）、シュードラ（suudra）[注12]の区分はなく、平等性を基本とする。既婚と未婚、年齢の上下の区別が厳格で、大人組のバレ・アグンなどの集会場での儀礼や若者組のトゥンガでの集会場の儀礼では空間構成に序列が明確に表れる［Ramseyer 2009: 20］。

　集落は山側のカジャから海側のクロッドへと展開し、集落相互の間にはアワンガン（awangan）（図1-ⅠとⅡの間、図1-ⅢとⅣの間、図1-ⅤとⅥの間）と呼ばれる細長い大通りが、所々に石組のガインガン（gaingan）と呼ばれる段差を作って延びていて、あちこちには水牛がたむろし、闘鶏用の鶏が籠に入れられて各所で飼われている。段差は水牛が登り降り出来るように工夫したのだという。山側の最上部に谷水が注ぎ込む沐浴場があり、水路（boatan）が引かれて大通りの中央を水が貫流している。流水の潤いによって大通りには草が育って青々としていたというが、1963年のアグン山の噴火以後に水脈が変わって水量が激減したために土肌が露出している。村人は観光客が踏み荒らしたので土が露出したという。観光に関する負の言説による景観の表現ともいえる。空間の優劣に関しては、西方のカウが優位、東方のカンギンが劣位、山側のカジャが優位、海側

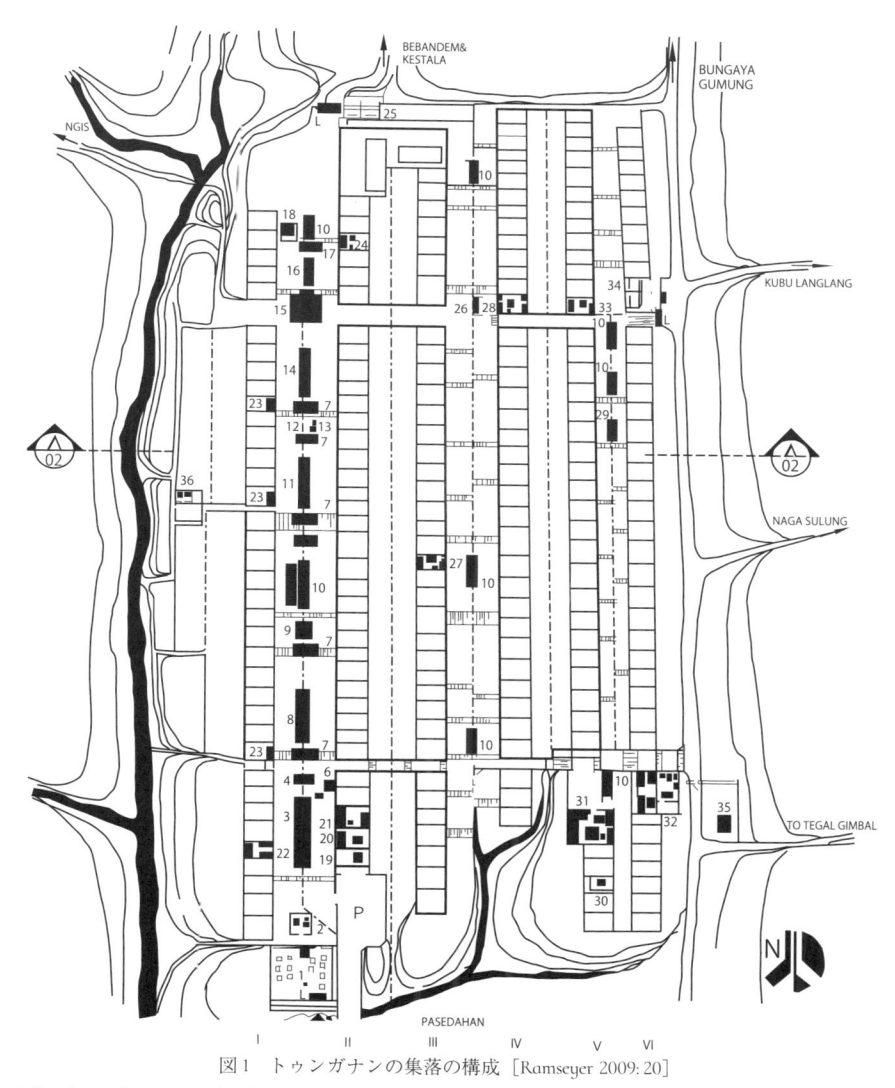

図1　トゥンガナンの集落の構成　[Ramseyer 2009: 20]

Village layout (by Ir. I Nengah Sadri)

L: Lawangan (Kori)　1: Pura Batan Cagi　2: Pura Batu Guling　3: Balé Agung　4: Balé Kulkul　5: Sanggar Uduan　6: Balé Kencan　7: Balé JIneng　8: Balé Petemu Teruna Temu Kelod　9: Pura Dulun Swargan　10: Balé Banjar　11: Balé Petemu Teruna Temu Tengah　12: Pura Raja Purana　13: Sanggar Uduan　14: Balé Petemu Teruna　15: Balé Masyarakat (Wantilan)　16: Balé Lantang　17: Balé Ayung　18: Pura Jero　19: Pura Petung　20: Pura Gaduh　21: Pura Dadia Dangin Balé Agung　23: Dapur Teruna　24: Pura Dadia Mas　25: Kayehan Kaja　26: Balé Peken　27: Pura Dadia Sakenan　28: Pura Dadia Sakenan　29: Balé Tenggong　30: Pura Majapahit　31: Patus　32: Pura Banjar Pandé　33: Pesimpenan　34: Kayehan Kangin　35: Pura Dalem Kangin　36: Pura Dalem Kauh

写真1　バレ・アグンの全景。仮設台所がある。床上で共食を待つ（2012）

のクロッドが劣位と秩序付けられる。優劣は関係性によって決まる。バリ・ヒンドゥーの場合、東側優位、西側劣位で、村の南側に墓と死者の寺のプラ・ダラムがあるが、この村は3つの集落のうち、西側の2つが東側の一つに対して優位で、東側と西側の双方に墓があり、プラ・ダラムも2つである。優位と劣位は関係性で決まり流動性が高い。

②大人組（クラマ・デサ）の集会場──バレ・アグン

　重要な儀礼や会議を行う公共の集会場は、バンジャール・カウとバンジャール・トゥンガの間の大通りアワンガンに集中して建てられ、儀礼の中心軸が中央を貫いている[注11]。特に重要な集会場は海側（南）にあるバレ・アグン（*Balé Agung*）（写真1）（図1-3）で、椰子の葉で葺いた寄棟作りの長屋根を持ち、高い土台の上に見上げるように立ち、石の階段が脇に作られている。壁はなく吹き抜けで長い板敷きの「長床」からなり、山側の部屋で貴重品を保管する。デワ・グデ神（*Dewa Gede*）を山側の祭壇、グドン神（*Gedong*）を宝物倉で祀る。バレ・アグンは既婚者で大人組のクラマ・デサ（*kerama desa*）が供物作りや祈願、社交や会合、そして祭を展開する。多機能空間のロング・ハウス（long house）で、最も頻繁に使われる。

　毎月のタンガル1日目にクラマ・デサの男性はバレ・アグンに集まり、村の問題を討議し予定を決定するパティパンタン（*patipanten*）の集会を持つ。「大人組」の妻はクラマ・デサ・ルー（*kerama desa luh*）と呼ばれ同格であるが、「長床」に座る機会は限られている。「長床」はバリ・アガの建物の特徴とされ、一般の人々は「長床」に入ることは出来ないし、階段を登ることも厳禁である。従

来は最後の一段まで登れたが、現在は許可されない。

　クラマ・デサは「村の大人組」とでも訳すべき組織で、村落の幹部として、行政と祭祀を掌握し、重要な儀礼には、「慣習衣」のカイン・アダット (kain adat) と呼ばれる縦横絣のグリンシンをまとい、背中には短剣クリス (keris) を背負って特定の座に坐り権威を示す^(注14)。集会場の東の大通りでも種々の儀礼と踊りが展開する。集会場での「座の儀礼」と組み合わされる大通りの「庭の芸能」とも言えよう。しかし、芸能と呼ぶほどは見せる意識は少なく、儀礼的所作に近い。大通りで敷物を敷いて座って行う「座の儀礼」もある。儀礼の執行時は、観光客が横切らないように、大通りに仕切りを立てて通行止めにする。特にバレ・アグンの東側ではこの光景がよくみられる。集会場は村内の祭と会合の中心地である。

③若者組（トゥルナ）の集会場——トゥム

　バレ・アグンの山側には、合図用の割れ目太鼓、クルクルが置かれたバレ・クルクル (Balé Kulkul, クントゥンガン kentonggan)（図1-4）がある。大きな行事の区切りごとに叩かれて村人に知らせる。この上部から3つの集会場が、海側から山側に向かって間隔をあけて3つあり、総称はバレ・プトゥム・トゥルナ (Balé Peteme Teruna) といい、若者組（トゥルナ , teruna）の集会場である。集会場の通称は海側から山側に順番に、トゥム・クロッド (Temu Kelod)（図1-8）、トゥム・トゥンガ (Temu Tengah)（図1-11）、トゥム・カジャ (Tumu Kaja)（図1-14）で、坂下から坂上へ少しずつ高さを上げていく。トゥンガは中間の意味である。帰属は近くのクロッド、トゥンガ、カジャの3つの地区で、3つの若者組が別々に集まる。海側・中間・山側の集会場のトゥムは、長男、次男、三男と人間に擬せられる。若者は毎晩交代で集会場で寝泊りして小屋に保管している儀礼用の祭具を盗まれないようにする。3つのトゥムは各々の若者組の話し合いに使用される。

　定例の集まりは、毎月のタンガル14日のプバニ (pebani) と15日のプルナマで、若者組が各々の所属する3か所のトゥムに集まる。米のお菓子のジャンバルが供えられ、鉄琴のスロンディンが奏でられアブアン (abuang) の儀礼が始まる。2名の男性がトゥムの前に降りて向かい合い、相互に手を伸ばして、バナナの葉に受けたトゥアック (tuak) の酒を、トゥタブハン (tetabuhan) という大地に埋め込まれた石の上に注ぎかける。トゥアックはジャカ (jaka, 棕櫚椰子) の幹を叩いて花軸に溜まる樹液を採取して発酵させた酒で、半日程度しか日持ちがしないが、伝統的な儀礼で多用される。

　一般の献酒にはトゥアックを蒸留して作るアラックか、米を発酵させたブルムを使う。石がある場所はスミダ（*semida*）という供犠の場所で、地中の悪霊のブタカラ（*bhutakala*）を慰撫する。行為はムタブ（*metabuh*）と称し、献酒によって大地の力を活性化させる。ムタブとは、タブ（*tabu*）をする（*mu*）の意味で、語源は神聖な場所や行為、禁忌を意味するタブー（*taboo*）で、ポリネシアをはじめ太平洋諸島に広がっている概念である［シュタイナー 1970］。トゥンガナンでは大地に血を注ぐことをタブラー（*tabuh rah*）といい供犠のことである。ムタブこそ儀礼の核心である。

　大通りのアワンガンは日常は村内の通路であるが、祭に際しては儀礼の道になり、大地の霊への供物を捧げる供犠の祭場にもなる。若者組に入るには、数年に1度のトゥルナ・ニョマンという1年以上にわたる修行が課せられる。儀礼の全体は「繭の中の蛹が孵化して蝶として飛び立つ」過程になぞらえられ［内海顕 1999］、典型的なイニシエーションである。最終的には、第5月に行われるウサバ・サンバーの祭のクリマ月プルナマの前日（タンガル14日）正午に執行される加入儀礼のマジャック・アジャカン（*majak ajakan*）で承認される。若者組（トゥルナ）は独身者で構成され、既婚者の大人組（クラマ・デサ）の命令に従って忠実に仕事をこなし、結婚すると若者組を抜けて大人組に加入する。娘組（ダハ *daha*）への加入儀礼のトゥフン・ムンダハ（*tuhun mendaha*）はクリマ月プルナマ（タンガル15日）に行われる。大人組と若者組の集会場は空間上では明確に分離され役割分担も異なる。既婚か否かが儀礼の中の大きな分類基準である。

④神聖な楽器——スロンディン

　若者組の集会場トゥムの「長床_{ながとこ}」の山側の部屋には、祭の時のみに外に出して演奏する神聖な楽器のスロンディンという鉄琴一式を保存している。この部屋に女性が立ち入ることは厳禁である。スロンディンは天上から降って来たとされる鉄琴で、一段と高い所に置かれ、録音は厳禁で特に神降ろしの曲とも言えるググロン（*geguron*）については採譜も禁じられている。祭では人々が建物に上がって供物作りを行い、祈願をし、スロンディンの音色に合わせて儀礼を執行する［Ramseyer 2009: 166-175; 山本 1986, 1995］。スロンディンはよそ者がふれることも禁忌で、鍵盤に触れたりすると浄化儀礼を行う義務があり、高額の負担が要求される。地上に落とすことも禁忌で浄化儀礼を行わないといけない。スロンディンは3つの若者組が各々一組ずつ保持している。演奏する組織はスカハ・ジュルガブール（*sekahe jurgabel*）といい、参加は個人の自主性に任される。スカ

ハは特定の目的で結成される組織で、若者組も広義のスカハで[注15]、未婚の女性は娘組に加わりこれもスカハである。1 年の儀礼のうち、第 1 月から第 10 月までの重要な祭事では主としてスロンディンが演奏される。第 10 月頃から木琴で竹やロンタル椰子の木を鍵板に用いるガンバン (*gambang*, 木琴型鍵盤楽器) が主に使用される[注16]。演奏はスロンディンと同じジュルガブールが担当する。ガンバンはトゥム・クロッドに隣接した山側にバレ・ガンバンという専用の施設があって、常時そこに保存される。隣接するプラ・ダラム・スワルガの祭の時にはガンバンを専用で使用する。ガンバンは葬儀にも使う。スロンディンからガンバンへの移行は、村の 1 年の終わりを告げる。

⑤大通り——アワンガン

　儀礼は 3 つの若者組の集会場の東側の大通りのアワンガンで行うことが多い。集会場の東側の階段を下りた地点が儀礼を行う場所で、中心にはトゥタブハンという名称の四角い石が埋め込まれている。祭の期間は早朝に石の上に供物が置かれ、ココナッツ (*kelapa*) の殻に火をつけて香が焚かれる。単調な儀礼舞のアブアンの奉納に際しては、繰り返しジャカ (棕櫚椰子) の酒のトゥアックが注がれる。トゥアックはトゥタブハンには、特別の儀礼では娘宿で作られるブンガン・バセー (*bungan base*) という象徴的な木の祭壇が置かれて、周囲を男女が舞う。祭壇には蝶々や花の造形がなされ、生命の木とも見なされる。大通り、アワンガンはトゥンガナン全体では、3 つの集落の間、西・中・東の 3 本あるが、西の大通りが一番広く設定され、儀礼の大半はここで行われる。

　儀礼用の建物が列状に海側から山側に並んで、儀礼や会合に使用され、大通りが儀礼と日常生活の場になるという構成はバリ・アガに特有で、近くの村ではブグブグ (Bugbug)、アサック (Asak)、ブンガヤ (Bungaya)、ティンブラー (Timbrah) などと共通し、ブレレン県 (Bleleng) やバンリ県 (Bangli) などの山岳地帯にも同様の形式の村が点在する[注17]。ジャワのマジャパヒト王国の崩壊で、バリにヒンドゥー化の波が押し寄せる以前はこれらの村々は緩やかなネットワークで結ばれていた可能性があり [Reuter 2002]、共通要素はある。

⑥穀物倉——ジネン

　各トゥム (集会場) の間には稲米を納めておく穀物倉、ジネン (*Jineng*) (写真 2) (図 1-7) があり、海側からジネン・トゥム・クロッド (*Jineng Tumu Kelod*)、ジネン・トゥム・トゥンガ (*Jineng Tum Tengah*)、ジネン・トゥム・カジャ (*Jineng Tum Kaja*)

写真2 穀物倉、ジネン (2010)

写真3 山側の門、ラワンガン・カジャ
左右に鳥の礎 (2013)

と並び、3つの若者組が各々所有している。村全体が所有するジネン・デサ(Jineng Desa)はジネン・トゥム・トゥンガの南に隣接する。穀物倉を若者組の監視下に置いて守る意味があり、稲の重要性が示されている(注18)。北の少し離れた所にバレ・アユン (Balé Ayung) (図1-17) という村民全体の穀物倉がある。集会場が南北に細長く展開するのに対して、穀物倉は東西に細長い作りになっているのが特徴である。少し高めに造ってあり、鼠返しがついている。現在は穀物の他に貴重品を入れたり、銀行通帳も保管されているという。トゥンガナン暦の第5月であるクリマ月に行われるウサバ・サンバーの祭では、共有地で収穫された稲が、プグリンシンガンの人々に配分され、穀物倉に納められる。穀物倉は実用本位の建物である。

⑦集会場──バレ・バンジャール

　村人が全体会議などで集まる施設としては、トゥム・クロッドとトゥム・トゥンガの間にあるバレ・バンジャール (Balé Banjar) (図1-10) が使用される。ほぼ村の中央にあたる。南北に細長い「長床」のある施設で、バレ・アグンや若者組の3つのバレと同じ形式をとる。バレ・バンンジャールは大通りに面した建物群の最北にもう一つあるが規模は小さい。村民全体の穀物倉のバレ・アユンの北である。一方、トゥム・カジャの北には全村民が行政に関する会議の時に集るバレ・マスヤラカット (Balé Masyarakat)、別称ワンティラン (Wantilan) (図1-15) がある。ここでは儀礼は行わず、世俗的な行事に使われる。建物も「長床」ではなく、土台の上には立っておらず、座席を段々に設けて下に向かっており、中央部は平らである。ここにはガムランのゴング (gong) が保存されているが、元々はパンデの所有だという [山本 1995: 70]。スロンディンはトゥムに、ガンバ

ンはバレ・ガンバンに保存され、儀礼用具として神聖視して取扱われているのに対して、ゴングの保存は極めて世俗的である。

⑧門と沐浴場——ラワンガンとカヤハン

　村の海側と山側には門があって外界との境界性を示し、東側にも門があり、かつては西側にもあったという。村の外部と内部は明確に区分されていた。山側のラワンガン・カジャ（*Lawangan Kaja*）（図1-L 上部）は儀礼的な機能を持ち、雄と雌の鳥が屋根上でつがっていると不吉だとして殺し、門の外の左右に吊るしておくと難を逃れるとされた（写真3）。ラワンガン・カジャの内側には男女別の公共の沐浴場があり、男は西側、女性は東側で、カヤハン・カジャ（*Kayahan Kaja*）（図1-25）と呼ばれる。第1月のウサバ・カサの祭では、儀礼はここの聖水をとることから始まる。東側の門の脇にあるもう一つの沐浴場、カヤハン・カンギン（*Kyahan Kangin*）（図1-34）と並ぶ2つの沐浴場である。村内の最も山側にあって神聖な場であると言える。

⑨鍛冶屋の村——バンジャール・パンデ

　東集落のバンジャール・パンデの住民は多様で、プグリンシンガンの資格や権利を喪失した者、鍛冶屋のパンデ（*pandé*）、外部からの転入者などが住む。「パンデ系」と呼ぶのが適切かもしれない［山本 1995: 69］。現在ではお土産物を作る下請けを引き受けている所も多くなり、各家の前は、民芸品のアタで溢れている。パンデの人々の寺院はプラ・バンジャール・パンデ（*Pura Banjar Pandé*）（図1-32）の南東部にあり、建築様式と祭祀はバリ・ヒンドゥーの形式で、毎年、第5月、クリマの祭のウサバ・サンバーの最後に行われている。プグリンシンガンの人々も、バリ・ヒンドゥーの盛装に着替えて、供物もヒンドゥー形式に整えてお詣りに行く。ガムランが演奏され、バリ・アガ中心の村で異質の空間になっている。

⑩埋葬場

　トゥンガナンの人々は土葬で、バリ・ヒンドゥーの火葬とは異なる。埋葬地はスマー（*semah*）といい、村の東側カンギンに山側から海側に向かって4か所、子供・未婚者、障害者、健常者、パンデ住民と並んでいる。海側にあるパンデの墓地の脇にプラ・ダラム・カンギン（*Pura Dalem Kangin*）（図1-35）という死者の霊を祀る寺がある。村の南東は死者に関わる場所の意識が強く、葬儀を執行

するジェロ・ドゥクー（*jero dukh*）の屋敷はパンデ系集落の海側にあって、プラ・スガラ（*Pura Segara*）とプラ・マジャパヒト（*Pura Majapahit*）（図1-30）を祀る。ジャワ系の呪術師（*dukun* ドゥクン）の家系かもしれない。一方、戦士を埋葬する墓地は、村の西側の山よりにある。ちなみに2014年1月に亡くなったマンク・ウィディア（*Mangku Widia*）は草分け筋のゴロンガン（*gorongan*）の最上位であったので、西側の埋葬場に葬られた。死霊はロー（*roh*）と呼ばれ、埋葬の1年後にムフン（*muhun*）という浄化儀礼を行って埋葬所の竹の祠を廃棄すると、神霊のバタラ（*Batara*）になるという。なお、西側にも死者の霊を祀る寺院、プラ・ダラム・カウ（*Pura Dalem Kauh*）（図1-36）がある。場所は南西ではなく、村落の中央部、トゥンガの西方に位置する。西側の埋葬地の死者の霊を祀る。集落全体が西側優位、東側劣位なので、墓地の大半は東側にあり、南東は海側に近く最も劣位の場になっている。上位者の墓地が西側にあるのは神霊のバタラに近いからかもしれない。

⑪居住空間と観光化

　家族の居住空間は村落の共有で共同管理下におかれ、結婚するとどこかを調整して独立した1区画が割り当てられる。1区画1世帯である。空間構成はほぼ同じだが、バレ・メテン（*bale meten*, 寝室）とパオン（*paon*, 台所）は工夫が施されている。家族の先祖を祀るサンガー（*sanggah*）の祭壇が祀られ、出入口は全てアワンガンに面している。現在では村内は観光化が進んで、各家々の生活の場は商品展示場に変わり、刺繍や染色を施した布、装飾卵や椰子葉に書いた暦などの民芸品が置かれ、竹細工の楽器も売り物に出ており、椰子葉に書いたロンタル文書もあって、人の出入りも激しい。店の看板は英語やインドネシア語だけでなく、日本語表示も多い。トゥンガナン特産の民芸品アタの細工物は特に沢山置いてあり、人気商品の一つである。布にはスンバやジャワの布、バリの草木染めもある。村で使用する儀礼布のグリンシンも展示され、1000万ルピアなど高価であるが、本物を作ることは少なくなったという。村内は朝9時から17時頃までは、各所を歩き回る観光客で賑わい、ツアーコースの客も沢山訪れるが、夕方になると村は本来の様相を取り戻す。観光の時間が日常の時間へ、そして儀礼の時間に変わる。

5. 村内の寺院と拝所
①海側（クロッド）の寺院——バタン・チャギ

写真4　プラ・バタン・チャギの石の祭壇とラワンガン・クロッド（2010）

　村には現地語でプラ（Pura）と呼ばれる祭祀施設が集会場や集落の間に点在する。その内容は多様で、石だけの祭場、樹木を祀る祭場、藁葺きの小屋、石造りの積み上げた拝所、塀に囲まれた石造りの建築の寺院など様々である。プラは日本語では寺院や拝所と表記する[19]。通常は神像などは何もなく、祭の時に神々を招き降ろす。それぞれに祭の日が異なる。

　重要なのは海側（クロッド）に最も近いプラ・バタン・チャギ（Pura Batan Cagi）（写真4）（図1-1）で、塀に隣接した外側に祭場があり、南側には門がある。石積みで囲まれた森の中に拝所があり、タマリンドの木の下に祖先の氏族と、ムランダ（Mulanda）という村の最高神の女神を祀る石がある。ムラ（mula）には根源や原初の意味があり重要な祭場である。草分け筋の各氏族の祖先を表わす石が10ケ所存在し、村の草分け、創設者の子孫を表すという。総称はゴロンガンで各々の職能が異なり、現在の村民はその子孫とされる。ラムセイヤーは[Ramseyer 2009: 42-43]、石に宿る親族を氏族（clan）、出自集団（descent group）、リネージ（lineage）などとするが、不正確である。ゴロンガンは各々伝説の始祖を持つ10の父系氏族（patrilineal clan）で、系譜がたどれる血縁集団のリネージではない。ラムセイヤーは、コルンの報告[Korn 1960]に依拠し、右（パヌガン panegan, 東側）、左（プンギワ pengiwa, 西側）の順番で交互に地位序列を示す。最上位のサンヒヤン（sanghyang, 右）を筆頭に、以下イジュン（ijeng, 左）[20]、バトゥグリンマガ（batu guling maga, 右）、バトゥ・グリン（batu guling, 左）、プラジュリット（prajurit, 右）、ウンバック・ブルー（embak buluh, 左）、パンデ・ブシ（pande besi, 右）、パンデマス（pande mas, 左）、パセック（pasek, 右）、ブンデサ（bandesa, 左）で、現在もサンヒヤン、イジュン、バトゥ・グリン、ウンバック・ブルー、プラジュリット、ブンデサの6つ

の子孫が残っているという。パセックは新しくきた人々とされる。祭祀を司る者はサンヒヤンの家系から選ばれる。なお、サンヒヤンとイジュンには、村の地位序列制の最高位のウングアン（*ungguan*）という称号を持つ地位への道が開けているが、長期不在のままである。儀礼では子供の髪の毛を切って沐浴場で清めを受ける人生儀礼、ングトゥス・ジャンポット（*ngetusjambot*）で、女性が抱える細長い竹の籠で象徴的に表わされる。この儀礼の後にグリンシンを着ることが許される。サンヒヤンはこの村で最初の祭司を出した家とされ、神事を司どり、マンク（*de mangku*）と呼ばれて、座も最上位の位置である[注21]。プラジュリットはプラ・ダラムの儀礼に関わる。さらに、森の海側にはトゥラガ（*telaga*）、ケヘン（*kehen*）、パクウォン（*pakuwon*）と呼ばれる3つの石があり、それぞれが古い拝所とされる。プラ・バタン・チャギの祭はカロ月（第2月）が盛大で、クリマ月（第5月）にも祀る。隣接するプラ・バトゥ・グリン（Pura Batu Guling）（図1-2）は自然石を祀り、カロ月（第2月）に祭が行われる。海側の寺院や拝所は村の創始に関わる親族と神を祀る始原の場である。

②中集落（バンジャール・トゥンガ）の海側の寺院

中集落では、海側から山側の軸上に幾つかの寺院と拝所がある。海側に近い所に、遊び神で賭け事の好きなバタラ・バグース・ブボト（Batara Bagus Bebotoh）を祀るプラ・プゥトゥン（Pura Petung）（図1-19）がある。ここの祭はクリマ月（第5月）のングラワド（巡回）の日に行われ、トゥム・クロッドの若者組とジェロ・パセックが担い手で、プラ・プゥトゥンとプラ・バタン・チャギを巡って祀る。クリマ月の模擬戦闘のムカレカレに先立って行われる闘鶏はこの神が見守るとされ、特別の供物がバレ・アグンの脇のサンガール・ウドゥアンを祀る樹の下に供えられる。

プラ・プゥトゥンに隣接して母神を祀るプラ・ガドゥー（Pura Gaduh）（図1-20）があり、村内での母神（*batari*）の祭場とされ、村の外の山側のプラ・プセ・サンバンガン（Pura Puseh Sambangan, 通称プラ・プセ）の男神（*batara*）がウサバ・カサの祭りの初日に村内を訪れて、新たな生命を宿すとされる。祭は、カサ月（第1月）だけでなく、クティガ月（第3月）の満月、クサンガ月（第9月）の年3回行われ、その他の月にも小祭がある。クサンガ月の祭では、プラ・ガドゥーを祀った後に、村の外に出て、チャンディ・ダサの浜辺に行列を繰り出し、一説では、先祖が海からきて船の錨を降ろしたとされる場所にある巨石のバトゥ・マンガル（*batu manggar*）を祀る。先祖が馬の死骸が見つけた場所ともいう。祖

写真5　プラ・ラージャ・プラナ
左手はサンガー・ウドゥアン（2010）

写真6　プラ・カンダン（2010）

先祭祀や村の創成に関わる神を祀ることが意識されている。

③中央部（トゥンガ）の寺院

　村の内部では、西集落と中集落の間に、若者組の儀礼が展開する重要な集会場が、海側から山側に3つ立ち並び、その間に挟まるように寺院がある。

　第1は、プラ・ラージャ・プラナ（Pura Raja Purana）（写真5）（図1-12）で、トゥム・トゥンガの若者組の集会場の山側の穀物倉（bale gelebeg）に接して立地する。周囲を取り巻く塀はなく祭壇のみの拝所である。村の構成秩序を維持する機能を持つとされ、プラナ王に仕えたバタラ・サンヒヤン（Batara Sanghyang）を祀るという。サンヒヤンは村の海側のプラ・バタン・チャギの氏族の石に祀られる最高位の人々の神名で、村内の儀礼を主宰するマンクの先祖にあたる。祭はクリマ月（第5月）のウサバ・サンバーで行われ、古文書が入った聖なる箱（apilan）を祀る。ラージャ（王）の名前の通りカランガッスムの王を祀るとも言われる。一段と高い場所に祀られていて、人々を見おろすようになっている。最高の聖獣の水牛を所有する神とされ、ウサバ・サンバーでは供犠の許可を得て祀る。

　第2は、プラ・ドゥルン・スワルガ（Pura Dulun Swargan）（図1-9）で、トゥム・クロッドの北にある。ここも周囲を取り巻く塀はなく祭壇のみの拝所である。村落の全成員から深い信仰を集め、死霊が祀られているとされる。かつてはブンデサという親族集団の寺院であったとされるが、現在は村民全てがドゥスタ月（第11月）の祭に参加する。

　第3は、プラ・ジェロ（Pura Jero）（図1-18）で、ラージャ・プラナやドゥルン・スワルガから少し離れ、村の最も山側に位置する。北門に近く、拝所ではなく塀に囲まれた寺院で、祭はサダー月（第12月）に行われる。一説では、村の創

成神話に関わる、馬の死骸の発見者にして、村の土地を確定した、キ・パティ・トゥンジュン・ビルー（Tunjung Bilu）を祀るとされる。近くにあるバレ・ランタン（Balé Lantang）（図 1-16）は、祭の時に準備したり供物を置く場所である。中央部の寺院は村の歴史語りに起源を持ち由緒ある所と認識されている。

④供犠の拝所——プラ・カンダン

　集落の北東部の端には水牛を飼育する神を祀るプラ・カンダン（Pura Kandang）（写真 6）（図 1-VI の上部）という石の祠の拝所があり、椅子のような形に石が組まれて供物台がある。第 5 月のクリマに行われるウサバ・サンバーの祭では水牛をここに連れて供犠の許し（ngairang）をもらう。供犠する動物の中でも最高位の犠牲獣が水牛（オンボ）で 1 年に 1 回の供犠を行う。これを聖なる剣のクリスで供犠する。祭りでは村を守護し水牛を管理し保有する神をプラ・ラージャ・プラナで祀る。水牛の肉で儀礼食のウラバン（uraban）[注 22] を作り、プグリンシンガンの成員が共食して聖性を身体化し村内の秩序を再構築する。供犠は隣村のニス（Ngnis）の者が行う。歴史的経緯に基づく外部者と内部者の連合である。プラ・カンダンはパンデ集落の山側の隅に位置するが、祭場はプグリンシンガンの人々の所有である。村の北東はアグン山への方位と重なり、神聖視される。

⑤親族の寺院——ダディアとドゥクー

　ダディア（dadia）という父系出自集団［ギアツ, C・ギアツ, H 1989］の親族が祀る寺院は中集落に 2 つ、中集落と東集落の間の大通りに向かって 2 つあり、祭はクダサ月（第 10 月）に行われる。特定の職能者の親族に関わる寺院としては鍛冶屋の人々のパンデの寺院、プラ・バンジャール・パンデが東集落で祀られていて、祭はクリマ月（第 5 月）で、プグリンシンガンの人々も参加する。バリ・ヒンドゥーの形式で、正面にチャンディ（candi）がある。さらに葬儀を執り行うドゥクー（dukuh）の先祖を祀る寺院が近くにある。ジェロ・ドゥクー（jero dukh）の屋敷はパンデ系集落の一番の海側にあって、海の神を祀るプラ・スガラ（Pura Segara）と、聖水を祀るプラ・マジャパヒト（Pura Majapahit）がある。ドゥクーは、葬儀とは別に、プグリンシンガンの集会場の祭祀でも儀礼舞のアブワンにおいて、トゥワック酒を入れた竹の容器やバナナの葉を執行者に手渡すなど、重要な役割を受け持つ。ドゥクーはジャワ島の古い祭司の名称でもあり、マジャパヒト王朝の崩壊後にジャワからバリに渡ってきたヒンドゥー文化の担い手であったかもしれない。トゥンガナンの村全体の祭祀を司る最高位の祭司

は父系氏族のサンヒャンの家系のマンクであるが、ドゥクーは別系統の祭司である。これらの寺院は各親族による祭祀を行い、家系で世襲で祀るなど、血縁集団と関連する共通性がある。

⑥死者の寺院——プラ・ダラム

　死者儀礼に関わり死霊を祀る寺院であるプラ・ダラムは村の外にあり、村の南東の墓地の近い所と西の墓地に近い所の 2 箇所である。南東のプラ・ダラムは、クピトゥ月（第 7 月）14 日目に行われる黄牛を供犠して悪霊を村外に追い払うムフムフ（muhu-muhu）の儀礼に際して、重要な役割を果たす。黄牛を近くの木に縛って吊るし、少しずつ刃物で刺して供犠する。死後は解体して、頭を海の方向に向けて悪霊を村の外へと導き出す。悪霊と南東のプラ・ダラムは強く結び付いている。トゥンガナンの主要な 10 の氏族のうちのプラジュリット（prajurit）の家系が祭祀に関わる。西の墓地は村内の高位の血筋の者のみが埋葬を許されていて、これに近接する西のプラ・ダラムは高位の死者の霊魂を祀る。

⑦ 村落の寺院と拝所の全体構成

　主な寺院や拝所の位置と名称は以下の通りである（表 1）。村内の寺院の内容は以下のように分けて考えることが出来よう。

　寺院のうち、プグリンシンガンの村落全体の祭に関わるのは、ⓐの全ての寺

表 1　集落の寺院の位置と名称

	位置	寺院名称	図 1	個別内容
ⓐ	西集落内の中央	Pura Batan Caqi	1	祖先祭祀。村内守護
		Pura Batu Guling	2	親族守護
		Pura Dulun Swargan	9	死霊。親族プンデサの寺院
		Pura Raja Purana	12	王の寺院。祭司の祖先祭祀
		Pura Jero	18	開村者の祭祀
ⓑ	西集落内の東側	Pura Petung	19	遊び神
		Pura Gaduh	20	母神
		Pura Dadia Dangin	21	親族ダディアの寺院
		Pura Dadia Mas	24	親族ダディアの寺院
ⓒ	中集落内の中央	Pura Dadia Sakenan	27	親族ダディアの寺院
		Pura Dadia Dajan Rurung	28	親族ダディアの寺院
ⓓ	東集落内の西側	Pura Majapahit	30	祭司ドゥクーの寺院
ⓔ	東集落内の東側	Pura Banjar Pandē	32	鍛冶屋の寺院
ⓕ	西集落の外	Pura Dalem Kauh	36	西の墓場の守護。死霊
ⓖ	東集落の外	Pura Dalem Kangin	35	東の墓場の守護。死霊
ⓗ	東集落の北東隅	Pura Kandang	北東	水牛を飼育。供犠を許可

院と、ⓑのプラ・プトゥンとプラ・ガドゥーで、祭の重要な部分はスロンディンの演奏で進行し、クラマ・デサが中核となって運営する。ⓑとⓒのダディアの寺院は特定の親族の寺院、ⓓとⓔは特定の職能者のパンデとドゥクーの家系の寺院で、親族が担い手である。これに対して、ⓕとⓖは村落全体の死者儀礼や葬儀に関わり、プグリンシンガンに限定されず、トゥンガナン全体に関わる。ⓔはパンデの寺院でバリ・ヒンドゥーの形式をとり、スロンディンは使用せずに、通常のゴングによるガムラン演奏で祭を行う。ただし、祭はサカ暦に従って執行され、2010年は6月26日がクリマ月の満月（プルナマ）でこの日から3日間の祭（オダラン）であった。プグリンシンガンの人々もこの祭に参加する。ⓗは供犠を主宰するバリ・アガの重要な拝所であるが、伝承は薄れている。

　寺院の全体構成は、バリ・ヒンドゥーの場合は、ジャワのマジャパヒト王国に由来するとされるカヤンガン・ティガ（*kayangan tiga*）の形式をとり、村落の山側にプラ・プセ（起源の寺院）、中央にプラ・デサ（プラ・バレ・アグン。村の寺院）、海側にプラ・ダラム（死者霊の寺院）の3つを置く構成であるが、この村ではプラ・デサがなく、村の内部では集会場のバレが山側と海側を結ぶ中心軸上にあって重要な役割を果たす。バレの東側の大通りが儀礼の祭場となり、複雑多岐な小祠の寺院が各所にあって一つに焦点化されない。バリ・アガとバリ・ヒンドゥーの形式が折衷と融合を繰り返して現在に至ったと考えられる。山側にプラ・プセ、海側にプラ・ダラムという配置や集落の列状構成は、バリ・ヒンドゥーと共通するが、プラ・ダラムが東側と西側の2か所にある点が異なる。

⑧儀礼空間としての大通り——アワンガン

　ウサバ・サンバーやウサバ・カサなどのプグリンシンガンの大祭で、儀礼の主たる祭場になるのは寺院のプラではなく、西集落の集会場で、大人数が担うバレ・アグンと、若者組が担う3つのバレ・プトゥムが主体で、バレの東側の大通りのアワンガンの大地と石が儀礼行為や踊りの中心になる。儀礼舞のアブアンの重要な儀礼では、3つの集会場ブンガンバ・バセーという娘宿で草や花で作られた祭壇が持ってこられる。ルジャンの踊り、模擬的戦闘のムカレカレもアワンガンで行われ、儀礼空間として展開する。

　儀礼は夕刻から開始されることが多いが、村人は集会場のバレの屋根の影がアワンガンの石に達すると始まると説明する。日没近くはサンディ・カラ（*sandi kala*）という魔物が出てくる時間なので慰撫する意図もある。ウサバ・サンバーの祭では、集会場の東側の大通りにブランコ台のアニュナンが総計で5つ作ら

れる。若者組の3つの集会場に対応するように8人乗りを3つ、バレ・アグンの東側の大通りに4人乗りを2つである。14日には竹竿のペンジョール（*penjyor*）をたてて神招きを行い、夜にアニュナンの台の上では秘儀のロカン（*lokan*）を行って魂入れをする [Ramseyer 2009: 123]。タンガル15日には3つの各々のトゥムの東側に海側から山側に向かって、アワンガンの東の端に、ピナン（檳榔子）、ジャカ（棕櫚椰子）、クパラ（椰子）の3本の木をたてる。これをトゥトゥブハン（*tetubuhan*）という。大通りが儀礼空間になるのである。

　バリ・アガの重要な祭祀は寺院のような恒常的な祭祀用の施設ではなく、祭ごとに大地の上に祭壇をつくり、終れば取り壊す形式をとっている。寺院の祭であっても重要なのは祭壇に祀られている石であり、石を荘厳し供物を捧げる。バリ・アガは石を介して大地の自然の力と感応する。トゥンガナン・プグリンシンガンでは石が儀礼の根源である。

6. 村外の寺院・拝所と聖なる石
①山側（カジャ）のプラ・プセとその後方の寺院

　村外の祭場・拝所・寺院も重要な役割を果たしている。山側にある北門を出て少し道をたどると広い庭とブリンギンの大樹があり、東方の上部の傾斜地にプラ・プセ・サンバンガン（Pura Puseh Sembangan）（写真7）が位置する。通称はプラ・プセで村の起源の寺院であるが、祭壇には石を祀っていてバリ・アガの寺院の形式をとる。ラムセイヤーは12世紀頃にバリ島中部のブダウルー（Bedahulu, 現在のブドゥル Budul）からこの地にきて村を創設したスリ・アジ・ジャヤパングス（Sri Aji Jayapangus）王を祀るとする [Ramseyer 2009: 109-110]。しかし、神の実体を特定の歴史的な人物に結び付ける伝承は村人に共有されていない。大祭はカサ月（第1月）とクリマ月（第5月）に行われる。

　西側に隣接してバリ・ヒンドゥー形式のプラ・スリ（Pura Sri）があり、穀物の女神（Devi Sri）を祀る寺院である[注23]。農業、特に稲作を生活の基盤とする村人にとって農耕の守護神は大事である。さらに山側には、村の創始に関わるブダウルー王を祀るプラ・ダラム・プンガストゥラン（Pura Dalem Pengastulan）がある。ここはバリ・ヒンドゥーの寺院で、他の寺院よりも新しく、プラ・アンヤル（Pura Anyar）とも言い、村の先祖を祀る寺院である。先祖は元々はブダウルー王の従者で、西方にある故地のブドゥル（ギャニアール県）を出発してこの地にきたとされる。ウク暦のカパット月（第4月）の満月の日の祭には、トゥンガナンの村人は、故地のブドゥルの寺院まで出かける。ウク暦のマニス・ク

写真7　プラ・プセ（2012）　　　　　　　写真8　プラ・プナタラン（2013）

ニンガン（manis kuningan）の日も同様で年2回のお詣りを欠かさない。カパット月はサムアンティガ寺院の祭（オダラン）の日である。バリ・ヒンドゥー形式の寺院はパリサダ・ヒンドゥー・ダルマの影響で作られた新しい建築物であるが、村にとって最も大事な稲の女神、デヴィ・スリと、祖先を祀る寺院で、プラ・プセの精神をヒンドゥー化したとも言える。

②古い拝所——プラ・プナタラン

　最も古いと言われている拝所の祭場は、集落の外の奥まった森の中にあるプラ・プナタラン（Pura Penataran）（写真8）である。周囲を石組で囲まれた屋外の空間で、周囲にはバニヤン樹が鬱蒼と生い茂り、祖先を祀るという石を積み上げた祭壇が3つ盛り上がった形で設定されている。プラと言っても石があるだけで屋根つきの寺院施設はない。石の一つはグヌン・アグン（Gunung Agung）を祀り、バリ最高位の寺院のプラ・ブサキ（Pura Besaki）があるアグン山が崇拝対象に組み込まれている。村の山の背後にある広大な水田の彼方にはアグン山が一望のもとに見える。石の祭壇はクリマ月（第5月）に行われるウサバ・サンバーの祭の最初のマミュットの時に供物を捧げて祈願する重要な場所で、マンク・ウィディアに言わせれば、最も古い祭の形式を踏襲しているという。椰子の葉で屋根を葺いたバレ・マミユット（bale mamiut）という供物台が2つある。クダサ月（第10月）の祭に際しては、ここでは16種類の供物を葉に載せて供える儀礼を行う。プラ・プナタランにはプグリンシンガンの中の特定の人しか入れない。脇にはプラ・イエ・サンティ（Pura Yeh Santi）の祠が祀られ、天女の沐浴場というサイハン（saihan）があり、カイハン・ドゥダリ（Kaihan Dedari, 女神）とグドゥン・サリ（Gudung Sari, 男神）の男女二神を祀り、水神の様相がある。村人は結婚した時と死者が出た時には必ずお参りする。結婚と葬儀という人生の区切り

には報告を怠らない。村人の一生涯にわたる守護神で、村人には根源的な神を祀る場所とされている。

③村落の起源伝承と七つ石

　奥の山中に7つの聖なる石が点在する。石はいずれも村の起源の物語に登場する馬に関わる場所で、広大な土地が王から与えられた由来についての物語である。

　コルンの報告［Kɔrn 1960: 307-308］では、当時のブダウルー王は（中部のブドゥル村）は愛馬を戦さで見失い、従者に捜索を命じた。漆黒の胴に尾が白い馬であった。金細工師のパンデマス（Pandemas）を北西に、鉄の鍛冶師パンデウシ（Pandewesi）を東方に送った。パンデマスはブラタン山（G.Bratan）の中に定住し、ブラタン人の始祖となった。一方、馬丁イ・プカティク（I Pekatik）と鉄の鍛冶師のオンチャ・スラヤ（Onche Seraya）は、現在のマンギス（Manngis）とカランガッサムの境界のチャンディ・ダサで馬の死骸を発見した。王に知らせると馬丁が苦労して見つけて馬の傍らで寝ずの番をするといったことに感激し、馬の死臭が漂う所の全てを与えるといった。馬丁は馬の死骸を切り刻んで方々に撒いたので広大な土地がトゥンガナンの村域になった。死骸があった所には石があり寺院を作って祀った。西に馬の大腿のペプホン（pepuhon）、北に腹のバトゥ・クブン（batu kubun, kehen）、東に腸のタイキック（tai kik）、北東の頭部はランブットプレー（rambut pole）、南東に前足のプニンバラン（penimbalan）、中央はカキ・ドゥクン（kaki dukun）で陰嚢を置いたという。トゥンガナンの人々は、シベタン（Sibetan）やブバンデム（Bebandem）での市から帰ると、カキ・ドゥクンに供物を置く。

　コバルビアスの報告［Covarrubias 1972: 19; コバルビアス 1991: 63］は以下のようである。当時のバリの王、ブダウルー王は自分の愛馬を戦さで見失ったので部下に探索を命じた。部下は東に向かい長い探索の後に馬の死骸を見つけた。王は褒美を上げたいというと、部下は死骸の臭いが染み付いた土地を頂きたいといった。王はこれを認め、役人と一緒に歩かせたが、どこまでいっても死臭が漂ってくるので役人は疲れ果て、もう十分ではないかといって広大な土地を与えた。役人の去った後に、代表者は着物の下から腐った馬の肉を取り出した。現在、トゥンガナンの人々が広い土地を共同所有するのはこのためだという。

　ラムセイヤーの報告［Ramseyer 2009: 32］では、馬の名前はオンサ・スラワ（Oncer Serawa）といい、捜索者のパンデマス（Pande Mas）は北に向かい、ブラタン人の

先祖となった。ブダウルー王宮の近くにいたパナゲス（Paneges）は東に行き、クサンバ（Kusamba）とブグブグ（Bugbug）の間のチャンディ・ダサの浜辺に到達し、海からそそり立つ巨大な岩バトゥ・マンガル（batu manngar）の脇で死んだ馬を見つけた。王の約束に従い馬の死臭漂う土地を手に入れたが、パナゲスがベルトに腐肉を挟んで移動したことでもたらされたという。

　現在の伝承に関しては、マンク・ウィディアに聞いた。それによると馬の死骸の一部は石に変わった、あるいは埋められたと伝えられる。死体の各々の部位は、ペニスはカキ・ドゥクン（kakidukun）、胴体はバトゥ・ジャラン（batujalan）、頭（一説には髪の毛）はランブットプレー（rambut pule）、内臓（一説には尻）はタイキック（taikik）、腹はバトゥ・クブン（batu keben）、左脚はプニンバラン・カウ（penimbalan kau）、右脚はプニンバラン・カンギン（penimbalan kangin）となり、7つの石の拝所として祀られている。

④七つ石の儀礼

　プラ・プナタランの奥から東方のケスタラ集落（Kestala）に通じる道を少し登ると、道端に七つ石の中心のカキ・ドゥクンがあり男性の性器と似た形の石で、子授けや豊穣多産、繁栄を祈願する。上部にバトゥ・ジャラン、村の方の近くにランブットプレー、下り道の途中にタイキックがある。一方、山の奥に向かって真直ぐ登る道を辿って、斜面を急登するとバトゥ・クブン（写真9）の巨石がある。馬の腹が石になったといわれ、細長い形をしている。最も北方の山側にある。バトゥ・クブンの巨石は、ウサバ・サンバーで村中を神聖な楽器のスロンディンを持って西集落と中集落の間を駆け巡る儀礼、ニャンジャンガン（nyangjangan）を行った後にも祀る（2010年は6月16日）[注24]。バトゥ・クブンは馬の死骸の腹で、ペニスとされるカキ・ドゥクンと共に重要視される。村の西にはプニンバラン・カウ、東にはプニンバラン・カンギンの石があり、左と右の馬の脚にあたるとされる。村の山側（カジャ）の山と大地が馬の死体に擬せられ、これに守られるかのように集落が展開している。各々の石の祭としては、プニンバランでは若者組の儀礼が頻繁に行われ、ランブットプレーとタイキックは2年に1度、大人組（クラマ・デサ）の男性幹部と多くの女性が山に登って祭祀を行う（写真10）。馬の死骸の発見場所は、村から南部に出て海岸沿いに少し辿ったチャンディ・ダサの浜辺とされ、バトゥ・マンガルという巨石がありクサンガ月（第9月）に祀る。船の碇（マンガル）を繋いだ場所とされる。

　バトゥ・クブンにはウサバ・サンバーの祭の聖水集めの日に女性たちの長老

写真9　バトゥ・クブン（2011）

写真10　石を祀る（2012）

が供物を供える（2010年は6月13日）。クリマ月の15日目プルナマの1日前である。バトゥ・クブンへ行く前に供物のプムジャ（*pemuja*）を整える。ココナッツの葉にバナナ（*biu bunga,biu punti*）を捧げ、ご飯（*bija*）は白米飯（*bahas*）、黒米飯（*injin*）、赤米飯（*kutan blaki*）の3種を盛り付けて、ムアヒン（*muahin*）の儀礼を行ってプムジャを捧げる。2人ずつ組になって、12時にバトゥ・クブンに行く組と、バタン・チャギへ行く組が分かれる^{（注25）}。バトゥ・クブンへ行く組はヤング・ココナッツを採取し、これを持って、村外に海側から出て浜辺をめぐりチャンディ・ダサのトラガ（Traga）にある寺院（ここも馬の死骸の発見地という）に参拝し、バレ・バンジャールに戻る。一方、バタン・チャギ（海側にある氏族の拝所）に行く組は、山側の起源の地、プラ・プナタランとイエ・サンティへ行き木の所から拝み、男神をグドゥンサリで拝んだ後に、ブダウルー王を祀るプラ・ダラム・プンガストゥランを経て、村内の拝所を巡って南部のバタン・チャギへ、引き返してバレ・バンジャールへとくる。祖先のたどった道や起源を意識した巡り方で、海側にある馬の死骸を見つけた起源の場所を巡る組と、山側と海側の祖先を祀る場所と村内の重要な拝所を巡る組との双方が参拝して歴史を再確認する。ウサバ・サンバーの最初の日に、大人組の男性や女性など儀礼の中核を担う人々が、祖先ゆかりの地や石を祀ることには村の始原の再確認の意味合いがある。石（バトゥ *batu*）の崇拝や祭祀は巨石文化の名残りと推定され、ヒンドゥー文化が及ぶ以前の要素が残るとされ、起源や始原の記憶は石と結びついている。様々な異伝があるが馬と石の結びつきは共通し、個々人の名前は様々である。プ

トゥ・ステアの報告［プトゥ・スティア 2007: 359-365］では、狡猾に土地を得た人物は、キ・パティ・トゥンジュン・ビルー（Tunjung Bilu）といい、キ・パティ（Kipati）はかつての王国の称号で、その子孫が 10 の氏族になって現在に至っているとされ、トゥンジュン・ビルーは村の中の北方の寺院、プラ・ジェロに祀られる。

　起源伝承は各々の土地と結び付けられ、歴史の記憶は寺院・拝所の由来として語られ、原初の出来事は祭の中で一部は再現される。歴史の連続性は景観史を再現する過程を通して再確認されると言える。

2　ウサバ・サンバー

1. ウサバ・サンバーの日程

　景観史を寺院や拝所だけでなく、儀礼に沿って読み解くとすれば、年間での最も盛大な祭であるウサバ・サンバーの考察が不可欠である。本稿では 2010 年 6 月の調査に基づいて考察する。この時は後半部であったので、2012 年 6 月にウサバ・サンバーの前半部を調査して全体像の把握を試みた。

　ウサバ・サンバーの儀礼は、トゥンガナンの独自の暦に従って、第 5 月のクリマ月に行われる。バリ・ヒンドゥーの祭であるオダラン（祭）がウク暦に従って機械的に 210 日周期で行われるのに対し、ウサバは太陰暦のサカ暦（新月から次の新月まで）による。ウサバとは元来はインドのサンスクリット語起源の言葉で、祭を意味するウツサヴァ（utsava）に由来すると思われる。バリ・ヒンドゥーでは 10 年に 1 回などに行われる大祭をムサブと呼ぶが、バリ・アガはそれを毎年の祭の名称にしている。ウサバは太陰暦による祭なので、季節の移り変わりと連動し、稲の播種、田植、収穫など農耕の周期に合わせて祭事が行われる。カランガッサムやブレレンのバリ・アガの各村々でウサバは行われているが、内容は各々異なり、個性的に展開している[注26]。ウサバはプルナマと呼ばれる満月の前後をあてることが多い。死者の寺院のプラ・ダラム寺院の場合は新月の前後が選ばれる。

　トゥンガナン暦の日程はサカ暦の変形で、同じ月名を使うが時期的には 5 ケ月ほどずれている。さらにプルナマは満月でなく、ティレムは新月ではない。14 日をプバニ（pebani）、15 日をプルナマとして、祭の頂点に持ってくる。30 日目（29 日目）がティレムである。

　トゥンガナン暦はサカ暦を変形した 3 年を周期とした暦で、2010 年のウサバ・サンバーの日程は 3 年周期の 3 年目で、特別な行事が加わった。1 ケ月[注27]にわ

たって行事が展開するが、主なものは以下の通りであった（表2）。2010 年は 6 月 18 日から 26 日までの儀礼に参加して参与観察と聞書きを試みた。2012 年は前半部に参加し、聞書と文献で補った。

2. ウサバ・サンバーの基本構成

　ウサバ・サンバーは複雑で簡単には筋道を理解することは出来ない。祭に関係する祭場や寺院や拝所は多様であり、内容はブランコ乗りや、儀礼舞のアブアンやルジャンの踊り、模擬戦闘のムカレカレ、3 年ごとの男性による座の儀礼であるムーラン・デサとムーラン・トゥルナなど多彩である。内容は儀礼で、繰り返しが多く、特にアブアンが細かく変化をつけながら行われる[注 28]。ウサバ・サンバーと並んで、年間の二大祭とされるウサバ・カサは女性のルジャンを中心とするのと対照的である。ウサバ・カサはトゥンガナンの暦の第 1 月に行われ（新暦の 2 月頃）、村落の北方にあるプラ・プセの神霊を村内に招き、日々単調なルジャンの踊りを奉納してもてなし、最後には送り返す[山本 2000]。ルジャンには男女交際のきっかけを作る社交性が含まれているが、主題は神への奉納舞である。これに対してウサバ・サンバーには様々な要素が含み込まれている。文脈を重視して祭の意味の解釈を考える。

①祖先の神霊の祭祀──石を祀る民俗

　最初に行われるマミユットは、ウサバ・サンバーの開始にあたって、村の外の山側（カジャ）にあるプラ・プセで祖先の神霊を招き下ろして供物を捧げる。プラ・プセという言い方はバリ・ヒンドゥー風であるが、村の起源の寺院という意識は共通していて、村の根源をなす神霊を祀る。祭場には石（バトゥ）が置かれ、祭に際しては石を神輿（joli）に乗せて巡行する。自然の生命力を呼び覚まし、石に宿らせ、力の恩恵に預かることを願う。石自体が生命力を持ち、その力を呼び戻す。初日はプラ・プセの奥の山側にある祖先に関わる祭場のプラ・プナタランでも、森の中に祖先を祀る 3 つの聖なる石に神降ろしをする。その後、村外と村内の寺院や拝所を祀る。マミユットは、マンク・ウィディアによれば最も古い形式の祭だという。原初の時間に立ち戻り、村落の種々の寺院でも祈って祭の成就を願う。各所では女性が神歌のキドゥン（kidun）を歌う。

　プラ・プセから神霊を迎える儀礼は、ウサバ・サンバーとウサバ・カサの 2 つの大祭だけであり、双方が村の年間祭祀でも重要度が高いことを示している。
②村内の秩序の構築──水牛の供犠

表2　ウサバ・サンバーの儀礼（2010 年）

月日	儀礼名称	内容
6 月 4 日	マミユット mamiut	各寺院や村落での祈願。1 ケ月続く祭の安全と成功を祈願する。プラ・プセ・サンバンガンで奉仕者が集合して儀礼と会合。女性は神歌のキドゥンを歌う。
6 月 8 日	マティ・オンボ・サンヒャン mati ombo sanghyang	バレ・アグンに神々を集めて 3 日間特別な儀礼を行う。12 時に聖なる剣のクリスで水牛の供犠。17 時にスロンディンの演奏と共にバレ・アグンまで行列する。
6 月 11 日	マティ・オンボ・サンヒャンの最終日 ブランコ作り	神々は戻る。18 時に行列して、村内のプラ・ラージャ・プラナ寺院 Pura Raja Purana へ行く。スロンディンの演奏と共にブランコ台アニュナン anyunan を建てる。
6 月 12 日		ティレム（月末）
6 月 13 日	聖水集め	未婚の娘たちは公共の沐浴場へ行って聖水を集める。
	ブランコ開始	他の者はプラ・バトゥ・クブン Pura Batu Keben とプラ・トゥラガ Pura Telaga で祈願する。ブランコを清め祝福して回転させる。スロンディンが演奏される。
	少年の加入儀礼	引き続き少年たちが正式にチャロン・トゥルナ calon teruna（村の独身者）に受容される儀礼を行う。
6 月 14 日	聖水集め	未婚の娘たちによる聖水集めの二日目である。男性は会合に参加する。ブランコ乗りを男女が行う。
6 月 15 日	ムラン・サット mulan saat	9 時に女性が盛装してグリンシンをつけて現れる。
	アブアン	儀礼は 13 時からでアブアンの舞がバレ・アグンで夜の 12 時まで続く。最後はスロンディンの集団が村内を演奏しつつ巡る。
6 月 17 日	ングラワド ngelawad	トゥム・クロッドのトゥルナとジェロ・パセック jero pasek が祈願して、ングラワド（巡回）して供物を寺院に捧げる。プラ・プセ・サンバンガン、プラ・プゥトゥン、プラ・バタン・チャギの各寺院を巡る。
6 月 18 日	ムカレカレ（模擬） mekare-kare	模擬的なムカレカレの戦いを象徴的にバレ・アグンで行う。スロンディンの演奏が伴う。
	ムーラン・デサ muran desa	ムーラン・デサは男性のクラマ・デサが 3 年に一度執行する（2010 年実施）。バレ・アグンで 16 時から夜までで、村の清めと供犠の儀礼である。スロンディンの演奏が行われ、男性全員が最高の盛装をして参加する。
6 月 19 日	マリン・マリンガン maling-malingan	マリンとは盗賊の意味で、二人の若者が盗賊に扮して若者組から出る。植物の鉢巻きと髪飾りで、バナナの葉を腰に巻く異装である。バレ・アグンの軒に吊るした豚肉を盗む。二人は最後に別の二人組に捕まって化粧を施され、豚肉の部位を飾り物にして、村中の路を引き回される（犯罪者には容赦しない）。滑稽で笑い溢れる儀礼。
	アブアン	娘組のアブアンの舞が行なわれる。
	ムカレカレ（模擬）	16 時に模擬的なムカレカレを象徴的な形でバレ・アグンで行う。スロンディンの演奏が伴う。
6 月 20 日	マブワン・カラ mabwang kala	悪霊を祓う行事である。プトゥムの前のアブアンの舞で始まり、プトゥムの周囲を回り、最後に神歌のキドゥンを一緒に歌って 20 時に終了する。

月日	儀礼名称	内容
6 月 21 日	ムカレカレ（模擬）	象徴的なムカレカレを 16 時にトゥム・クロッドで行う。
	（トゥム・クロッド）	スロンディンの演奏が伴う。
	アニュナン	18 時に娘組と少女が伝統的な衣裳で盛装し、グリンシンをつけてブランコ乗りをする。最後は、プラ・バンジャール Pura Banjar の祈願で終わる。
6 月 23 日	ムーラン・トゥルナ muran teruna	3 年に一度執行する独身者トゥルナのための特別の儀礼である（2010 年は実施）。クロッド、トゥンガ、カジャの三箇所のトゥムで、特定の座に坐るクラマ・デサを接待する。その後、個々の相手として未婚の娘を選ぶ。一日中続く。
6 月 26 日	闘鶏 ムカレカレ （トゥム・カジャ）	プルナマの日（月の中日）。闘鶏が午前中に行われる。トゥム・カジャのムカレカレは、棘のあるパンダナスを剣に、襞のついた籐を楯にして二人の若者が戦う儀礼で、正午過ぎに行われる。傷は伝統的な薬をつけて直す。16 時に未婚の娘たちは寺院に祈願にいく。
6 月 27 日	ルジャンとアブワン	スロンディンが奏でられ村を巡る行列が出る。
		ルジャンとアブアンの舞がある。
	ムカレカレ （トゥム・トゥンガ）	トゥム・トゥンガとプングラム pengrame のムカレカレを 11 時から行う。誰でも参加可能でよそ者も加わり、勝ち負けはない。その後に儀礼があり、キドゥンを歌う。
	ルジャンとクリス踊	ルジャンとクリス踊りが 16 時に行われる。
	アブワン	アブアンの舞が行なわれる。最後の儀礼はスバック・ダハ subak daha での祈願で 21 時に行われる。
6 月 28 日	ルジャン rejang アブアン	朝 6 時にプラ・バンジャールで祈願とルジャンがスロンディンの演奏と共に行われ、豚の丸焼きが提供される。21 時頃にアブアンの舞がスバック・ダハで執行され、村の未婚の娘と独身の男は全て参加する。
7 月 4 日	ナヤー nyajah	ウサバ・サンバーの最後の儀礼である。村人の全てがプグリンシンガンの個々の社会的機能に応じて参加し、祭りの清算をする。クラマ・デサが取り仕切る。

　バレ・アグンに神を招いて 3 日間行うマティ・オンボ・サンヒャンの儀礼は、村内の安全と繁栄を祈る儀礼である。集落の北東部の端のプラ・カンダンという拝所に水牛を連れて来て供犠の許しをもらう。動物の中でも最高位の犠牲獣の水牛（オンボ）を聖なる剣のクリスで供犠し、最後に村の守護神をプラ・ラージャ・プラナで祀って、村内の秩序を構築する。この寺院はプラナ王に仕えたとされるバタラ・サンヒヤンを祀る。供犠は隣村のニスの者が行う。供犠に用意した水牛が逃げて 1 頭だけが隣村のニスの人々につかまり、賠償金と引き換えに水牛を連れ帰ったことが始まりで供犠を任せるという。サンヒヤンはこの村の社会階層の最高位の家系で、水牛は最高の供犠獣で貴重な財産であり、儀礼に期待する力の大きさが伺える。豚の場合はナイフで供犠し、水牛の供犠は

クリスで行う。クリスは呪術的な力を宿す特別の刀で、村内ではトゥム・クロッドの若者組（トゥルナ）の所有である。古層の神霊への最高の供犠によって生命力を喚起する。供犠の終了後に、ブランコ台を建てて、次の段階の儀礼の準備に移行する。

③水がもたらす清めと豊饒——女性原理の働き

ティレム（月末）の翌日からは新たな月が始まり、一連の儀礼が次々に展開する。新しい月初めの日、早朝に女性たちは聖水を集めるために沐浴場や拝所に赴く。水は儀礼にとって重要な村内の清めに使われるので最初に得てくる。生活の根源である農耕にとって水は必須であり、村の経済的基盤である広大な水田を維持するために、水の恩恵への感謝を表わすとも言える。村内を巡る水路は山を源泉とする隠れた自然の恵みとの繋がりである。大地を青々とさせ生命を甦らす水は村人にとっては重要な意味を持っていた。聖水とりから帰った女性たちはブランコ乗りを始めて、儀礼と遊びが一体化した祭が本格的に始動する。ここには豊穣を齎す女性原理の働きがあると言ってもよいかもしれない。

④二元的均衡の重視

山側のカジャと海側のクロッドの対の意識はバリ・ヒンドゥーと類似し、幾つかの重要な寺院や聖なる七つ石は山側にあって、一見すると山側が優位に見える。しかし、この村ではバタン・チャギのように海側にも重要な祖先神を祀る拝所があり、母神を祀るプラ・ガドゥーも海側である。祖先が馬の死骸を発見したとされる海辺のチャンディ・ダサの巨石や寺院との繋がりも強い。山側と海側の双方に祖先を祀る寺院を配し、相互の交流や均衡と結合を重視すると言える。ブランコ乗りも海側と山側の双方に回転させる。トゥンガナンで重要なのは山側と海側、カジャとクロッドを結ぶ儀礼の中心軸である。また、死者の寺院のプラ・ダラムはバリ・ヒンドゥーでは海側に墓地と共にあるのが通例だが、この村では東側と西側、カンギンとカウにあって墓地に近接し、葬送も土葬である[注29]。バリ・ヒンドゥーはカウ（西側）に対して、カンギン（東側）を重視するが、この村ではカウに重要な集会場や寺院がある。山側と海側、西側と東側という方位の二元的構成は基本にあるが、対立や優越よりも均衡の上に成り立つといえる。優劣よりは均衡を重視する。男性と女性の役割分担や地位序列制による男女の同等性の維持もこれと関連している。

⑤祖先祭祀と石の祭——歴史意識の古層

　娘組による聖水取りの日、男性は若者組の代表が 2 人ずつ組になって、山側の拝所と海側の拝所での祈願に向かう。祭場は山側（カジャ）の山中にある聖なる七つ石の一つで一番奥にあるバトゥ・クブン（馬の腹とされる）、海側（クロッド）は祖先を祀るプラ・バタン・チャギの内部の最も海側にある聖なる巨石の一つプラ・トゥラガで、共に供物を捧げる。バトゥ・クブンの近くでヤング・ココナッツをとってくる決まりで、活力に満ちた果実が村の中にもたらされ野生の力の恩恵に預かる。途中で祖先を祀る石の拝所があるプラ・プナタランでも祈願する。石を祀ることと祖先祭祀は複合しており、祖先と石は一体化して村の古層の記憶を凝縮している。聖水とりの日、少年たちは正式にチャロン・トゥルナ（*calon teruna*, 村の独身者）になる儀礼を行って若者組に組み入れられる。男女の正式な交際が公認され、本格的な恋愛が始動する時でもある。これらの行事と並行して、女性のブランコ乗りが始まり、翌日は男女共にブランコに乗る。男女の恋愛は揺れるブランコに託され、作物の豊穣と連動し、収穫を感謝する祭の雰囲気が高まる。一方、村の創始に関わる物語に関わる石を祀ることは、歴史意識の古層に関わる記憶の残響かもしれない。一連の大祭行事の始まりにあたり、祖先祭祀を通じて祖先に関する記憶を呼び覚ますのである。

⑥大地の力の再生と豊饒祈願——アブアン

　聖水取りが終わると、女性が大地に椰子酒のトゥアックを注ぐアブアンの儀礼舞が 2 日間続く。トゥアックを大地に注いで、生命力を甦らせて豊かな実りを祈念する。アブアンは竹筒からトゥアックをバナナの葉に注ぎ、その葉を持って動くことで、地面に注ぐ形をとる。踊りでも舞でもない儀礼行為である。ムラン・サットやムラン・ダハでは、1 日目は盛装した女性がバレ・アグンの東側で、2 日目は娘組限定で若者組のトゥムの各所で行う。椰子酒のトゥアックをバレの東側のトゥタブハンと呼ばれる石の上に注ぐ。トゥアックを大地に注ぐことはムタブと呼ばれ、アブアン儀礼の中核である。石は鶏や豚などの供犠の場所でもある。大地に供犠の血を注ぐことはタブラーで、タブは神聖な場所での行為に関わる聖性を意味し儀礼の核心である。酒を大地に注ぎ動物を供犠して大地の力に働きかける（写真 11）。大人組、若者組、少年組、娘組、少女組の全てが担い手となり、石への儀礼を通して大地の再生と活性化を願う。タブは神聖なもの、両義的な力、禁忌などを意味するタブーと同義で、この観念はポリネシアなど太平洋諸島に共通する。

写真 11　男性のアブアン
トゥアック酒を大地に注ぐ（2012）

写真 12　女性のアブアン
ブンガン・バセ・サマーの前で舞う（2010）

　アブアンの終了後、スロンディンが村内を巡るニャンジャンガンが行われ、聖なる音が村落空間の隅々までゆきわたり充満する。そして、最後に山の中にある究極の聖地である巨石のバトゥ・クブンに参拝する。七つ石の重要な拝所で祖先に感謝し願いの成就を祈る。また、ウサバ・サンバーの後半での盛装でのアブアンでは、娘宿で作られるブンガン・バセ・サマー（*bunganbase samah*）と呼ばれる植物製の作り物の木が建てられ、その周囲で舞う（写真12）。多くの花で飾られ、頭部が蝶々の金細工や御神像で荘厳される[注30]。「生命の木」を意味すると言われ［Ramseyer 2009: 125］、豪華で大きい飾りで豊饒祈願を目に見える形で顕在化する。女性のアブアン・ルーがこの前で舞われる。コル月のプルナマにも登場する。

⑦内の寺院への祈願と供物の力――ングラワド
　数日間かけて聖性が村内に行き渡った後に、再び主な寺院に供物を捧げて祈願する日がングラワドである。トゥム・クロッドの若者組とジェロ・パセック（親族集団）が、村外の山側の祖先の祖霊を祀るプラ・プセに供物を捧げ、次いで村内の海側にある遊び神、バタラ・バググース・ブボト（*bhatara bagus bebotoh*）を祀るプラ・プゥトゥン、海側の外にあって祖先を祀るプラ・バタン・チャギを祈願する。翌日から始まる様々な芸能の奉仕に先立って神々に敬意を表わして参拝する。多彩で複雑な供物には神霊や不可視の世界との交流を実り豊かなものにしようとする想いが込められている。供物は儀礼に応じて様々な形態をとるが、供物の共食のサンクパン（*sangkepan*）が基本の儀礼で、要所に組み込まれて、食物によって人間同士と神霊との交流を図る。
⑧村の社会秩序の再確認――ムーラン・デサとムーラン・トゥルナ

写真 13　ムーランデサ
バレ・アグンの前庭での男性集会（2010）

写真 14　マリン・マリンガン（2010）

　3 年に 1 度行うムーラン・デサ（*muran desa*）は村人の全員出席が求められる社会性の強い儀礼である。村の清めと供犠の儀礼とされ、最高の盛装をする。バレ・アグンの東側の大地の上にクラマ・デサ（大人組）が序列を明確に示す形で座り、これに対してトゥルナ（若者組）が接待する（写真 13）。敷物の上の「座」の儀礼によって社会的秩序の再確認を行う。デサは村全体の意味で、3 年に 1 度の村落秩序を再確認する儀礼と言える。

　3 年に 1 度行うムーラン・トゥルナ（*muran teruna*）は 4 日後で、独身者の存在を明確に示す儀礼で、未婚の娘との交際のきっかけを作り出す。村落の繁栄は若者が結婚して妻との間に沢山の子どもを産み、将来の村の共同性を支える基盤を作ることである。社会の存続に向けての儀礼的な顕示と言える。3 年に 1 度という周期は村の緊張が弛緩するのを食い止める時間として適切な間隔である。ウサバ・サンバーの儀礼の構成の各所には、少年組を若者組に入れるチャロン・トゥルナをはじめとして、新たな集団に加入するイニシエーションが組み込まれ、組織の再編成が行われる。この儀礼の全体を通じて、女性が毎年行うムラン（*mulan*）に対する男性が 3 年に 1 回行うムーラン（*muran*）、女性のアニュナン（ブランコ）に対する男性のムカレカレ（戦い）、娘組のダハに対する若者組のトゥルナなど男性と女性の行動と役割、社会組織の差異が顕在化する。

⑨秩序への対抗と外部の懐柔──マリン・マリンガンとマブワン・カラ

　盗人を象徴的に演じるマリン・マリンガンは村の秩序を脅かす犯罪者には容赦しないことを示す象徴的な儀礼で、村の秩序維持に必要な防衛機能を再確認し教訓とする。2 人の盗賊の少年がバレ・アグンの軒に吊るした豚肉をとってかけだすと、若者組が追いかけて捕縛して、バナナの葉の腰巻をつけ、椰子の

葉や蔓草で鉢巻や手足の装いをする滑稽な異装をさせられる。まさしく善悪の両義性を帯びた異人の表象で、他界から来訪する神霊も髣髴させる（写真14）。赤や白で化粧を施され、豚肉の部位を吊り下げられ、最後に娘宿に連れられて仕上げをする。一方、翌日の悪霊祓いのマブワン・カラは、大地の祟りなすブタカラなど悪霊を慰撫し統御する儀礼で、大地に注ぐ酒はブタカラを和めると共に、豊穣性や活力を甦らせる作用も果たす。大地には悪さをするブタカラもいるが、生命力の源泉で神霊の棲み家でもあるという両義性を持つ。2つの儀礼は、現実の盗賊と不可視の悪霊と対象物は違っていても、共に外部から村に齎される脅威の克服や除去を目的とする。最終的にはアブアンが行われ、トゥアックを大地に注いで終了する。反秩序への対抗で、両義性を帯びる外部を主題化して懐柔し、村に対する外部からの脅威を克服する。

⑩神霊との交流と豊穣性の招来と――アニュナン

　ブランコ乗り、つまりアニュナンはウサバ・サンバーの白眉である。ブランコというよりは大観覧車に近い。伝統的な衣裳のグリンシンをまとってアニュナンに乗る娘たちの姿は華麗でセクシーに見える。ムラン・サット（*mulan saat*）、ムラン・ダハ（*mulan daha*）と続く女性を主体とするブランコ行事の日はその頂点で、ブランコは空高く舞い上がり回転することで眩暈を生じさせる（写真15）。最後に天上の神霊のウィディアダリ（Widiadari）が、初潮前の少女組であるダハ・チュニック（*daha cenik*）の体内に入って一体化し、一緒に山の上に赴いて交流する［Ramseyer 2009: 129］(注31)。初潮前の少女が神がかって夢遊の舞を舞うサンヒヤン・ドゥダリを彷彿させる儀礼である。ブランコは天上界に赴くための乗り物と言えるのかもしれない。上下に揺れるブランコは、天上と地上を繋ぎ、天候に恵まれて作物が沢山に実ることを祈願する儀礼だという説がある。揺れる運動は、それ自体が男女の性交を連想させ豊穣をもたらす行為と見ることも出来る。雨季から乾季へという季節の交代の時期にブランコが儀礼的祭具として使われる事例は各地にある。豊饒性の招来を主題とするブランコ乗りという一般的主題は、アニュナンにもあてはまる可能性がある。

　ムラン・サットとムラン・ダハのムランと女神のムランダ（Mulanda）の「根源」や「始原」の意味のムラは通底する。アニュナンは女性主体の行事で原点に女性原理がある。

⑪模擬的戦闘――ムカレカレ

写真 15　アニュナン（2010）

　ウサバ・サンバーの頂点は、男性による模擬的戦闘のムカレカレである。ム
カレカレは象徴的な所作だけであったものが、次第に日を追うごとに戦闘スタ
イルに変わり、楯や剣を持つようになって本番の日を迎える。娘組は当日の早
朝に東の丘の上のクブランランに登って祈願し、椰子の実を螺旋状に切って頭
にかぶって下山する。村内では起源の寺院のプラ・プセ、始祖の寺院のバタン・
チャギを祀る。バレ・アグンの前の樹木の下で闘鶏を行うので、賭け事の神の
バタラ・バググース・ブボトに 2 つの山盛りのご飯の供物を捧げて祀る。闘鶏
の勝敗は審判が待機して鉦（umbul）を叩いて勝敗を競うが、大地の神に血を注
ぐ動物供犠でもある。正午すぎに、疑似的な人身供犠のムカレカレへと展開する。
　前日までは擬似的で夕方に行っていたムカレカレが、当日は昼間の時間帯に
設定される。ムカレカレは上半身裸の男性が闘争心を丸出しにして、タミアン
という襞のついた籐の円形の楯を手に持ち、棘のついたパンダン（pandan, パン
ダナス。タコノキ属）を剣として、容赦せずに戦い、皮膚をギリギリと引いて傷
つけあう（写真 16）[注32]。特に背中を狙う。勇猛果敢なありさまは感動的ですら
ある。独身の若者組が主体だが、既婚者も加わって村の男性が総出で参加する。
村落同士が闘争に明け暮れていた時代、軍事訓練は男性にとって必須の武技で
あったのだろう。暴力を徹底的に行使することが、ここでは賞賛の的になる。
勝負の後はショウガとウコンと酢を合わせた調合薬で治療する。
　バレ・アグンの前で行う「庭の芸能」とでも呼ぶべき模擬的戦いは、実際に
戦闘が多かった時代には、勇気を鼓舞して男性らしさを養う機能を持っていた
と思われる。男性の勇気を人々の前で示す行動で、最初は象徴的に行い、日々

写真16　ムカレカレ（2010）

写真17　スロンディンの演奏（2013）

所作や持ち物を変えていくに従い、本格的になっていき、その極がウサバ・サンバーの最後に実際に戦うムカレカレになる。ムカレカレは男性の儀礼的顕示が主題である。

　ウサバ・サンバーはムカレカレで頂点に達し、その後に女性の華麗なルジャンとクリス踊り、アブアンの舞と続き、スバック・ダハの娘宿で終了する。ウサバ・サンバーの特徴は、女性の場合はブランコ乗り、男性はムカレカレであり、双方共に女性性と男性性を極限の形で誇張して人々に見せて、男女の二元性を対照させると共に、相補性の自覚を促す。祭の大きな主題の一つは男女の交流であり、将来の婚姻、子孫の誕生を通じて繁栄と豊かさがもたらされ、村の存続を確証することが目的で、この日はその頂点ともいえる。2日間のムカレカレの翌日に娘宿で行われるングリン（nguling）とニャカタン（nyakatan）では、若者組と娘組の祈願と盃の取り交わしを行い、娘組のアブアンの奉納の後に、女性から男性へクコジョンという煙草の葉の贈物がなされる。これはウサバ・カサで男性が女性に渡したミディハンというキンマの葉と対になるという。恋愛の成就を象徴的に確約させる儀礼である。かくして男女の結合を示唆してウサバ・サンバーの儀礼は終了する。

　数日後に行われるニャジャー（nyajah）では、成人組・若者組・娘組を含むプグリンシンガンの全員が参加し、招待された共有田の小作人からの徴税が行なわれる。終了後、豪華な料理がふるまわれ、各人の社会的機能を確認して日常的時間への帰還を果たす。

⑫音の力──スロンディン
　　儀礼の遂行の全てにわたって鳴り響くのが鉄琴のスロンディンである。名称の由来は、「場所」を意味するサル（selu）と「聖なる」という意味のウンディ

ン（undhing）が結合した「聖なる場所」サルンディン（selundhing）の短縮形だという説［山本 1995: 70］があるが定説ではない。スロンディンは聖性が凝結した祭具であり、置かれた場所から聖性が発信される。伝説によれば天上から降ってきた神様からの贈物とされ[注33]、祭の時にのみ保管小屋から出して叩かれる（写真 17）。演奏者はプグリンシンガンの男性に限定され、伝統衣裳を着ることが義務付けられる。録音は許されておらず、特にググロンと呼ばれる旋律は重要で記譜で書くことも禁忌である。村落の門の外に運び出して演奏することもない[注34]。プグリンシンガン以外の者は触れてはならない、大地に落としたりよそ者が触れると浄化儀礼を行う、という規則もある。鉄製を神聖さの根拠とするという報告もあり［McPhee 1976: 258］、この村で鍛冶屋のパンデが重視されている理由とも関わるかもしれないが、現在では鉄との関係は説かれない［山本 1995: 72］。スロンディンの聖性については山本宏子の報告［山本 1995］に詳しい。村落では青銅のガムランのゴングも使用されるが、演奏者はプグリンシンガンに固定せず、門外に依頼してもよく、演奏者の衣裳にもこだわらないという［山本 1995: 72］。ゴングと比較してスロンディンの聖性は際立ち、その独特の音が村内に満ち溢れることが、トゥンガナンの人々に非日常性を強く意識させる。

⑬布の力——グリンシン

　祭の重要な場面では伝統的な布として知られるグリンシンは縦横絣（ダブル・イカット）を纏う。途方も無い時間と労力を投入して織られる儀礼用の布であり、呪力を持つと信じられている。作製方法は、縦糸横糸の双方を織る前に模様付けして、枠にはり、糸の束の決められた所を別の糸で縛ってから、染色液に浸して模様を作る。1 色ずつ繰り返し、一旦染めた所は糸で縛って保護する。糸が染め上がり織り始めると縦糸と横糸の紋様はぴったり合う。1 枚の布を織って仕上げるのに 10 年もかかるという。染料も独特で赤色はヌサ・プニダ島にあるスンティという樹皮から作り、黒色はブグブグで育つ藍の草を使い、黄色はククイノキの泊を使って真の色が出るまで何度も染料に浸す。模様は人間の首、植物、村落図、ワヤン（人形）、幾何学文様など 11 種あり多様な意味を持つ。グリンシンは儀礼の中の重要な場面で着用され、神や祖先との交流には欠かせない特別の儀礼布である［吉本 1977］。

　プグリンシンガンという村落の名称はこの布に由来し、緊密な繋がりが布と人々の間に確立されている。祖先から伝承された技法は、不変のものとして受

写真18　グリンシンで盛装した男性、
クラマ・デサ（2010）

写真19　グリンシンで盛装した女性、
クラマ・デサ（2010）

け継がれ、村人のアイデンティティの証になっているようだ。コルンやコバル
ビアスの記述以来、グリンシンについては様々な言説が流通してきた。その中
には人間を供犠して、その血で染めるという話も伝わる［コバルビアス 1991: 66］。
人身供犠に関わる様々な伝説は虚々実々で真実は闇の中である[注35]。隣村のア
サックではグリンシンは人の血で染めたもので、現在では本物のグリンシンを
作ることが出来なくなったと信じている［嘉原 1995: 134］[注36]。いずれにせよ、
過去の歴史との連続性を強く意識する媒体がグリンシンで、祖先伝来の技法を
伝える儀礼布を、男女が揃って纏って盛装することで村の一体性を表象する（写
真18・写真19）。

⑭供犠と大地──タブ

　水牛、鶏、豚など一連の供犠がバレ・アグンやトゥムのバレの前の各所で繰
り返される。そこはアブアンの舞が繰り返され、トゥアックが何度も注がれる
場所で、石のトゥタブハンがある。大地の生命力を再生させる力が、トゥアッ
クにはある。男女が繰り返すアブアンは、性的な結合を示唆し、大地の生命力
と感応する。血の供犠をタブラーといい、大地にトゥアックを注ぐことはムタ
ブである。模擬的戦闘のムカレカレもタブラーの一種で、人間の血を大地に流
す供犠と見る考え方もある。タブの場所の石はトゥンガナンにとって儀礼の焦
点となる「根源の場所」である。供犠は必殺によらず、広く大地に血が浸み通
るような殺し方をするのは、多くの血を大地に浸透させるためである。第7月
のムフムフでは、東の山中で黄牛の供犠を行い悪霊祓いを行う。木に縛り付け
てナイフで切りつけて時間をかけて殺し、大量の血が大地に撒かれることを重
視する。供犠は、自然との調和を齎す直接的交流の儀礼的手段なのである。

　ウサバ・サンバーの始まりには、海側の祖先の寺のプラ・バタン・チャギで氏族を表わす石を祀り、山側のプラ・プナタランとプラ・イエ・サンティでは遠い祖先を石の祭壇で祀るマミユットを行って供物を捧げる。儀礼が行われる場、つまり村内の大通りにある石、プラ（寺院）の祭壇、プラの各所で祀る石、山奥の七つ石、こうした祖先を表象する石、歴史の記憶を凝結して大地と一体となった石こそがトゥンガナンの祭を支える根源ではないか。口頭伝承の世界に生きる人々にとっては、儀礼こそが祖先との繋がりを再確認する実践であった。

3. 祭の担い手たち

　トゥンガナンの儀礼は厳格な規則によって継続して営まれてきた。祭司は草分け筋の最高位のサンヒヤンに属するマンクが世襲で行う。現在、この職にあるマンク・ウィディアは、白衣の腰布をつけ、上半身裸で、グリンシンの輪状の布帯（バサハン）をかける。儀礼や信仰に関する知識は世襲で維持される。マンクの指示のもとで長期にわたる精緻な儀礼が行われる。儀礼を支えるのは、安定した経済的基盤と秩序だった社会組織である。既に報告が蓄積されているので簡単に述べて、どのように全貌を掴むかを考えてみる。

　プグリンシンガンは慣習に基づいて農耕を行うことを禁じられている。その理由は村以外に泊まってはいけないという規則があって、村から離れた水田の耕作に行けないためだという説明をされてきた［山本 1995: 74］。プグリンシンガンの水田は、村の背後の山を越えた向こう側に広がっており、面積は 250ha（2012年には 224ha）に及ぶとされ、他の村と比べても遥かに広いだけでなく、水田のうち約 85％は共有で、全てを近隣の 7 ケ村[注37]の農民に小作に出して耕作させ、水田の管理・運営は大人組が一括して行ってきた。不在地主は認めず、村に住むことが義務付けられる。プグリンシンガンの人は共有財産に基づいて生活をする、地主貴族なのである[注38]。小作人からあがる膨大な貢納米を運用することで、富を蓄える。村の共有林ではドゥリアン、ナンカ、バナナなど果実や木の実が豊富に実っているが、果実を勝手にとることは許されていない。地面に落ちたものをとることは構わない。森の手入れは怠らず、特にジャカ（棕櫚椰子）は自分たちで世話をして椰子酒のトゥアックを作り多くは儀礼で使用する。生活の大半は祭に明け暮れる。儀礼の準備を行い、繁雑な儀礼を執行し、組織を維持し継続すること、さらに寺院を修復し集会場を維持し、水利施設を整え、森を定期的に手入れすることなど、かなりの経済的基盤と時間的な余裕があっ

て初めて可能となるのであり、祭祀の基盤は堅固である。

　経済と共に社会の成り立ちもしっかりしている。村落の主な祭祀組織を、大人組のクラマ・デサ、若者組のトゥルナ、娘組のダハを中心にして示すと以下のようになる（表3）。

　活動の中核をなすクラマ・デサは、既婚者を成員とする「大人組」で、結婚

表3　村落の祭祀組織

基本的組織	内部区分	内容
	サンヒヤン sanghyang	草分け筋、ゴロンガンの代表者。
	パセック pasek	現在は不在。
大人組（上位） クラマ・デサ krama desa	ルアナン luanan　5人 （1位～5位）	バレ・アグンが拠点。
大人組（中位）	バハン・ローラス bahan roars　12人 （6位～17位）	6～11位：バハン・ドゥルアン bahan duluan、
		12～17位：バハン・トゥブナン bahan tebenan
大人組（下位）	タンバラップ・ローラス tambalapu roras　12人 （18位～29位）	18～23位：タンバラップ・ドゥルアン tambalapu duluan
		24～29位：タンバラップ・トゥブナン tambalapu tebenan
		30位～：プングルドゥアン pengeluan
若者組 スカハ・トゥルナ sekaha teruna	トゥルナ・カジャ teruna kaja	海側・中・山側から構成。 三つのバレが拠点。
	トゥルナ・トゥンガ teruna tengah	
	トゥルナ・クロッド teruna kelod	
少年組	トゥルナ・ニョマン teruna nyoman	修行課程にあり一年間続く。 数年に一回組織。
娘組 スカハ・ダハ sekahe daha	ダハ・ニョマン daha nyoman	海側・中・山側から構成。 三つの娘宿が拠点。
	ダハ・ヌンガー daha nengah	別称スバック・ダハ subak daha。 娘宿が活動拠点。特定のバレはない。
	ダハ・ワヤー daha wayah	
少女組	ダハ・チュニック daha cenik	初潮前の女性。
元クラマ・デサ	グミ・プランガン gumi pulangan	大人組の退会者。長老組。
元トゥルナ	パラック・スミトラ palak semitra	若者組の退会者。

すると既婚者の男性はクラマ・デサ・ムアニ（*krama desa muani*）、妻はクラマ・
デサ・ルフ（*kurama desa luh*）と呼ばれて、2 人同時に成員になる。そして、夫婦
の間にできた息子や娘が結婚するとクラマ・デサを引退する。未婚者の組織で
ある若者組と娘組は男女別の編成であったが、大人組では男女は一つの範疇に
統合される。しかし、大人組でも祭では男女は別行動をとる。男性はバレ・アグ
ンにいて供物が平等に分与されるように準備し、儀礼では特定の「座」が与
えられる。座る順番は加入順で平等性が維持される（写真20）。他方、女性は供
物の分与を準備するが、儀礼には男性とは別の形で参加する。供物作りでは男
性は動物の解体や肉類の調理にあたるのに対し、女性は米や野菜の調理にあた
る。男性と女性の役割分担は、供物では動物と植物として明確化されるのである。
　大人組の順位は加入の順番で決まり年齢順ではない。大人組の内部の序列は、
成員の引退や補充を契機に上位にあがり、受け取る報酬が増えていく。退会者
はグミ・プランガン（*gumi plangan*）と呼ばれ隠居して退く。大人組の仕事は農
地の管理、祭の運営、政府との交渉などである。内部は 3 つに分かれ、上位 5
人は長老組のルアナンで、高い地位を占める。その下には、12 人のバハン・ロー
ラスがいて、村落の実質的な長で、6 人のバハン・ドゥルアン、別称クリアン・
デサ（*klian desa*）を含み、儀礼と行政の指導者である[注39]。バハン・ドゥルアン
は中位の下の幹部とでも言うべき人々である。一方、6 位から17 位のバハン・
ローラス 12 人の下には下位のタンバラップ・ローラスがあって13 位から29 位
の 12 人から構成される。タンバラップ・ローラスの内部は、上位のタンバラッ
プ・ドゥルアン 6 人と下位のタンバラップ・トゥブナン 6 人から構成される。
独身者の若者組（トゥルナ）と娘組（ダハ）は相互に平等であるのに対して、既
婚者の組織の大人組は地位序列制をとり加入順で上位に上る形式である。
　若者組（トゥルナ）と娘組（ダハ）は共に集会場であるトゥムの 3 区分（クロッド、
トゥンガ、カジャ。或いは海側、中、山側）に対応して組織されている。各々はニョ
マン（*nyoman*）、ヌンガー（*nengah*）、ワヤー（*wayah*）と呼ばれ、象徴的に長女・次女・
三女に喩えられる。若者組はそれぞれの場所に集会場（トゥム）を持つのに対
して、娘組は集会場はなく、世話を引き受けると申し出た家で既婚者がいる所
に所属して活動する（写真21）。男性の場合は、若者組に入るにはトゥルナ・ニョ
マンという修行があり、数年に 1 度行われる 1 年間にわたる試練を経て若者組
への加入が許される。少年から若者になる通過儀礼でまるでさなぎが蝶になっ
て飛び立つように形容される［内海顕 1999］。他方、女性の場合は、最初は少女
組（ダハ・チュニック）に所属し、初潮が始まると娘組に移行する。若者組は結

写真20　クラマ・デサがバレ・アグンの座に座 る（2012）　写真21　グリンシンで盛装した女性。娘組のダ ハ（2010）

婚によって大人組への加入が許される。若者組は未婚であれば留まり続けるが、娘組の所属期限は最長13年とされ未婚でも娘組を離れる。少年と少女、若者と娘は明確に区別される。

　バリ・アガの組織の特徴は、社会編成が、大人組、若者組、少年組、娘組、少女組など、性別・年齢・既婚未婚の集団によって社会が形成され、各々の活動拠点が村内に設けられていることである。集会場の果たす役割が男女共に大きい。組織の原理は、既婚と未婚を集団構成の指標とし、男性と女性の役割区分が行動に関して明確で、供物作りにも明確に現れる。トゥンガナンでは、年齢階梯制（age-set）でも年齢組制（age-grade）でもない独自の地位序列制（status ranking）を作り上げた。バリ・アガの社会組織には独自性があり、バリ・ヒンドゥーとの差異が明確である。

4. ウサバ・サンバ——小結

　トゥンガナン・プグリンシンガンは村の成員が共有田の地主であり、広大な水田を経済的基盤として、小作人を管理し、収穫からあがる収入によって祭を運営する集団である。コルンは「家産共同体」［Korn 1960 (1933)］として捉えたが、基本は「農業経営共同体」［山本 1995: 77］と言える。そして、祭祀の儀礼を執り行う「祭祀共同体」として存続し、経済と社会と文化が切り離せない関係性が維持されてきた。トゥンガナンの祭は、舞踊や儀礼など身体表現の繰り返しを通じて村落の内なる一体感を高め、聴覚・嗅覚・視覚・触覚・味覚などの感性を介して、身体の外への拡張を図ることである。祭祀を維持してきた秩序形成の原理の中核は、慣習法による統制にあり、村内婚の義務付けによって血の純粋性と閉鎖性を維持し、地位序列制による名誉と威信の体系を確立して存続し

てきた。しかし、現在は村外婚も徐々に増加し、現金経済の荒波に巻き込まれ、慣習法も従来通りには機能しない。否応なく押し寄せる観光化の荒波は村の全ての面に大きな影響を及ぼしている。

　ラムセイヤーは、集落をマンダラ（mandala, 曼荼羅）と表現し［Ramseyer 2009: 23］、宇宙劇場（cosmic theatre）であり、村は個人と宇宙の合体を表わすと考える。ただし、村人はマンダラという用語を使用することはない。ラムセイヤーは古い信仰が中部ジャワや東部ジャワを経てバリに伝来したと考え（注40）、インドラ（Indra）の残存を推定する。インドラ神は『リグ・ヴェーダ』（1200 BC. ～ 1000 BC.）に登場する神で、次第に重要性を失ったが、ジャワでは信仰が維持された可能性があるという（注41）。周縁に古い文化が残るという思考である。ラムセイヤーは、インドラは現在地に移住する前のトゥンガナンの本村で祀られていた祖神と考える。この説は歴史や固有名詞にこだわり、プラに降臨する神霊を祭神として固定するので、バリ・アガの側に立った創造的受容の考察が欠如している。山、樹木、石、水を祀る想像力に富む森羅万象全てにいのちがあるという感覚が消えてしまう。アニミズム的思考を極力排除する外部からの悪しき知的働きかけである。

　各所で提示してきたように、トゥンガナンには、ヒンドゥー化以前の要素とみられる石の崇拝、独自の祖先祭祀が残り、スロンディンやグリンシンの重視、大人組・若者組・娘組などの祭祀組織の形態は、論証は難しいが、ポリネシアやメラネシアに繋がる基層文化との連続性を推定させる。バリ・アガなるものを表現することは困難だが、トゥンガナンは平等性を基礎に置く社会であり、階層化されたバリ・ヒンドゥーの社会とは異なる。村人にとって重要なのは、地位序列制の再確認であり、与えられた地位に相応しい名誉や威信の誇示を重視する。座席の配置や供物の授受に関心が高い。村人が祭を通じて表現しようと試みているのは、ヒンドゥーの神を祀ることではなく、自然との交流であり、野生の力を蘇らせ、作物の豊作を祈願し、子供が沢山生まれ、村が繁栄することの願いである。彼らの世界観は儀礼を通じて身体技法や五感によって伝えられる。その過程で美的で華麗な自己呈示を行う。見られることを強く意識しているが、神々に対して見せる儀礼であり、観光客や見物人を楽しませるような演劇や芸能ではない。観光客が最も多く集まるのは、ウサバ・サンバーでの模擬的な戦いのムカレ・カレやブランコ乗り、華麗な衣装や飾りを身に付ける村人の姿である。

　長期間にわたる祭では、単純な所作を繰り返すことで身体に伝統知識を刻み

込ませ、村落の秩序を再確認し、葛藤を乗り越える作用がある。大人組を中心に、若者組と娘組がその役割を最大限に発揮し、祭を行うことが人生そのものであるかのような状況が現出される。しかし、現在では祭は観光化や情報化に揺れ動き、市場経済に翻弄されるようになってきた。国民国家インドネシアの宗教政策やパリサダ・ヒンドゥー・ダルマによるヒンドゥー至上主義の動きも強まってきている。サンヒヤン・ウィディ・ワサという唯一神の信仰も語られるようになってきた。情報化社会の現在、写真集、研究書、旅行ガイド、インターネットのサイトなどを通じて、トゥンガナンの情報は拡散して伝えられている。村落での儀礼は観光客の有無に関わらず、淡々と執行されているが、外部からの影響は確実に浸透し、世界観の変容は緩慢ではあるが進みつつある。古い知識と技能を持つ伝承者の世代交代が目前に迫っている現在、慣習法によって守られてきた伝統的なるものをより意識化し、新たな生き方を模索する時代が到来している。

3　ウサバ・カサ

1. 祭の日程

　ウサバ・サンバーと並ぶトゥンガナン・プグリンシンガンの大きな行事はウサバ・カサで、トゥンガナン暦の第1月の祭である。暦の第1月のカサ月のプルナマから7日間にわたる。ウサバ・カサについての先行研究は日本人の業績はさほど多くないが、1999年に調査した山本宏子の記録がある［山本 2000］。以下に、ウサバ・カサの神事の日程をまとめ、ルジャンとアブアンの日程を整理した（表4・表5）。

2. 祭の内容

　ウサバ・カサは新しい暦の始まりの第1月に行われ、新年の儀礼の性格が濃厚で新たな再生を祝う。2011年の調査に基づき、主な儀礼を取り上げて、報告しつつ説明を加えていく。

①前日（プバニ）——タンガル14日（2011年2月4日）
　午後：若者組が供物のウラッ・ビウ（*urab biu*）を作る作業をトゥム・クロッドで行う。バナナとココナッツの和え物である。
　夕方：トゥム・クロッドでスロンディンが奏でられて、若者組から2人の男

性が集会所の東側の庭にてて、アブアン・ピンド（*abuang pindo*）^{（注42）}を行う。男性2人が山側と海側に向かい合って、両手を広げて伸ばし、海側の男性が竹筒に入れたトゥアック酒（棕櫚椰子の酒）を山側の男性のバナナの葉に注ぐと、葉を伝って地面にこぼれる。地面の石、トゥタブハンへの献酒、ムタブであり、大地に椰子酒を注いで力を活性化し、悪霊を鎮撫する。3回繰り返す。2人は両手を振って、左回り（右肩から回る）で3周する。農作物の豊作祈願の意味が籠められるともいう。

　夜間：アブアンの終了後に、若者組は供物のウラッ・ビウを一緒に食べる。共食はマギブンガン（*magibungan*）、あるいはマギブンという。

②1日目（プルナマ）——タンガル15日（2月5日）

　朝：大人組の男性が竹でバレ・アグンの前に儀礼用の仮設台所を作り中央に炉を設定する。周囲は結界され一般の者の立入りは禁忌となる。

　午前：神饌の粥作りのニャカン（*nyakan*）を行う日である。大人組の女性が集まってくる。その中から選ばれたサヤ・ルー（*saya luh*）と呼ばれる4人の女性が^{（注43）}、バレ・アグンから東方に向かって祈願する。女性は白黒の格子縞模様で木綿布の「儀礼衣」、ゴティア（*gotia*）を身にまとい、聖樹のダップダップ（*dapdap*）^{（注44）}の葉を結髪につけ、素焼き壺（*payu*）を頭上に載せて、集落の最も山側にあるカヤハン・カジャの沐浴場に聖水を取りに行く。ゴティアは1枚の大きな布で胸から足首まで覆い、腰巻や下着の着用は禁じられる。バサハン（*basahan*）という輪状の布帯を身に着ける。厳格な織り方の規定があり、白い木綿糸と色糸数本を素材に、経糸を輪奈状にはり、筬^{おさ}がない腰機で織る。男性の祭司が身に着ける聖なる輪状の布帯のバサハンと同様で、女性祭司の姿を彷彿させ、神女と呼ばれるにふさわしい。一方、バレ・アグンの前の仮設台所では、大人組の男性がチュンパカの木を薪にして火をおこしている。サヤ・ルーたちが沐浴場から帰ると、聖水入りの素焼壺を4つの炉の火にかけ、水が沸騰すると在来種のバリ米を入れる。次に、ココナッツの脂肪分を細かく擦り下ろしたものを中に入れてかき混ぜ、壺の上にバナナの葉を据え蓋の上に炭を置きて炊き上げて粥を作る。ブブル・ピラタ（*bubur pirate*）と呼ばれる神饌で、素焼壺からバレ・アグンの「長床」上に置かれた椰子の葉の容器、ワクル（*wakul*）に移して置く。沸騰した湯に米を入れるニャカンは古い炊飯の調理方法で、伝統的な素材と調理法による古来のしきたりを1年の最初の月の冒頭で再現して、神饌として供えて新たな年が始まる。

232

表4　神事・供物・奉納舞の日程

暦	日	神事の名称	祈願する寺院	供物	奉納舞
T14		プバニ		ウラッ・ビウ（男性）	アブアン［若者］夕方
T15	1	プルナマ	プラ・バタン・チャギ	ニャカン（女性）	アブアン［若者］夕方
		ニュピ終了（昼）			［ブンガン・バセーの前］
			プラ・ガドゥー		
H1	2	ニョンギ（夜）	プラ・プセ	黒豚（男性）	アブアン［若者］夕方
		ルジャン・デワ（夜）	［夜に神迎え］	バビグリン（男性）	
				ウドゥアン（女性）	
				プバラ（女性）	ルジャン［娘］夜間
H2	3	ニョンドン（朝）		豚（男性）	ルジャン［少女・娘］昼
		ルジャン・デワ（朝）		ウドゥアン（女性）	アブアン［若者］、ムレシ［若者］夕方
				プバラ（女性）	ルジャン［娘］夜間
H3	4	ニョンドン（朝）		豚（男性）	アブアン［若者］夕方
		ルジャン・デワ（朝）		ウドゥアン（女性）	
				プバラ（女性）	ルジャン［娘］夕方
H4	5	ニョンドン（朝）	プラ・プセ	豚（男性）	ルジャン［少女・娘］昼
		ルジャン・デワ（朝）	［夜に神送り］	ウドゥアン（女性）	アブアン［若者］夕方
		マントゥック・デワ（夜）		プバラ（女性）	ルジャン［少女・娘］夕方
H5	6			豚（男性）	ルジャン［少女・娘］夕方
					アブアン・ルー・ムアニ［若者／娘］
H6	7			豚（男性）	ルジャン［少女・娘］昼
					アブアン・ルー・ムアニ［若者／娘］

　次に寺院のプラ（Pura）へ供物を奉納する儀礼が始まる。最高位のサンヒヤンの血筋の祭司、マンク・ウィディアが先頭に立ち、集落内の寺院や祠を回る。プラは寺院と訳したが祠の表現がふさわしい所が大半である。プラ・ガドゥー寺に行き、竹を依代風にたて椰子葉を臨時の祭壇として供物を置き、石にも供物を捧げて祈願する。プラ・ガドゥーは村を創った母神（Batara）、パラナシ（Paranasih）を祀り［Ramseyer 2009: 94, 201］、ウサバ・カサには父神（Batari）が訪れる。新年の祭にふさわしい祈願所である[注45]。

　集落内の最も海側に近い所にあるプラ・バタン・チャギへ行く。祭場内のタマリンドの木の下に石や祭壇があり、棚にバナナ葉を置き、プムジャ・カプー（pumuja kapuh）という白い供物（白米、赤米、黒米とバナナ）を盛る。村の開発に関わったとされるゴロンガン、氏族の始祖を祀る石の祭壇が左右に10ケ所あり、始祖の霊魂が石に宿る場所である。山側にある最上位の中央の石はサンガー・ムランダ（Sanggah Mulanda）といい供物を置いて祈願する場所である。ムラとは「原

表 5　ルジャンとアブアンの日程

日	時間	女性	場所	ルジャン	アブアン・関連事項
T14	16 時		トゥム上		若者のアブアン
T15	16 時		トゥム上・中・下		若者のアブアン [ブンガン・バセーの前]
H1	16 時		トゥム上・中・下		若者のアブアン
	20 時	少女	バレ・アグン	ルジャン・デワ	[神迎えの後]
H2	5 時	娘	バレ・アグン	ルジャン・デワ	[ニョンドンの後]
	11 時	少女／娘	トゥム上	ルジャン・パラック	
	16 時		トゥム上・中・下		若者のアブアン
	18 時	娘	バレ・アグン	ルジャン・モンボンギン	
H3	5 時	娘	バレ・アグン	ルジャン・デワ	[ニョンドンの後]
	11 時	少女／娘	トゥム中	ルジャン・パラック	
	16 時		トゥム上・中・下		若者のアブアン。
	17 時		トゥム下		若者のムレシ（アブアン・カラ）
	18 時	娘	バレ・アグン	ルジャン・モンボンギン	
H4	5 時	娘	バレ・アグン	ルジャン・デワ	[ニョンドンの後]
	11 時	少女／娘	トゥム下	ルジャン・パラック	
	16 時		トゥム上・中・下		若者のアブアン
	18 時	少女／娘	バレ・アグン	ルジャン・ニャンダン・クボ	[終了後に神送り]
H5	16 時	少女／娘	バレ・アグン	ルジャン	
	18 時	娘	バレ・アグン		アブアン・ルー・ムアニ [若者／娘]
H6	10 時	少女／娘	バレ・アグン	ルジャン	
	11 時	娘	バレ・アグン		アブアン・ルー・ムアニ [若者／娘]

（注）T はタンガル、H はフッドの略。T 15 はプルナマ。少女＝ダハ・チュニック。娘＝ダハ。若者＝トゥルナ。トゥム＝集会所。上＝カジャ、中＝トゥンガ、下＝クロッド。時間は目安に過ぎない。

初の」の意味で始原の場所である。ラムセイヤーはここは天上界のインドラの地上での祭壇で、女神バタラ（Batara）がインドラの地上の座を提供したと解釈している [Ramseyer 2009: 42]。

　インドラに関しての記述はコルンが初見である [Korn 1960: 333]。コバルビアスはインドラが村のシワ・イスワラ、シヴァ神にあたる最高神で、祖先の石の右のサンヒヤンはブラーマ、左のイジュンはウィシュヌとする [コバルビアス 1991: 385]。このヒンドゥー三大神の解釈の影響は大きい。しかし、村人にはインドラを祀る意識はなく、ヒンドゥー的な体系的解釈や思想は一般には許容されてはいない。表面的で外被に留まる。バタン・チャギの境内には始祖を祀る石とは別に、プラ・トゥラガ（Pura Telaga）やプラ・パクウォン（Pura Pekuwon）

という神聖視される石がある。海側には集落を囲む4つの方向(カジャ、クロッド、カンギン、カウ)の門のうちの一つ、ラワンガン・クロッド (lawangan kelod) があり、神霊のみが通う門で特別な地位をもつことを表わす。

　大人組が集まるバレ・アグン (大集会所) は、儀礼の場の中心となる。山側に竹や椰子葉で祭壇を作り、祈願と供え物をした。全ての儀礼は11時には終了する。大人組の男性と女性は、共にバレ・アグンの「長床」に座って待つ。終了後、山側の小屋 (bale kulkul) に吊した割目木鼓のクルクル (kulkul) を、村の秘書役を務めるプニャリカン (penyarikan) が21回叩いて、カサ月のタンガル1日から15日間続いてきたニュピ (nyepi) [注46] の終了と新たな時の始まりを知らせる。引き続き、バレ・アグンでは儀礼的共食のサンクパン (sangkepan, サンカップ) が始まる [注47]。年頭にあたって村落の社会秩序を再確認し、「座」の序列を明示する機能がある。プラ・バタン・チャギとプラ・ガドゥーを祀る時には、サンクパンを行うのが規定で、2つの寺院の祭が行われるカサ月 (第1月)、クティガ月 (第3月)、クサンガ月 (第9月) のプルナマの共食は重視されている。クリマ月 (第5月) の場合はプルナマの翌日に行われ、最大規模のサンクパンとなる [Ramseyer 2009: 102]。クリマ月はカサ月と同様にプラ・プセの神霊を集落内に迎え入れて祀る。祖先祭祀の様相もある。

　午後：各自の家で女性が糯米や黒米から神饌のジャンバル (jambal) を作り、若者組はそれを集会所に持ち寄る。3つの娘宿から祭具のブンガン・バセー (bungan baseh) が運ばれて若者組の3つの集会所の東側の庭に置かれる。バセーはビンロウ (檳榔) の花のことで [注48]、全体は花や草で飾られ、「生命の樹」とも言う。「月変わり」のプルナマごとの定例である。

　夕方：各々の集会所 (トゥム・カジャ、トゥム・トゥンガ、トゥム・クロッド) でスロンディンが奏でられ、若者組は神聖なググロンの調べになると、集会所の前で「アブアン・ピンド」を開始して、ブンガン・バセーとトゥタブハンの前の大地に、トゥアック酒を注ぐ。終了後、糯米菓子のジャンバルを共食する。

③2日目——フッド1日 (2月6日)

　午前：大人組の女性は、バレ・アグンの前のバレ・カンチャン (Bale Kencan, 供物置場) に集まって、大祭の特別の供物、ウドゥアン (uduan) を準備する。これは米の円錐形の供物トゥンパン (tumpeng, 蒸米を搗いた餅)、黒米のイウェル (iwel) と糯米のジャジャ・ウリ (jaja uli) の白黒の米菓子などからなる。供物の中核は米である。合わせて、スイカ・メロ

写真22　季節の果物から作った供物プパラ(2012)

写真23　黒豚の供犠　(2012)

ン・ブドウなど季節の果物を積み上げてバナナの茎で固定した供物、プパラ (pepara) を 10 体作る（写真22）。季節の新鮮な果物を取りそろえるのである。

　午前：14 時頃に集まって黒豚の供犠、クチット・スレム・プレー (kucit selem peles) を行う（写真23）。黒豚は隣村のニス出身のパセック (Pasek) の家族が入念に飼育した供犠獣である[注49]。トゥンガナンでは豚の重要性が高いが、黒豚は重視されて、特別な時の奉納にしか使わない。大人組は 14 時過ぎにバレ・アグンに集まって、西側で黒豚を供犠する。若者組は 3 つの各集会所の西側で黒豚の子供を供犠する。肉は「儀礼的分配」の対象で、各部位を誰が取るか決まっていて、上位のバハン (bahan) が分配を取り仕切る。大人組の最上位のルアナンは頭部の顎下を取り、以下細かく役職順に分配する。足の部分はサヤ・ルー 4 人がとる。なお、供物や料理を作る場合、米は女性、豚は男性の区分けが明確である。

　午後：若者組は各集会所（トゥム・カジャ、トゥム・トゥンガ、トゥム・クロッド）に集まって、スロンディンとクリス (keris, 短剣) の清めを行う。

　夕方：若者組は海側のトゥム・クロッドに集まり、スロンディンが奏でられて、2 人の男性が集会所の東側の庭にでて、「アブアン・ピンド」を行う。大地にトゥアック酒が注がれる。花と草の作り物のブンガン・バセーが 2 体おかれる。トゥム・クロッドのスロンディンはバレ・アグンに運ばれる。スロンディンは 3 つの若者組の集会所に総計 3 つなので、バレ・アグンに貸し出すと常に一つ足りない所が出てくるが、うまくやりくりする。

　夕方：大人組の女性がバレ・アグンに集まってくる。礼拝用の衣装で白黒の縞模様のカンベン・ポレン (kamben poleng) を腰巻にして、赤・白・濃紺の 3 色の木綿糸を三つ組みにしたサブック・トゥブハン・トリダートゥ (sabuk tubuhan tridatu) を腰巻の上に巻き付け、腰布にサプット・ゴティア (saput gotia) をまとい、

236

写真 24　祭司マンク・ウィディア（2012）

結髪にダップダップの葉をつける[注50]。女性たちは頭上にウドゥアンやトゥンパンなどの供物を載せてプラ・プセ寺院に向かう。神迎えのニュンギ（*nyungi*）である。祠に着くと女性は供物を祭司に手渡して奉納する。祭司は大人組の男性 2 人が担いできた豚の丸焼きのバビグリン（*babi guling*）を祠に供え、祠の前で呪文と祈りを唱える。集まった女性たちも祈願する。終了すると、頭上に供物を置いて行列を組んでプラ・デサから村へ向かう。バレ・アグンで短い休憩をとる。祭司のマンク・ウィディアは、白衣の腰布をつけ、上半身裸で、「儀礼布」グリンシンの輪状の布帯のバサハンをかけた姿で現れる（写真 24）。マンクの装いはバリ・ヒンドゥーの祭司であるプマンク（*pemangku*）やプダンダ（*pedanda*）と類似しているが、独特の装いで、ジャワの祭司で大地を祀るプマンク・ブミ（*pemangku bumi*）に近いともいう。なお、装束の布帯はヒンドゥーのブラーマンが使用する聖紐の変形とも言える。このように祭司だけを見ても、さまざまな要素が混淆している様相がある。

　夜間：18 時過ぎの薄暗くなった中で、神迎えの儀礼、ニョンギ（*Nyonggi*）が始まる。行事を指導するグミ・プランガン（*Gumi Pulangan*）の男性 6 人がバレ・アグンに集まる。大人組（クラマ・デサ）を終了した「長老組」である。大人組の女性がバレ・アグンの端のランプに火（*sigi gata*）を点し、聖水を受ける。各々が祭具を頭上に頂いて、神霊の依代風の竹を先頭に行列を組み、女性 2 人が神輿（*joli*）を担ぎ、裸足になって出発する。行きの行列は女性が主体で、山側の門、ラワンガン・カジャを越えて細い道を松明に照らされて辿り、プラ・プセ寺院に到達する。女性が祭具を祠の中に並べ、祭司のマンク・ウィディアは正

写真 25　聖遺物と石を納めた神輿を担ぐ (2012)

写真 26　夜のルジャン
少女組のダハ・チュニック（2012)

式の祈願、ムバクティ（*mebakti*）をする。大人組の女性、娘組、少女組、若者組が祠の前の庭で祈願する。終了後、白い輪状の布帯のバサハンを首にかけた若者組が主役になって行列を組み、ご神体の石を神輿に移して、聖水壺を頭に載せ、聖遺物のパワット（*pahwat*）を入れた木箱を担ぐ。聖遺物は昔、祖先がチャンディ・ダサの浜辺に船で着いた時の残骸の破片だとされ、祖先の遺品として大切に保存されている。神輿を担ぐのは若者組で（写真 25）、いずれも裸足で奉仕する。若者組の行列は松明の明かりに照らされて、バレ・アグンに戻る。参加者は手にダップダップの葉を持ち聖性を表す。行きは女性中心、帰りは男性中心という区分けがあるようだ。

　バレ・アグンでは、大人組の女性の儀礼の指導者、タンピン・タコン（*tamping takon*）が入口に立って指示し、神霊を憑依させた依代風の竹を中央に据え、ウドゥアンやプパラ、ブブル・ピラタなどの供物が山側に供えられる。野菜や果物、白米・黒米・糯米の加工品など多くの種類がある。捧げ終ると、バレ・アグンの長床に大人組が序列順に座る。この場では、女性が前方に、男性は後方に座る。祭司の祈願が始まり、最後に聖水が振りかけられる。しばらくすると、スロンディンの神聖な調べググロンが奏でられ、カンベン・ポレンをまとった少女組のルジャン・デワ、神（デワ）への祈願の舞がバレ・アグンの東側の庭で始まる（写真 26）。スロンディンがイジャン・イジャン・ルジャン（*ijang ijang rejang*）の調べになると[注51]、前の少女が後ろの少女の左の褄をとり、左回りで廻る。次いで左の腰に下がった長い帯の一端を左手で持ち、体の横の胸くらいまで手を上げ、前・横・後・横に翻す単純な所作をする。舞踊が終了すると、若者組が付き添って家まで送る。21 時過ぎに全ては終了する。若者組はこれ以後、祭の間はご神体や祭具を守るために集会所で雑魚寝（*mekemit*）で寝泊まり

する。終了後に、バレ・アグンに置いてあったスロンディンは、海側の集会所
のトゥム・クロッドに戻される。

④ 3日目——フッド2日（2月7日）

　<u>早朝</u>：午前4時に娘組（ダハ）が娘宿から出て村の各所で、神歌のニョンド
ン（nyondon）を歌う。夜明け前の時間に行う。ニョンドンは集落に神が滞在し
ている3日間は必ず行う。集落の中央のアワンガンと呼ばれる細長い大通りに
出て、所々の石組のガインガン（gaingan）という段差の坂を序々に下って高度
を下げていく。初めに上部のワンティランの前の所に一列に並び、山側から海
側に向かって歌う。順次、段差の坂の上に立ち止り、所定の場所に座って何度
か歌い、最後にバレ・アグンに来て海側に向かって歌う。山から海へ、歌声が
早朝の村の隅々に行き渡る。歌う場所は、山側のワンティランの十字路、集会
所のトゥム・カジャ、トゥム・トゥンガ、トゥム・クロッドの前とバレ・アグ
ンの前の5か所である。集会所に寝ている若者組は、この歌で目覚める。神歌
なので録音・録画・撮影は禁止とされ、前面に立ってはいけないなどの禁忌が
ある^(注52)。バレ・アグンに来ると大人組が待っている。娘組はバレ・アグンの
東側の庭で山側を向いて縦3列に並び、スロンディンのイジャン・イジャン・
ルジャンの調べに合わせて、神聖なルジャン・デワを舞う。終了後、男性の松
明に先導されて娘宿に戻る。朝が徐々に明けてくる。ニョンドンの歌の内容は
秘密とされるが、男女の情愛を歌い込むという。ダハとトゥルナ、娘組と若者
組の出会いにふさわしい。ニョンドンのニョ（nyo）は、神迎えのニョンギと同
様の神聖さを表わす接頭辞で、「顕現する」の意味である。

　<u>朝方</u>：大人組の既婚女性は3か所の娘宿（ワヤー、ヌンガー、ニョマン）を順番
に訪問してルジャンに誘う。装いは頭飾りにブーゲンビリアの赤い花をつけ、
胸には白黒縦縞のカンベン・ポレンをまとい、腰には濃い紅色の布をつけるな
ど儀礼的装いである。

　<u>午前</u>：若者組はジャカ（棕櫚椰子）の森をトゥム・カジャの脇に作る（写真
27）。若者組の集会所のトゥム・カジャの東側、スロンディンの演奏をする場
所の東側に、若者組が点々と穴をあけてジャカの木を10本ほど立て、森が突
然に出現したようになる。ジャカの木と集会所の間の細長い空間がルジャンの
場所になる。ジャカは大地に注ぎかける椰子酒、トゥアックを作る原木で、ル
ジャンは樹木への奉納舞とも言える。植物に関しては、ジャカはココナッツや
<ruby>檳榔<rt>びんろう</rt></ruby>よりも上位に見られる傾向がある^(注53)。「野生の力」の導入と見られる。

写真27　ジャカ（棕櫚椰子）の森を作る（2012）

写真28　男性はサテを作り昼の料理を準備（2012）

　午前：若者組は普通の豚を屠殺して、サテ（sate, 串焼き）[注54]やラワール（lawar, 和えもの）[注55]、豚肉スープ（slobot）などを調理する。これは供犠ではなく、祭の後で行うマギブンガン（マギブン）という共食のための食事作りで、3日間続く（写真28）。

　昼：既婚の女性の案内で娘宿を訪問して誘いをかけ、11時過ぎに、初潮前の少女組、ダハ・チュニックがトゥム・カジャの集会所の前に集まる。この日は通常の衣装でも構わないが、金の髪飾りをつけて綺麗に化粧する（写真29）。「儀礼布」のグリンシンを着る義務はないが、現在は細長い布状にして身に着ける。ググロンの調べが始まり、西側から長女組、中央に次女組、東側に三女組と3列、つまりワヤー、ヌンガー、ニョマンの順に静かにルジャン・パラック（rejang palak）を舞う。パラックとは父親や保護者の意味がある。所作はルジャン・デワと同じで、左の帯を翻す単純な所作であるが、自分の親や若者組に見せる意図が強い。少し遅れて、着飾った未婚の娘組が現れ、少女組の後方について舞う。舞の基本は3回である。正午過ぎまで継続する。

　正午：ワンティランで全村民の共食がある。集団ごとに分かれ、一つの皿から飯や惣菜を取って食べ、飲み水も一つの水差しを共用する。男性が初めに食べ、女性が後に続く。小作人も食事に招かれる。食事作法には微妙な差異がある。

　夕方：16時を過ぎた夕暮れ時になると、若者組は3つの集会所（トゥム・カジャ、トゥム・トゥンガ、トゥム・クロッド、山側、中間、海側）の前の庭で2名の男性がアブアン・ピンドを行い、大地にトゥアック酒を注ぐ。神が村に滞在している3日間、毎日行う行事である。トゥム・カジャのスロンディンがバレ・アグンに移動している時は、アブアン・ピンドを、神歌のグンディン・パンジ・マルガ（gending panji marga）[注56]に合わせて舞う。

　夜間：18時過ぎに大人組の女性が礼拝用のカンベン・ポレンを身に着け、

写真29　少女組、ダハ・チュニック（2012）　　　写真30　フッド2日。ダハの夜のルジャン（2012）

ダップダップの葉を結髪につけてバレ・アグンの前、バレ・カウンに集まる。娘組はバレ・アグンの東側の庭で、ルジャン・モンボギン（*rejang mongbongin*）を舞う（写真30）。モンボギンとは黄昏（twilight）の意味である。フッド2日の装いは、腰巻のカンベン・ガンティ（*kamben ganti*）の上に、絹布のカイン・ストラ（*kain sutra*）を巻いて、グリンシンを細長いラマック（*lamak*）として胸の上から垂らし、胸元には豪華な金細工の鎖をつける。紋様はグリンシン・ワヤン（*gringsing wayang*）という人形をかたどる文様をまとう者が多い。グリンシンは縦横絣（double ikat）で何年もかかって女性が織り上げる「儀礼布」で呪力を持つとされ［吉本1977］、村の名称の由来にもなっている。縦にワヤー、ヌンガー、ニョマンの3列に並んで舞う。モンボギンは試舞の意識があり、フッド4日の夜こそが神が滞在する時の頂点で、神への奉納舞、最高のルジャンなのである。ルジャンが後半に入ると、大人組の女性がププラやウドゥンなど多くの供物をバレ・アグンに供えて祈願する。

⑤ 4日目――フッド3日（2月8日）

　早朝：娘組は早朝4時の夜明け前に娘宿を出て、集落の山側から海側へ動きつつ5か所で立ち止まって神歌のニョンドンを歌う。バレ・アグンでは大人組が待っている。スロンディンのイジャン・イジャン・ルジャンの調べに合わせて、娘組は山側を向いて縦3列に並んでルジャン・デワを舞う。前日と同じである。

　朝方：大人組の女性が頭飾りをプルメリアなどの白や赤の花に変え、娘宿を訪れて娘組のダハをルジャンに誘う。娘宿ではダハと交流して接待を受ける。この日は、上位の者は腰巻の上にグリンシン、下位の者は濃い紅色に金糸の縦縞模様のサプット・ガガ・ララン（*saput gaga laran*）を巻く。娘宿に供物を届け

写真 31　昼のルジャン（フッド 3 日）
トゥム・トゥンガにて（2012）

写真 32　ムレシ。クリス（短剣）を手に持つ（2012）

にいく女性もいる。

　午前：男性は豚を屠殺して料理を作る。共食のマギブンガンの準備で、3 日間続く。

　昼：11 時過ぎに少女組と娘組が集会所のトゥム・トゥンガの前でルジャン・パラックを舞う（写真 31）。場所は前日より一つ海寄りの中間の集会所前である。ジャカの森もここに移し、衣装は前日と変わらないが、頭飾りが豪華になる。正午過ぎまで続く。

　正午：ワンティランで男女が集まり共食する。

　夕方：16 時過ぎに、若者組のアブアン・ピンドが 3 つの集会所（トゥム・カジャ、トゥム・トゥンガ、トゥム・クロッド）で行われる。その後、トゥム・クロッドに移動して、男性によるムレシ（meresi）が行われる。ムレシは若者組による独特の所作で、装束は上半身にチョッキをつけ下半身は腰巻のカインの上に白地のゴティアをまとい、右耳にプルメリアの花、左耳のピアス穴にバナナの葉を刺す。チョッキの色はトゥム・クロッドは赤、トゥム・トゥンガとトゥム・カジャは白となって対抗する。トゥアック酒を大地に注ぐ。スロンディンの調べに合わせ、集会所の奥の庭で、山側から海側の順に、カジャ 2 列、トゥンガ 1 列、クロッド 1 列の 4 列に並んで西を向く。スロンディンが奏でられ調べが一つ終わると 2 列目と 3 列目が声を上げ左回りで東向きになる。次の調べで全員が逆向き、更に次の調べで再度逆向きとなる。腰を落とした状態で 3 曲の調べに合わせて所作を繰り返し、楯のタミアン（tamiang）を使って模擬戦闘のナミアン（naming）をする。最後にクリス（短剣）を右手に持って同様の所作を行う（写真 32）。別名をアブアン・カラ（abuang kala）ともいい、大地の悪霊のブタカラを鎮めるという[注57]。疑似戦闘の所作のナミアンが伴うことが多い。楯のタミアン

はアタ（*ata*）で作り、ジャカの葉を劔に見立てて戦う。

次に全員が集会所の庭の海側に移って集まり円状になって待機する。スロンディンの調べで各組から1名ずつでて、計3名が両手を左右に広げて足踏みをしつつ山側に向かい、プギリ・ギリアン（*pegili gilian*）という棒を掴んで一周する。プギリ・ギリアンはクリマ月（サンバー月。第5月）の大祭のウサバ・サンバーに登場する観覧車アニュナン（*anyunan*）の軸である。全員が行うと終了する[注58]。

　<u>夜間</u>：18時過ぎに、娘組はバレ・アグンの東側の庭にグリンシンをつけて盛装して集まる。

フッド3日の装いは、前日より豪華になり、腰巻の上に濃い紅色に金糸の縦縞模様のサプット・ガガ・ララン（*saput gaga laran*）を巻いて、グリンシンの細長いラマックを胸から垂らすと共に、端布を右の肩に掛けてスリバ（*seliba*）としてあしらう。ワヤー、ヌンガー、ニョマンの娘宿の各組ごとに山側から海側に3列に並び、スロンディンの調べに合わせてルジャン・モンボギンを3回ほど舞う。ルジャンの間、大人組の女性はこの日も礼拝用のカンベン・ポレンを身に着け、ダップダップの葉を結髪に付けていて、ルジャンの終わる前に、供物をバレ・アグンにあげて祈願する。

⑥5日目──フッド4日（2月9日）

　<u>早朝</u>：娘組は早朝4時の夜明け前に娘宿を出て、集落の山側から海側へ5か所で立ち止まって神歌のニョンドンを歌う。バレ・アグンに来ると、大人組が待っている。スロンディンのイジャン・イジャン・ルジャンの調べで、娘組は山側を向いて縦3列に並んでルジャン・デワを舞う。

　<u>朝方</u>：大人組の女性がダハを娘宿に迎えに行く。衣装は前日より派手になり頭飾りも豪華になる。

　<u>午前</u>：男性は豚を屠殺して料理を作る。共食のマギブンガンの準備で、3日間続く。主食は米であり、膨大な労力をかけて作るおかずは種類も豊富である。トゥンガナン・プグリンシンガンは広大な水田を共有地として持っており（写真33）、周囲の村々を小作人として耕作させるので、労働に従事することはない。

　<u>昼</u>：11時過ぎに少女組と娘組が普段の衣装をつけ、トゥム・クロッドの前でルジャン・パラックを舞う。正午過ぎまで続く。

　<u>正午</u>：ワンティランで男女が集まり共食する。

　<u>夕方</u>：16時過ぎに、若者組のアブアン・ピンドが3つの集会所（トゥム・カ

写真 33　トゥンガナンの水田。経済力の源。後方はアグン山（20.0）

写真 34　集会所前のトゥタブハンに供物を捧げる（2012）

ジャ、トゥム・トゥンガ、トゥム・クロッド）で行われる。トゥアック酒を注ぐ大地に埋めこまれている石、ムタブハンには日々、供物がそなえられる。これは集会所に泊まり込んでいる若者組の役目である（写真34）。トゥム・カジャのスロンディンはバレ・アグンに運ばれて、ルジャン用にセットされる。

　　<u>夜間</u>：18時過ぎ、少女組と娘組の双方が最高のグリンシンを身に着けて、バレ・アグンの東側の庭に集まる。バレ・アグンには白米と黒米の供物が上がり、収穫祭の気分が高まる。フッド2日とフッド3日のルジャン・モンボギンに対して、この日はルジャン・ニャンダン・クボ（rejang nyandang kebo）と呼び、未婚の女性が全て参加するルジャンの極点である。トゥンガナンの人々にとって特別の意味を持つ水牛（kebo）の文様が入ったグリンシンをまとう。神霊が集落に滞在する3日間は、日々ルジャンの名称が、パラック→モンボギン→ニャンダン・クボと変わり、衣装は徐々に華やかさを増し、この日に頂点に達する。フッド4日は、黄色と赤色の格子縞文様のチュラギ・マニス（celagi manis）の腰布をまとい、この日の儀礼が最も神聖だということを示す。腰巻の上からは大判のグリンシンを胸元から下に垂らす。大判のグリンシンは各家に代々伝わる宝物である。縦に3列に並んで華やかにルジャンを舞い、祭は最高潮に達する。華麗な装いで神をもてなす最高の奉納舞である。ルジャンの間に大人組の女性は供物を奉納する。

　　ルジャンの終了後、女性はバレ・アグンの神座に向かって祈願をして、キドゥン・ムジャ（kidung muja）を歌って各列が左回りに庭を旋回する。ムジャは厳粛

な神送りの舞である。旋回が終わると、スロンディンの調べが収束を表すニャンジャンガン（*nyanjanggan*）に変わる。全員が西方を礼拝して19時過ぎに全てが終了する。

　バレ・アグンの山側に造られた祭壇に供物をあげて、祭司のマンク・ウィディアが祈禱を始める。祈禱が終了すると、聖水を大人組の女性が振りかけて清める。クリスを腰に挿して正装した若者組と大人組の女性が神の依代の石を神輿へと運ぶ行列を整える。娘組も祭具を受け取って、東側の庭で神送りの行列を整える。神送り、マントック・デワ（*mantok dewa*）が始まる。大人組の女性と娘組が主体となって行列を組み、少女組も加わる。バレ・アグンのスロンディンが奏でられ、神輿は2人の若者に担がれて闇の中を松明に先導されて集落を山側に向かって進み始める。トゥム・クロッドのスロンディンが鳴り出し、バレ・アグンの床上には大人組がいて行列を見送る。途中でトゥム・トゥンガの集会所の脇を通過する時もスロンディンが奏でられる[注59]。行列の進行に合わせて娘組はキドゥン・マントック・デワ（*kidung mantok dewa*）を歌う[注60]。道行を詠み込んだ神送りのキドゥンである。神は集落を出て、森や林、そして山へと、自然の中に帰っていく。行列は山側の門、ラワンガン・カジャを抜けて山道をたどりプラ・プセの前のブリンギンの大樹の前に来ると、女性は別れの神歌のキドゥンを歌う。全ての儀礼は滞りなく終わったが、間違いがあればお許し下さいという内容である。行列はプラ・プセの中に入り、祭司のマンク・ウィディアは年長者の女性の補助で祭具を祠に納めて、ご神体を戻して祈願して扉を閉じる。神事を司るのはサンヒヤンの家系のマンク・ウィディアだが、周りを取り巻く補佐役は圧倒的に女性である。既婚者の大人組は夫婦で加入するのが条件で、ここでは妻たちや、役職を退いた中高年の女性の姿が目立つ。マンク・ウィディアの祈願のムバクティや、神迎えと神送りはいずれも夕暮れ時の淡い景色の中で行われ、その主役は女性である。祭の初めのプルナマの日の神饌作りのニャカンも神女風のサヤ・ルーの手で行われ、女性が祭祀の中核を担っている。「七つ石」を祀るのも長老の女性で、在来の祭祀の担い手は女性が主役である。女性祭祀はバリ・アガの特徴と言えるかもしれない。祈願の終了後、集落に戻り、各自は帰宅する。大人組の女性はバレ・アグンに戻り、大人組の男性と共に祈願を行う。通常の「座の儀礼」と同様に、役職順に並んで座って祈願する。

⑦ 6日目──フッド5日（2月10日）

写真 35　トゥンガナン村の全景（2012）

写真 36　葉っぱの声を聴くダハ（2012）

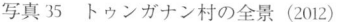

　朝方：娘組はカンベン・ポレンを身に着け、ブーゲンビリアの赤い花を頭飾りとして東方の丘に登る。集落の東門（*lawangan kangin*）に向かい、門はくぐらずに正面は避けて左手から山に入る。これは「娘組の山登り」（*daha ke bukit*）で、クブランラン（*Kubulanglanng*）に登り、丘の祠の前で行事が無事に終わったことを感謝する祈りをする(注61)。南北に連なる丘には 3 つの拝所があり、尾根上からトゥンガナンの全景も望むことが出来る（写真 35）。娘組は軽い食事をして話に興じる。近辺に茂る植物の葉を取って、耳に翳して聞き耳をたてる娘組の女性もいる。「葉っぱの声を聴く」（写真 36）のである。娘組がクブランランに登る日は年間に何回かあり、カサ月のフッド 5 日は定例の登山日であった(注62)。

　午後：大人組によるアブアン・プトゥンがバレ・アグンで行われる。

　夕方：16 時過ぎにバレ・アグンでスロンディンがググロンの調べを奏でると、少女組が通常の衣装を着て東の庭でルジャンを舞う。

　夜間：18 時頃に娘組がバレ・アグンの東の庭に集まる。この後、娘組と若者組が交流するアブアンが行われる。通常はアブアンは男性が行うが、この日は男女共に行うのが特徴である。娘組はカンベン・ガンティの腰巻の上に、黄色の絹の布のランラン（*rang rang*）をまとい、グリンシンの垂れ布、ラマック（*lamak*）を胸前に垂らす。若者組は腰巻の上にろうけつ染め（バティッ、*batik*）のランバン（*rembang*）をまとい、頭には白い布のウダン（*udang*）をつけて登場して、バレ・アグンの東側の庭の山側にあるプルメリアの木、フランジパニ（*frangipani*）の下に集まって待機する。ここは樹上に竹籠の祭壇、サンガー・ウドゥアン（*Sanggar uduan*）が祀られている。集落内ではバレ・アグンとプラ・ラージャ・プラナ、集落外ではプラ・プセの計 3 か所にあって特別の供犠と供物を捧げる場所である。娘組は海側に列を作って並ぶ。スロンディンのイジャン・イジャン（*ijang ijang*）の調べが流れると、娘組の各組からダハが 1 人ずつ前に出て並んで、若

写真 37　夜のアブアン・ルー・ムアニ。ダハとトゥルナ（2012）

者組たちの前でアブアンを舞う。アブアン・ルー（abuang luh）という神聖視される女性（ルー）の一人舞である。両手を左右に伸ばして肩の高さにあげて、ゆっくりと体を前後に揺らす単純な所作で、全員が3回ずつ行う。次の段階はアブアン・ルー・ムアニ（abuang luh muani）といい、男女のペアの舞である^(注61)。ルーは女性、ムアニは男性での意味で、娘組から1人出て舞うと、若者組から1人が前に進み出て、パートナーとなって舞う（写真37）。スロンディンの調べがスカティ（sekati）に変わっていく。若者組の男性が娘組の特定の女性を選択する権利を持ち、容姿や親密度や偶然など様々な要因で選ぶ。カップルが成立すると、若者組は口笛を吹き野次を入れ、庭全体が騒然となり楽しみや冷やかしの場になる。最初は1対1、次第に3列同時並行で行う。若者組と娘組の相互交流は、神が帰った後の解放感に溢れている。娘組と若者組の対の舞が何回か続き、スロンディンの調べが収束のニャンジャンガンになって終わる。その後は、バレ・アグンの床上で酒盛りが始まり、文字通りの直会となる。

⑧7日目——フッド6日（2月11日）

　朝方：男性はバレ・アグンの西側で豚を殺し、料理作りが行われる。昼の大宴会用である。

　午前：10時からバレ・アグンでスロンディンのググロンの調べが奏でられると、少女組が集まり3列に並んでルジャンが始まる。この日の衣装は腰巻には金糸のソンケット（songket）をまとい、大型のグリンシンを身に着ける。ソンケットは晴れ着で、個人の誕生から成人をへて死に至る通過儀礼の目出度い出来事がある時に身にまとう。ルジャンの頂点で着る格子縞文様のチュラギ・マニス入りの腰布が「儀礼布」の性格が強いのに対して、ソンケットは「晴れ着」である。娘組が娘宿ごとにソンケットと大型のグリンシンを身

に着けて正装して現れ、少女組と一緒にルジャンを舞う。11 時頃に招待客の シベタン村（*Sibetan*）[注64] の人々がきて、バレ・アグンの東庭に座って西方向 きに祈願をする。終了後に祭司のマンク・ウィディアから聖水を受けて、御 菓子とコーヒーでもてなされる。

　12 時が近くなると、若者組が各家から正装して照れくさそうにして出てくる。 大型のグリンシンをまとい腰帯サブック・トゥブハン（*sabuk kubuhan*）を付けた 華麗な「晴れ着」で登場し、金銀の装飾を施した短剣のクリス・プサカ（*keris pusaka*）を腰の後ろに挿す。このクリスは家宝で呪術的な力を持つとされ、カドゥ タン（*kadutan*）という特別の名称がある。若者組はバレ・アグンの山側のプル メリアの木、フランジパニの脇で群れを成して待機する。ググロンの調べが流 れると、娘組の各列で 3 回ずつ、一人舞のアブアン・ルーを舞う。その後、若 者組が各列に対して 1 人ずつでて、先頭の娘組の前に立って組になって舞うア ブアン・ルー・ムアニとなる。娘組や大人組の女性は見物人となって、バレ・ アグンの側から眺める。前日の「夜のアブアン」に対する「昼のアブアン」（*abuang lemah*）で、2 つの舞は対になっている。この日の見ものは若者組が背中に挿し ているクリスである。正午過ぎに全て終了する。

　昼：娘組は正装の着替えの後に、若者組の中組の集会所であるトゥム・トゥ ンガに集まって共食する。若者組は着替えの後に、バレ・アグンで大人組の男 性と共食する。大人組の女性と少女組はトゥム・トゥンガの下方にある共同の バレで共食する。男性と女性は別々に食事をするのが基本である。すべての日 程は終了する。

⑨片づけ——フッド 7 日（2 月 12 日）

　夕方：祭具の片づけを行う。特に大事なスロンディンを撤収して集会所に収 納する。

3. 多次元の時間認識

　ウサバ・カサの全体の構成について考察を加えた。その過程を通じて浮かび 上がってきたのは「時間」という主題であった。祭の間、トゥンガナンの住民 たちは時間認識の重層的なあり方を経験し意識化する。自分たちの生きている 時間を多次元の時間認識として暮らしている。観念や実践の体系、あるいは要 素を検討して幾つかの時間を主題化した。

①始まりの時間——タンガル1日〜タンガル15日

　トゥンガナン暦の新年はニュピ（静寂の時）で始まる。カサ月の初日のタンガル1日目からニュピに入り、15日間にわたって生産活動が禁じられる。月の前半のタンガルの間はひっそりと暮らす。ニュピは大きな音をたてず、行動も最小限にする物忌・精進の時間で、新年の大祭、ウサバ・カサが滞りなく行われ、神霊との交流を通じて様々な祈願が成就するために祈願する。一般にバリ・ヒンドゥーではニュピは太陰太陽暦のサカ暦の第10月のクダサ月の1日目に設定され、前日のティレム（tilem）で新月であるが、トゥンガナンのティレムは新月の意味ではなく暦の1月の月末日を意味する。トゥンガナンのニュピは月齢に従っていないので、太陽暦の1月頃に来るのが通例で、名称は同じでも内容が異なる。バリ・ヒンドゥーでは、ニュピは太陽暦、3月頃の1日間で、燈火の使用、外出、殺生、労働を禁じる[注65]。トゥンガナンのニュピは全く別で15日間続き、名称は同じでも内容が異なる。プルナマはトゥンガナンでは独自の暦で毎月の15日目をいう。バリ・ヒンドゥーでは満月だが、トゥンガナンでは月齢と関係がない。トゥンガナンのニュピはカサ月のプルナマの正午に終了する。クルクル（割目木鼓）が21回叩かれ、ニュピの終りを告げ新しい時間が始まる。ウサバ・カサは「始まりの時間」の認識が顕著である。

②境界の時間——タンガル14日・タンガル15日

　ウサバ・カサは、毎月、定例で行うプバニ（タンガル14日）とプルナマ（タンガル15日）の行事と重なっている。カサの場合、月の前半のタンガル（白分）が15日目のプルナマで終わり、後半のフッド(黒分)1日目が新年の仕事始めとなる。プバニとプルナマは「白分」から「黒分」へと移行する毎月恒例の「境界の時間」であるが、新年のカサの時は、ニュピの終了とウサバ・カサの始まりが重なる「境界の時間」で二重に設定されている。新年にあたって独自の「境界の時間」が設定され、新たな1年の始まりが開始される。

③原初の時間——タンガル15日

　定例のプルナマの祭と重なるようにして新しい年の始まりには特別な儀礼が行われる。それは神饌作りのニャカンである。「儀礼衣」のゴティアを身に着けた女性4人が聖水を取りに行って村内に戻ってきて、聖水入りの壺を火にかける。在来種のバリ米の粥を素焼き壺に入れ、ココナッツの脂肪分と混ぜて、炊き上げて神霊の祠に供える。古い形式の炊事方法に基づく調理法に従って

作った料理が再現される。これは神饌とも言える。神饌は村の開発に関わる始
祖を祀るプラ・バタン・チャギ寺院と、集落の繁栄を司る母神を祀るとされる
プラ・ガドゥー寺院に供える。年頭にあたって祖先たちの暮らしを追体験し、
血縁の繋がりがあると観念される始祖を祀り、集落内の繁栄を願う。始祖や祖
先の霊は石に宿り、石自体にも力があると観念される。「原初の時間」へと立
ち戻り、その体験を通して再生する。村の創世の確認、始祖の祀り、昔の暮ら
しの再現で原初への回帰を願うのである。

④神聖な時間——フッド 1 日～フッド 4 日
　ウサバ・カサの儀礼の中核は、集落の「外部」のプラ・プセから神霊を集落
の「内部」に迎え、神饌や華麗な舞や音によってもてなして、願い事を祈願し
て元の場所に送り返すことである。プラ・プセは山側の門、ラワンガン・カジャ
を潜って出た集落外にあり、周囲は森で、前面には大樹のブリンギンが大きく
枝を伸ばして生い茂る。村の起源の寺院で、いのちの根源を司るともいう。神
霊は寺院から裸足の行列を組んで夕方に村の中に迎え入れられて、バレ・アグ
ンの祭壇に安置する。ご神体は隠されて見えないが石である。トゥンガナンで
は石への信仰は根強く、各拝所に石が祀られている。夕暮れの淡い時間の中で
自然の生命力が集落内に導き入れられる。
　フッド 1 日の夕方に神迎えをして、フッド 4 日の夜に神送りをする（p. 232, 表
4）。トゥンガナンの人々にとっての 1 日の始まりは夕方であるという[注66]。
神霊は 3 日間、集落内に滞在する。この間は村人にとっては「神聖な時間」で
ある。神霊の滞在中は、毎朝、太陽が昇る前に、娘組が、神歌のニョンドンを
集落の 5 か所で歌って、全体の空間を神歌で満たす。神歌の後、バレ・アグ
ンの東側でルジャン・デワの舞が奉納される。これはデワ（神霊）への神事で
ある。バレ・アグンに神輿で運び込まれたご神体は石で、遠い昔から先祖や始
祖が崇拝の対象としてきた神霊の宿る所である。トゥンガナンの集落の内外で
は祭では、様々な石を祀ることが多い。プラ・バタン・チャギの石の祭壇、プ
ラ・ガドゥー寺院の石、プラ・プセのご神体の石、山側の門を越えた外れにあっ
てアグン山と水を祀るプラ・プナタランの石、山中に点在する「七つ石」など
である。祭の期間中に継続するアブアンでは、大地に注ぐトゥアック酒がムタ
ブハンの石に注がれる。石には自然の力そのものが宿る。外界から集落内に迎
え入れ、人々の力の甦りの願いが託される。巨石文化の記憶とまでは言えない
が、石への素朴な信仰は根強い。

⑤再生の時間

　ウサバ・カサでは、プラ・プセに男神で父神のバタラ（Batara）が降臨し、プラ・ガドゥーで母神のバタリ（Batari）と出会って新たな生命を宿すとされ、ウサバ・カサは、男女の交合による新たな生命の誕生を意味する祭だという。これはマンク・ウィディアの説明である。一方、プルナマの日には、神饌の粥を炊いて、海側のプラ・バタン・チャギで祖先の霊が宿る石に供物として捧げる。中央部北側の石はサンガー・ムランダといい、現在はインドラ神の祭壇とされている。プラ・ガドゥーでは集落の繁栄を母神に祈願する。現世での繁栄を祈願するとともに、始祖や祖先を祀る。マンク・ウィディアによれば、トゥンガナンの1年は暦の第1月にあたるカサ月に生命が誕生し、最後の12月にあたるサッダ月には死に至るとされ、時間が生命体のように考えられているという。祭の楽もスロンディンから第10月のクダサ月以降はガンバン主体に移行する。ガンバンには死のイメージが伴うがこれで終わりではない。言い換えれば、「時間生命体」の観念が基本にあって、死と再生の繰り返しで暮らしを営む。時間は死滅しない。死は終わりではなく、必ず新年になると蘇る。人間や大地、そして自然全体の蘇りを確実にするために様々な儀礼の祈願や、舞踊、言語表現が行われる。「時間の蘇り」がウサバ・カサの究極の主題である。集落の外の起源の地、生命の源のプラ・プセからご神体の石を集落内に運び込み、約3日間滞在させて、石に宿る生命力を授かる。根源には石に宿る無限の生命力がある。

⑥交流の時間

　ウサバ・カサは、集落外の起源の寺院・生命の根源を司るプラ・プセの神霊と、集落の中での繁栄を司るガドゥー寺院や始祖を祀るプラ・バタン・チャギ寺院の神霊と交流する時間である。肉や穀物、野菜や果物、椰子酒などの供物を供えてもてなし、ご利益を得る。神霊は供物の本源を食べて、村人にお返しをする。集落の「外」で祀る神霊と集落の「内」で祀る神霊との交流を通してご利益を得ることが祭の主題で、神霊の根源には自然の生命力がある。交流は多次元で、集落の「内」「外」の神霊と人間との交流、人間同士の老年・壮年・若者・娘・少年少女、男女の交流、大人組・若者組・娘組・少女組など、多次元の交流がもたれる。男神と女神の交合という神話的な次元、男性と女性の交際という社交的次元もその中に含まれる。トゥンガナン・プグリンシンガンにおいては、村内婚が義務であり、祭に参加する未婚者は、それぞれが「潜在的

配偶者」である。社会の存続にあたっては、子孫が生まれ、生活の再生産が可能になることが望ましい。また、女性の妊娠・出産が、農耕での播種から収穫に至るサイクルと重ねあわされて、子孫繁栄と豊穣多産によって村の繁栄が齎されることが理想であることは言うまでもない。

⑦農耕の時間

　自然と人間との交流においては、生業の基盤である稲作栽培との連動があり祭は農耕儀礼である。サカ暦では、第1月のカサ月は太陽暦の6月頃にあたり、1年の最後は5月頃になる。太陽暦では稲作は第1期（乾季から雨季へ）は7〜8月から11〜12月、第2期（雨季から乾季へ）は1〜2月から5〜6月の二期作であり、サカ暦は農耕期の第1期を基本とする1年のサイクルとうまくあっていた。一方、トゥンガナン暦では、カサ月は1月頃なので、大祭のウサバ・カサからウサバ・サンバーまでの動きは、第2期の農耕期の播種（11〜2月）から収穫（5〜6月）へというサイクルの流れに合致し、在来種のバリ米の農耕期の豊作祈願と収穫感謝の祭であり[注67]、村は農耕の第2期のほうを第1期よりも重視していた。奉納される供物も季節と深く関連し、素材の植物や果物は第2期の季節に対応して整えられる。サカ暦とトゥンガナン暦の違いは、第1期の乾季から始めるか、第2期の雨季から始めるかによる。サカ暦のカサ月は6月、トゥンガナン暦のカサ月は1月という食い違いは、1年の起点をどこに置くか、二期作のどちらの季節を重視するかの違いであった。祭を通して人々が認識するのは季節の移り変わりで、播種から収穫へと展開する「農耕の時間」である。稲作だけでなく、供物の果物に季節性が顕著に現れ、特にフッド1日の神迎えの時に女性が作るプパラには神へ旬の果物を神霊に捧げる意識が感じられる。

⑧飽食の時間

　ウサバ・カサは飽食の時間である。日々、共食のマギブンガン（マギブン）の時間が設けられ、男女が役割分担をして沢山の種類の料理を作って満喫する。バレ・アグンでの儀礼的な共食、サンクパン（サンカップ）も要所に行う。儀礼の上で最も重視されるのはフッド1日目の黒豚の供犠と分配、そして共食である。肉の分配に関しては、豚の各部位に名前がつけられ、長老組や大人組がどの部位をあてがわれるかが決まっている。神女の役を果たしたサヤ・ルーには足が配られる。役職者の権威が確認される儀礼性を帯びた供犠である。フッド2日からフッド6日まで毎朝、豚の屠殺が行われ、さまざまな肉料理を作る材

料となる。普段では食べられないご馳走である。肉類の調理は男性、植物の調理は女性と明確に分かれていて、午前中はほぼ料理の時間といってもよい。フッド２日からフッド４日までの３日間は、毎日、昼になると村人のほぼ全員が山側のワンティランに集まって共食し、周辺の村々からの招待客も集まる。普段とは異なる大規模な共食は村人にとっては、非日常の「飽食の時間」として記憶される。

⑨晴れ着の時間

　祭は「晴れ着」を着る時間である。衣装と供物、音と舞によって神霊を歓待することに多くの時間が割かれる。特に中核は女性のルジャンの舞で晴着の衣装が見事である。ルジャンに合わせて、スロンディンが奏でられ、内容や展開に応じて変化する。女性の衣装は日々、微妙に変化し、時間の経過とともに飾りが加わり、神事の最後の日に最も豪華になる。神迎えの翌日、フッド２日から本格的にルジャンが始まる。フッド２日はルジャン・モンボギンで、腰巻のカンベン・ガンティの上に、絹布のカイン・ストラを巻いて、グリンシンを細長いラマックとして胸の上から垂らす。フッド３日のルジャン・モンボギンは、腰巻のカンベン・ガンティの上に濃い紅色に金糸の縦縞模様のサプット・ガガ・ラランを巻き、グリンシンを細長いラマックとして胸から垂らし、端布を右の肩に掛けてスリバとしてあしらう。フッド４日はルジャン・ニャンダン・クボで、格子縞文様のチュラギ・マニスが入った腰布を身に着ける。この布は「儀礼布」の性格が強い。腰巻の上からは大判のグリンシンを胸元から下に垂らす。このグリンシンは各家に代々伝わる宝物である。普段は身に着けない立派な「晴れ着」を着て人々の意識は高揚し、華やかな装いは神を喜ばすとされる。雰囲気が変わるのは神送り後で、娯楽風になり、フッド５日は娘組は黄色の絹の布、ランランをまとい、「晴れ着」のグリンシンをラマックとして胸前に垂らす。若者組は腰巻の上にバティックのランバンをまとい、頭には白い布のウダンをつける。フッド６日は娘組は「晴れ着」のソンケットの上にグリンシン、若者組はグリンシンを腰に巻いて、バティックのウダンを頭につけるという出で立ちである。神事から楽しみ事へと移行して雰囲気も和む。衣装の変化が祭の時間の移り行きを表現しているのである。

⑩女性の時間

　祭祀の全体を通して女性が主役という見方もできる。ウサバ・カサの中心は

女性の舞であるルジャンであり、カサ月と対をなすクリマ月（サンバー月）の大祭であるウサバ・サンバーではルジャンは組み込まれないことと対照的である。少女組の可憐な出で立ちは親たちや若者への披露の意味合いがある。娘組のルジャンも衣装や髪飾りは日々、微妙に変化して見物人を楽しませる。一方、儀礼では年長の女性の参加が目立つ。礼拝用の衣装を身に着けて供物作りや献饌、神迎え・神送りへの随行を担当する。プルナマの日の聖水を取りに行くのは女性で、神饌作りも主役は女性である。特に祈願用の特別な供物の聖なる粥、ニャカンと、色々な種類の果物から構成されるプパラの作成は女性による。神送りと神迎えは大人組の女性が主役で、「儀礼衣」のカンベン・ポレンを身に着けて奉仕する。また、祭司のモンク・ウィディアがプラ・プセなどで行う重要な儀礼は、ムバクティ、「バクティをする」ことで、ヒンドゥーでは特定の神に対する強い信仰を意味し恋愛にも似た愛惜の念が生じるとされる。トゥンガナンではインド的な観念は変形されているが、バクティは女性性に満ちた観念と行為の結合とも言える。ウサバ・カサ全体で女性の働きが目立ち、女性の穢れを意識して排除することは少ない。ウサバ・カサは「女性の時間」である。

⑪舞と音の時間Ⅰ——アブアン

　祭を通して日々、男性のアブアンと女性のルジャンがスロンディンの演奏の音に合わせて奉納される（p. 233, 表 5）。男性のアブアンは大地にトゥアックを注ぐ行為で、ムタブーと呼ばれる儀礼である。祭の期間中は、タンガル 14 日、タンガル 15 日、フッド 1 日からフッド 4 日までの計 6 日間は、夕方になるとアブアンが各集会所の前で行われる。ムタブハンという石にトゥアックを注ぎかける。ムタブーは供犠の一種で儀礼の核心である。石自体にも祭の期間中は毎朝、バナナの葉を置いて供物を捧げて線香を灯し、椰子の乾燥した殻を燃やして煙を燻らして、大地の力に働きかける。アブアンは生命の源泉ともされる椰子酒を注いで大地の力を目覚めさせ活性化させる。他方で、3 日の夜のアブアンは、ムレシやカラという大地の悪霊をムタブーで慰撫する。神送りの前までは、アブアン・ピンドという男性によるトゥアック酒を注ぐ儀礼の繰り返しと反復が続く。女性の一人舞のアブアン・ルーは、山側か東側を向いて、両手を水平に伸ばして体を揺らすだけの神聖な舞で儀礼に近い[注68]。スロンディンの調べもググロンに次ぐ神聖な曲、イジャン・イジャンである。

　しかし、プラ・プセへの神送りの終了後は状況が変わり、最後の 2 日間は男性と女性による、アブアン・ルー・ムアニとなり、男性（ムアニ）が山側、女性（ルー）

が海側に立って、男女が向き合って組で舞い、周りからは冷やかしの言葉が飛び交う。娯楽風になって享楽性を帯びる。調べもスカティに変わる。神送りの後は、人間同士の交流、特に未婚の男女の場が現出する。男女のアブアンは「潜在的な配偶者」が知り合い、相手の所作を見定め、今後の交際に発展する機会を作る場になっている。村内婚が成員として村に残る条件なので、こうした場が「品定め」の場となる。村の存続には、結婚と出産が必須であり、子供が沢山生まれ社会が再生産されれば繁栄に結びつく。

　女性は結婚によって髪型が変わるので、外見で未婚・既婚の違いは明確である。結婚後は自動的に夫は若者組（トゥルナ）から大人組（クラマ・デサ）の成員となり、妻も同じく大人組の資格を得る。娘組や少女組の着ていた華麗で色鮮やかな布をまとうことはなくなり、子供に夢が託される。ウサバ・カサは各々の年齢・既婚・未婚を問わず、多くの人々が人生の行方を考え直す自省の季節である。新たな農耕期が始まり、暦でも新年の時期のウサバ・カサは、社会生活の再構築を行い、生命の誕生と豊穣多産を願う季節の祭である。アブアンが生成する「舞と音の空間」は祭の基調である大地の活性化とともに、社会の再生産を確実にしていく場として機能し、継続と反復で人々の願いを叶えようとする。

⑫舞と音の時間Ⅱ──ルジャン

　ウサバ・カサの中核にあるのは神聖なスロンディンの調べと共に舞われるルジャンである。基本的には集落に迎えた神霊に奉納する舞で、フッド1日の神迎えの夜のルジャン・デワに始まり、頂点に達するのはフッド4日夜のルジャン・ニャンダン・クボで、その後に神送りをする流れになっている。神送り後のフッド5日夕方とフッド6日昼の少女のルジャンは去りやらぬ神霊への慰撫かもしれない。所作は単純で女性が舞うことに意味がある。ルジャンの内容は4つに分けられる。第1は神事舞としてのルジャンで、早朝の神歌ニョンドンの後にバレ・アグンで奉納される神迎えの娘組の舞に典型的に見られる。フッド2日、3日、4日と続く早朝のニョンドンの後の3回で、スロンディンのイジャン・イジャンの調べに合わせて、娘組は山側を向いて縦3列に並んでルジャン・デワを舞う。フッド1日の神迎えの後のバレ・アグンの東の庭での舞は、初潮前の少女組、ダハ・チュニックが担当する。時間帯は早朝か夜遅くに限定される。第2は昼に行われる樹木へ奉納する舞としてのルジャンで、大地の活性化を呼び起こす。少女組と娘組がフッド2日、フッド3日、フッド4日の昼に、

若者組の集会所の脇に人工的に造られたジャカの森で舞うルジャン・パラックである。焦点はジャカの木にある。女性は男性のアブアンのようにトゥアック酒を直接に注ぐことはしないが、トゥアック酒の原木のジャカに舞を奉納する。トゥンガナンと関係が深いアサック村のウサバ・カサの祭［嘉原 2010: 125］で、人工的に造った80本以上のジャカの森の中で、少女や娘がルジャン、若者がアブアンを奉納することと類似する[注69]。ジャカの森は大地を活性化させる源泉であり、新たな生命を宿す力を作り出す原点かもしれない。第3は娘組と若者組との交流によるルジャンである。若者組と娘組の間にはジョタン・ワラン（jyotan warang）という互酬性（reciprocity）の協力関係が維持され、祭の間、定期的にものやサーヴィスのやりとりをする慣行がある[注70]。3日間にわたり、毎日、トゥム・カジャ、トゥム・トゥンガ、トゥム・クロッドと集会所の場所を変える意味はここにある。第4は悪霊祓いとしてのルジャンである。昼間の正午前後や夕暮れ時の奉納は、大地の悪霊ブタカラが活躍する時間に慰撫する意図があると見られる。神送り後の2日間に行われる夕方（フッド5日）と昼（フッド6日）の少女組や娘組のルジャンは、神送りをしても未だ去りやらぬ悪霊を鎮める意図があるのではないだろうか。ウサバ・カサの季節は雨季の真只中で病気がはやる。風邪や腹痛に悩まされ流行病が蔓延し、医者にかかっても治らないとなると悪霊の憑依に原因に求めた。近隣の村々では事態がひどくなると、初潮前の少女による神がかりの舞、サンヒヤン・ドゥダリを行って悪霊を鎮撫し排除した[注71]。トゥンガナンにはサンヒヤンの伝承はないが、初潮前の少女による神送り後の舞は類似している。カランガッサム東方のランプーヤン寺院（Pura Lampuyan）の山麓の村々[注72]では、ウク暦のクニンガン（Kuningan）[注73]明けの数日（初日ウマニス umanis, 2日目パイン paing, 3日目ポン pon）の間に、草木と花で綺麗に飾り付けた冠をかぶった少女や娘が舞うルジャンが寺院や祠に奉納される。木や石や樹木の周囲で舞い、踊り自体が神霊への供物ともされる。華麗な頭飾りをつけ、鮮やかな色の布を振りつつ、少ない所作を繰り返す。地元の話では正午12時か夕暮れの17時頃に奉納する決まりで、この時に活発に活動する悪霊の目を眩ますためだという。ルジャンは踊りというよりは単調な儀礼所作で供物として奉納する。少女の舞は可愛らしく、草花で装飾される冠も見事で効果的とされる[注74]。ルジャンが生成する「音と舞の時間」は、継続と反復を属性とし、奉納・供物・大地の活性化・悪霊祓い・男女交際・娯楽など多くの目的をもって展開している。

　以上述べてきたように、トゥンガナンでは、祭の中で多次元的な時間認識が

経験され、社会文化秩序の生成の強靭な論理がこれともつれ合って循環へと収斂する力学が展開する。

4. 花と蝶

①トゥルナ・ニョマン

　トゥンガナンには時間認識と同時に人々を支える根源的で重要な象徴がある。それは「花」と「蝶」である。女性の場合は、祭の場面や時間の移り行きに合わせて身に着ける花の変化が見事で、衣装の花柄も複雑で華やかであり、女性の美しさは「花」（スカール sekar）に喩えられる。スロンディンの調べも、雰囲気が娯楽風になると、スカール・グドゥン（sekar gudung）の調べに変わる。一方、男性の場合は何に喩えられるのだろうか。それは「蝶」（クプクプ kupkup）ではないか。蝶は男性の成長を表す象徴であることは、少年が若者組に入るためのイニシエーションのトゥルナ・ニョマンで顕著に示される［内海顯 1999］。トゥルナ・ニョマンは不定期で、2013 年には 2006 年以来、久しぶりに行われた。カサ月（9 月頃）に始まり、2014 年のコル月（9 月頃）まで 1 年間続く。この儀礼が終了すると、正式の若者組、トゥルナとして認められる。「トゥルナ・ニョマン」は、「分離」→「移行」→「合体」の過程をたどる典型的な通過儀礼で、少年は若者組に加入し村の正式の一員として公認される。詳細はここでは述べないが、儀礼は 2013 年のカサ月（9 月頃）の初日であるタンガル 1 日にムラリ（melali, 務め）として開始され、3 日に 1 度、深夜に連れ立って各地の聖地や寺院を参拝し、コル月（第 8 月）のプルナマ（2013 年 9 月 11 日）のパセ・パミット（base pamit）前日まで続いた。パセ・パミットは秘儀で、プルナマの深夜にプラ・プセに参拝して儀礼の成就を祈願する。その後、フッド 3 日にパデワサ（padewasa, 9 月 14 日）が行われ、フッド 3 日、6 日、9 日にクグドン（kegedong, 9 月 14 日・17 日・20 日）、フッド 10 日、11 日、12 日にムタミアン（metamiang, 9 月 21 日・22 日・23 日）、フッド 13 日、14 日にムレガール（meleger, 9 月 24 日・25 日）と続き、フッド 15 日のティレム（tilem）の前に終わる。クサンガ月（第 9 月）の吉日にンギンタラン・クトゥクン（ngintalang ketekung）、サダー月（第 12 月）の吉日にングジョット・クティパット（ngejat ketepat）、ングルアン・ワダッ、タミウ（tamiu ke tamiu, 4 回）、ングジョット・グデ（ngejot gede）、ングジョット・ダハ（ngejot daha, 3 回 wayah, nengah, nyoman）を行い、2014 年のコル月の 9 月 5 日以降の吉日にクティンガル（ketinggal）を行って終了する。

②パデワサ

　若者組に入るには師匠の修行宿に入るパデワサと呼ばれるイニシエーション
を行う。儀礼に先立って「髪の毛」を剃って1年間は伸ばしたままにする。ま
さしく「移行」の時間なのである。コル月とクサンンガ月は、蝶の羽化になぞ
らえられる。クグドンは「蝶の幼虫が繭の中で蛹になってじっとしている」、
ムタミアンは「羽化しつつある蛹が上半身をのぞかせている」、ムレガールは「上
半身をのぞかせていた蛹が羽化して蝶の全身が繭から出てきた」が「まだ遠く
まで飛ぶことはできない」、ンギンタラン・クトゥクンは「繭から出てきた蝶
が羽を広げて遠くまで飛べるようになった」、そして「蝶がさらに遠くまで飛
べるようになった」と表現される。「陽の出るほうの丘」、つまり東方に向かい、
範囲を広げる。コル月の間は少年は村の門から外に出ることは禁じられるが、
クサンガ月のンギンタラン・クトゥクン以降は徐々に外へ出ていく。蝶はトゥ
ンガナンの人々にとっては生命の象徴である。

　蝶の表象が顕在化するのは、プルナマのアブアンの時などに、「娘宿」から
3つの「若者宿」の集会所に各々の「ワラン」の関係に基づいて持ってこられ
るブンガン・バセ・サマーである。花や葉で飾られ上部には神像がとりつけら
れ、ヒンドゥーの神々のウィスヌ、シワ、ブラフマーと説明される。蝶の金飾
りがついている（写真38）。ブンガン・バセ・サマーの「蝶」が男性を、「花」
が女性を象徴するのであれば、花の周りを飛び回る蝶の受粉の様相ともみられ、
「花」と「蝶」は男女の交合を隠喩的に意味する。ブンガン・バセ・サマーは「生
命の樹」ともいう。ブンガ（*bunga*）は花で、ブンガン（*Bungan*）は複数形である。

　ウサバ・カサや年間の祭を通して、若者組はアブワンの舞で繰り返し大地と
石の上にトゥアックを注いで地中の力を活性化させる。大地は何に喩えられる
のだろうか。それは女性である。トゥアックは濁酒で、白濁した液は精液を連
想させ、大地に注ぐことは性交の隠喩となる。大地と女性の結びつきは普段は
明確ではないが、男女のイニシエーションのトゥルナ・ニョマンの儀礼では、
女性と大地の結びつきは顕著になる。

③クグドン

　パデワサの儀礼終了後、クグドンの儀礼が行なわれる。修行宿の少年は「歯
削り」儀礼を行って成人とされた後、母親と別れて（写真39）、宿の門に横付け
された竹製の移動小屋の中に入る。少年は「無言の行」を課せられ笑うことも
できないので身振りで意志を伝える。竹の移動小屋は前回の修行修了者（2006

写真39　トゥルナ・ニョマンと母親。修行宿に
て（2013）

写真38　蝶の飾り物。ブンガン・
バセ・サマー（2013）

年～2007年）のプンガウィン（pungawin）が担ぎ、少年の足が見えないように地面ぎりぎりに担いで、1番目の娘宿（ダハ・ワヤー）に向かう。この間、村人は全て家の中に閉じ込められて、移動の様子を見ることは出来ず、少年は社会的に「見えない存在」となる。移動小屋が娘宿に着くと前部が開き、少年は家の中に移動する。供物置き場が儀礼棟になり、少年は山側で東側の場所の上段の衝立の中に閉じ込められる。海側の場所には娘たちが座る。前々回の修行修了者のトゥルナ・バニ（teruna bani）は儀礼棟に上がり、少年を守るように衝立の手前に座る。導師のムクル（mekel）は籐製の楯、タミアンをもって最前列にいて、竹の衝立で身を隠す。プンガウィンは屋外に出て泥を掘り、籠に集めて天秤棒に担いで中庭に積み上げる。別の者は水牛の糞を集めて水で練り上げ、ジャックフルーツの果肉をほぐす。糞と果肉を泥と混ぜ合わせて臭気が漂うドロドロの状態にした泥団子の準備が整う。娘宿の中のランプに火がともされる。綿糸に油を浸した簡素なものである。初潮前の少女が火を灯す。この火はデワ・チュニック、「小さな神」と呼ばれる。少女はこの火を乾いた椰子の葉の束に移して、儀礼棟の娘組の頭目に手渡し、頭目は頭上のもう一つのランプに火をともす。この火はデワ・グデ、「大きな神」と呼ばれる。少女たちは布を頭からかぶり、後ろ向きになって待機する。プンガウィンは、三種混合の泥団子を一斉に少女めがけて投げつける。少女は布で身を守ろうとするがたちまちのうちに泥だらけになる（写真40）。投げ方は左投げ下手投げで、最低でも約4ｍの距離から投げ、肩より上を狙うな、儀礼棟にあがるなという規則があるが、容赦なく規則は破

写真40　娘宿で泥を投げつけられるダハ(2013)

写真41　泥を洗い流す。駆け寄るカメラマンたち（2013）

られる。右投げ上手投げで近くに行って頭部を狙う。たちまちのうちに少女は泥人形となる。この間、トゥルナ・バニは娘組の頭目の1人に向かって「サンボーダナ・ンギデッ・イデッ」（*sambodana ngede ide*）と呪文を朗誦する。終了すると2人目の頭目へという順番で、4人の娘組の頭目への朗誦が終わると次の者に交替する。トゥルナ・バニが全員終了すると、プガウィンが儀礼棟に上がって繰り返す。娘組の頭上にあるデワ・グデの灯が時々飛び散る泥で消える。「シラップ！」（亡くなった）の声で中断し、再び初めからやり直す。デワ・グデが消えたら儀礼は成立せず、火が消えたのが4番目の頭目でも最初からやり直す。40分で儀礼は終了し、衝立の奥の少年は無傷である。娘たちは泥だらけの体で外の簡易水道に走り、カメラマンがショットを狙う（写真41）。

　少年たちは到着時と同様に再び竹の覆いの移動小屋に入り、次の2番目の娘宿（ダハ・ヌンガー）の集会所へと向かい、同じことを繰り返す。最後に3番目の娘宿（ダハ・ニョマン）に行って完全に終了する。移動小屋を使って修行宿に戻ると、少年は口をきくことを許され、しゃべったり笑ったりする。中庭には親たちが用意したご馳走が置かれ、少年は共食、マギブン（マギブンガン）する。クグドンは3日後に2回目、さらに3日後に3回目が同様に行われて終了する。「トゥルナ・ニョマン」は少年組のイニエーションであると共に、娘組にも試練のイニシエーションである。

　クグドンではダハは泥だらけになり、娘宿は泥水でぐじゃぐじゃになる。しかし、これこそが大地、特に地中の土の豊穣性を実体験する機会である。泥海こそが豊穣多産の源泉で、女性がそれと一体化することで農作物の多産が保証される。女性は食物を産み育てる土や大地と一体化して蘇る。蛹から華麗な蝶へと成長していく過程になぞらえられる少年には再生力の源泉のイメージが託

される。蛹が繭の中で蝶へと脱皮・変身して生まれ変わる。鮮やかな姿態の変容に強靭な生命力を観る。メタモルフォーゼに生命の神秘を感じ取っているのであろう。蝶の孵化は大地の再生と感応する。蝶の脱皮と再生、想いもかけない変容の連続の諸相にこそ生命力の顕現をみた。成長して蝶となった若者にとって祭は、自らの成長を再確認する確認する機会となる。トゥンガナンのコスモロジーの最も重要な象徴の要素が、「花」と「蝶」にある。ウサバ・カサは深層のコスモロジーに支えられて、家と村が少女・娘・若者の成長を改めて確認する機会となる。

5. 儀礼と景観史

　トゥンガナンでは、儀礼と景観は一体化している。生活の場そのものが儀礼の空間であり、儀礼の時間が景観を通して想起され、村内や村外を歩けば、儀礼の記憶が蘇る。こうした儀礼の時間と空間の状況を整理し、景観史に関わる重要な点を指摘しておきたい。

　第1は農耕儀礼を通して見えて来る景観史である。トゥンガンアン・プグリンシンガンの村落から山を越えた平原には224haの広大な共有地の田圃が広がる。ここが村の中枢部を形成する人々の富の源泉であり共有財産の管理が重要である。村の人々にとって、最も大事な生産基盤は稲である。ウサバ・カサでは、集落内の海側（クロッド）にある始祖を祀るプラ・バタン・チャギの祭から始まり、新年にあたって氏族の先祖に神饌を奉納する年頭の祖先祭祀の性格が強い。一方、ウサバ・サンバーの場合は収穫感謝の儀礼の様相が強まる。集落外で最も山側（カジャ）で水源の近くに位置するプラ・プナタランとイェ・サンティで女性たちが供物を捧げるマミユットの儀礼から始まる。プラ・バタン・チャギとは性格を異にする祖先祭祀の様相もある。石の祭壇があり祖先の霊魂が集るアグン山を祀る。生業の根幹であったバリ米は年2回の収穫で1・2月から5・6月と、7・8月から11・12月で、成長過程に合わせた農耕儀礼による豊作祈願が意図されていた。ただし、1963年のアグン山噴火後、稲の栽培品種が変り、共有田だけで総てをまかなうことは出来ず、他所から買い入れるようになって儀礼の目的にズレが生じた。米の成員への分配は元々はウサバ・サンバーの始まる前とされ、この祭りは重要であった。年中行事だけでなく若者組や娘組への入会もこの時に行っており、人生儀礼の折り目とも重なっていた。

　第2は「時間生命体」の認識である。1年間の前半の祭りは鉄製の木琴のスロンディン、後半過ぎの行事から木琴型鍵盤楽器のガンバンが多用される。ガ

ンバンの役割は葬儀や死者供養、死霊の鎮撫で、年間の暦の後半の季節には死の様相が色濃くなる。年中行事の流れは生から死へであり、翌年の新年の祭りによって復活へと反転する。トゥンガナンの暦は1年が単位ではなく、3年で完結する。農耕に合わせた1年間の短期の再生と、3年間を単位とした暦による長期の再生という、二重の時間認識の多次元性を持つ。ウサバ・カサやウサバ・サンバーの大祭においては、祖先祭祀も行って守護を願った。トゥンガナンの起源の伝承には、先祖は海からきた説と山からきた説があり、ウサバ・カサとウサバ・サンバーの双方の冒頭の儀礼にこれに対応する歴史的記憶が表れている。集落の起源に関わるプラ・プセは双方の祭りで重要な祈願の場となり、そこから神を集落に招き入れる。

　第3は村落の景観史に関わる二元論の再考である。ウサバ・カサやウサバ・サンバーでは、山側のカジャと海側のクロッドは、ヒンドゥー・バリの多くの村と同様に山側の優位、海側の劣位を説き、トゥンガナンでも基本原則であるが貫徹はしない。アブアンでは男性は山側、女性は海側になる。バレ・アグンでの序列も山側が上位、海側が下位である。若者組の集会場のトゥムは海側から山側に長男・次男・三男に擬せらる[注75]。他方、若者組の集会場の海側にバレ・アグンがあり、大人組の重要な儀礼はここを中心に展開する。集落の外の海側には氏族の始祖を祀るプラ・バタン・チャギがあり、10の氏族の祖先を10の石に祀り、配置は海側から見て右・左・右・左の順で右（パヌガン）が左（プンギワ）より優位にたつ[Korn 1960; Ramseyer 2009: 42-43]。氏族を起点に据えた場合は、若者組→大人組→始祖という流れが、山側から海側に展開し、若者から大人、そして祖先へという繋がりの景観史が展開する。プラ・バタン・チャギを主体とすれば海側優位、山側劣位が儀礼の基本的流れから見て取れる。

　バリ・ヒンドゥーでは東側（カンギン）の優位、西側（カウ）の劣位を説くが、トゥンガナンは貫徹しない。墓は東と西の双方にあり、東側は山側から海側へ、4か所に区画が分けられ、子供・未婚者、障害者、健常者、パンデ住民の順に山側から海側に並ぶ。パンデの墓地の脇には死者の霊を祀るプラ・ダラム・カンギン寺がある。戦士を埋葬する墓地は、村の西側の山側で、最高位のサンヒヤンの家系の者は西側の墓地に埋葬され、近くに死者の霊を祀るプラ・ダラム・カウがある。墓とプラ・ダラムが双方にある。プラ・ダラムが南側にあることはバリ・ヒンドゥーの山側優位・海側劣位に従うが、西側の方に地位が高い人が祀られ、東側と西側の双方に墓があるので優劣や二元対立は固定化できず、関係性の複雑化が残る。さらに、集落が西集落、中集落、東集落に分かれ、西

と東にプグリンシンガンの成員が住み日常生活では西側優位、東側劣位である。墓地は集落の東にあり、これと適合する。他方、東方には聖なる丘、クブランランがあり東側優位も設定でき、山の儀礼に関しては娘組が主体である。東側と西側の優劣は状況や文脈に応じて変わる。

　第4は景観史に関わるヒンドゥー・バリとバリ・アガの差異の形成である。バリ・ヒンドゥーの村は、ジャワのマジャパヒト王国に由来するとされるカヤンガン・ティガ（*kayangan tiga*）の形式をとり、村落の山側にプラ・プセ（起源の寺院）、中央にプラ・デサ（プラ・バレ・アグン。村の寺院）、海側にプラ・ダラム（死者霊の寺院）の3つの寺院を置く構成であるが、この村ではプラ・デサがなく、村の内部では集会場のバレが山側と海側を結ぶ中心軸上にあって重要な役割を果たす。バレの東側の大通りが儀礼の祭場となり、複雑多岐な小祠の寺院が各所にあって一つに焦点化されない。バリ・アガとバリ・ヒンドゥーの形式が折衷と融合を繰り返して現在に至ったと考えられる。山側にプラ・プセ、海側にプラ・ダラムという配置や集落の列状構成はバリ・ヒンドゥーと共通するが、プラ・ダラムが東側と西側の2か所ある点が異なる。プラ・ダラムは第7月に黄牛を供犠して悪霊のブタカラに捧げて海側に追いやるムフムフ（*muhumuhu*）の儀礼の祭場になる。

　起源の寺院のプラ・プセを主体として考えると、集落の山側の外の立地で、究極の祖先を祀るプラ・プナタランはその奥、聖地の「七つ石」は山中に点在し、最奥には生活の根源となる水分の山、バタ・ブドゥ（485m）がそびえ、その彼方は究極の聖地のアグン山である。聖地の重みは明らかに山側にある。山を水源とする水流は集落内を貫徹し、集落外に流れ海側に注ぐ。村の西側にはパンデック川（*Tukad Pandek*）が流れる。水田稲作を基盤にすえる村にとって水源のある山側が神聖視される方位になった可能性は高い。

　第5は景観史による移住の経路に関する推定である。ヒンドゥー以前のバリ・アガとはバリ・ヒンドゥーは異なった原理を持ち、混淆の過程が景観の歴史に刻印され、相互に読み替えて複雑化した。外部から来たと推定される祖先の経路に関しては山側と海側の双方の伝承があり、山側に観念的な祖先を祀るプラ・プナタラン、海側に血縁や系譜を意識する先祖を祀るバタン・チャギがある。バリ・ヒンドゥーがトゥンガナンに進出した拠点と推定されるのは村の東南部で、ジャワのマジャパヒトからの移住伝説を伝えるジェロ・ドゥクーの屋敷があり、プラ・スガラ（海神）とプラ・マジャパヒト（ジャワの祖先）を祀り、村の葬儀を執行する。ジャワ系の呪術師（ドゥクン）の家系かもしれない。ジャ

ワからバリに伝わったヒンドゥー文化は、トゥンガナンでは村の南東を拠点に浸透したが、在来の文化を覆すまでには至らなかったと見られる。トゥンガナンの祭司は世襲でサンヒヤンの家系が重視され、バリ・ヒンドゥーのブラーフマナ出身のプダンダや寺院のプマンクのような階層制には組み込まれていない。装束も白衣にグリンシンの細布を纏う装いで在地の習俗に根差している。トゥンガナンは三方を山で囲まれた集村で、外部から受容された文化は重なりあい、様々に解釈されて、創造的に変容されて今日に至る。景観史の観点からその方向性は推定できる。移住者の波は何度かにわたり、特に山側よりも海側の方から多様な勢力が加わったのではないか。海側が観念的にも現実的にも常に両義的世界で、方位の優劣や上下の決定に大きな役割を及ぼしたと見られる。

　第 6 はバリ・アガの基層文化に根差すと推定されるトゥンガナンでの石（バトゥ）の重要性である。祭で祀られる石は各地に遍在する。海側のプラ・バタン・チャギの祭壇、集落の海側のバレ・アグン、海側から山側への 3 つの集会場、トゥムの前のトゥタブハン、集落の山側のプラ・プセのご神体、集落をはずれた山中のプラ・プナタランやイェ・サンティの祭壇など、集落の外と内の海側、集落外の山側、山中、集落の東西にあり、海側・山側、東側・西側を超えて各所に点在する。海辺では祖先が上陸した地点という浜辺のバトゥ・マンガル、山中には祖先が連れてきた馬の死骸の部位が落ちた場所という「七つ石」がある。石は大地や地中との接点で、村の祭の期間中に集落内の集会場、3 つのトゥムとバレ・アグンの前にある石、ムタブハンにトゥアック酒を注ぐ、ムラブーによって活性化が図られ、地中の悪霊を鎮める。大地は両義性を帯びている。石への信仰こそトゥンガナンの根幹で、石にいのちが宿るという意識もあり、森や川や丘を含めて、祭りを通して自然と人間が共にいのちがあることを再確認し関係性を更新する。トゥンガナンの世界観の根源には人間と自然との柔軟な認識の相互作用がある[注76]。

　総じて、トゥンガナンでは、バリ・ヒンドゥーの村落における山側優位・海側劣位、東方優位・西方劣位という絶対的な対立はなく、二元的な関係性の優位と劣位は、儀礼の内容や状況によって相対的に決まる。社会的には、男性側の若者組、大人組、長老、女性側の少女組、娘組、大人組、長老を基礎とする地位序列制が基本にあり、「平等主義」の理念が貫徹している。男女とも結婚することが前提で、村内婚による社会の存続が目指される。村落共同体、正確にいうとプグリンシンガンの成員権の維持継続が基本理念で、男女の役割分担、加入順の序列、既婚未婚の区分を最優先する。社会統制と儀礼実践の相互作用

264

が強く働き、社会内部の統合力が強い。一方、外部との関係では、外部の観念や実践が、村内に持ち込まれると、柔軟に読み替えられ、解釈の許容度が広がる。サカ暦を換骨奪胎して、トゥンガナン暦の中に溶けこまされる。カジャ（山側）、クロッド（海側）、カンギン（東方）、カウ（西方）の概念は、プルナマやティレム、カサやサンバーと同様に、他の村と名称は同じでも内容の全く異なるものに転換された。内への凝集力と外の力への柔軟な対応力が働く。トゥンガナンの世界観は融通無碍で柔軟性に富み、総ての物を受け入れ融合させて独自の体系を創出する力学を創出し、人々の体験知や人生哲学を凝縮させて徹底した「内旋」(involution)によって複雑性を極限まで突き詰めてきたと言える。しかし、急速に変化する政治・経済の影響から逃れることは出来ない。強靭な次世代への継承の論理はしばらくの間は維持される可能性は高いとしても、困難さは増している。

おわりに——儀礼と観光

　現在のトゥンガナンは観光の村で、村は観光と切り離せない状況になっている。朝9時から夕方の17時まで観光客が村のあちこちを歩きまわる。昼間は道の脇には暦や装飾卵やアクセサリーの出店が現われ、家の外壁には多くの仮面やワヤン人形が飾られ（写真42）、天然の蔓草で作られた工芸品のアタ製品は特に人気があり家の内外に飾られ（写真43）、家の中には草木染の布、ジャワのバテイックやスンバの布、グリンシンも並んでいる。笛や木琴などの楽器も豊富で、観光客のために呼び寄せの演奏をする（写真44）。村人は日々往来する道筋だけでなく、家の中も常に外来者の眼にさらされ、写真や映像で容赦なく捉えられる。道を闊歩する水牛や豚や鶏も観光客の写真の目標である。加速する情報化や観光化の波は容赦なくこの村に浸透し、近年になっての変化は著しい。
　2013年9月に村を訪問した時、入口の門の脇にコンピューター・グラフィックスによる巨大な写真看板が村の入口に張り出されていた（写真45）。2013年6月に行われたウサバ・サンバーの1ケ月にわたる祭の全てが写真で提示され、説明が加えられて、詳細な日程表として展示されていた。観光客はこの看板を見てこの情報を導きとして見学にやって来るのだろうか。それとも日常生活と祭との落差を確認して、トゥンガナンの「真正性」(authenticity) を確認するのだろうか。写真では、大観覧車アニュナンや模擬戦闘のカレカレ、娘組のアブアンなど、ウサバ・サンバーの中でも観光化に結び付きそうな「見せる」要素

写真 42　装飾卵や人形・仮面の販売（2016）

写真 43　家の中の工芸品アタ製品（2016）

写真 44　楽器と絵の販売（2012）

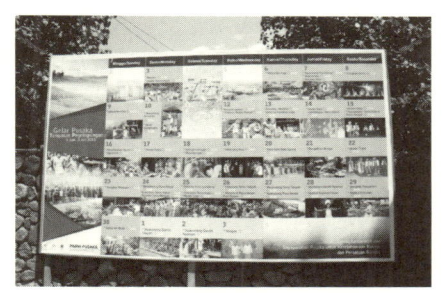

写真 45　ウサバ・サンバーの祭りのコンピューター・グラフィック（2013）

　が提示されている。しかしトゥンガナンでは各々が儀礼の中に文脈化されており、バリ・ヒンドゥーに比べて儀礼性が基本であり、「資源化」は簡単ではない。観光客は当日だけ見学に来て写真や映像にとり、村人とは話もせずに帰る。状況は同じなのである。

　2012 年 6 月の訪問時に、マンク・ウィディアがしきりに、コンピューター・グラフィックスの専門家を紹介してほしいと言っていたことを想い出した。巨大な図像を処理できる技術はバリにはないので、協力や援助のあてがないかとも尋ねられ、村落復興の開発計画に関する趣意書も手渡された。2013 年 9 月の訪問時には、村の山側の一角に小さな「情報センター」が開設され、多くの儀礼の写真が展示され、トゥンガナンについて書かれた本や論文も集められ、記録された DVD などが一括して保管されていた。グリンシンを織る実演も行わ

写真46　マンク・ウィディアの埋葬(2014年1月)

れ、布の展示もあった。長い間、計画されては消えていた博物館開設に近づいて記録化にも協力できる体制が整ってきたような雰囲気があった。しかし、村人の尊敬を集め豊富と経験と知識を持ち、外部者との折衝も巧みであったマンク・ウィディアは2014年1月2日に亡くなった（写真46）。村は重要な指導者を失ってしまったのである。

　政府が力を入れる観光化と村落開発の波は、この村に確実に押し寄せている。トゥンガナンをプサカ（pusaka）、つまり「遺産」として保護する計画が進行中であった。それはPNPM（Program Nasional Pemberdayaan Masyarakat）といい、英語ではNational Program for Community Empoweringとなる。今回の写真看板展示もこの作業の一環であった。キャッチ・フレーズは「人々の繁栄のために遺産を知り、保全し、利用する」(注77)ことである。「持続可能な発展」（sustainable development）や「エンパワーメント」（empowerment）といったお決まりの開発の言葉が飛び交う。長い歴史の中で営々と積み重ねられてきた文化や社会がグローバル化の荒波にさらされて、急速に画一化の流れに組み込まれようとしている。デジタル時代の到来により、映像や写真はたちどころに複製され流通する。こうした荒波の中で、個性的な暮らしを営んできた地域社会の独自の感性や知識をどのように活用するべきか、トゥンガナン・プグリンシンガンは大きな転換期に立たされている。

　2016年2月、トゥンガナンを再訪した。マンク・ウィディアの追悼を兼ねての訪問であった。その時に目にしたのは恐るべき景観破壊であった。元の入口（写真47）は完全に作り変えられていた。入口の前にあって駐車場に使われていた広場が整備されて土産物店が一掃され、イベントができる広場に改造されていた。その前には水牛の石像が点々と置かれていた。村に入る観光客から入村料を取るカウンターも設置されて、インドネシア語で「DESA BALI AGA」（バ

写真 47　村の入口（2013）

写真 48　村の前の広場と新設された受付（2016）

リ・アガの村）と表記した石が正面に据えられ、広場は改装され村の景観とは調和しない瓦屋根の新しい休憩施設が3棟ほど建ち、正面には水牛の彫像が3頭置かれていた（写真48）。外側に彫像を作った理由は、バリ・アガへの外部からのイメージの顕在化であり、ムカレカレの石像と共に村を代表する他者表象なのである。

　村の外側の壁はきれいに整備されて低くなり、土産物屋が一掃されたので、村の拝所の一つのプラ・プゥトゥンとプラ・ガドゥーの建物が外側から見えるようにむき出しになってしまった。外壁を上に作った高台には、ウサバ・サンバーの最大の呼び物であるムカレカレの石像が出来て、パンダナスの楯と棘草で2人が争う様子が描かれている。年間に1度限りの行事が常時、外部表象として恒久化されることになった。

　2016年には、従来ゆっくりと進んできた村の内在的な運動が無化されて、外部からの暴力的な力による景観破壊が起こっていた。入口には、村人用の門と観光客用の門が別々に作られていた。これまでは、村人も観光客も一つの門から入り、入口の監視台にいる村人に、「寄附金」として各人の意志によって払っていたが、見事に景観は変化していた。入口を入るとすぐに右手にプラ・ガドゥーが見える配置で神聖性は失われた。そして、小祠や寺院、集会場や穀物倉などに個々の名称を示す説明の看板がつけられていた。トゥンガナン・プグリンシンガンは観光客向けの生態博物館（eco-museum）に変わっていたのである。村の中を山側に移動して、集会場のトゥム・カジャの向かいにあった「情報センター」に行ってみると、門には鍵がかかり人気がなく、中は空き室になっていて、収集資料はなくなっていた。再び、博物館計画は消えてしまったのである。余りのショックに呆然として立ちすくんだ。村の入口には開発による景観整備のレイアウトが、コンピューター・グラフィックスで掲げられて、未来

の村のモデル図が描かれていた。

　北門を越えて、一番奥にあるプラ・プナタランに行ってみた。そこでは、周囲の森が切り倒されて道が整備され、周囲は石垣が新たに築き直され、石を祀る神秘な光景は白日のもとにさらされていた。マンク・ウィディアから、ここだけは近寄るなと言われていた鬱蒼とした森の中の聖地は丸裸になっていた。マンクが生きていたらもう少し森との共生を考えていたのではないかと悔やまれてならない。

　トゥンガナン・プグリンシンガンを初めて訪問して以来、25年が経過し、祭司のマンク・ウィディアやスロンディンの演奏者のグナワンと親しくつきあって10年の歳月が流れた。2人とも世を去って大きな喪失感が残る。濃密な儀礼の記憶が蘇り、現在の景観との落差に慄然として立ちすくむしかなかった。「遺産」という名のもとでの村落開発は、眼に見えないものとの交流を大切にしてきた人々の意識を変えてしまったのだろうか。長い時間をかけてつくり上げてきたトゥンガナン・プグリンシンガンの生活の行方はどうなるのか。今後どのように「遺産」とつきあって未来に伝えるのか。残された課題は多い。

〈謝辞〉　本稿の基礎をなす調査に際しては、イ・ワヤン・マンク・ウィディア（I Wayan Mangku Widia）氏、イ・ニョマン・パルタ・グナワン（I Nyoman Parta Gunawan）氏をはじめとする多くのトゥンガナン・プグリンシンガンの方々に御世話になった。ウブド近郊のプリアタン村のプリに住むアナック・アグン・グデ・カレラン（Anak Agung Gede Kaleran）氏にも多大のご援助とご教示を得た。山本宏子氏からも多くの示唆を頂いた。深く感謝申し上げたい。なお、本稿のもとになった報告は［鈴木 2011, 2013］であるが、その後の調査も併せて全面的に組み替えを行ったことを付記する。

注
(1)　バリ・アガは侮蔑語とされ［Goris 1960: 294-295］、負の表象でもある。バリ・ムラ（Bali Mula）ともいい、原初のバリを意味する。アガは古ジャワ語の「山」ともいう［Reuter 2002: 12］。
(2)　キンタマーニのバトゥール湖畔のトゥルニアン（Turnyan）は風葬習俗や仮装来訪神のブタラ・ブルトゥック（Bethara Berutuk）で知られるバリ・アガの村である［Danandjaja 1980］。
(3)　村名はトゥガナンとも表記されるが、村人の発音に近いトゥンガナンを使用する。
(4)　慣習法の具体的な取り決めについては、Pudjasworo［1987］を参照されたい。

(5)　基本は二期作で、雨量が少ない土地では水稲と畑作の二毛作を行った［藤岡 1968
:127］。

(6)　古くはコルン［Korn 1960(1933)］やコバルビアス［Covarrubias 1972(1936)］の報
告、ウダヤナ大学調査［Darsana I Gusti Putu. 1975; Darsana,Tjokorda,Raka.SH, 1976］が
ある。日本人では染織［吉本 1977］、民族音楽や年中行事［山本 1986, 1995, 1996a·b,
1997a·b·c·d, 1998, 2000］、物質文化［吉田 1982; 天理大学附属天理参考館編 1990］、鉄琴
［野澤 2015］の調査研究がある。

(7)　ラムセイヤーは 30 年以上にわたりトゥンガナンで調査を継続し、著書や論文を
多数書いた。初期の記録［Ramseyer 1977］以後も調査を継続し、［Ramseyer 2009］
は集大成である。

(8)　サカ暦は南インド起源で、ジャワで改変されたと考えられる。南インドはアマー
ンタ暦（amānta）で、前半は新月の翌日からの「白分」15 日（満月）、後半は満月
が欠けていく「黒分」15 日、新月基準の暦である。北インドはプールニマーンタ暦
（pūrnimānta）で、満月の翌日から新月までを黒分、新月の翌日から満月までを白分
とする。満月基準の暦である。

(9)　トゥンガナン暦のカサ月は異なっていて、太陽暦の 1 月から 2 月頃になる。

(10)　草分け筋のゴロンガンの 10 の氏族のうちパンデブン、パンデマスという鍛冶の
血筋は 200 年前に絶え、トゥンガック村（Tungak）からパンデを呼んで定住させ、
現在は 6 代目だという。パンデマスは村の起源神話の金細工師の名前と同じである
［Korn 1960: 307-308］。

(11)　この場合、居住区は返上し慣習上の義務は免除となるが、儀礼への参加は認めら
れる。

(12)　バリ・ヒンドゥーはインドのカーストのうちヴァルナ（varṇa, バリでは warna）
を受容した。祭司、王族、貴族、平民に対応するが、厳格な階層とは言えない。た
だし、上位 3 つのトリワンサ（triwansa）をジェロ（Jero 内）、下位をジャヴァ（Jaba
外）とし、称号の有無で区別する。オランダ植民地下で強化されたと見られる。

(13)　中集落と東集落の間の集会場は、高い土台の上に建っておらず、儀礼も特に行わ
ない。

(14)　祭祀に加わる特権的な人々が坐る場所であり、日本の「宮座」を彷彿させる。

(15)　バリ・ヒンドゥーのスカ（seka）と呼ばれる特定の目的で形成される集団に近い。

(16)　バリ・ヒンドゥーでは火葬に際して死霊の浮遊霊から守護して鎮める楽器だが、
カンランガッサムではキドゥンなどの聖なる歌の伴奏や、ルジャンやアブワンでも
使用する。

(17)　タロ（Tarɔ）、チュンパカ（Cempaga）、シダタパ（Sidatapa）、プダワ（Pedawa）, ティ
ガワサ（Tigawasa）などで、海岸沿いにはスンビラン（Sembilan）がある。タロに
は巨人のクボ・エダンの長さに合わせて作ったという長いバレがある。現在はヒン
ドゥー化された。

(18)　村全体の儀礼に関わる調理場は、集会場近くの西集落の一画にある。

(19)　祠は海側のプラ・バタン・チャギ、プラ・ガドゥーや山側のプラ・プナタランやイェ・サンティで、木造の拝所や供物台、石の祭壇が点在する。プラ・プセは周囲に立派な石垣の塀がある。寺院は煉瓦造りが加わり、プラ・ドゥルン・スワルガ、プラ・ラージャ・プラナ、プラ・ダディアなど、本格的な石造寺院は集落の外のバリ・ヒンドゥー的なプラ・ダラム・プンガストゥラン（山側）、プラ・スリ（山側）である。プラ・カンダンは水牛の神を祀り石造りの台のみである。

(20)　ンギジュン（ngijeng）、サンヒヤン・キワ（sanghyang kiwa）ともいう。

(21)　現在では故マンク・ウィディアの息子のみとなった。共通の先祖にあたるジャンクラン（jankran）の男性であるイ（i）と女性であるニ（ni）の間に4人の男子が産まれ、それぞれ1代、5代、6代で絶えたが、三男の筋のサンヒヤンの系統は続き8代目であるという。

(22)　水牛の肉を刻んでココナッツと香辛料で和える。血が混じった赤の供物と白飯の白の供物が組をなす。煮込み料理が添えられる。料理のセットの総称はトゥダゥ（dedauh）である。

(23)　1960年代初頭に稲が鳥の被害にあったので祈願したら、託宣が下ったので建立した。

(24)　若者組を退会したパラック・スミトラと呼ばれる男性が担当する。

(25)　参加者は若者組から選ばれる。バトゥ・クブンへ行く組は若者組のバハン・ローラスの最上位（左）とタンバラップ・ローラスの最下位（右）、バタン・チャギに行く組はバハン・ローラスの第2位（右）とタンバラップ・ローラスの下から2番目（左）の組合せである。

(26)　トゥンガナンの小作人、アサック村のウサバ・カサの祭については［嘉原 2010 (1995)］を参照。ただし、トゥンガナンのカサは太陽暦の2月頃、アサックでは6月～7月頃になる。

(27)　正式な暦の1月は5月21日～6月20日であった。

(28)　トゥンガナンでは男女共にアブアンを行い、ルジャンは女性のみである。

(29)　バリ・ヒンドゥーは死者を火葬し、死者の寺院も海側にある。

(30)　地元の人の説明では、この木は「インドラの柱」で、人形はアルジュナなどインドの叙事詩の『マハーバーラタ』に因むという。人形もシヴァ、ヴィシュヌ、ブラフマーという。村落の内部までヒンドゥーの教義による解釈が入り込んできている。

(31)　当日、天上の霊は少女組と共に3つの丘の聖地（Kubulangang, Naga Sulung, Sulung Gimbal）の一つにいくという［Ramseyer 2009: 129］。

(32)　トゥンガナン周辺は戦闘の踊りをタミアンといい、ムカレカレはこの村独自の名称である。

(33)　海の神からの贈物とする所もあるという［McPhee 1976: 257］。

(34)　西集落と中集落の間の集会場とその周囲の空間だけで叩くことが許される。

(35)　コバルビアスは「年寄りを生け贄にする祭礼があったらしい」と記し、葬義では遺体を洗った水を稲の上に滴らせ、その稲を脱穀して炊いたご飯で人形を作り、埋葬後に子孫に食べさせて死者の霊力を吸収すると記す［コバルビアス 1991: 65-66; Covarrubias 1972: 23］。

(36)　アサックのウサバ・カサの深夜のムチャパーでは、儀礼の最中に火が消えると不幸が訪れるとされ［嘉原 2010 (1995): 134］、人身供犠と繋がるような伝承が伝わる。

(37)　カスタラ、ブンガヤ、アサック、ティンブラー、ブグブグ、ニス、マチャンである。総計で 14 の水利組合（スバック）が、各水路の農作業を担当する。

(38)　日本の事例で言えば、現地で「荘園経営」にあたっている在地貴族と考えればよい。

(39)　行政上の取り決めはこれらの指導者の会議で協議され、特別な議題がある時は行政村長のクパラ・デサを召集する。月に 3 回ほど会議がもたれるという。

(40)　ジャワのマジャパヒトの村への影響は、南東に住むジェロ・ドゥクーに顕著である。

(41)　ジャワの古典文学やバリの王朝記『ウサナ・バリ』に記述が残る［豊田 1997］。

(42)　2 回のアブアンの意味である。男性が行うのはアブアン・ピンド、女性 1 人の場合は、アブアン・ルー、男性と組む場合はアブアン・ルー・ムアニという。

(43)　ルーは女性の意味でクラマ・デサのタンバラップ役の男性の妻から毎年交代で選ぶ。

(44)　英語で珊瑚樹（coral tree）、学名は *Erithrina subumbrans* で儀礼で使われる。

(45)　プラ・ガドゥーのはクサンガ月（第 9 月）の祭にも祀る。翌日にチャンディ・ダサの浜辺に行き海からきた先祖が船の碇（マンガル）を繋いだとされるバトゥ・マンガルの巨石を祀る。先祖が馬の死骸が見つけた場所ともいい、祖先祭祀と関連する。

(46)　バリ・ヒンドゥーのサカ暦の新年にあたり、前日は悪霊を祓い、当日は静寂に過ごす。トゥンガナンの暦のニュピは 1 日だけでなく 15 日間続く。

(47)　サンクパンには種類があり、毎月の変わり目のパティパンテン（*patipanten*）、男女の共食のマウル・カンタンガー（*maulu katengah*）、神との共食のムラ（*mula*）などがある。

(48)　檳榔はキンマの葉に包んで噛む趣向品として用いるが、儀礼でも重要な役割を果たす。ブンガン・バセーの構成物は複雑で［Ramseyer 2009: 83］、大きさも大・中・小がある。

(49)　トゥンガナンは周囲の 8 ケ村と儀礼的協力関係のワラン（*warang*）を取り結ぶ。ニス（Ngnis）、ブグブグ（Bugbug）、テインブラー（Timbrah）、アサック（Asak）、ブンガヤ（Bungaya）、シベタン（Sibetan）、タナアロン（Tanaharon）、ダウ・トゥカッド（Dauh tɯkad）である。

(50)　大人組の女性の衣装については［内海涼子 1996: 8］が詳しい。

(51)　ググロン、イジャン・イジャンに次ぐ神聖な調べである［Ramseyer 2009: 163］。

(52)　男女の微妙な感情を歌い込めている恋愛歌に近いという［野澤 2015: 249-250］。

(53)　ウサバ・サンバーのクリマ月タンガル 15 日のプルマの日には集会所の山側にコ

コナッツ、中組にジャカ、海側に檳榔樹（*pinang*）を建てるが、ジャカが含まれていて重要である。

(54)　つくね焼き、煮込み肉の串焼き、脳髄の葉包み焼き、肉・皮・肝臓の串焼きなどがある。

(55)　豚肉と椰子の実の千切りを混ぜ豚の血を入れるラワール・セマットと、豚皮を刻んで豚の血を入れるラワール・ルンバアッがある。

(56)　雨が降った後、キノコが水牛や山羊に踏みつぶされ、再び芽を出すという内容である［野澤 2015: 254-255］。秘歌キドゥン・プジャ・スマラ（*kidung puja samara*）が歌われる。ただし、使用語彙のプジャやスマラはサンスクリット語由来で外来要素の混入もありうる。

(57)　悪霊祓いに関しては、ウサバ・サンバーでは、クリマ月のフッド 6 日の夜にジャワのマジャパイト（*Majapahit*）王国の神が村を訪れるが、ブタカラやムムディ（*memedi*）など悪霊もつれてくるので、儀礼的な戦いを「アブアン・カラ」で演じて撃退する［Ramseyer 2009: 136］。2 月後のクピトゥ月のムフムフ（*muhumuhu*）で完全に追い出される。

(58)　後半部を男性によるルジャンと表現する場合もあるが、あくまでも比喩的である。

(59)　トゥム・カジャのスロンディンはバレ・アグンに貸し出すので伴奏はない。

(60)　曲折した道を辿り、美しい木々や枝、美しい花を見ると歌う［野澤 2015: 258-259］。

(61)　娘組のうち、長女組がクブランラン、次女組がナガスルン、三女組がトゥガル・ギンバルにお参りする。祈願は地面にジャカとバナナの葉を敷き、ヤング・ココナッツの実の中に砂糖菓子の塊を入れる。サンボダナという呪文を唱える。椰子の実を螺旋状に切って頭にかぶって下山する。ウサバ・サンバーではアニュナンやムカレカレの日に山に登る。

(62)　娘組が東方の山に登る定例日は、カサ月フッド 5 日、クティガ月フッド 5 日、クリマ月フッド 8 日（閏年のサンバー・ムーランの時はフッド 12 日）、クナム月フッド 2 日、コル月タンガル 10 日、クサンガ月タンガル 3 日、7 日、10 日である。

(63)　クティガ月（第 3 月）のフッド 3 日の祭でも同様に行う。

(64)　シベタンには、カロ月のミデル・ブワナ（*mider bhuwana*）にプムジャ・カプー（*pumuja kapuh*, 白の神饌）という特別の供物を捧げる巡行を行う。この時は王宮のあるウジュン（Ujung）や、隣村のアサック（Asak）にも行く。歴史的な関係を確認する行事とみられる。

(65)　前々日はムラスティ（*melasti*）で神像のプラテーマ（*pratima*）を海や井戸で清める。前日は冥界のヤマの大掃除の日で悪霊のブタカラが地上に出るので清めのチャルを行い鍋釜を叩いて追い出し、魔物のオゴオゴを作って引き回して焼却する。トゥンガナンは行わない。

(66)　太陰太陽暦の場合は、月の形状を確認する必要から、1 日は日没から始まると考

えることが通例である。ただし、トゥンガナン暦は太陰太陽暦からの変形でさらに複雑になる。

(67)　クダサ月（第10月）に収穫を祝う稲の神デヴィ・スリ（Devi Sri）の祭があり、稲穂と共に聖なる植物のルンガー・ルンガハン（lunnggah lunggahan）が奉納される［Ramseyer 2009: 96］。ただし、祭の伴奏にスロンディンは使われず、ガンバンである。

(68)　ウサバ・サンバーでは、若者の集会所前で何回か行うが、ウサバ・カサでは簡単である。

(69)　サカ暦に基づき太陽暦の6月頃で第1期の農耕期の始まりで、祭の間に苗代に種籾を撒き、1ケ月後に田植をする。第2期の田植はカクル月（Kakulu, 第8月）の儀礼の1か月前で12月頃にあたり、1月のトゥンガナンのウサバ・カサと同時期になる［嘉原 2010: 137］。

(70)　若者組と娘組はジョタン・ワラン（jotan warang）という協力関係があり、トゥム・クロッドの若者組とヌンガーの娘組（長男─次女）、トゥム・トゥンガの若者組とワヤーの娘組（次男─長女）、トゥム・カジャの若者組とニョマンの娘組（三男─三女）が対になる。

(71)　近辺ではサンキドゥ（Sengkidu）やマンギス（Mangis）で行われ、ランプーヤン山麓のグナクサ（Gunakusa）では定期的に行った。最近は医療制度が整えられ廃絶に向かっている。

(72)　ニス（Ngnis）、ティスタ（Tista）、アビアンジロ（Abiangero）、タナハチ（Tanahachi）、トゥミンガル（Tuminggal）、アバン（Abang）、アバビ（Ababi）などである。

(73)　ウク暦でドゥングラン月（Dunggulan）の水曜日のガルンガン（Galungan）から10日間は祖先が戻ってくる日とされ、10日目がクニンガンである。

(74)　舞に伴う楽はヒンドゥー化された所ではゴングが使われ、一部でスロンディン、一部ではガンバが使われる。ガンバンは葬式では悪霊のブタカラを慰撫し撃退するとされる。

(75)　娘組は長女・次女・三女に擬せられるが、娘宿は特に海側・山側を意識しない。

(76)　人類学者はこうした現象をアニミズムと呼ぶが、西欧中心の宗教の進化の図式を引きずっており、「原始宗教」「未開宗教」のニュアンスを逃れられないので使用しない。

(77)　インドネシア語は以下のようである。*Kenali, cintai dan lestarikan dan dayagunakan pusaka untuk kesejahteraan rakyat.*

参考文献

内海　顕
　　1999「トゥルナ・ニョマン──バリ島，トゥンガナン・プグリンシンガン村の若者組修行課程」『季刊　民族学』88：84-95.

274

内海涼子

1996 「バリ島トゥンガナン・プグリンシンガン村における長老組織の衣装」『日本服飾学会誌』15：1-9.

ギアツ, C・ギアツ, H.

1989 『バリの親族体系』吉田禎吾・鏡味治也訳，みすず書房．Geertz, Clifford and Geertz Hildred. *Kinship in Bali*. Chicago: University of Chicago Press, 1975

コバルビアス, M.

1991 『バリ島』関本紀美子訳，平凡社．Covarrubias, Miguel. *Island of Bali*, Singapore: Oxford University Press. 1972 (first published. New York: Alfred A. Knoph, 1936)

シュタイナー, F.

1970 『タブー』井上兼行訳，せりか書房．Steiner, Franz. *Taboo*. New York: Philosophical library, 1956

鈴木正崇

2011 「バリ島村落の儀礼と世界観に関する考察——トゥンガナン・プグリンシンガンのウサバ・サンバーの事例から」篠田知和基編『愛の神話学』，pp. 345-393, 楽瑯書院.

2013 「バリ島村落の儀礼と世界観に関する考察（2）——トゥンガナン・プグリンシンガンのウサバ・カサの事例から」篠田知和基編『神話・象徴・図像』Ⅲ, pp. 103-184, 楽瑯書院.

天理大学附属天理参考館編

1990 『もう一つのバリ島——バリ・アガ族の民具』(第85回展図録), 天理ギャラリー.

豊田和規

1997 「『ウサナ・バリ』と『ウサナ・ジャワ』——バリの『歴史書』」『南方文化』24：179-204.

永淵康之

2007 『バリ・宗教・国家——ヒンドゥーの制度化をたどる』青土社.

野澤暁子

2015 『聖なる鉄琴スロンディンの民族誌——バリ島トゥガナン・プグリンシンガン村の生活，信仰，音楽』春風社.

藤岡保夫

1968 「バリ島の水稲作とその儀礼」宮本延人編『バリ島の研究』pp. 107-151，東海大学出版会.

プトゥ・スティア

2007 「キ・パティ・トゥンジュン・ビルーの村の心配——トゥンガナン村の観光化」鏡味治也・中村潔訳『プトゥ・スティアのバリ案内』[増補新版]，pp. 358-377, 木犀社．Putu Setia. *Menggugat Bali: Menelusuri Perjalanan Budaya*, Jakarta: Grafiti. 1986

山本宏子

1986 「バリ島テンガナン村における社会構造と音楽文化」『諸民族の音——小泉文夫先生追悼論文集』, pp. 528-548, 音楽之友社.

1995 「バリ島トゥンガナン村ガムラン・スロンディンの神聖」『東洋音楽研究』60：68-78.

1996a 「バリ・アガの村から (1)」『春秋』, pp. 23-26, 春秋社.

1996b 「バリ・アガの村から (2)」『春秋』, pp. 20-23, 春秋社.

1997a 「バリ・アガの村から (3)」『春秋』, pp. 28-32, 春秋社.

1997b 「バリ・アガの村から (4)」『春秋』, pp. 8-11, 春秋社.

1997c 「バリ・アガの村から (5)」『春秋』, pp. 18-21, 春秋社.

1997d 「バリ・アガの村から (6)」『春秋』, pp. 13-16, 春秋社.

1998 「バリ・アガの村から (7)」『春秋』, pp. 29-32, 春秋社.

2000 「バリ島トゥンガナン村を往来する芸能」野村伸一・星野紘編『歌・踊り・祈りのアジア』, pp. 268-290, 勉誠出版.

吉田裕彦

1982 「テンガナン村の集落と家屋配置」『南方文化』9：127-149.

吉本　忍

1977 『インドネシア染織大系』（上巻・下巻）紫紅社.

嘉原優子

2010 「バリ島のウサバ・カサ祭礼——主たる儀礼行動と儀礼空間の関係を中心に」『バリ島の村落祭祀と神観念』おうふう（初出：黒田一充編『聖域の伝統文化』大阪：関西大学出版部 1995 所収）, pp. 119-142.

Danandjaja, J.

1980 *Kebudayaan Petani DesaTrunyan diBali*. Universitas Indonesia Press.

Darsana, I Gusti Putu (ed.)

1975 *Desa Adat Tenganan-pegringsingan*. Universitas Udayana.

Darsana, Tjokorda, Raka. SH. (ed.)

1976 *Sekilas Tentang Desa Tenganan Pegringsingan*. Universitas Udayana.

Eiseman, JR. and Fred, B.

1989 *Bali: Sekala & Niskala, Vol.2: Essays on Religions, Ritual, and Art*. Periplus Editions.

Goris, R.

1960 The Position of the Blacksmith. In F. Wertheimed (eds.), *Studies in Life, Thought, and Ritual*. W. van.Hoeve. Second printing, In g 1980. Foris Dordrecht—Publications Holand/Cinnaminson-U.S.A. ("De Positie der Pande Wesi", in Medeldeelingen van de KirtyaLiefrink van der Tuuk,1:41-52,1929). pp. 289-297.

Korn, V. E.

1960 The Village Republic of Tenganan Pegeringsingan. In F. Wertheim (ed.), *Studies in Life,*

Thought, and Ritual. W. van.Hoeve. Second printing. In Swellengrebelet et al.1980. Foris Dordrecht- Publications, Holand/Cinnaminson-U.S.A. (De Dorpsrepubliek Tnganan Pagringsingan, Santpoort,1933). pp. 301-368.

McPhee, Colin.

1976   *Music in Bali*. Da Capo Press.

Pudjasworo, Bambang

1987   Pengamatan *Tari Tari Upacara di Desa Adat Tenganan Pegringsingan-Bali*, Manuscript. Akademi Seni Tari Indonesia.

Ramseyer, Urs.

1977   *The Art and Culture of Bali*. Oxford University Press.

2009   *The Theatre of the Universe: Ritual and Art in Tenganan Pegeringsingan*. Museum der Kulturen.

Reuter, Thomas, A.

2002   *Custodians of the Sacred Moutains: Culture and Society in the Highlands of Bali*. Unversity of Hawaii Press.

第8章　環礁州島の成り立ちと地球規模変動

山野博哉

はじめに

　太平洋やインド洋の熱帯域には、「環礁」と呼ばれるリング状に発達したサンゴ礁が多く分布しており（写真1）、その数は約400にのぼる［Bryan 1953］。環礁の上には、環礁上に分布するサンゴなどの石灰化生物が死んだ後に波や流れによって運搬され堆積して形成される「州島」が存在することが多く、人間が居住している場合もある。マーシャル諸島共和国、ツバル、モルディブ共和国のように国土のすべてが州島から構成される国も存在する。

　近年、地球温暖化にともなう海面上昇によって州島が水没してしまう可能性が大きくとり上げられるようになった。環礁や州島は多くの人が認知するところとなったが、脆弱なものとしての存在のみが強調され、その形成過程まで議論されることは少ないように見受けられる。しかし、実際に州島を歩くと、自らが立っている基盤である州島の成り立ちを知りたいと思うのはごく自然のことと感じられる。そして、州島の成り立ちの理解無く脆弱性を議論することに対する危うさを覚えるのである。

　私が初めて訪れた州島は、オーストラリアのグレート・バリアー・リーフにあるグリーン島であった。島を歩きその周りのサンゴ礁で泳いでいると、ある時に島のすべてがサンゴ礁に棲息するサンゴなどの石灰化生物の骨や殻からなることに気付いた［Yamano et al. 2000］。サンゴ礁に棲息する生き物が島を作っている、すなわち、州島の形成を理解するには、サンゴ礁の成り立ちも同時に理解しなければなうないのである。グリーン島を訪れてから数年後、マーシャル諸島共和国やツバルの環礁に訪れる機会を得た。そこでは大陸から離れた環礁の州島の上に多くの人々が生活しており、州島が生活の基盤となっている。一部の州島には都市化した景観が広がっており、元の地形はわかりにくい。しかし、人文社会科学をはじめとするさまざまな分野の方々とフィールドをともにして、丹念に地形の痕跡をたどってサンゴ礁と州島の成立を明らかにし、人間

写真1　ツバル、フナフチ環礁と州島（撮影：遠藤秀一氏）

居住史と組み合わせると、州島の地形形成と人間の居住が密接な関係にあること［Kayanne et al. 2011］、人々が州島地形に影響を受けながらもそれを改変して現在の景観を作ってきたこと［Yamaguchi et al. 2009］や、さらには元の地形を無視した開発が現在の州島の脆弱性を増していること［Yamano et al. 2007］を明らかにすることができたのである。現在の環礁と州島の景観を記述し理解しようとすることは、州島地形の成立、そしてそれと密接につながったサンゴ礁の発達、そしてそのサンゴ礁の発達に影響を与えている地球規模変動へと思考をめぐらせることへとつながっていった。

　歴史を振り返ってみれば、私だけでなく、環礁や州島の景観の中にその成立に関する思考をめぐらせた人々がいて、彼らの思考が研究の発展をうながし、環礁や州島の地表面の観察や掘削調査が行われることによって、この州島がはるか昔の火山活動、プレートの動き、氷期と間氷期の海面変動、地球の変形などさまざまな地球規模変動の結果成立したものであることが明らかにされつつある。本稿ではそれらを整理して、州島の景観の中にある地球規模変動を考えてみたい。

1　1000万年〜100万年の変動——環礁の成立

　環礁の成立についての議論は、進化論で有名なチャールズ＝ダーウィンによって19世紀にもたらされた。彼は1831年から1836年にかけて帆船ビーグル号で世界の航海を行い、その航海中にさまざまな島とサンゴ礁を観察して、環礁の成立に関する説——沈降説——を考えついた。最初に火山島ができ、熱帯

ではその周りにサンゴが分布し、それが積み重なってサンゴ礁ができる。この
サンゴ礁は陸を縁取るような地形なので「裾礁」と呼ばれる。島は長い年月を
かけて沈降するが、その一方でサンゴは積み重なってサンゴ礁が成長し、島と
サンゴ礁の間に深い礁湖（ラグーン）のある「堡礁」となる。さらに島が沈降
すると島は海面下に水没し、サンゴ礁はリング状の「環礁」となる。この沈降
説は非常に魅力的であるものの、火山ができてから沈降するメカニズムは当時
は不明であった。

　チャールズ＝ダーウィンの時代の少し後、アルフレッド＝ウェゲナーが世界
地図を見て、南大西洋を挟んで、南アメリカ大陸の東海岸線とアフリカ大陸の
西海岸線がよく似ていることに気づいた。彼はそれをもともと一つの大陸が分
かれて移動したことによるものであると考え、1912年に大陸移動説を発表した。
海岸線の形だけでなく、南アメリカ大陸とアフリカ大陸の両岸で発掘された古
生物の化石も一致することも大陸移動説の根拠とされた。しかし、大陸の移動
するメカニズムが当時は不明であったことから、大陸移動説はいつしか忘れ去
られていった。

　沈降説と大陸移動説は、1960年代以降に発展したプレートテクトニクスに
よってめざましい復活をとげる。地球の内部には、表面に近いところから、固
いリソスフェアとその下にあるアセノスフェアが存在する。プレートテクトニ
クスは、地球の表面がリソスフェア、すなわちプレートと呼ばれる何枚かの固
い岩盤で構成されており、このプレートが、アセノスフェアのマントルに乗っ
て動いていることで説明される。プレートが誕生してから移動するにつれて冷
え、アセノスフェアであった部分の上部がリソスフェアに変化してプレートが
厚くなり、沈降するのである。プレートの下のリソスフェアにホットスポット
と呼ばれる地点があり、そこからマグマが噴出してプレート上に火山ができ、
それがプレートに乗って運ばれる間に沈降し、サンゴ礁は裾礁から環礁へと変
化していく［Scott and Rotondo 1983］（図1）。この特徴が良く見られるのはハワイ
諸島である。南東に存在するハワイ島はホットスポットから現在噴出している
マグマからできている火山島で、その周りを縁取る裾礁がある。プレートに乗っ
て北西に進むにつれ島は沈み、ミッドウェイでは環礁が成立していると考えら
れる。

　このように環礁ができているのであれば、環礁の下にはもともと火山であっ
た火山岩があるはずである。それを確かめるために1896年から1898年にかけ
てツバルのフナフチ環礁で掘削調査が行われた。今でも当時の掘削跡地は保存

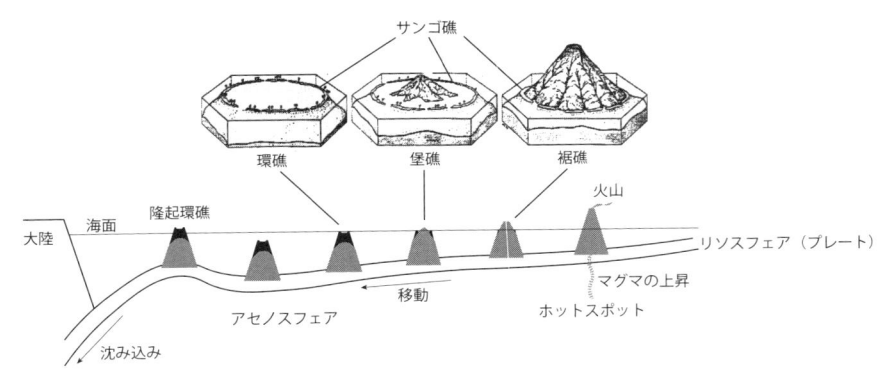

図1　プレートの動きと環礁の成立

[Hopley 1982; Scott and Rotondo 1983] の図を改変。ホットスポットでマグマの噴出により成立した火山島が、プレートに乗って運ばれる間に沈降し、その周囲のサンゴ礁は裾礁から環礁となる。この図の左側のように、プレートが沈み込む際にたわんだりするなどの要因でプレートが盛り上がる場合は、隆起が起こり、サンゴ礁が陸上に露出する。沖縄島の東にある南北大東島は、太平洋プレートが沈み込む際にたわんで環礁が隆起した例である。

され訪れることができる。残念ながらこのボーリング調査では深度 340m まで掘削を行ったが火山岩の基盤には至らなかった。その後、1950 年から 1951 年にかけてマーシャル諸島のエニウェトック環礁でボーリング調査が行われ、サンゴ礁の層は 1200m から 1400m もの厚さで積み重なっており、その下に火山岩である玄武岩が存在することが明らかになった。ダーウィンの沈降説はこれで正しいことが証明されたのである。

　この玄武岩は 5000 万年前のものであった。その後もいくつかの環礁で年代測定が行われて、環礁は数千万年かけて火山島が沈降することによってでき、その沈降速度は年あたり 0.02mm から 0.07mm 程度であることが明らかとなった [Ohde et al. 2002]。

2　10万年〜1万年の変動——海面の変動とサンゴ礁の成長

　こうした沈降説は環礁の成立の大枠を説明するものであるが、事実はもっと複雑である。ここで忘れてはならないのは、海面の高さは一定でなく、それがサンゴ礁の成長に影響を与えていることである。地球は暖かい時期と寒い時期を繰り返しており、人類が誕生し活躍するようになった第 4 紀（258 万 8000 年前から現在まで）においては約 10 万年おきに寒い時期（氷期）と、氷期と氷期の間

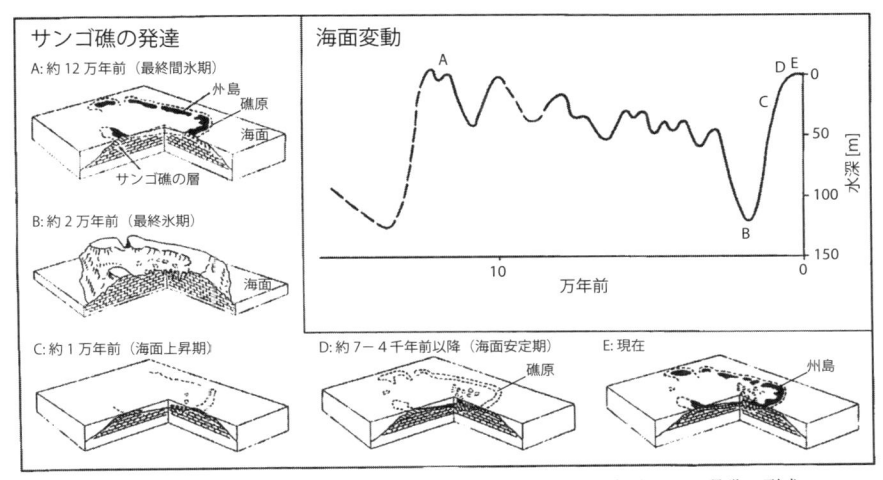

図2　氷期－間氷期サイクルにおける海面変動とサンゴ礁の成長による環礁の形成
[McLean and Woodroffe 1994] の図を改変。A：間氷期に環礁と州島が成立する。B：氷期に海面低下によって陸上に露出して浸食される。C：氷期の後の海面上昇により浸水してサンゴ礁が成長を開始する。D：海面安定期にサンゴ礁が海面付近まで成長して礁原が広がって現在の環礁が形成される。E：その後州島が形成される。

　の暖かい時期（間氷期）が出現し、氷期—間氷期サイクルと呼ばれる。現在は暖かい時期であり間氷期に相当する。一つ前の間氷期である最終間氷期は約12万年前、最も現在に近い氷期である最終氷期は約2万1000年前で、当時は高緯度に巨大な氷床が存在し、海面が現在より130 m程度低かった [Yokoyama et al. 2000]。その時、12万年前の最終間氷期のサンゴ礁からなる環礁が海面上に現れ、風雨によって浸食されていた（図2）。

　　最終氷期の後、地球が暖かくなるにしたがい、氷床の融解にともなって海面上昇が起こった。多くの地形学的証拠より、北半球の氷床の融解は約7000年前に終了したと考えられている。一方、南半球にも大きな氷床、南極氷床が存在するが、その融解がいつまでだったのかについては証拠に乏しく、まだわかっていない。数値計算による研究では、4000年前あるいはそれ以降まで融解が起こっていた可能性も指摘されており、最終氷期が終わってから7000～4000年前ごろまで氷床の融解によって海面は上昇を続け、その後も融解による海面上昇があった可能性はあるが、現在にかけてはほぼ安定していると言って良いだろう [Peltier 2004; Lambeck et al. 2014 など]。

　　上昇する海面は最終間氷期に成立した環礁が最終氷期に浸食されてできた面

に至り、そこを浸す。そうするとそこにサンゴが生育できるようになり、上昇する海面に追いつくようサンゴ礁が成長する（図2）。サンゴは海面より上に生育できないため、その後安定した海面の下でサンゴ礁は横方向に成長をし、礁原と呼ばれる平坦な地形が形成され、今の環礁の形が現れたのである。

3　1000年の変動──海面の低下

現在の環礁が成立した後、州島が形成されるにはさらに別のメカニズムを考えなければならない。環礁を干潮時に見てみると、サンゴが固結してできた高まりがあることがある。これらの多くはサンゴの礫が打ち上げられて固まったものであるが、注意深く観察すると、かつては生きており、それがそのまま残ったと考えられる現地性の化石サンゴが見つかることがある。その中で、ハマサンゴと呼ばれる塊状のサンゴの頂部が平らな面になったものがある。こうしたものは現在生きているハマサンゴでも見られ、本来半球状に成長するはずのものが、頂部が海面に追いついて成長が頭打ちになり、同心円状に平らに成長しているのである。小さい環礁に見えるので、マイクロアトールと呼ばれる（写真2）。この平らな部分の高さは、大潮の平均低潮位にほぼ一致している。化石マイクロアトールの平らな面の高さが、現在生きている現生マイクロアトールの平らな面の高さより高ければ、かつて海面が高かったことがわかる。そして、化石マイクロアトールの年代を測定することによって、いつ、どのくらい海面が高かったかがわかるのである。

こうした証拠を積み重ねていくと、熱帯においては、7000 〜 4000年前以降の海面安定後に1m程度の海面低下があったことが明らかとなった。最終氷期以降、海面は、上昇期と安定後の高海面期、その後の海面低下を経て現在の水準に至るのである。かつてはサンゴの礫の堆積をもって昔の海面が高かったと推測されており、その高さは数mになるとの報告もあったが、最近では化石マイクロアトールを丹念に探すことによって、より信頼性の高い値が得られるようになり、過去考えられていた高海面の高さが修正されつつある［Yamano et al. 2017など］。

この海面低下を起こした原因が、ハイドロアイソスタシーと呼ばれる現象である。地球は一般的には固体と考えられており、短い時間で見ると確かにそうであるが、実際は大きな荷重の変化によって数千年の時間スケールではアセノスフェアのマントルの変形や流動が起こる。その大きな荷重の変化の代表的な

写真2　現生マイクロアトール（左）と化石マイクロアトール（右）

ものが、氷床と海水である。各地の相対的な海水準変動には、氷床や海水の分布変化が地球にとっての荷重変化として作用することによる地球の変形が大きく関わっている［奥野 2018］。それを示したのが図3である。氷床が存在した北米大陸やスカンジナビア半島では、最終氷期に分布していた氷床が融解して荷重が小さくなったことによって隆起が起こり、相対的に海面は低下している。一方、太平洋やインド洋で州島が成立している熱帯域は氷床から遠いため氷床の影響は無いが、海水の増加による荷重の増加にともなって地下のマントルが流動し、荷重の増加につりあうように地殻変動が起こる。これがハイドロアイソスタシーである。こうした変動に関しては数値計算による研究が進んでおり、島の直径が 10km を超えると、島の下部に周囲の海水の荷重によってマントルが流れ込んで隆起が起こり、その島では相対的な海面低下が起こると考えられている［Nakada 1986］。州島自体は小さいが、環礁全体で見ると直径が 10km 以上の環礁は多く存在し、ハイドロアイソスタシーによる相対的海面低下が観察されている可能性がある。一方で、熱帯域の海面低下の原因には別の説も提唱されている。氷床付近でのバルジと呼ばれる盛り上がり（図3）が、氷床が融けて無くなり、その部分に海水が流れ込むために熱帯域の海面が低下するというものである［Mitrovica and Peltier 1991］。この 2 つの違いはマントルの構造や特性をどのように仮定するかによるものと考えられるが、どちらの場合でも、地球内部の構造とその変動が海面低下に影響を与えているということは間違い無い。

　州島の成立には、この海面低下が関わっていると考えられてきた。海面低下によって波や流れが緩やかになり、砂がたまりやすくなったというわけである。さらに、Dickinson［2003］は、高海面時の低潮位の高さが、海面低下が起こっている途中で現在の高潮位時の高さと交差する時を crossover date と定義し、

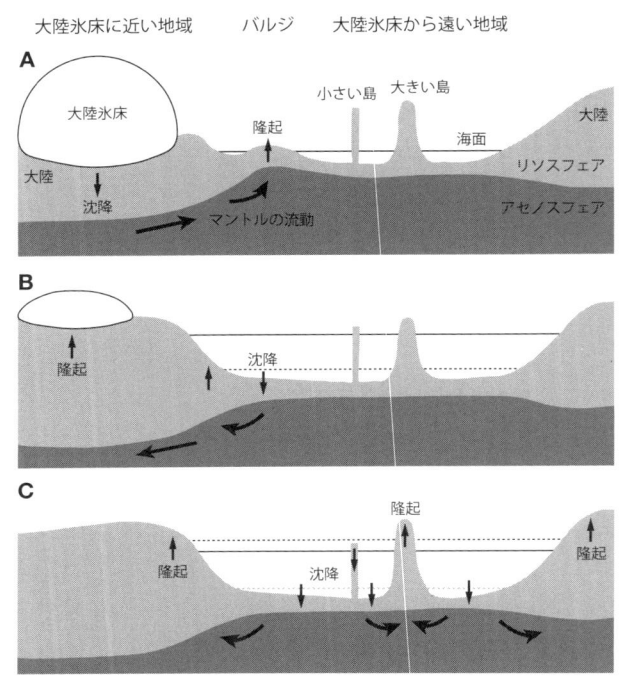

図3　最終氷期から現在にかけての氷床の融解と海面上昇と、それらにともなう地形変化
［奥野 2018］の図を改変。A：最終氷期に海面が低下した状態。大陸に氷床が発達し、その荷重でア
セノスフェアのマントルが押され、バルジと呼ばれる隆起した地形ができる。B：氷期の後の海面
上昇期。氷床が融解して海面が上昇するとともに、氷床の荷重から解放された大陸下部にはマント
ルが流れ込み、バルジが消失して大陸が隆起する。C：海面安定期から現在。増加した海水の荷重
により海底が沈降し、その下部のマントルが大陸や大きな島に流れこんで隆起が起こる。

　その時に高海面時にできた礁原が干上がり始め、州島の形成をうながしたと考
えた。興味深い考えであるが、州島の形成年代と crossover date との関係は示
されていない。その理由は、州島の形成年代を示す信頼できる年代測定試料が
発見されていなかったからである。州島を構成する砂や礫はすべてサンゴ礁に
棲息する石灰化生物が死んだ後に運ばれたもので、年代測定の結果はその生物
が死んだ年代を示すが、島ができた時期を示すものではないと考えられていた
のである。

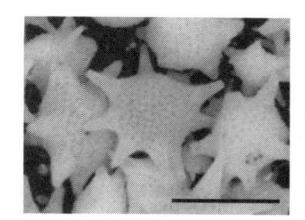

写真 3　ホシズナ（左）と州島の砂（右）
州島の砂の中にホシズナが多く混ざっており、州島形成にホシズナが重要な役割を果たしているのがわかる。スケールは 1mm。

4　州島形成研究の進展

　この状況を打破したのが大型底生有孔虫である。有孔虫は、主として石灰質の殻と網状仮足を持つアメーバ様原生生物の一群で、大型底生有孔虫はサンゴ礁海域に分布する比較的サイズの大きな底生有孔虫の総称である。沖縄では砂浜の砂に大型底生有孔虫のホシズナやタイヨウノスナの殻が多く含まれており、これらがお土産屋で売られている。このホシズナやタイヨウノスナが環礁上の州島の形成を考える上で非常に重要な役割を果たす。

　注目すべき点は 3 つある。1 点目は、沖縄の砂浜だけでなく、州島の砂の多くはこのホシズナやタイヨウノスナからなり、多いときは半分を超えることである（写真 3）。すなわち、ホシズナやタイヨウノスナは州島の形成に大きく寄与しており、その堆積過程を把握すると州島の形成が議論できる [Yamano et al. 2000]。2 点目は、ホシズナやタイヨウノスナには棘があり、表面に凹凸の構造を持つことである。州島の砂の中でこれらの構造が残っていれば、死んだ後にすぐ運搬されて堆積した、すなわち死んだ時期と堆積した時期がほぼ一致すると推定される。すなわち、表面構造が残っているホシズナやタイヨウノスナを年代測定すれば、いつ州島ができたかがわかるのである。そして 3 点目は、ホシズナやタイヨウノスナは干潮時に干上がるためサンゴが分布しない浅い礁原に分布していることである。すなわち、海面の変動と出現時期が密接に関係していると考えられ、海面低下との関係を深く議論できる可能性がある。

　2 点目に関しては、州島のコアを掘削し、そこから産出した現地性と考えられるサンゴの年代と、棘の残っているホシズナの殻の年代が一致したこと [Yamano et al. 2014] や、現在の州島の砂浜に堆積している棘のあるホシズナの殻の年代は現代のものであり、死んだ後にすぐ運搬されて堆積して砂浜を形成し

ていること［Dawson et al. 2014］などが次々に明らかにされ、大型底生有孔虫が州島形成時期を示す試料であることの信頼性が増している。さらに、表面構造が残っていることを指標に、他の石灰化生物であるサンゴや石灰藻も州島形成の年代を示す試料として用いられるようになり［Kench et al. 2005, 2014 など］、州島の形成年代に関する知見が急速に蓄積されつつある。

　3点目に関しては、サンゴ礁の砂地のコアを採取し、棘の残っている大型底生有孔虫の量と年代を測定したところ、海面低下があったとされる 2000 年前を境に砂に占める大型底生有孔虫の割合が増加し、さらにサンゴ礁の浅いところに分布しているホシズナの殻が現れたことが明らかになった。すなわち、4000 年前までにサンゴ礁が海面付近まで成長し、その後 2000 年前の海面低下によって干出するようになった礁原上でサンゴが死んでホシズナが出現し、それが運ばれて砂となって堆積していると考えられた［Yamano et al. 2001］。

　こうした成果から得られる州島形成の仮説は以下の通りである。最終氷期から 7000 〜 4000 年前にかけて海面が上昇し、その後安定する。上昇する海面に追いつくようサンゴ礁が成長する。その後安定した海面の下でサンゴ礁は横方向に成長をし、礁原と呼ばれる平坦な地形ができる。その後、ハイドロアイソスタシーによる海面低下によって礁原が干潮時に干出するようになり、サンゴが死んで大型底生有孔虫が分布する。その大型底生有孔虫が死んだ後にすぐに波や流れによって運搬され堆積して州島が形成される。

　大型底生有孔虫が鍵となるこの有孔虫仮説が果たして成り立っているのか、マーシャル諸島共和国マジュロ環礁のローラ島で発掘調査を行い、棘のある大型底生有孔虫の殻を探して年代測定を行った。また、海岸で化石マイクロアトールを探索して発見し、過去の高海面とその後の海面低下の時期を明らかにした。その結果、ローラ島の海面低下開始年代も形成開始年代もほぼ 2000 年前で、海面低下開始後すぐにタイヨウノスナの殻でできた州島が形成され始めたことが明らかとなった［Kayanne et al. 2011; Yasukochi et al. 2014］。これは環礁州島の信頼できる形成年代が示された初の例であり、その形成過程はまさに有孔虫仮説を支持するものであった（図4）。前節で紹介した crossover date に基づく州島形成は、礁原が干潮時に干上がることによって州島が形成されるという物理的な要因のみを考慮したものであるのに対し、有孔虫仮説は海面低下がサンゴから大型底生有孔虫へと生物相の変化を起こし、それが波や流れで運搬され堆積して州島が形成したというダイナミックな州島形成観を提示するものである。

　このように、有孔虫仮説は州島形成に関する強力な仮説として登場したが、

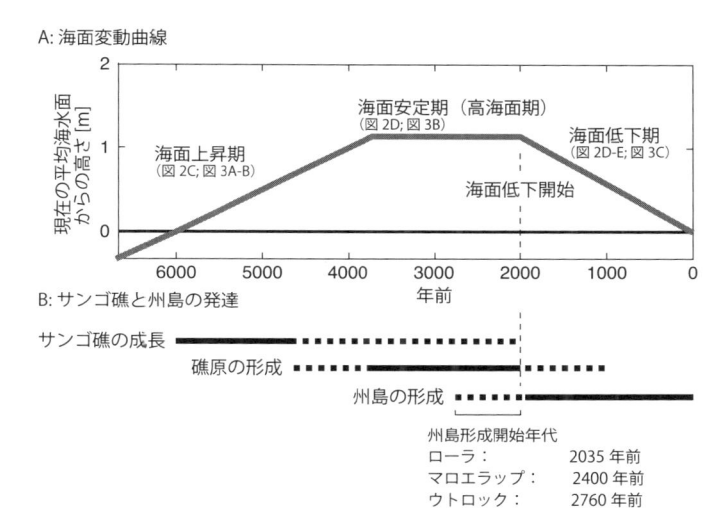

図4　Ａ：マーシャル諸島共和国周辺における 6000 年前以降の海面変動の模式図
[Kayanne et al. 2011; Kench et al. 2014; Yamano et al. 2017]。Ｂ：マーシャル諸島共和国における海面変動
にともなうサンゴ礁の成長、礁原の形成と州島形成。海面低下の開始時かその数百年前に州島形
成が始まり、現在にかけて州島が発達している [Szabo et al. 1985; Kayanne et al. 2011; Weisler et al. 2012;
Yasukochi et al. 2014]。

州島形成の研究は近年さらなる展開を見せている。その後研究例が蓄積される
につれ、州島の形成時期は必ずしも海面低下開始時期と一致せず、その数百年
前から始まっている場合があること [Weisler et al. 2012; Yamano et al. 2017]（図4）や、
まだ海面が上昇している時期にもサンゴ礫や石灰藻によって州島が形成されて
いる場合もある [Kench et al. 2005, 2014] ことが次々に明らかとなった。石灰化生
物の分布と、波や流れなどの物理環境を規定する水深は、海面の変動とサンゴ
礁の成長の両方の結果である。両者が絶妙に組み合わさった、州島の形成のト
リガーとなる水深があり [Kench et al. 2012]、海面低下は礁原上での有孔虫の棲
息場の拡大をもたらして州島形成を促進する役割を果たしているのかもしれな
い。また、新たな視点として、環礁で砂がたまりうる空間の大きさが、砂が海
面下の空間を埋め、海面上に堆積して州島が出現する時期を規定しているとの
考えも出されている [Perry et al. 2013]。こうした点から、州島の形成の理解には、
サンゴ礁の成長過程や、砂の堆積する空間を作る沈降にも考えを広げ、これま
で示したような様々な時間スケールからなる地球規模変動を理解することの必
要性が高まっている。

州島は地球温暖化にともなう海面上昇によって水没してしまう可能性が大きくとり上げられているが、最近の研究では、最近数十年に海面上昇が起こっているにもかかわらず面積が増大している州島があることが示されている［Kench et al. 2018］。この増大が海面上昇が続く将来も継続するのか、あるいは、もし州島の形成のトリガーとなる水深が存在するとすれば、水深がある閾値を超えると州島が維持できなくなってしまうのか。過去からの州島の形成過程を明らかにすることは、地球温暖化に対する州島の持続性という現代的な課題にも貢献できる。その成果の一つである、大型底生有孔虫による州島形成が明らかにされたことは、本論集の後出の茅根論考に示されているように、大型底生有孔虫の保全や増殖が州島の維持を可能にするものとして、政策的にも重要な発展を遂げている。

おわりに

本稿では、環礁の上に成立している州島が、さまざまな時間スケールの地球規模変動が関わって成り立っていることを概説した。州島は、数千万年という時間をかけてできた沈降説という大きな枠組みのもと、数十万〜1万年の時間スケールでの海面変動にともなうサンゴ礁の発達の上に、数千年での海面低下と大型底生有孔虫をはじめとする石灰化生物の分布の変化に大きく影響されて形成されたと考えられる。州島の形成維持の理解には、これら様々な時間スケールで起こる地球規模変動とその影響を考慮することが必要とされている。

本稿で紹介した地球規模変動は、州島だけでなく、地球規模変動の名の通り地球上のあらゆる場所に影響を与えている。すなわち、今我々が目にする景観は、様々な地球規模変動を背景として形成された地形と、人間の活動との絡み合いの結果である。それを認識することは、我々の思考を豊かにし、自然と人間との関わりの理解を深め、将来の変化の予測を行い対策を立てる上でも有益な示唆を与えてくれるにちがいない。

〈謝辞〉　本稿は、慶應義塾大学民族学考古学教室における講義の内容をまとめたものである。フィールドや講義をはじめさまざまな場面で対話を通じて議論を深めて下さった山口徹教授に深く御礼を申し上げる。筆者の関係する最近の成果は、環境省環境研究総合推進費（課題番号 B-15、A-0805 及び S14）によるものである。共同研究者の皆様にも御礼申し上げる。

参考文献

奥野淳一

　2018　「南極氷床変動と氷河性地殻均衡」『低温科学』76: 205-225.

Bryan Jr., E.H.

　1953　Checklist of Atolls. *Atoll Research Bulletin* 19: 1-38.

Dawson, J. L., S. G. Smithers, and Q. Hua

　2014　The Importance of Large Benthic Foraminifera to Reef Island Sediment Budget and Dynamics at Raine Island, Northern Great Barrier Reef. *Geomorphology* 222: 68-81.

Dickinson, W. R.

　2003　Impact of Mid-Holocene Hydro-Isostatic Highstand in Regional Sea Level on Habitability of Islands in Pacific Oceania. *Journal of Coastal Research* 19: 489–502.

Hopley, D.

　1982　*The Geomorphology of the Great Barrier Reef: Quaternary Development of Coral Reefs.* John Wiley & Sons.

Kayanne, H., T. Yasukochi, T. Yamaguchi, H. Yamano, and M. Yoneda

　2011　Rapid Settlement of Majuro Atoll, Central Pacific, Following Its Emergence at 2000 Years CalBP. *Geophysical Research Letters* 38: L20405.

Kench, P. S., M. R. Ford, and S. D. Owen

　2018　Patterns of Island Change and Persistence Offer Alternate Adaptation Pathways for Atoll Nations. *Nature Communications* 9: 605.

Kench, P. S., R. F. McLean, and S. L. Nichol

　2005　New Model of Reef-Island Evolution: Maldives, Indian Ocean. *Geology* 33: 145-148.

Kench, P. S., S. D. Owen, and M. Ford

　2014　Evidence for Coral Island Formation during Rising Sea Level in the Central Pacific Ocean. *Geophysical Research Letters* 41: 820-827.

Kench, P. S., S. G. Smithers, and L. F. McLean

　2012　Rapid Reef Island Formation and Stability Over and Emerging Reef Flat: Bewick Cay, Northern Great Barrier Reef, Australia. *Geology* 40: 347–350.

Lambeck, K., Rouby, H., Purcell, A., Sun, Y., and Ambridge, M.

　2014　Sea Level and Global Ice Volumes from the Last Glacial Maximum to the Holocene. Proceedings of the National Academy of Sciences, USA 111: 15296–15303.

McLean, R. F. and C. D. Woodroffe

　1994　Coral Atolls. In R.W.G. Carter and C.D. Woodroffe (eds.), *Coastal Evolution. Late Quaternary Shoreline Morphodynamics.* pp. 267–302. Cambridge University Press.

Mitrovica, J. X. and W. R. Peltier

　1991　On Postglacial Geoid Subsidence over the Equatorial Oceans. *Journal of Geophysical Research*

96: 20053–20071.

Nakada, M.

1986   Holocene Sea Levels in Oceanic Islands: Implications for the Rheological Structure of the Earth's Mantle. *Tectonophysics* 121: 263–276.

Ohde, S., M. Greaves, T. Masuzawa, H. A. Buckley, R. VanWoesik, P. A. Wilson, P. A. Pirazzoli, and H. Elderfield

2002   The Chronology of Funafuti Atoll: Revisiting an Old Friend. *Proceedings of the Royal Society of London A* 458: 2289–2306.

Peltier, W. R.

2004   Global Glacial Isostasy and the Surface of the Ice-Age Earth: The ICE-5G (VM5) Model and GRACE. *Annual Review of Earth and Planetary Sciences* 32: 111-149.

Perry, C. T., P. S. Kench, S. G. Smithers, H. Yamano, M. O'Leary, and P. Gulliver

2013   Time Scales and Modes of Reef Lagoon Infilling in the Maldives and Controls on the Onset of Reef Island Formation. *Geology* 41: 1111-1114.

Scott, G. A. J. and G. M. Rotondo

1983   A Model to Explain the Differences between Pacific Plate Island-Atoll Types. *Coral Reefs* 1: 139-150.

Szabo, B. J., J. I. Tracey Jr., and E. R. Gogers

1985   Ages of Subsurface Stratigraphic Intervals in the Quaternary of Enewetak Atoll, Marshall Islands. *Quaternary Research* 23: 54-61.

Weisler, M. I., H. Yamano, and Q. Hua

2012   A Multidisciplinary Approach for Dating Human Colonization of Pacific Atolls. *Journal of Island and Coastal Archaeology* 7: 102-125.

Yamaguchi, T., H. Kayanne, and H. Yamano

2009   Archaeological Investigation of the Landscape History of an Oceanic Atoll: Majuro, Marshall Islands. *Pacific Science* 63: 537-565.

Yamano, H., G. Cabioch, C. Chevillon, and J. L. Join

2014   Late Holocene Sea-Level Change and Reef-Island Evolution in New Caledonia. *Geomorphology* 222: 39-45.

Yamano, H., H. Kayanne, T. Yamaguchi, T. Inoue, Y. Mochida, and S. Baba

2017   Revisiting Late Holocene Sea-Level Change from the Gilbert Islands, Kiribati, West-Central Pacific Ocean. *Quaternary Research* 88: 400–408.

Yamano, H., H. Kayanne, T. Yamaguchi, Y. Kuwahara, H. Yokoki, H. Shimazaki, and M. Chikamori

2007   Atoll Island Vulnerability to Flooding and Inundation Revealed by Historical Reconstruction: Fongafale Islet, Funafuti Atoll, Tuvalu. *Global and Planetary Change* 57: 407-416.

Yamano, H., H. Kayanne, and N. Yonekura

2001　Anatomy of a Modern Coral Reef Flat: A Recorder of Storms and Uplift in the Late Holocene. *Journal of Sedimentary Research* 71: 295-304.

Yamano, H., T. Miyajima, and I. Koike

2000　Importance of Foraminifera for the Formation and Maintenance of a Coral Sand Cay: Green Island, Australia. *Coral Reefs* 19: 51-58.

Yasukochi, T., H. Kayanne, T. Yamaguchi, and H. Yamano

2014　Sedimentary Facies and Holocene Depositional Process of Laura Island, Majuro Atoll. *Geomorphology* 222: 59-67.

Yokoyama, Y., K. Lambeck, P. De Dekkar, P. Johnston, and L. K. Fifield

2000　Timing of Last Glacial Maximum from Observed Sea Level Minima. *Nature* 406: 713–716.

第9章 「陸」の景観史
ツバル離島の村落と集会所をめぐる
伝統、キリスト教、植民地主義

小林　誠

1　陸、外洋、礁湖

　環礁の景観は、細長くのびる緑と茶色の陸、その外側に広がる濃紺の外洋、内側にあるエメラルドグリーンに縁取られた礁湖に特徴づけられる。ツバル・ナヌメア環礁ではこの「陸 (*uta*)」、「外洋（*tai*）」、「礁湖 (*namo*)」という3つの地理的な分類は「伝統 (*tuu mo aganuu*)」、「宗教 (*lotu*)」、「政府 (*malo*)」という社会生活の3つの領域を指す言葉としても用いられる。ナヌメアにおいて伝統は村落の中心にある集会所が、宗教はそのすぐ隣の外洋に面したキリスト教の教会が、政府は村落のはずれの礁湖に面した島政府事務所がそれぞれを代表する建物となっている。それぞれの建物が立地する場所から、伝統、宗教、政府は陸、外洋、礁湖という地理的な分類によって指し示されるのである。

　現在では伝統、宗教、政府の3つの領域が並存しており、伝統に関することは陸で、政府に関することは礁湖で、宗教に関することは外洋で話し合うべきだと言われる。中でも島全体の中心といえるのは陸であるが、その陸にある集会所の座席はこの3つの領域が並存する状況を示している。集会所の陸側の中央が伝統の領域にある首長の座席であり、首長の対面である外洋側の中央は宗教の領域にある教会の牧師の座席、首長の右は政府の領域にあるカウンシル長の座席になっている。

　しかし、伝統、宗教、政府という3つの領域の境界は時にあいまいで、互いに浸透し合う。また、そもそも現在、陸は伝統の領域とされるが、必ずしも常にそうであったわけではない。伝統、宗教、政府を代表する首長、教会、カウンシルの三者は、それぞれのやり方で陸と関わってきた。そうであるならば、キリスト教の教会や植民地支配に由来するカウンシルなどは、ナヌメアの陸の景観にどのような影響を与えてきたのだろうか。本論は村落と集会所に注目して、陸をめぐる伝統、宗教、政府の絡み合いとせめぎ合いの歴史を読み解いていく。

　まず、次節でナヌメアの概略を示す。続く3節で植民地支配以前の村落と集会所を再構成する。4節でキリスト教の受容と村落の再編、5節で植民地支配と独立にかけての集会所の座席の変化を具体的に検討する。

2　ナヌメア

　ツバルは、南太平洋・ポリネシアに位置し、9つの島（5つの環礁と4つのサンゴ島）によって構成される。国土の総面積はわずか26k㎡で、2012年に行われたセンサスによると人口は1万782人である［Central Statistics Division 2016］。島はツバル語でフェヌア（fenua）と呼ばれる。ただし、フェヌアは物理的な意味での島のほかにも、そこに住む人々やコミュニティも含む。人口が集中する首都フナフチ環礁を除けば、基本的にそれぞれの島に1つだけ村落が存在する。ナヌメア環礁はツバル最北端の島で、首都フナフチの北西約500kmに位置する。陸地面積は3.9k㎡、三日月のような形の環礁で、環礁全体と同じ名前で村落が立地するナヌメアのほか、ラケナなどの州島から構成される（図1、2）。2012年現在人口は556人で、世帯数は105である［Central Statistics Division 2016］。

　首都フナフチの港で国営の貨客船に乗り、一昼夜ほど波に揺られると、ナヌメアにたどり着く。そろそろ到着という頃になると、人々は水平線に目を据え、その上にひょっこりと島が「浮かび上がる（hae）」のを待つ。広大な海の先に点のように現れた島がやがてしっかりとした大きさをもってくる頃には、もう「浮かび上が」ってきたかどうかという会話がそこかしこから聞こえてくる。環礁は低い島であり、遠くからみたナヌメアは低平な土地に一定の高さと間隔でココヤシが並んでいる。到着とともに人々は次々に「陸に行く（fano ki uta）」。

　島の景観は象徴的な対立によって説明されてきた［Besnier 2009: 32］。まず、海と陸の対立がある。海は幸福と災いの双方をもたらす両義的な存在である。海は社会の外部を意味し、海の方へ結婚した（avaga ki tai）というとナヌメア人以外の者と結婚したことを示す。他方で、陸は人々が住むところであり、土着性などを含意する。陸は村落（fakkai）と森（vao）に分けられる。村落は、人間が住む場所であり、清潔で、秩序があり、「光＝理解（maina）」がある。他方の森はココヤシ林が広がり、豚の囲いが点在し、夜は男女の逢引の場になり、精霊たちが飛び交うともいわれる。そこは人間以外の者が住む不浄な場所でもある。村落の中で「陸に行く」というとそれは集会所に行くことを意味する。また、村落内で「外洋に行く（fano ki tai）」は教会に行くこと、「礁湖に行く（fano

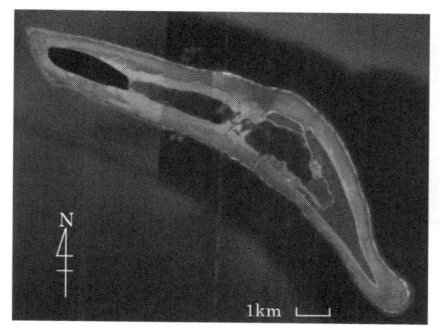

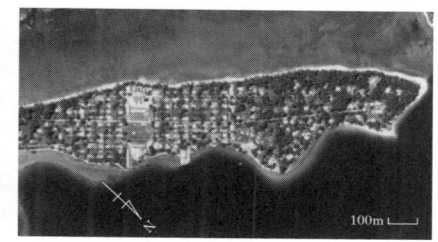

図2　村落［Google 2018b を改変］

図1　ナヌメア環礁［Google 2018a を改変］

ki namo)」は島政府事務所に行くことをも意味する。

　ここで、集会所、教会、島政府事務所についてそれぞれみていきたい。集会所の建物自体は、コンクリートの柱とトタンの屋根でできた、いたって簡素なつくりであるが（写真1）、村落と社会生活の中心であり、饗宴やダンスパーティが催され、人々の憩いの場所でもある。中でも最も重要なのはそこで年長者による島会議（talata'aga）が開かれることである。集会所はナヌメアではアヒンガ（ahiga）と呼ばれる。これは、「言葉を披露すること」という意味であるアヒンガ・オ・ムナ（ahiga o muna）が省略されたものであるといわれている。アヒンガという名前は、島の人々がみな自分の意見を出し合うという島会議の真髄を表したものであるとされる。島会議で決定されたことは、「島の結論（fakaikuga ote fenua）」とされ、それは島の全住民に拘束力を持つ。筆者が滞在していた2000年代後半、集会所での島会議を取り仕切っていたのは、7つの首長クラン（maga aliki）の代表者からなる首長クラン会議（kau aliki）であった。この首長クラン会議の内の1人が議長（tukumuna）として話し合いをリードしていたほか、島会議で出された結論を実施する役割をも担っていた。なお、首長は通常、島会議で発言することはないが、仲裁者としての役割があり、議論が紛糾した時に首長が発言するとそれが「島の結論」とされていた。

　教会はナヌメアで最も精巧につくられた建物である。壁はサンゴの消石灰でつくられており、西洋風の窓と複雑なつくりの屋根を持つ。筆者が2009年10月に行った世帯調査によると、ナヌメアの全人口664人の内、632人がツバル・キリスト教会(E'kalesia Kelisiano Tuvalu)の信徒であり、その割合は95％にものぼった。その他の宗教では、バハイ教が20人、セブンスデイ・アドベンティストが10人、ブレザレン教会が1人、モルモン教が1人であった。キリスト教の他宗派の者

写真1　集会所

はしばしばツバル・キリスト教会の礼拝に参加するため、両者の境界はさほど
厳格なものではない。他方で、バハイ教には独自の礼拝所が村落の外れにある。
そのため、ナヌメアでは圧倒的大多数がツバル・キリスト教会の信徒で、宗教
的なマイノリティにバハイ教徒がいるという構図になっている。牧師は、日曜
日の礼拝時の説教や教会の会議において、島の事柄に言及することはあるもの
の、神学的な観点から一般論を述べるだけのことが多く、世俗的な問題に関し
てあからさまに自らの意見を述べることはない。そのため、集会所で開かれる
饗宴などには欠かさず出席するが、島会議には参加しない。とはいえ、時に信
徒集団を介して、島の政治への介入を試みる牧師もいる。

　島政府事務所は、集会所から 300m ほど離れた礁湖に面した場所に立地して
いる。コンクリートでつくられた 1 階建ての小さな建物であり、十数名の職員
が勤務している。人々はさまざまな手続きをしにこの事務所に来る。島政府は
イギリスの植民地支配に由来し、現在、ナヌメアの人々にとって中央政府の出
先機関と位置づけられている。この島政府を動かすのが、ツバル語でカウプレ
(kaupule) と呼ばれるカウンシルである。カウンシルは 20 歳以上の島民による
選挙によって選出された 6 人の議員によって構成されており、その中から 50
歳以上の男女による選挙によってカウンシル長 (pule o kaupule) が選出される。
カウンシルの方針は、カウンシル長を中心にすべての議員による話し合いで決
定される。カウンシルの仕事の中で最も重要なものが、島政府の予算の編成と
その執行および条例 (bylaw) の制定である。

　集会所と教会と島政府の関係性を含む島の社会的秩序は、集会所の座席に
よって示される。集会所の内側には 18 本、柱が立っており、社会的な地位の

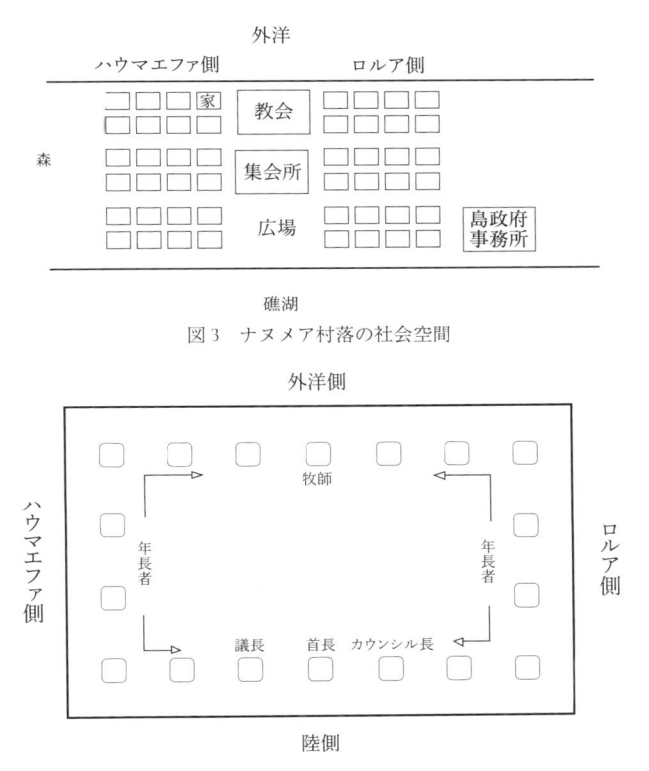

図3 ナヌメア村落の社会空間

図4 2000年代の集会所の座席

高い者のみがこの内側、とりわけ、柱にもたれかかって座ることが許される。
島会議や島の饗宴などでは、有力な男性年長者がこの柱の前に座る。年少者や
女性は通常、外側に場所を占める。柱の前に座ることは大変名誉なことであり、
いずれはそこに座れるように若いうちに島のために働くべきだといわれる。反
対にいえば、島のために働いてこなかった者は年長者になったとしてもそこに
座ることが躊躇われる。そして、2000年代現在、柱の中でも、陸側の中央の
柱は首長の座席であり、その左右の柱には首長クラン会議の議長とカウンシル
長が座る。首長の対面である外洋側の中央の柱は牧師が座る。カウンシル長と
牧師の座席は村落の空間的な配置とも重なる。集会所の中心からみてカウンシ
ル長の座席の延長線上に島政府事務所が、牧師の座席の延長線上に教会が立地
している（図3、4）。

　特に役職のない年長者やその他の者はハウマエファ（Haumaefa）とロルア（Lolua）に分かれて座る。このハウマエファとロルアとはフェイトゥー（feitu）と呼ばれる村落を二分する双分組織の名前である。集会所を挟んで村落の南東側にハウマエファ、北西側にロルアがあり、牧師や短期的な滞在者を除けば、島のすべての者はそのどちらかに所属しなければならない。ラケナ州島にある共有のタロ・ピットでの農作業や護岸工事、饗宴の準備など、島の協同作業はこの双分組織ごとに行われ、ファーテレ（fatele）という伝統的な踊りやアノ（ano）という伝統的なスポーツはこの双分組織間で競い合われる。また、集会所の話し合いでは双方から意見を述べるべきとされ、カウンシルによる短期プロジェクトでの雇用などでも双方から採用されるように配慮されるなど、双分組織が平等であることが望まれる。

3　西洋世界との接触以前の村落と集会所

　植民地化以前におけるナヌメアの村落については断片的な記録が残されているだけである[注1]。例えば、1853 年にナヌメアに数日間上陸した捕鯨船長ピーズ（Pease）は、家々の集まりを「村落（village）」や「町（town）」と言及している［Pease 1962］。人類学者のチェンバース［Chambers 1984］は植民地化以前の村落は現在の場所と同じところに立地していたが、コピティ（kopiti）と呼ばれるクランごとに分かれて居住していたと論じている。後述するように、コピティはキリスト教の受容の過程ですでに 20 世紀初頭には消滅していたが、1950 年代ごろまでコピティの会合が開かれていた。チェンバースは 1970 年代に行った年長者からの聞き取りを基にコピティを再構成している。

　コピティとは父系のクランで、所有する土地に複数の家（fale moe）と料理小屋（fale umu）を建てて居住していた［Chambers and Chambers 2001: 43-44］。なお、コピティには宗教的な機能もあり、それぞれの所有する土地に祖先の頭骨を祀る社があり、水やココナツジュースをかけたり、ココナツオイルを塗ったり、供物を捧げたりして、祖霊による守護を祈祷していたという［Chambers 1984: 149, 175-177; cf. Murray 1876: 408］。かつてナヌメアには、①ファレムア（Falemua）、②ファレトル（Faletolu）、③フェヌアゴゴ（Fenuagogo）、④コピティ・ハー・トンガ（Kopiti Haa Tonga）、⑤コピティ・サモア（Kopiti Samoa）、⑥ラロフェタウ（Lalofetau）、⑦マヘク（Maheku）、⑧マヒカヴァ（Mahikava）、⑨テ・マリエ（Te Malie）、⑩ウマ（Uma）という計 10 のコピティが存在していたという。チェンバースはコピティ

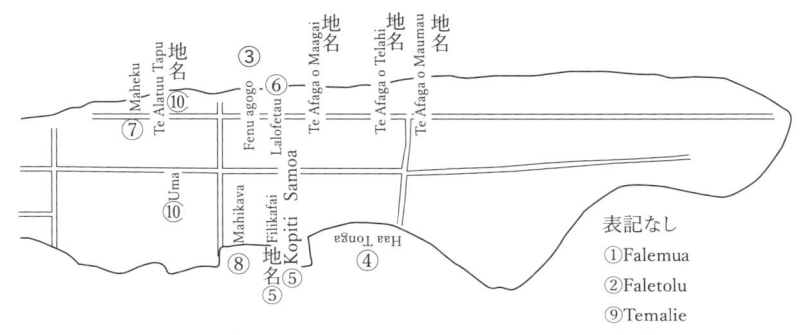

図5　コピティの所有する土地［Chambers 1984: 174 を改変］

の所有する土地についても再構成している（図5）。なお、コピティは自らの名前の他に地名でも呼ばれており、多少煩雑であるが、地図を見ると現在の村落内に計7つのコピティが存在していたことがわかる。ただしコピティはそれぞれが所有する土地に分散して暮らしており、現在のように集住化した村落ではなかったという［Chambers 1984: 172］。

　集会所に関しても、植民地化以前における記録は限られたものである^{（注2）}。例えば、前述の捕鯨船長ピーズは、王（King）に Great Council House に案内され、首長らと協議したとある［Pease 1962］。また、イギリス人植民地行政官であるギブソン（Gibson）は official government house と言及している［Gibson 1892］。これは現在の集会所と同じであるとは断定できないが、少なくとも島の有力者が集まる建物があったことは確かである。また、島の人々が広場に集合して話し合っている様子は植民地化以前にも記録されており、人々が集まる島会議のようなものは植民地化以前から存在していた可能性もある。例えば、ピーズは、島のすべての人々が広場に集まり、首長や王が彼に対して多くの質問をしている様子を描写している［Pease 1962: 10］。

　チェンバースは、集会所の座席についても年長者の記憶を基に再構成している。チェンバースによれば、コピティとマンガ（*maga*）が対照的な位置を占めていたという。マンガとはコピティと同様に父系のクランであるが、首長制と関連しているという点でコピティとは異なる。コピティの多くが集会所の外洋側の座席を占めており［Chambers 1984: 218］、マンガが集会所の陸側の座席を占めていた。チェンバースによれば、集会所の陸側は島の人々であることを、外洋側は外来の人々であることを示すといい、それに基づいてマンガとコピティの関係性を推測する［Chambers 1984: 221］（図6、7）^{（注3）}。

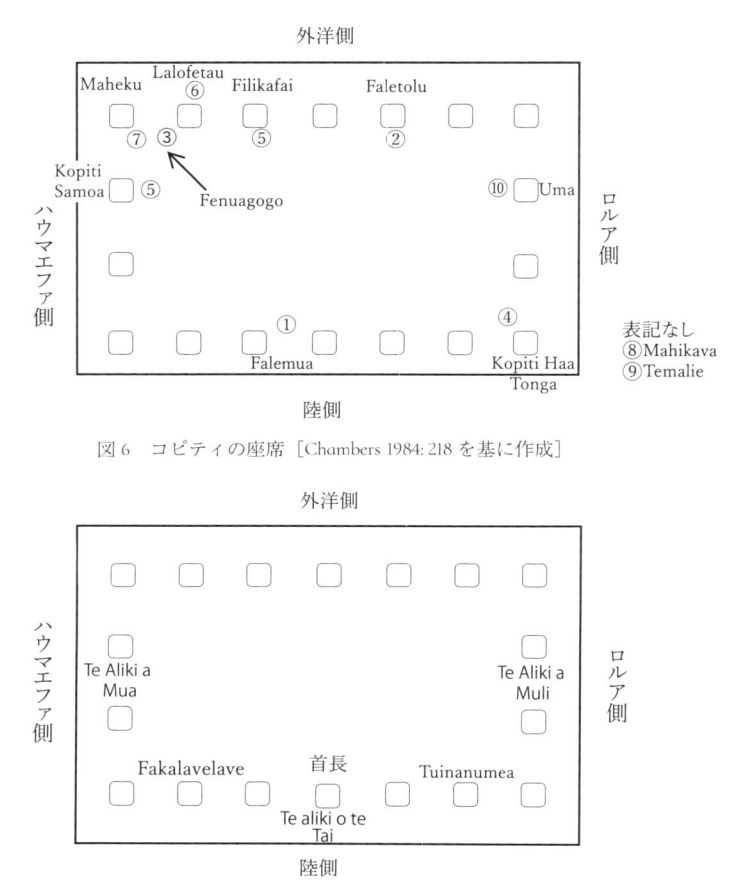

図6　コピティの座席 ［Chambers 1984: 218 を基に作成］

図7　首長クランの座席 ［Chambers 1984: 219 を基に作成］

4　教会による村落の再編と集会所

　現在のナヌメア社会をかたちづくる上で最も重要な歴史的な出来事の一つが、キリスト教の受容である。1865 年、ロンドン伝道協会はサモア人宣教師をツバルの島々へ派遣し始めた。今日、ナヌメアの人々はキリスト教の伝来を「光＝理解 (*maina*)」の到来と説明する。それまでのナヌメアは「闇 (*pouliuli*)」であり、人々は「無知」で、「野蛮」だった。キリスト教の伝来によって「光」が到来し、人々は「知識」と「分別」を手に入れたというのである。私は調査中に、キリ

スト教が伝来するのを知った精霊（aitu）たちは「光がやってくる」と言って島を去っていったという話を耳にした。

　しかし、ナヌメアの人々はすんなりとキリスト教を受け入れたわけではなく、1866 年にマレー（Murray）という宣教師を追放している。ナヌメアが宣教師を受け入れたのは布教活動が始まってから 7 年後の 1872 年であった。その後、急速に信徒を増やしていき、1874 年には人口の 38％ がキリスト教徒に改宗した［Chambers 1984: 269］。サモア人牧師らは多くの信徒を獲得して影響力を拡大させていき、19 世紀末から 20 世紀初頭にかけて土着の信仰が破壊され、「野蛮」な慣習が次々と廃止された［Macdonald 1982］。サモア人牧師は宗教的な権威を背景に世俗的な領域にまで介入し始める一方で、首長が持つ政治的な影響力は低下していく［Brady 1975: 121; Munro 1996: 133-134］。

　キリスト教の受容以降、ツバル全域で教会の主導により村落が再編された［Macdonald 1982: 205］。ナヌメアでは 1907 年に、かつて村落が立地していた場所に、教会、集会所、広場を中心に家々が集住する新たな村落がつくりだされた［Chambers and Chambers 2001: 192］（注4）。村落内の土地は格子状の区画に分割されて、各家族ごとに割り当てられた。これによって、土地所有の有無にかかわらず、人々が村落に居住することが可能になった［Brady 1975: 127］（注5）。村落を二分する双分組織もこの時、教会によって導入されたという。すでに、キリスト教の受容に伴い、1874 年に伝統的な宗教儀礼に用いられていた 200 の頭骨が埋められていたというが［Chambers 1984: 269］、この新たな村落により、土着の宗教と密接なつながりを持ち、土地所有の単位でもあったコピティが形骸化し［Chambers 1984: 158］、教会を中心とするコミュニティがつくりだされた。

　1924 年にナヌメアを訪れたアメリカ人医師ランバー（Lamber）は「ツバル、ナヌメアのアヒンガあるいはマネアパと呼ばれる集会所（Meeting house on Nanumea, Tuvalu, called the aahiga or maneapa）」と題する写真を残している（注6）。写真を見ると、サンゴの消石灰の床とパンダナスの葉で葺かれた屋根や、屋根を支える何本もの柱が確認できる。左奥にはラリ（lali）と呼ばれる人々に集合をかける木製の太鼓のようなものがある。かつて集会所は外洋側にあったと言われており、この集会所は海のすぐそばに立地しているようにみえる。ほかにも目を引くのが、教会用と思われる白い服を着て、集会所の方を向きながら立っている女性の存在である。建物の奥には椅子とテーブルがあり、近くに多くの人々が座っているが、何人かの男性が集会所の手前におり、その中の 2 人の男の子も同様に白い服を着ている。こうした状況から、教会の子供向けのサンデース

クールが集会所で開かれていたのではないかと予想することもできる。

1965年には、そこから少し内陸側に移動した現在と同じ場所に集会所が建てられた［Chambers 1984: 189］。この集会所の設計と建築には、エノカという最後のサモア人牧師が大きく関与したといわれる。さらに、彼は、この集会所をナメアナ（Nameana）と命名した。これは「あなたの考えは何か（*ni a mea na i lua loto*）」を短くしたものであり、集会所で誰でも積極的に発言するようにという願いを込めたものであるという。

5　植民地支配から独立にかけての集会所

ナヌメア社会にキリスト教の受容に匹敵するほどの影響を与えたのが、イギリスによる植民地支配である。キリスト教の受容から遅れること数十年、1892年にツバル（当時のエリス諸島）はイギリスの保護領となり、1916年にギルバート諸島とともに植民地となった。当初、植民地行政府は伝統的な首長を中心とする政治体制を植民地支配に利用しようとしていた。1894年に出されたエリス諸島法（Laws of the Ellice Islands）はツバルのすべての島はそれぞれ首長（*aliisili*）が君臨し、カウンシル（*faipule*）や判事（*faamasino*）、警察官（*leoleo*）によって補佐されると定めている。しかし、その後の植民地支配では、首長の存在を無視する方向に転換し、1917年に改正されたエリス諸島原住民法（Native Laws of the Ellice Islands）ではカウンシル（*kaupule*）に大きな権限を委ねている。植民地支配によるこうした施策は次第に島の人々に受け入れられていき、判事やカウンシルが政治的な影響を持ち始めたのに対し、伝統的な首長制は形骸化していく。植民地行政府からの働きかけもあり、1966年にナヌメアの首長位は廃止された［Chambers 1984: 123］。

前述のチェンバースは、1970年代の集会所の座席について記録している（図8）。それによると、陸側の中央の柱にカウンシル長が座り、彼の左右をカウンシル議員が占めている［Chambers 1984: 201］。陸側の中央の柱はかつて首長の座席であると考えられていた場所である。しかし、1970年代において首長位は廃止されており、首長クラン会議が果たしてきた役割はカウンシルが継承していた。そのため、かつては集会所での島会議において首長らが重要な役割を果たしていたが、1970年代には植民地行政府の末端の組織であるカウンシルがその役割を担っていた。首長制はもはや時代遅れの産物とされ、伝統に関する事柄もまたカウンシルが担当すべきだとされていた［Chambers 1984: 105-109］。こうした状

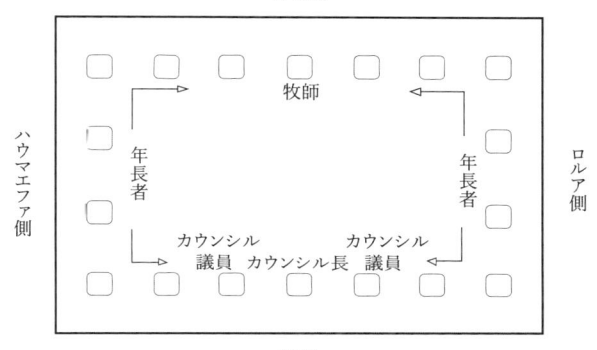

図 8　1970 年代の集会所の座席［Chambers 1984: 201 を基に作成］

況を受け、この陸側の中央の席はカウンシル長が占めることになったのであろう。

　他方で、カウンシル長と対面するかたちで外洋側の中央の席には牧師が座っている。牧師の座席が外洋側にあるのは集会所の外洋側に教会が立地するという村落内の位置関係を反映させているだけであるとも考えられるが、チェンバースがいうように外洋側に座っていることはその外来性を示す可能性もある。いずれにしても、中央に座っているという点は、島の中での牧師の影響力の大きさを表すものである。柱の内側は年長者の座席であり、彼らがハウマエファとロルアに分かれて座っている点は現在と同じである。

　1970 年代は、世界的な脱植民地化の流れの中で、独立へと動いていった時期でもある。1975 年には住民投票が実施され、ツバルの人々はそれまで同じイギリスの植民地を構成していたギルバート諸島と分離することを選択し、1978年にツバルは独立した。独立前後からツバルの伝統文化が大きく見直されていき、ナヌメアでは 1986 年にそれまで廃止されていた首長位が復活した［Chambers and Chambers 2001: 208］。1997 年には、地方自治に関するファレカウプレ法（Falekaupule Act 1997）が制定され、ファレカウプレ（*falekaupule*）と呼ばれる年長者による島会議が地方自治における最高決定権を持ち、首長は同会議を招集する権限を持つと定められた。同法により、島内のすべての政治的な決定はカウンシルから伝統的な島会議に委ねられるようになり、カウンシルで話し合われた内容は逐一、島会議にて報告され、そこで承認されることで初めて実行に移されるようになった。集会所での議論は首長クラン会議から選ばれた代表が議長として取

り仕切るようになった。

　2005 年から 2010 年にかけて行った筆者の調査では、集会所の座席は 2 節で説明した通りであった（図 4）。1970 年代も 2000 年代もどちらも牧師は外洋側の中央に座っている点、年長者がハウマエファとロルアに分かれて座っている点に変化はない。他方、カウンシル関係者は大きく変化している。1970 年代には陸側の中央にカウンシル長が、その両側にカウンシル議員が座っていたが、2000 年代には中央は首長になり、彼の右側にカウンシル長、彼の左側に首長クラン会議の議長が座っている。1970 年代と 2000 年代では、首長の重要性が異なっている。ナヌメアでは、1986 年に首長位が復活し、1997 年のファレカウプレ法によって首長が地方自治において重要な役割を果たすことが明記された。それまでは、首長制をはじめとする伝統はすでに時代遅れとされていたが、こうした動きの中で人々がその重要性を再認識し始める。こうして、集会所の陸側の中央に首長が座り、カウンシル長はその隣に移ることになったのである。カウンシルと首長クラン会議は首長の両腕といわれているが、集会所の座席の位置関係はこうした関係性を反映するように、首長の隣の座席を占めている。

6　陸をめぐって

　以上、ツバル・ナヌメア環礁の村落と集会所の歴史を具体的に説明してきた。最後にそれを陸をめぐる伝統、宗教、政府の絡み合いとせめぎ合いの歴史という点からまとめ直したい。

　チェンバースの再構成によれば、植民地化以前において、村落はコピティと呼ばれる父系クランごとにまとまって居住していた。このコピティは集会所の座席において外洋側を占めていたという。他方で、マンガと呼ばれる首長制に関係する父系クランは集会所の陸側を占めており、その中央には首長の座席があった。19 世紀のキリスト教の受容以降、教会の影響力が強くなる中で、村落は教会を中心に再編成されていく。新たにつくられた村落では、土地所有とは関係なく、格子状に区画された土地に集住するようになった。これにより、土地所有単位であり、土着の宗教と関連していたコピティが形骸化する。教会は集会所にも大きな影響を与えており、とりわけ 1960 年代に集会所が教会の主導によって再建され、集会所の名前が牧師によって命名されている。

　教会に加えて、20 世紀初頭からはイギリスによる植民地支配を背景にカウンシルの影響力が増していく。1970 年代にはカウンシルが集会所での島会議を

リードしていた。この時の集会所の座席をみると、外洋側の中央に牧師、陸側の中央にカウンシル長が対面するかたちで座っているのが特徴的である。他方で、首長位は廃止されており、集会所には首長制に関連する座席はない。しかし、1978 年の独立を境に、島のことは伝統に則って行われるべきという意見が強くなり、1997 年に地方自治法が改正され、島の事柄は伝統的なやり方に従って決められるべきだと定められると、カウンシルも伝統の下に位置づけられることになる。2000 年代は、復活した首長が集会所の陸側の中央に座り、首長の両腕とされる首長クラン会議の代表とカウンシル長が首長の左右に座るかたちになっていた。他方で、牧師の位置は変わらず、外洋側の中央に位置し、首長と対面する。

　現在では集会所は伝統の場であり、首長クラン会議が集会所での議論を取り仕切っているが、教会やカウンシルも集会所に大きく関わってきており、伝統のみならず宗教や政府とも関連が深い場所になっている。そもそも現在の村落は教会を中心に建設されたものであり、1960 年代には牧師を中心に集会所が建設されている。植民地支配の末期である 1970 年代には首長位が廃止されており、集会所は政府の領域であった。筆者が集めた資料の範囲内ではあるが、集会所の座席は島の秩序の歴史的な変化を反映してきた。その点は陸側の中央の座席が首長からカウンシル長に代わり、そして、再び首長になった経緯に表れている。

　伝統の領域である集会所が陸と呼ばれる一方で、宗教と政府はそれぞれ外洋と礁湖と指し示される。これは、教会と島政府事務所が立地する位置関係を反映しているだけだとも取れるが、海に関連する言葉で呼ばれている点は、宗教と政府の双方がともに外来のものであると考えられている点と重なる。また、陸の集会所の座席を細かくみると、伝統、宗教、政府がどのような関係にあるのかを示していることがわかる。首長は島の「頭」である一方で、首長クラン会議とカウンシルはともに島の「片腕」と呼ばれ、「島の結論」を実施する機関として位置づけられている。首長クラン会議が伝統に関する事柄を扱い、カウンシルが政府に関する事柄を扱うとされる。しかし、伝統と政府という区分は実際上、うまく分けられるものではない。カウンシルが島の伝統に関する事柄について、首長クラン会議が政府に関する事柄について提案することもあり、島の影響力をめぐって争うことも多い。伝統と政府とのこうした関係性は、首長を挟んで左右に首長クラン会議の代表とカウンシル長が座る点と重なり合う。

　他方で、カウンシル長とは異なり、牧師は常に外洋側の中央の座席を占めて

きた。この点は、今日の教会の影響力の強さと重なる。ツバル・キリスト教会は島の宗教であるとされる。人々は、ロンドン伝道協会の宣教師が初めて島を訪れた時、当時の首長はキリスト教を島の宗教として受け入れ、自らが持っていた宗教的な側面を牧師に任せることにしたという。ナヌメアの村落はもともと教会によってつくられたものであるが、それは現在でも教会の村落としての特徴を持つ。そのことが端的に現れるのが、毎日、朝と夕方の6時前の15分間の祈り（lotu）の時間である。この時間になると、村落の四方に設置された鐘が鳴り、村落内が静まり返り、それぞれの家で祈りが捧げられる。この時、礼拝の妨げとなるバイクの通行が禁止され、外を歩くことも控えられる。集会所もまた、教会の領域となる。例えば、「テホラハの日（Po Tefolaha）」という集会所で開かれる島最大の饗宴があるが、これは20世紀初頭に牧師の主導で始められたものであり、現在でも教会が主催している。教会はしばしば集会所で饗宴を開いており、教会用の白いシャツを着た信徒が集まり、賛美歌を歌っている様子をみると、そこはまさに教会の集会所という様相になる。

　しかし、ナヌメアにはツバル・キリスト教会以外の宗教宗派を信仰する者もおり、教会の村落、教会の集会所であることへの不満も聞かれる。筆者の滞在中、祈りの時間にバハイ教の信徒である女性が執事による制止を振り切って村落内をバイクで通行したという「事件」が起きた。後に教会の会議でこの件が大きく議論されたが、バハイ教徒からは、そもそも教会が勝手につくったきまりを守ってきたことへの不満が聞かれた。バハイ教の信徒はほかにも、教会の行事が島の行事として集会所で行われるが、集会所で他の宗教の行事を行うことは事実上、禁止されていることにも不満を募らせている。彼らは、陸から教会を切り離すべきだと主張する。依然として教会の影響力は強いが、かつてはこうした不満すらも口にすることをためらわれる状況にあったという。その点を考えるならば状況は少しずつ変化している。

　冒頭で、現在のナヌメアの社会生活は伝統、宗教、政府の3つの領域が並存しており、伝統とは陸の集会所、宗教は外洋の教会で、政府は礁湖のカウンシルである。そして、中心となるのは陸の集会所でその座席は3つの領域の関係性を示すようなものになっていると説明した。しかし、それは常にそうであったわけではなく、陸をめぐって繰り広げられてきた多様な主体による関わりの結果として現在そうなっているのである。伝統、宗教、政府は村落や集会所という陸をめぐって争ってきており、それに伴い集会所の座席も変化してきた。また、現在では、集会所は伝統の領域とされるが、それも決して固定的なもの

ではない。今後、ナヌメアの社会的な状況が変化すれば、集会所の意味付けや、その座席に変化が生じる可能性がある。ナヌメアの集会所はこれまでもナヌメア社会の秩序を反映してきた。そうであるならば、今後も社会の変化に合わせて、集会所も変化し続けるだろう。

注

(1)　なお、ツバルの島々の村落は必ずしも 1 ヶ所に固定されていたわけではなかったことが記録されている。例えば、バイツプ島ではかつて 2 つの村落を定期的に行き来し［Kennedy 1931: 266］、フナフチ環礁では人々は普段フォンガファレ州島に住むが、カツオ漁のシーズンにはフナファラ州島に村落ごと移動していたという［David 1899: 247］。また、村落が複数存在したという記録もあり、ヌクラエラエ環礁はかつて 3 つの村落があったという［Chalmers 1872: 147-148 quoted in Goldsmith 1985: 164］。

(2)　人類学者ゴールドスミス［Goldsmith 1985］は、ツバルの伝統であるとされる集会所について批判的に検討している。ゴールドスミスは、ツバル全体で集会所を表す言葉としてキリバス語起源のマネアパ（maneapa）という言葉が広く使用されてきた点、キリスト教の受容以前にツバルを訪れた外来者が残した記録においても集会所に類するような建物に関する言及がなく［例えばフナフチでは Hedley 1896, 1897］、ニウタオ島などで 1960 年代に調査をしたコッホ［Koch 1981］は家屋を含む島の「伝統的」な物質文化を網羅的に記録しているが、その中には集会所は登場しない点、集会所の建物の形状はキリバスのものと類似している点［Kennedy 1931: 271-272］を指摘する。こうしたことから、ゴールドスミスはツバルの集会所はキリスト教の受容、植民地化以降に借用（borrowing）、あるいは移植（implantation）されたものであると論じる［Goldsmith 1985］。

しかし、ツバルの集会所が近年になって借用、あるいは移植されたものであることを否定するような記録もある。ゴールドスミス自身も言及しているが、集会所を指す伝統的な言葉がある島もあり、ナヌメア環礁とナヌマンガ島ではアヒンガ、フナフチ環礁とバイツプ島ではタウソア（tausoa）と呼ばれてきた。また、かつては島全体の集会所はないが、サブグループの集会所は存在していたという報告もある。例えば、バイツプ島には、7 つのクラン（氏族）の集会所（tausoa）が存在していたといい、それが島の集会所（maneapa）にとってかわられたという［Kennedy 1931: 265］。ヌクラエラエ環礁にもかつて 3 つの村落それぞれに集会所が存在したという［Chalmers 1872: 147-148 quoted in Goldsmith 1985: 164］。フナフチ環礁では、年長者の話し合いが行われる建物について言及されており［David 1899: 14］、これが現在の集会所に相当する可能性もある。他にも筆者の調査中に聞き取った神話にはキリバス人の侵略によって集会所がもたらされたことを示唆する神話がある。ゴールドスミスも注で議論を一部訂正しているように、ナヌメアのような北の島々では植民地化以

前におけるキリバス人の侵略を起源とするとも考えられる［Goldsmith 1985: 172］。

(3)　マンガの居住場所はどこなのかという問題が残るが、この点についてチェンバースは説明していない。

(4)　集住化が進んだ背景には、他にも植民地行政府も人々を統治する必要上それを推進していたという点がある［Kennedy 1931: 265; Brady 1975］。

(5)　ただし、料理小屋は自らの土地に置かれることが多かったという。

(6)　カリフォルニア大学サンディエゴ校図書館所蔵。以下で閲覧。
　　https://library.ucsd.edu/dc/object/bb2253543z

参考文献

Besnier, N.
　2009　*Gossip and the Everyday Production of Politics.* University of Hawai'i Press.

Brady, I.
　1975　Christians, Pagans and Government Men: Culture Change in the Ellice Islands. In I. A. Brady and B. L. Isaac (eds.), *A Reader in Culture Change, Vol. 2.* pp.111-125, Shenkman.

Chalmers, Mrs. (translator)
　1872　Elikana's Story. *Juvenile Missionary Magazine* (1872): 101-105, 123-127, 147-150, 175-177, 196-198.

Chambers, K.
　1984　*Heirs of Tefolaha: Tradition and Social Organization in Nanumea, A Polynesian Atoll Community.* Unpublished Ph. D. Dissertation in Anthropology. Berkeley, University of California.

Chambers, K. and A. Chambers
　2001　*Unity of Heart: Culture and Change in a Polynesian Atoll Society.* Prospect Heights, IL, Waveland Press.

Mrs. David, E.
　1899　*Funafuti or Three Months on a Coral Atoll: An Unscientific Account of a Scientific Expedition.* John Murray.

Gibson, H. W. S.
　1892　Report of Proceedings, H.M.S. Curacoa at Suva, Fiji, 20 September 1892. Ms., WPHC.

Goldsmith, M.
　1985　Transformation of the Meeting-house in Tuvalu. In A. Hooper and J. Huntsman (eds.), *Transformations of Polynesian Culture.* pp.151-175. Polynesian Society.

Hedley, C.
　1896　*General Account. The Atoll of Funafuti, Ellice Group.* Australian Museum. (Memoir III, Part 1.)
　1897　*The Ethnology of Funafuti. The Atoll of Funafuti, Ellice Group.* Australian Museum. (Memoir III, Part 4.)

Kennedy, D. G.

1931 *Field Notes on the Culture of Vaitupu, Ellice Islands.* Wellington, The Polynesian Society, Memoir no.9.

Koch, G.

1981 *Material Culture of Tuvalu.* Guy Slatter (trans.), Suva, Institute of Pacific Studies, University of the South Pacific.

Macdonald, B.

1982 *Cinderellas of the Empire: Towards a History of Kiribati and Tuvalu.* Australian National University Press.

Munro, D.

1996 Samoan Pastors in Tuvalu, 1865-1899. In D. Munro and A. Thornley (eds.), *The Covenant Makers: Islander Missionaries in the Pacific. pp.124-157, Suva, Pacific* Theological College and The Institute of Pacific Studies, University of the South Pacific.

Murray, A. W.

1876 *Forty Years' Mission Work Polynesia and New Guinea, from 1835 to 1875.* James Nisbet.

Pease, H.

1962 Adventure on St. Augustine Island. *The Dukes County Intelligencer.* May, 1962.

〈参考ウェブサイト〉

Central Statistics Division 2016 Tuvalu - Tuvalu Population and Housing Census 2012. (http://pdl.spc.int/index.php/catalog/50/datafile/F2　2018 年 1 月 25 日閲覧)

Google 2018a （https://www.google.co.jp/maps/@-5.6649676,176.104542,11514m/data=!3m1!1e3　2018 年 7 月 3 日閲覧)

Google 2018b (https://www.google.co.jp/maps/@-5.6723204,176.116582,3397a,35y,270h/data=!3m1!1e3　2018 年 7 月 3 日閲覧)

第 10 章　実践が村空間を紡ぐ
1995 年、クック諸島プカプカ環礁社会の場合

棚橋　訓

1　1995 年、プカプカ環礁

　文化人類学の立場から成される地域研究は、二重の意味で、生活者の視点に基づいてフィールドワークの上に積み重ねられていく。調査者は特定の地域社会に入り込み、その社会で 1 人の中途半端な生活者となり、そこに生活する人々と言葉を交わし、そこに展開する些細な日常の出来事に対して目を凝らし、その現場で日常の生活世界が構築されていくさまを丹念に見据えていくことから作業を始める。調査者は「個人的な体験知」[川田 2006] を核に得られた情報を、フィールドという現場の時間と場所の次元において文脈化された思考に転換し、その繰り返しの渦中に、社会的な個人の在りようとこれを支える文化的諸規則を視野に入れた地域性の肌理の探求を展開していく。

　ある時点に、ある場所で、ある事を観察し、ある人にある事を聞く。体験知の獲得を前提とするフィールドワークにとって、調査を行なう「いま」という時間と、観たり聞いたりする行為が行なわれる「ここ」という場所を強く意識することは要となる。「いま」と「ここ」への拘りは、そのフィールドワークでの事々を誠実に時間の流れのなかに位置づけていく作業の礎でもあり、その作業がやがて歴史過程の文脈においてフィールドを俯瞰することにも繋がってくるだろう。

　そのようなことを想いながら、本論では、現時点から二十数年を遡る 1995 年に筆者が南太平洋中部ポリネシアのクック諸島（Cook Islands）プカプカ環礁（Pukapuka Atoll）において地域社会組織ならびに村空間の形成過程に関して実施した臨地調査で得た資料を検討し、村空間あるいは景観の形成過程を行為の実践の観点から考えることを試みたい[注1]。

2 村の空間——素描

　プカプカ環礁はクック諸島北部グループに属し、首島ラロトンガ島（Rarotonga）から北西に 1100 余キロ離れ、2018 年現在でも定期的な海路・航路は開かれておらず、通俗的には「絶海の孤島」というイメージで描写されることも間々ある（図 1）。

　環礁は 3 つの州島から成り、陸地総面積は凡そ 1.3㎢、1995 年調査時の総人口は 700 名ほどだった（注2）。礁湖（alo）の北端にワレ島（Wale）と呼ばれるプカプカ本島が位置し、礁湖南西にモトゥ・コタワ島（Motu Kotawa）、礁湖南東にモトゥ・コー島（Motu Kō）がある。島民の生活拠点であるワレ島にはロト村（Loto）、ザト村（Yato）（注3）、ンガケ村（Ngake）の 3 村がある。起源については不詳だが、ロト村は「アメリカ」（Malike）、ザト村は「日本」（Tiapani）、ンガケ村は「オランダ」（Ōlani）という別称があって、村対抗のスポーツ大会などのイベントの機会でも日常でもこの別称が頻繁に用いられている。礁湖は、それを取り囲む堡礁（āyanga、akau）の形態的特徴や堡礁上に打ち上げられた岩礁、水路（ava）の位置などを目印として、村ごとに専用の漁場域に分割されている（図 2）。

　村内の土地は帯状区画（kawa）に分割され、当該の区画を日常的に維持管理する役割を負う父系出自集団（pō）ないしその分枝した下位の父系出自集団（wakavae）に因んだ固有名称を冠している。帯状区画内には、当該の父系出自集団に属するものだけではなく、伝統首長会議（Kau Wowolo）（注4）によって転入を許可された者も居住し、幾つかの住居群（yikuanga）が形成されている。帯状区画は理念的には礁湖側の浜（tai）から外洋側の浜（tua）に向かうように設定されているが、その内陸部には土地を管理する父系出自集団とその分枝集団の墓域（pō）やタロイモ天水田（uwi）があるために、実際の境界線は複雑に変化し入り組んだ状態を呈している。そのため、礎石（watu/toka）などの境界標識（tuākoi）の位置とそれによって設定される境界線（kena）をめぐる諍いは日々絶えない。

　1995 年の調査時のロト村は、東半部が父系出自集団ザンガリプレ（Yangalipule、別名チロチロウィア Tilotilowia）の管理地、西半部が父系出自集団イ・トゥア（i Tua）の管理地となっており、ぞれぞれに、前者は 3 つの分枝集団（Wakavae ki Mua、Yangaliponepone、Yāmanaia）、後者は 4 つの分枝集団（Wakavae Aliki、Wakavae ki Muli、i Tua、Walanga Kula）が維持管理する帯状区画に分かれていた。ザト村は東から西に向かってザーマウンガ（Yāmaunga）、ザジ（Yayi）、ザーロンゴ（Yālongo）と 3 つ

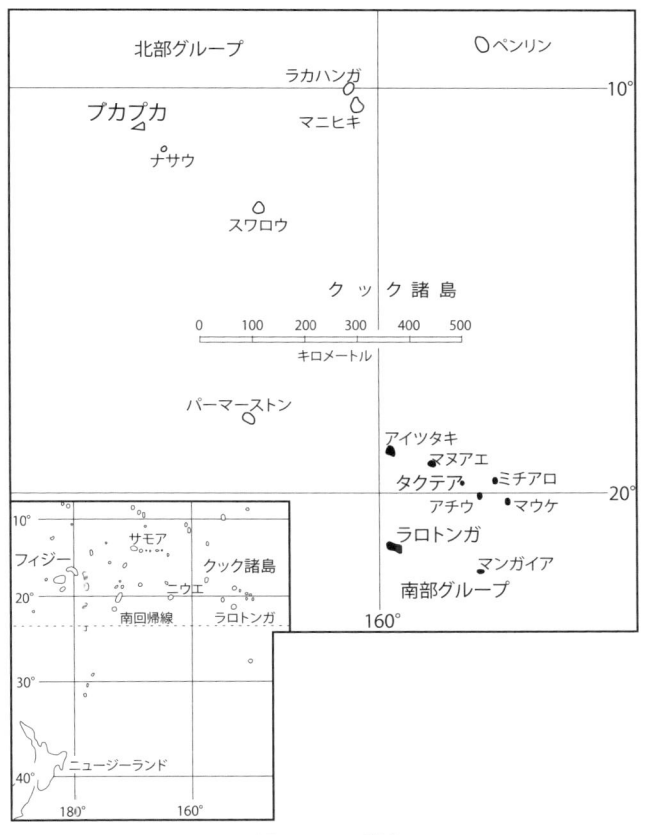

図1　クック諸島

の父系出自集団の管理地に分かれ、さらにそれぞれが、2つ（*Wakavae ki Mua*、*Wakavae ki Muli*）、2つ（*Tokelau*、*Mātanga*）、3つ（*Wakavae ki Mua*、*Wakavae Muli Vae*、*Walepia*）の分枝集団の帯状区画に分かれていた。ンガケ村は北半部に父系出自集団マータンガ（*Mātanga*）の4つの分枝集団（*Paku i Tua*、*Te Manako*、*Wakamoe ki te Loto*、*Angialulu*）、南半部に父系出自集団ムリウトゥ（*Muliwutu*）の3つの分枝集団（*Yālou*、*Aliki*、*Āliā*）の帯状区画があった[注5]。

　ワレ島上にはロト村の資源保護区（*motu*）であるモトゥ・ウタ（Motu Uta）とザト村の資源保護区であるニウア・ザー（Niua Yā、別名モトゥ・ニウア Motu Niua）があり、モトゥ・コタワ島は全島とその隣接する礁湖内域がザト村の資源保護

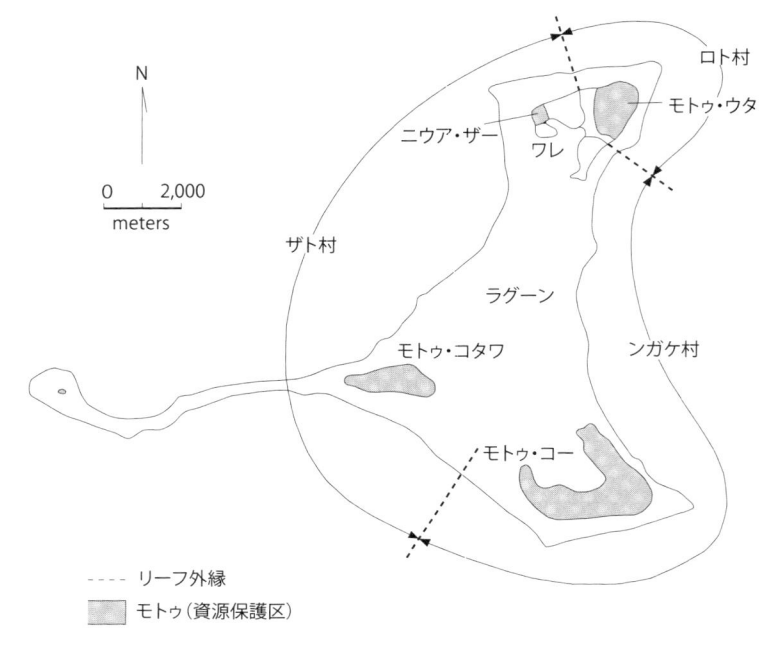

図2　プカプカ環礁

区、モトゥ・コー島は全島とその隣接する礁湖内域がンガケ村の資源保護区と
なっていた。母村と同様、ロト村の資源保護区内の土地も帯状区画に分かれ、
個々の帯状区画は特定の幾つかの父系出自集団ないしその分枝した下位の父系
出自集団と密接な関係を以って維持管理されていた。

3　番人組

　通常、資源保護区は禁忌（*lāui*）下にあって立ち入ることが禁止（*yā*）されて
おり、各村の伝統首長が一堂に会して組織される伝統首長会議の協議によって
決定される解禁期（*vāinga*）にのみ開放されて、その空間への立ち入りとそこに
あるさまざまな資源の利用が可能となる。資源保護区の解禁／禁止の時期は各
村の状況に応じて判断することが前提だが、実際にはすべての資源保護区が同
時に解禁／禁止される頻度も高いようだ。解禁期間は通例月単位だが、その長
さについても、その時の状況に応じて伝統首長会議が柔軟に判断する。禁忌が

課される禁止期には各村の番人組（*pule*）が資源保護区内の番屋（*wale palenga*）に詰めて巡回し、ココヤシの落葉や落実の片づけ等の清掃も担いながら、禁忌を犯して立ち入る者がないように目を凝らす。解禁期にも他村の者が資源保護区に立ち入らないように、番人組は稼働し続ける。禁忌を犯した者には、罰金（*tūā*）が科され、例えば、1995 年には、無断で立ち入ってヤシガニを採った者には、1 匹につき 2 ニュージーランド・ドルの支払いが求められた。

　番人組は村ごとに数組が編制され、見張りの務めは 2 週間の交代制となっていた。2 週間おきに番人組の交代と引継ぎのための集会（*uwingāpule*）が村集会所（*wale uwipānga o lulu*）で開催され、次の番人組に交代する。ロト村とザト村にはワレ島上に位置し母村空間と地続きの資源保護区モトゥ・ウタとニウア・ザーがそれぞれにあるので、侵入者に目を凝らすこの番人組の編制と巡回の手順はンガケ村のそれに比してより組織的に定められて一層重要なものと意識されている。1995 年現在、ロト村には 3 つの番人組（組名は *Te Pule Ulia*、*Te Pule Polapola*、*Te Pule Tunokeauti*）があり、それぞれが中等教育修了年齢以上の「成人」の男班と女班に分かれ、都合 6 組編制となっていた[注6]。3 組の男班が 1 月から 6 月の半年を、3 組の女班が 7 月から 12 月の半年を受け持った。ザト村では村を二分して編制された男女混合の 2 つの番人組（組名は *Te Pule Topetope* と *Te Pule Kaileka*）が 2 週間交代で巡回を行っていた。ンガケ村の資源保護区は離れたモトゥ・コー島にしかなく、そのためにか、入念な番人組の編制は行われておらず、村民が緩やかに二分されて解禁期と禁止期の巡回に当たっていた。ロト村とザト村の番人組は、父系出自集団などの組織単位で自動的に編制されるというよりは、番人組の人員が均等となることに主眼を置いている。ロト村では一つの番人組が 20 名程度となることを念頭に随時数合わせの再編が行われる。ザト村では、毎年 1 月の村集会で移入者や新卒者などの新規加入者の分属先を決定し、2 つの番人組の間での数合わせは必要に応じて随時行う。

　解禁期に入ると、ロト村はワレ島上の番屋に番人組を配して資源保護区に生活の中心を移す。解禁期のザト村は 2 週間交代で、村民の半数がモトゥ・コタワ島に移動し、残りの半数はワレ島に残って母村とワレ島上のニウア・ザーの見張りを行う。ンガケ村は 10 名程度の番人組の当番を交代で母村に残したうえで、他の者はモトゥ・コー島に生活の場を移す。いずれの村にも共通するのは、解禁期には母村と資源保護区の間の往来が自由になるのと同時に、実質的には村そのものが資源保護区に中心を移して日常が営まれるようになるということである。それゆえ、母村に閉じ込められた禁止期の日常よりも解禁期の日

常は開放的だと感じる者が多く、解禁期前夜の村は、遠足前夜のワクワク感にも似た、高揚感に充ちている^(注7)。

かつて、番人組は単に見張ることを凌駕する警察権を認められた存在であったようだ。ロト村の当番だった番人組女性班がザト村を訪れてザト村の女性が禁止期のモトゥ・ウタからタロイモを盗んだことを伝え、ココヤシと現金の賠償を求めたケースなどは現今と変わりないが、禁止期に資源保護区の禁忌を犯した者が番人組によってその場で殺害されてその場に埋葬されたケース、窃盗を犯した村外者や禁忌を侵犯した村民に対して「番人組による裁定」(pule pae)として死刑を実施するか否かを審議したケースなどが過去の民族誌的記録には留められている [Beaglehole and Beaglehole 1938: 248, 303, 387-388]。ちなみに、プカプカ環礁社会では、自らが所属する父系出自集団の特定の墓域に埋葬されることが生と死を全うしたことの証として強く意識されているので、埋葬されるべき墓域とは全く関係がない場所、それも窃盗を犯した事件の現場に埋葬されることは、当事者にこの上ない屈辱の人生を与えるだけではなく、当事者が属する父系出自集団の名誉 (tāpao) も著しく傷つける。

死刑を宣告することこそ無いものの、1995 年でも、番人組は禁止期と解禁期を通じて資源保護区内および資源保護区と母村の境界領域で不審な行動を見張るだけではなく、村外者の侵犯に脅かされることなく母村空間の日常の生活が営まれていくことを見張る役割を負っていた。プカプカ環礁社会では村の成人男女の全員が輪番体制を組んで交代しながら番人の役割を負うわけだから、特定のものだけがある種の警察権を握ってこれを行使するという状況とは対極的なものである。成人村民のすべてが 1 年のうちの一定期間、必ず母村と資源保護区を巡回して過ごし、その両空間とその境界領域によって成り立つ村空間のどこに何がどのように在るのかを日々確認して歩き、等しく村空間の維持に携わっていることになる。そこには村民間と村間の相互監視の規律・訓練の体制が組織化されて在ると表現することができる一方で、巡回と監視の日常的実践を通じて村空間とはどのようなものなのかという知見が日常的かつ具体的に村民のなかに喚起・醸成・強化・固着されてきているのだと捉えることができる。プカプカ環礁社会における村空間を静態的な境界線で囲い込まれ分割されたものとしてのみ捉えることは的確な理解とは言えないだろう。プカプカ環礁社会の村空間は、巡回と監視の日常的実践の繰り返しを通じて、伝統首長会議が裁可を下す個々の禁忌項目の遵守が実施される場所として追懐されながら、その全体像が想起されて日々そこに立ち上がるものとして理解することが妥当なの

ではないだろうか。つまり、実践としての村空間という視点が仮定されるのである。

4　資源保護区——それぞれの顔

資源のあり方とそれが醸し出す景観、そしてその利用方法において、それぞれの資源保護区には個性的な顔がある。

ロト村のモトゥ・ウタはワレ本島の中央部から北端を占め、タロイモ天水田とココヤシ林を主体に構成されている[注8]。モトゥ・ウタは、その北端の岬（*Te Keonga i Uta*）から母村に向けて延びる中央線にほぼ沿って東西に二分され、その中央分割線から東西の外洋側の浜に向かって肋骨のように帯状区画が設定されている。東西の外洋側の浜には解禁期に使用する住居（*wale*）が築かれ、内陸中心部には大型のタロイモ天水田が帯状区画を跨いで連続して布置され、それ以外の場所は鬱蒼としたココヤシ林に覆われている。

ザト村のニウア・ザーはココヤシ林が主体だが、その土地の大半はプカプカ環礁唯一の公立初等中等学校（Niua School、1964 年開校）の校地のために提供されている。モトゥ・コタワ島にはココヤシ林とタロイモ天水田のほかに、島中央部付近に人の背丈を超える高さの茎に 2m 近い長さの葉が茂るプラカイモ（*pulaka*）[注9]を栽培する沼沢地があり、島の外洋寄りの西半部には樹高 20m を越えるプカ樹の森（*ulu puka*）[注10]が威容を以って広がる。プカ樹の森の梢には無数ともいえるほどの海鳥が営巣し、その海鳥自体が貴重な食料資源となるだけではなく、地上に堆積したプカ樹の落葉と海鳥の糞が良質の腐葉土と肥料を提供してくれる[注11]。

ンガケ村のモトゥ・コー島にはココヤシ林とタロイモ天水田が広がるとともに、島の礁湖側のワレ島寄りの北端には大型の養魚池（*loto ika*）が築かれ、同島の外洋側南半は平坦に切り拓かれて「空港」（1994 年に竣工した小型機離着陸用の滑走路）が建設され公共の用に供されている。「空港」の管理と整備はプカプカ地方政府の公共事業となるのだが、ンガケ村民のみがその役務に当たることになっている。また、馬蹄形状の内湾は穏やかで、海水浴などのレクリエーションや憩いの場を提供してくれる。

各資源保護区には解禁期に移り住んで使用する住居のほか、井戸（*vai*）、村集会所なども整えられ、本島から離れたモトゥ・コタワ島とモトゥ・コー島には解禁期にワレ本島から移り住んだ各村民の礼拝のために各派のキリスト教会

も建設されている^{（注12）}。

　防波堤のような堡礁に取り囲まれた3島の母村と資源保護区のあり方は、1990年代半ばには、禁忌のシステムを核とした共同＝協働性に基づく「慣習的土地保有者自身による持続的開発の組織化」(customary landholding people's organization to sustainable development)^{（注13）} の好例としてクック諸島中央政府や国際機関にも注目され、島外からの視察団が訪れることも少なくなかった。

　ところが、この共同＝協働性に基づく「慣習的土地保有者自身による持続的開発の組織化」という評価は、伝統首長会議の協議、資源保護区の存在、禁忌のシステムを基盤とした村単位での資源利用と資源管理といったアイテムの表層的な観察から醸し出された印象論であると言わざるを得ない。プカプカ環礁社会が個人の存在や権利主張よりも複数人での共有や社会全体での総有を重視する平等主義社会であるという、ある種のユートピア論に近いものとも言えるだろう。なぜならば、臨地調査の経験から導かれる知見に依れば、プカプカ環礁社会においては、共同＝協働性よりも強く、禁止期の日常と解禁期の日常の空間の双方に響き続ける通奏低音が2つあると考えられるからである。ひとつは、保有者ないし用益者をめぐる強い意識のあり方、いまひとつは、均等な分配（tua）の実践である。

5　総有の共同体という誤解

　まず、保有者ないし用益者をめぐる強い意識のあり方について。プカプカ環礁社会を考えるとき、所有という表現が妥当性を持つのか否かについて、筆者には実のところ容易には判じ難い。しかし、目の前のある対象を誰が使うことを許され、誰がそこから得られるものを手にすることが許されているのかという用益の権利は、プカプカ環礁社会の日常において明確に意識されている。ハマユウの一種（lili）^{（注14）} やパンノキ（kulu）^{（注15）} の葉はタロイモ天水田の土壌づくりに最適な堆肥（wakalepo）として重用されるが、例えば、村道の際などの一見公的な空間に生えているそうした植物の葉は、落葉となったものも含めて、誰が使うことを許されているのかについて、極めて明確に記憶に留められている。食料や飲料としてのその実の有用性だけではなく、その葉が家屋の屋根・壁などの建材、カヌー建造用の寄り紐（kawa）や籠の素材となるココヤシは、その1本ごとに誰が使うことを許されているのかが特段に強く意識されている。

　植物資源の1本1株の用益権が明確に意識されている背景には、「誰」が「こ

こ」に植えたのかという記憶の存在がある。「誰」と「ここ」の記憶は、その「誰」に系譜関係でつながる子孫にも継承されていく。「ここ」の記憶は、その土地の維持管理と用益の権利が誰にあるのかということにつながる。この場合に、植物資源の利用可能者が「誰」と「ここ」のつながりを 2 つとも備えている必要はない。「誰」の記憶だけを根拠にその特定の植物資源の利用を主張するものがいれば、「ここ」の記憶だけを根拠にその利用を主張するものもいる。「誰」の記憶か「ここ」の記憶かのうち、いずれか一つでも満たされていればよいのである。

　クック諸島は 1965 年に、ニュージーランドの植民地の立場から、外交と軍事防衛をニュージーランドに依存しながらも独自な憲法を擁する自由連合関係 (free association) 下の自治領となった。その際に、植民地時代に土地資源管理を行っていた土地権原法廷 (Land and Titles Court) を土地法廷 (Land Court) として継承し、近代法下においてすべての土地の所有者とその所有権を確定する作業が進められた。しかし、プカプカ環礁は、独自な「伝統的慣習」(Māori custom) に基づく総有による恒久的な土地自由保有権 (freehold land right) を維持する離島と位置づけられて、土地の相続・継承・係争についてその環礁全土が土地法廷の裁定権限外にあるとされた［棚橋 1997b, 1999］。現在でも、土地絡みの紛争は伝統首長会議と親族会議 (uwipānga kōpū tāngata) の裁定下にある。その土地法廷外にあるという扱い自体が、プカプカ環礁の土地は近代法的な「誰彼による所有」の概念とは対極的な性格を維持するものだという虚像のまなざしを創り出したとも考えられる。つまり、総有なので特定の「誰」をめぐる個人の所有の記憶は意味を持たず、総有なので「ここ」の記憶は特定の個別所有者に限定されることなく常に「みんな」(kātɔatoa) の集合的記憶に回収されるのだという理解の仕方である。

　1995 年の調査で、筆者はこれとはかなり異なる所見を得た。さきほど、プカプカ環礁社会の理解において所有という表現が妥当性を持つ場面があるのか否かについて、筆者自身は実のところ容易には判じ難いと述べた。その真意は次のとおりである。プカプカ環礁社会では、この一筆の土地に誰が住むのか、あるいは、このタロイモ天水田は誰が世話して収穫し、消費するのかという判断は、基本的に伝統首長会議の協議に委ねられている。同協議の結果、その土地の居住・使用・管理の主体は、村 (lulu) 全体から、村内の食物分配集団 (tuanga kai)、双系的に拡張可能な親族集団 (kātili あるいは kōpū tāngata)、父系出自集団あるいはそれが分枝した下位の父系出自集団、そして個人 (kelinga)（注16）に至るまで多岐多元にわたって個別に承認される。

　例えば、母村ロト村と同様にモトゥ・ウタ内の土地も帯状区画に分かれていることは先にも述べた。モトゥ・ウタはほぼ東西に二分割され、東側半分（*i te tawa ngake*）は主に父系出自集団ザンガリプレに属する分枝集団の使用に供する 4 つの帯状区画（固有名称は *Te Utū*、*Walakakala*、*Te Welo*、*Te Puapua*）となっており、西側半分（*i te tawa lalo*）は主に父系出自集団イ・トゥァに属する分枝集団の使用に供する 4 つの帯状区画（固有名称は *Te Pā*、*Taikaiana*、*Te Welo i te Kilikili*、*Te Auma*）となっている［cf. Beaglehole and Beaglehole 1938: 42］。個々の帯状区画の土地をいずれの分枝集団の使用に供するのかという前提の枠組みは決まっているが、個々の帯状区画の土地をどのように下位の小区画に分け、それぞれ小区画の維持管理・使用を分枝集団のどの次元で誰に任せるのかについては、原則としてその都度、伝統首長会議の裁可を要する。

　そして、そのいずれの場合も、伝統首長会議が、一筆の土地やタロイモ天水田の排他的で恒久的な所有権を特定の主体に認めるわけではなく、根本的には、当面の間それを利用する用益権の付与を認めたに過ぎない。母村内であっても資源保護区内であっても、「村のタロイモ天水田」というのは、長年にわたって伝統首長会議が村にその使用と管理の差配を認め続けているに過ぎないということなのである。

　一筆のタロイモ天水田が幾つかの帯状区画（*kawa*）に分割され、その個々の帯状区画内がさらに小区画（*wua*）に分割されて個々人に割り当てられることもある。また、「村のタロイモ天水田」であれば、村内での協議により、「村のタロイモ天水田」が村の成人男性の帯状区画、村の成人女性の帯状区画、村の子どもの帯状区画に分割されたりもする。その場合、3 区画の栽培は村民全員で行うが、その収穫はそれぞれ別個に村の成人男性、成人女性、子どもに対して分配される[注17]。しかし、こうした区画、特に小区画は固定的なものではなく、タロイモ天水田内の帯状区画と小区画の切り分けと割振りの見直しについての希望が村民から常に提示される。そして、1 年間の間に個人から出されたこうした意見はまとめられて伝統首長会議に提示され、通例、新年後の早い時期に、伝統首長会議の席上で区画の切り直し（*kotikotinga te uwi*）が検討される[注18]。天水田の区画の切り直しが検討される会議では、住民から出された村間での居住地の移動についても検討がなされるが、これについては村間の居住者人口数の均等化が慎重に考慮される。空き地や空き家があり、人口分布の偏りが生じることもないと判断されれば、父系出自集団の所属とは関係なく、村境を越えた村間での移転は「大した問題ではない」（*kāe manamanatā*）。

　資源保護区内のタロイモ天水田については、その場所に立ち入る機会が伝統首長会議によって統制されているものの、天水田の維持管理者ないし用益者をめぐる強い意識は母村空間の日常と同様のあり方を見て取ることが出来る。母村内の天水田と同様、一筆ごとの維持管理・使用の主体は、村、村内の下位地区の食物分配集団、双系的に拡張可能な親族集団、父系出自集団あるいはその分枝集団、個人と多岐にわたる。資源保護区内のパンダヌスやパンノキなどのココヤシ以外の植物資源を利用する際には、祖先あるいは存命の誰が植えたものなのか、どこに植えられたものなのかを厳密に特定し、必要であれば交渉を経て、利用に供する。しかし、資源保護区内のココヤシについては、誰がいつ植えたものなのかという識別の傾向は低いように思われる。特に、ココヤシの実については、各村から選出の島評議会 (Island Council/*Kau Kōnitala*) [注19] のメンバーと年長者が解禁期の全収穫量を管理し、村民 1 人あたりの分配個数とその利用方法（饗宴時に消費するのか、他の村活動で活用すべく保管するのか、コプラ生産にまわすのか、あるいは、各家族の自由な消費に任せるのか）を議論のうえ決定して、村民に通知する。その点で、資源保護区内のココヤシ林は村によって総有され、村全体で共同管理される資源としての特性が強い。この傾向は、19 世紀末にプカプカ環礁にコプラ産業の波が押し寄せるようになり、1920 年代にはコプラの生産と収益の管理・分配を行う村単位の組合（*Kampani*）が結成され、ココヤシ林については村単位の直接的な一元管理を重視する方向にシフトしていった歴史過程に関連すると考えられる。1995 年時点ではコプラ産業は衰退してほぼ消滅していたが、資源保護区内のココヤシ林の総有的な扱いには往時の名残が色濃く認められると理解できるのではないだろうか [Hecht 1987; 棚橋 1998]。

6　均等な分配の実践

　均等な分配の実践はプカプカ環礁社会の生活形成を司る最重要課題の一つと言えるだろう [Beaglehole and Beaglehole 1938: 36, 50, 72-76, 93-95]。これは、村が維持管理・使用の主体となる「村のタロイモ天水田」の収穫、礁湖内および外洋で実施される集団漁労の漁獲、村の男性総出で行われる海鳥狩りやヤシガニ狩りなどで得られた食物の分配において顕在化する [注20]。また、分配することを前提に、予めその前日迄に村の男性総出で漁労、海鳥狩り、ヤシガニ狩りを行うように村の伝統首長や島評議員から通達が出され、併せて、個々がそれぞれに管理するタロイモ天水田やココヤシ林の収穫から、成人女性 1 人につき一定個数以上

の調理したタロイモを、成人男性1人につき一定個数以上のココヤシの実を持ち寄るようにという指示が出されることもある。

　通例、村の伝統首長と島評議員らが指名した監視者である食物分配人（*tangata tau popoa*）が収穫されたタロイモの総個数、捕れた魚と海鳥の総匹数を確認し、慎重に分配を行う。食物分配は資源保護区の禁止期ならば各母村の村集会所の前庭、解禁期ならば資源保護区内の村集会所の前庭で行われる。一方、ロト村の母村では、4つの集落（*yikuanga*）が集落用の分配所（*lava*）[注21] も別個に設けていた。分配所は集会所の前庭など、ただの空き地なのだが、その空き地にココヤシやバナナなどの葉を敷き詰めることで、その場所が一気に分配所へと変貌する。

　まず、収穫物のすべてが分配所に持ち込まれる。食物分配人はそれをじっくりと観察し、タロイモであれば、単純に品種と個数だけではなく、イモ1個ごとの大きさに拘って収穫を分類・集計する。魚や海鳥であれば、単純に種類と匹数だけではなく、魚1匹、海鳥1羽ごとの大きさにも拘って分類・集計する。ヤシガニの分配についても然りである。魚や海鳥が分配されるときには、各家がタロイモや米飯を持ち寄って同時に分け合うこともある。食物分配人は分配する食物の全体像を把握したのち、成人男性トビウオ1匹、成人女性トビウオ2匹、子どもトビウオ1匹のように、それぞれ1人当たり幾つずつ分配するのかを決定し、その場に同席している伝統首長ないし島評議員に了解を得る。そして、分配する食物の小山を分配所に敷いた葉のうえに築いていく。すべての食物をひと通り分け終えたら、食物分配人はすべての小山を再確認し、同じ種類、同じ大きさのものが決められた数だけ分けられているのかを入念に確認する。例えば、小ぶりの魚が1匹混ざっているのを発見したら、その場ですぐさま他と同じ大きさの魚に入れ替える。仕分けから最終確認の作業までには時間を要するので、分配を受ける村民は分配所の周辺でカードゲームや雑談をしながら、ゆったりと待っている。最終確認を経て分配の小山が完成したところで、キリスト教の牧師ないし神父が自然の恵みに対するお祈りを行い、それが終わったところで、この瞬間を待ちわびていた人びとがそれぞれの分配の小山に手を伸ばす。

　分配は、食物分配集団（*tuanga kai*）を対象に実施される。従って、分配所の分配物の小山は、食物分配集団ごと（その集団の成人男性分の小山、成人女性分の小山、子ども分の小山の3つ）に分けて積み上げられており、成人男性、成人女性、子どもと、個人ベースで1人1人に食物が手渡されるわけではない。食物分配集

団はロト村に 8 集団、ザト村に 6 集団、ンガケ村に 10 集団ある。伝統首長会議が番人組や村人口の員数の均等化を常に考慮して調整するのとは異なり、食物分配集団の人数には開きがある。成人男性 8 人、成人女性 13 人、子ども 23 人で構成されるものがあれば、成人男性 4 人、成人女性 5 人、子ども 7 人で構成されるものもある。個別の分配機会ごとに食物の総数が確認され、それを基に成人男性・成人女性・子どものそれぞれ 1 人当たりの割当て数が決定され、割当て数に人数を積算した量の食物が食物分配集団の手に渡されるので、員数の違いが食物の均等な分配を阻害することはない。

　ロト村の場合、村民が 8 つの食物分配集団の何れに属するのかは、その村民がロト村の資源保護区であるモトゥ・ウタ内の 8 つの土地帯状区画の何れの維持管理を行って用益の権利を認められているのかに対応している。資源保護区内の個々の帯状区画は特定の幾つかの父系出自集団ないしその分枝した下位の父系出自集団と密接な関係を以って維持管理されていることを前提とすれば、ロト村の食物分配集団は資源保護区内の帯状区画とともに父系出自集団とも密接な関係性を有して編制されていることが判る。他方、ザト村とンガケ村の食物分配集団の編制については、維持管理・使用する資源保護区内の帯状区画との対応関係は明確ではなく、あまり関係しないと考える村民も少なくないようだ［Borofsky 1987: 21; Hecht 1976: 61-62］。

　村民は食物分配集団の所属を変更することはできるが、一時に一つの集団にしか属することができない。往々にして同一の家族や世帯成員は同じ食物分配集団に属するが、同じ程度に、同一家族の成員の所属先が幾つかの食物分配集団に分散することも生じている。父母が同じ食物分配集団に属していたとしても、その子どもが必ずしも父の父系出自集団の成員として同じ村に留まるとは限らない。父の母や母の兄弟に養取されれば、子ども本人から見ると母方の別な父系出自集団に属することになり、結果として父母とは異なる食物分配集団に属することにもなる。また、養取のステップを踏まなくとも、食物分配集団の所属だけを母方縁者の出自集団に移すことも少なくない。この柔軟な所属先選択による人員の再配置（*tuanga tau*）は、食物の枯渇時に村を越えた食物資源へのアクセスを保障し、食物消費の分散によって限りある資源を有効利用することにも繋がる戦略であると言えるだろう[注22]。

　均等な分配の実践は、分配する食物を手に入れ、分配が行われる時間に、分配の実践の場に身を置くことの繰り返しによって具現化される。そして、どこの分配所で行われる分配に実際に参加できるのかという、行為の場所性によっ

てそれは支えられている。

　プカプカ環礁社会では、どの村に所属しているのかを眼前の相手に確認するときには、普通は「あなたの村はどこなの」(*Koi wea tau lulu?*) と尋ねる代わりに、「あなたは、どこで食物を分けるの」(*Ko tau koe i nā popoa i wea?*) と尋ねる。この問いかけの仕方が示唆してくれるものを考えると、平等主義的な均等分配を理念とする社会であるという原理ありきで、静態的にプカプカ環礁社会を理解しようとするよりも、均等な分配の実践が日々繰り返され、その分配の実践に具体的に参加することによってその社会を生きる知識と技能が身体化されていくような実践共同体としての側面に目を向け、村民の社会的な実践が展開する場として村空間を捉えることの重要性が浮上してくる [Wenger 1998]。

7　移動と拡散、流れとしてのプカプカ環礁社会

　一方、ライフヒストリー調査を重ねてみると、プカプカ環礁社会の人びとの流動性が非常に高いことが明らかになった。島民全員への聞き書きを実施できたわけではないので実数を挙げることは叶わないが、老若男女を問わず、ニュージーランドやオーストラリアで3ヶ月以上の長期滞在や就労を経験した者は恐らく調査時点の島民の7割以上にのぼるのではないかと推察される。プカプカ環礁に生まれ、10代前半からラロトンガ島、10代後半からニュージーランド・オークランド市に移住して40代半ばまでそこで働いた後に、再びラロトンガ島生活を経て50代になってホームランドであるプカプカ環礁に戻ってきた者。50代になってからオーストラリアで働く息子家族に呼び寄せられ、一時期移住していた者。移住して働いていた父母のもと、ニュージーランドに生まれ育ち、20代になって初めてプカプカ環礁の地に降り立った者。後期中等教育や高等教育を受けるために、その期間だけプカプカ環礁を離れていた者。オーストラリアに移住して社会的な成功を収めたのだが、高齢となった父母の介護のためにプカプカ環礁に呼び戻された者。プカプカ環礁社会を生きるプカプカ人が描いてきた人生の軌跡は、正にさまざまである。

　そうしたさまざまな人生の軌跡の背景には、よりマクロな次元での歴史的経緯がある。近現代におけるプカプカ人の海外流出の先駆けは第1次世界大戦時のニュージーランド軍への徴兵だったが、第2次世界大戦後にニュージーランドが酪農産業復興を目指して安価な労働力をポリネシア島嶼にも求めたことが大きな弾みとなり、プカプカ環礁からも1950年代から多くの男女がニュージー

ランドに労働者やメイドとして渡り始めた［棚橋 1997a］。クック諸島はニュージーランドの植民地を経て 1965 年にその自由連合国となったが、両国間の歴史的経緯を踏まえて、クック諸島民は 1965 年以降今でもニュージーランドの市民権を自動的に手に入れることができる。さらに、ニュージーランドとオーストラリアの 2 国間に、相互の渡航・居住・就労の自由を認めるトランスタスマン渡航協定（Trans-Tasman Travel Arrangement）が 1973 年に導入されたため、ニュージーランドの旅券を持つクック諸島民はニュージーランド経由でオーストラリアにも自由に移住して働くことができるようになった［Bedford and Hugo 2012］。こうしたマクロな次元での政治的・法的配慮を前提に、プカプカ環礁社会の流動性が増し、脱植民地化以降も人口移動の流れは安定的に継続してきた。1995 年時点では、プカプカ環礁の島内人口がおよそ 700 人であるのに対して、同時期に、400 人ほどが首島ラロトンガ島のプエ地区を中心に居住し、ニュージーランドのオークランド市やウェリントン市、オーストラリアのメルボルン市やウーロンゴン市などの国外に住むプカプカ人は総計で数千人を優に超えていた［棚橋 1997a］。つまり、冗談ではなく、プカプカ環礁よりもオークランド市に赴いた方が多くのプカプカ人と声を交わすことが叶い、プカプカの民話について情報を得ることも容易なほどだった(注23)。

　　また、20 世紀に入って以来の過去各世代において労働移民が輩出してきたプカプカ環礁社会では、移民を出すことが家族・世帯・親族の各次元における生計維持戦略として捉えられるようになっている。その過程で肯定されるようになった社会の組織編制の一つの方策が、複数地点分散型とでも呼ぶことができる社会集団編制の実践である。これは親族会議、村集会、各種の儀礼などに際して、海外などの遠隔地に居住するものにもプカプカ環礁社会における個人の各種の権利を保障すると同時に、経済的・社会的責務を負わせることでその人物の母村における社会性を保持するというものである。ここで言う経済的・社会的責務とは、機会あるごとに送金や物品の贈与（aloa/matanga）を通じた寄与を実践すること、そして、家族・親族・村民・島民が彼の地を訪問する際には無償の助力（tau.tulu）を惜しまずに提供して、（食物ならぬ）責務の均等な分配に与することを主に指している。こうして、「いま」「ここ」にいる人々を特権化することなく、移民して出ていった家族・親族・村民・島民にも同等の社会性の保持を承認することを原則に越境的な社会が形成される［棚橋 2000］。

8 求心と遠心の狭間で

前節の議論を踏まえると、プカプカ環礁社会は地理的空間としての環礁の中にだけ局所的に存在するものとは言い難くなる。前々節までに見てきたように、プカプカ環礁の村空間において巡回と監視を日々繰り返し、認めてもらった土地・タロイモ天水田や各種の植物資源の使用を継続すべく伝統首長会議との交渉を日々繰り返し、均等な分配を日々繰り返し、そうして繰り返される諸実践への具体的な参加を通じて、求心的に紡がれていく実践共同体としてのプカプカ環礁社会の姿がある。他方、それと同時に、日々生起する移動・拡散あるいは往還の実践を通じて、縒りをかけて紡がれた実践共同体の糸を遠心的に外に追いやっていくようなプカプカ環礁社会の姿もそこにある。

プカプカ環礁と移住先の間での物理的移動と社会的応答の往還運動の渦中にあって、プカプカ環礁社会は、プカプカ環礁に生きる人びとの営みとプカプカ環礁をホームランドとしてエスニック・アイデンティティの定位を図りつつも空間的には分散して生きる人びとの営みが輻輳する日々の過程おいて創造され続けてきているのだ。

プカプカ人にとってのプカプカ環礁が、人生のさまざまな経験を通じて歴史的・社会的に秩序づけられ、実践・感情・思考に基づく意味を賦与され、歴史の記憶が刻み込まれた場所であるならば、同じように、プカプカ環礁の外のニュージーランドやオーストラリアなどの移住先も、それぞれの地がすでにプカプカ人の歴史の記憶が刻み込まれた場所となっている。

そして、プカプカ環礁社会を生きる人びとは、輻輳するさまざまなプカプカ人の経験のうえに醸成されてきたプカプカ環礁社会の求心と遠心の2つの姿を別個な2つの力学に基づくものとして並置したままに諦観するのではなく、2つの姿を1本の糸に紡ぐことができる実践の模索を繰り返し、懸命にもがき続けている[注24]。

注

(1)　1995年の臨地調査は文部省平成7〜9年度科学研究費補助金国際学術研究（学術調査）「南太平洋クック諸島における文化遺産の保存と継承に関する調査研究」（課題番号07041022、研究代表者：近森正）の資金により、同年7月にクック諸島ラロトンガ島プエ地区（Pue）のプカプカ人コミュニティーで、同年8月にプカプカ環礁で

実施した。なお、本論では 1995 年の調査に基づく陸の村空間に重点を置き、礁湖内の村空間（村ごとの利用海域の切り分けなど）をめぐる議論については別稿に期したい。

(2)　クック諸島の 1996 年度センサスによれば、プカプカ環礁の総居住人口は 778 人である［Cook Islands Statistics Office 2003: 14］。

(3)　地名を含むプカプカ語 (*te talatala wale*) のアルファベット表記において y は [ð] 音を表すが、これをカタカナ表記に置き換える際には便宜的にザ行音の文字を用いた。

(4)　プカプカ語では *Kau Wowolo* だが、クック諸島公用語のラロトンガン・マオリ語 (*Tuatua Māori o Rarotonga*) の表現を用いて *Aronga Mana* と称されることもある。伝統首長会議は最高位首長（*aliki wolo*）1 名と各村の父系出自集団を代表する地域首長（*langatila*）で構成される。1995 年調査時の伝統首長会議は、継承者をめぐる紛争が続いていたために最高位首長は不在で、地域首長にも継承者不在の首長称号があったため、地域首長 4 名（ザト村から 2 名、ンガケ村から 2 名）のみでの実働だった。

(5)　プカプカ環礁のような小規模社会の場合、父系出自集団や下位の分枝集団の存続は安定したものとは言えず、比較的安定して継続するものがないわけではないが、その一方で、サイクロンなどの気象災害の被災を嫌ってラロトンガ島に挙家移住したり、現金収入を求めて次世代の若年層の中核的人物が海外労働移住を選択したりすることで、たとえそれが少人数の移動であっても、分枝集団の離合集散・消滅とそれに伴う集団名称の変更や消滅を回避し得ない事態を招くことが間々ある。Beaglehole and Beaglehole［1938］、Hecht［1976］、Borofsky［1987］などの先人によるプカプカ環礁社会研究のいずれもが、臨地調査において時代ごとの個別集団名称の同定とその変遷過程の解明に困難を覚えており、本論もその例外ではない。

(6)　かつては、番人組は成人男性のみによって編制されており、次第に女性も参画するように変更され、輪番体制も変化したという［Beaglehole and Beaglehole 1938: 35-36］。

(7)　調査滞在時には、伝統首長会議により 1995 年 8 月 21 日から 2 か月程度ザト村の資源保護区を解禁することが決定されており、モトゥ・コタワ島に移り住む準備に奔走する村民の姿を目の当たりにした。

(8)　改めて後述するが、資源保護区の土地区画や栽培種・資源ごとの保有形態と利用形態については、その保有・利用主体が村から出自集団、家族、個人まで多岐にわたり、その分布も極めて入り組んでいる［棚橋 1998］。また、ココヤシ 1 本、タロイモ天水田の畔に生えている草花でさえ、それを利用できる用益者が決まっている。

(9)　サトイモ科の *Cyrtosperma merkusii*。

(10)　オシロイバナ科の *Pisonia grandis*。和名はトゲミウドノキ。

(11)　モトゥ・コタワ島のコタワ (*kotawa*) とは、オオグンカンドリ (*Fregata minor*) とコグンカンドリ (*Fregata ariel*) の総称であり、島名を和訳すれば「グンカンドリ島」となろう。プカプカ環礁全島に海鳥は営巣するが、1914 年 1 月に大型ハリケーンがプ

カプカ環礁を襲うまでは［Beaglehole and Beaglehole 1938: 20-21］、同島がグンカンドリの主な営巣地だったことに由来する島名であると言われる。プカプカ環礁社会では、グンカンドリの他には、カツオドリ（*Sula leucogaster*、プカプカ語名 *mulipula*）、アカアシカツオドリ（*Sula sula*、プカプカ語名 *ākama*）などのカツオドリ属の海鳥（*takupu*）やクロアジサシ類（*Anous stolidus*、プカプカ語名 *ngongo moana*）が狩猟の主な対象となっている。

(12) プカプカ環礁には、クック諸島の「国教」ともいえるプロテスタント系のクック諸島キリスト教会（Cook Islands Christian Church）、聖書主義に立つプロテスタント系のセブンスデー・アドベンチスト教会（Seventh-Day Adventist Church）、カトリック教会（Roman Catholic Church）の3派がある。

(13) プカプカ環礁で調査中の1995年8月15日、偶然にも、当時のクック諸島政府環境保全局（Conservation Service）からプカプカの中央政府駐在事務所に送信されたFAXを目にする機会があった。この表現はそのFAXに記されていたものである。ちなみに、その内容は、太平洋地域環境計画事務局（SPREP: The Secretariat for the Pacific Regional Environment Programme）からプカプカ環礁の資源保護区の視察と情報収集調査への協力要請が寄せられているというものだった。SPREP は太平洋地域の環境と自然資源の保護・維持管理・改善を目的に太平洋諸国政府の協力の下に1982年に設立された国際組織で、現在、サモア独立国の首都アピアに本部を置き、フィジーに事務所を置くほか、ミクロネシア連邦、マーシャル諸島、ソロモン諸島、バヌアツに駐在員を配している（cf. SPREP ホームページ https://www.sprep.org/ 2018年9月12日アクセス）。

(14) ハマオモト属ヒガンバナ科ハマユウの一種 *Crinum xanthophyllum*。

(15) *Artocarpus altilis*。

(16) ここではプカプカ語の *kelinga* を「個人」と訳したが、*keli* は「掘る」、*kelinga* は「掘ること」を意味する。例えば、比較的小規模のタロイモ天水田で、最初にそれを拓いた個人の名前が記憶に鮮明に留められている場合には、「（個人が）掘ったタロイモ天水田」（*uwi kelinga*）あるいは「個別の名前を持ったタロイモ天水田」（*uwi tangata taki tai*）とも称される。

(17) タロイモ天水田の毎日の世話は往々にして女性（そして、その手伝いの子どもたち）が担うことになり、これを伝統的な性別分業に従うものだとする地元の意見もある。しかし、実のところ、天水田で泥まみれになって作業をする成人男性の姿を見かけることは間々あり、男性の天水田作業に厳密な禁忌が課せられているとは言い難い。

(18) 全島のタロイモ天水田の区画と割り当ての全体的な見直しも、かつては10年に1度程度の頻度で行われていた。しかし「近年では、5年に1度程度にその頻度が高くなっているが、どうしたことだろう」と、ある伝統首長は語っていた。

(19) 島評議会はラロトンガ島の中央政府とローカルなプカプカ環礁社会の間に位置する公式的な仲介組織で、さまざまな事案に係る島全体としての公式見解を取りまとめる役割を果たす。選挙によって各村から2名ずつ計6名の評議員が選出され、そ

れに最高位首長、伝統首長会議代表、プカプカ市長 (Mayor)、中央政府代行 (Government Representative) の 4 名を加えた計 10 名で構成される。評議員は 5 年任期。通例は市長が島評議会議長を務める。

(20)　プカプカ環礁社会において、ブタ (puaka) とニワトリ (moa) は重要な食料源となっているが、Beaglehole and Beaglehole [1938: 5, 106] によれば、いずれも 1857 年にロンドン伝道協会 (London Missionary Society) の宣教師が初めてプカプカ環礁に降り立って以降のヨーロッパ世界との接触期に持ち込まれた家畜であると言う。儀礼時に欠かすことができないブタは宣教師によって、他方、ニワトリは交易商によって持ち込まれたと言う。ニワトリは概ね家の周辺で放し飼い、ブタは後ろ片足をココヤシの根元にロープで繋がれていたり板囲いに入れられて、基本的に 1 羽 1 頭ごとに家族・親族 (kāinga/tāngata) ベースで管理・消費される。ところが、ロープを切り、板囲いを抜け出して遁走を続け、ワレ島内をうろつき回っているブタが少なくない。こうした野に出たブタは、成獣になると、村の男性総出で行われる狩りの対象となる。ブタ狩りは各村単位で行われ、狩りの時期は伝統首長、島評議員、年長者などの村の長老格が決定する。ブタを追い込む者と、ライフル所持許可証を持っていてブタを射殺する者とに分かれて行う村の男性総出での狩りは、男性にとって娯楽の性格も有している。遁走したブタの管理者がどの村に属するものなのかに関係なく、自村の境界内をうろついている限りは、狩りの対象として構わない。しかし、遁走するブタを狩ることができるのは、ブタが自村の境界内にいるときだけで、ブタが村境を越えた瞬間に狩りは終了する。仕留めたブタの肉は、もともとの管理者と仕留めた男性たちの間で分配される。

(21)　村中央部の礁湖側前浜にあるロト村の分配所 (lava Loto) は、東から西に向かって、Yā Manaea、Tua Tiare、Mākekea、Tai o te Papa の 4 ヶ所で、その固有名称は集落名に由来するものである。

(22)　Borofsky [1987: 22] によれば、1980 年時点で、ンガケ村 (60 世帯) の 28% の世帯、ロト村 (48 世帯) の 56% の世帯、ザト村 (29 世帯) の 62% の世帯に、村外の食物分配集団に属する成員がいた。

(23)　文部省平成 4 〜 6 年度科学研究費補助金国際学術研究 (学術調査)「オセアニア島嶼国家における海外移住・出稼ぎに関する民族学的研究」(課題番号 04041117、研究代表者：須藤健一) により、プカプカ環礁での調査に先立つ 1992 年から 95 年にかけて、ニュージーランド、オーストラリア、ハワイ在住のクック諸島移民労働者の現状調査を行った。その過程でクック諸島ラロトンガ島およびニュージーランド・オークランド市在住のプカプカ人の方々にも面接調査を実施した。本節の内容はそのときの調査成果に負うものである。

(24)　プカプカ環礁社会の人びとは、輻輳するさまざまなプカプカ人の経験のうえに醸成されてきプカプカ環礁社会の求心と遠心の 2 つの姿を具体的にどのような方策を以って 1 本の糸に紡ごうとしているのであろうか。求心と遠心、相反するように見

える2本の糸をさらに紡ぎあげていく文化的な装置として、筆者はプカプカ環礁の墓域（pō）の存在に注目している。プカプカ語で墓域を意味する pō は複合的な意味野を有する語であり、夜、暗闇（複合語の pōuli としても）、地下界、盲目（複合語の matapō としても）、キリスト教の光（mālamalama）が訪れる以前の蒙昧などを意味するとともに、何より、父系出自集団（patrilineal lineage）を意味する。墓域と父系出自集団が等号で結ばれるのは、父系を辿って結ばれる系譜関係にあるものは特定の同じ墓に埋葬されるという慣行に基づいている。つまり、同じ墓に埋葬される（はずだ）という将来への期待が、現世の中核的な人間関係を形成し、他の局面においては異なる位置性を有する個々人の「生」を一気に節合する。それゆえ、pō を父系出自集団とするよりは、埋葬地集団とでも訳すほうが適切かもしれない。将来埋葬される墓は父系を辿って確定されるのが大原則だが、実際には「最初の2子は夫方」（lua tama mua nā te tāne）の原則が一般に適用され、子の性別に関係なく、第1子と第2子は夫方の墓（＝父系出自集団）への帰属となり、第3子以降は、妻方への帰属と夫方への帰属が順番で交互に割り振られていく。しかし、夫婦間や親族間の話し合いにより、この原則に沿わない墓の帰属が選択されることも少なくない。ンガケ村の或る旧家では、その男性家長は自分の亡母の帰属先であった父系出自集団Bの下位分枝集団Cの墓Cに帰属しているが、男性家長とその妻の協議を経て、その第1子は家長の亡母の帰属先集団Bの墓Bに、第2子は自分の亡父の帰属先集団Aの墓Aに、第3子以降12人中11人は家長の帰属先集団Cの墓Cに、残り1人の子は家長の妻（と、その父）の帰属先集団Dの墓Dに、それぞれの帰属先を配した。プカプカ環礁で見知らぬものに出会ったときに、その素姓を確かめるために先ず発せられるのが「あなたは、どこに埋められるの」（Kā tanu koe i wea?）という問いかけであり、ニュージーランドやオーストラリアでも同様にこの問いが発せられる。お互いに将来同じ墓に埋められることが確認された瞬間に、2人の間には将来同じ墓に埋葬される特別な関係（yōlonga）がスタートする [Beaglehole and Beaglehole 1938: 231-232; Borofsky 1987: 43, 136; Hecht 1976: 78-79]。埋葬が実践される墓域という空間の具体的な場所性が他者との社会的な関係を繋ぎ、異なる人生の軌跡を描いてきた、あるいはこれから描くもの同士を切り結ぶ役割を果たしている。死と埋葬という未だ生起していない未来の出来事を取っ掛かりに、墓という場所が異なる「生」を節合し、現時点の「生」の差異を二次的なものとして未来の死に一時回収する装置となっていることに着目したい。また、墓域は、生者の世界において解決できない事柄を引き受けて、一時留め置く場所としての働きも有するのではないかと考えている。こう考えるのは、偶然、隣接する或る2つの墓域の丁度中間に1棟だけ孤立して建つ小屋を覗き込んだときに、そこに長径 2.5m を超える大型の木製捏鉢（kumete）が埃に塗れて安置されているのを見つけたことが契機だった。その木製捏鉢を対象に実測と来歴に関する聞き書き調査を進めると、それが Beaglehole and Beaglehole [1938: 127] にも記録された鉢であり、かつての最高位首長の名前に由来する「ピラト」（Pilato）

という銘を有する鉢であることが判明した。さらに、それは最高位首長が、自ら催す饗宴（imukai）で振る舞うタロイモ料理（olo wāwā, wāwā patupatu）やプラカイモ料理（olo pulaka）を作るときにだけ利用することを許された鉢であること、そして、プカプカ環礁社会では1979年に先代の最高位首長が他界してから次期継承者の選出をめぐる紛争が長引き、それ以来最高位首長がまだ空位のままとなっていることが判った。つまり、継承者争いのために最高位首長が空位の期間、利用するものを失った木製捏鉢の行き先を墓が引き受けてくれていたのである。プカプカ環礁における墓域の存在については、稿を改めて詳細に論じたいと考えている。

参考文献

川田順造
　2006　「文化人類学とは何か」『民族學研究』71（3）：311-346.

棚橋　訓
　1997a　「ランガチラの誕生とアヴァイキの夢——クック諸島ラロトンガ島の一地域指導者を通して見た MIRAB 社会の国家像」塩田光喜（編）『海洋島嶼国家の原像と変貌』，pp. 193-236, アジア経済研究所.
　1997b　「裁かれるマオリ・カスタム——ポリネシア・クック諸島と土地法廷」山下晋司・山本真鳥（編）『植民地主義と文化——人類学のパースペクティヴ』，pp. 36-64, 新曜社.
　1998　「歴史のなかのモトゥ——「資源保護区」をめぐるポリネシア・プカプカ環礁社会の土地史素描」大胡欽一（編）『アジア世界——その構造と原義を求めて（下）』，pp. 183-206, 八千代出版.
　1999　「ポリネシア・クック諸島における土地問題の淵源——歴史的省察」杉島敬志（編）『土地所有の政治史——人類学的視点』，pp. 55-76, 風響社.
　2000　「文化人類学における体験知の思考と地域研究の困難」『CAS ニューズレター』（慶應義塾大学地域研究センター）100: 41-43.

Beaglehole, Ernest and Pearl Beaglehole
　1938　*Ethnology of Pukapuka*. Bernice P. Bishop Museum.

Bedford, R. and G. Hugo
　2012　*Population Movement in the Pacific: A Perspective on Future Prospects*. New Zealand Department of Labour.

Borofsky, Robert
　1987　*Making History: Pukapukan and Anthropological Constructions of Knowledge*. University of Hawai'i Press.

Cook Islands Statistics Office

2003   *Cook Islands 2001 Census of Population and Dwellings: Main Report.* Cook Islands Ministry of Finance and Economic Management.

Hecht, J. A.

1976   "Double Descent" and Cultural Symbolism in Pukapuka, Northern Cook Islands. Doctoral Dissertation. University of Chicago Department of Anthropology.

1987   Pukapuka: Community Organization and Land Tenure. In R. G. Crocombe (ed.), *Land Tenure in the Atolls: Cook Islands, Kiribati, Marshall Islands, Tokelau, Tuvalu.* pp.188-201. Institute of Pacific Studies of the University of the South Pacific.

Wenger, Etienne

1998   *Communities of Practice: Learning, Meaning, and Identity.* Cambridge University Press.

第11章　水没する環礁の真実
サンゴとホシズナが作る地形

茅根　創

1　水没する環礁

　太平洋の真ん中、赤道より少し南にある小さな島国、ツバルは、海面上昇で水没がはじまっている国として、世界中に知られるようになった（写真1）。日本のほとんどの全国紙やテレビ局がこの島を訪れ、島が水没していると報じている。日本だけでなく、世界中のメディアが、水没の様子を報じている。科学界のトップジャーナル、ネイチャーも、ツバルが海面上昇ですでに水没している可能性があると伝えている [Patel 2006]。

　水没は島の内側で起こっているという。2月から4月の大潮の高潮位の際に、島の中の人々が住んでいる地面から、海水が湧き出してくるのだ。さらに、暴浪のときには波が直接打ちつけてくる家もある。海岸侵食が起こって、砂浜がなくなったり、椰子の木が倒れたりしていることも、海面上昇による水没の証拠とされている。

2　フォンガファレ島へ

　私たちは、2002年から2007年まで、環境省のプロジェクトで、ツバルと同じように環礁だけからなるマーシャル諸島共和国の首都、マジュロの調査を行っていた。マジュロで得られた結果を手に私たちは、2004年3月にツバルの首都、フナフチ環礁のフォンガファレ島を訪れた。ツバルは、フィジーから飛行機で3時間ほどである。フィジーへは日本からの直行便がないため、成田から大韓航空でいったん韓国のインチョンに飛び、そこからもう一度日本の上を通り太平洋を縦断してフィジーの西のナンディへ、ナンディからフィジーの東の首都スバに移動、スバで少なくとも1泊してツバル行きの便に乗る。フィジーとツバルを往復する飛行機の便は、週に2往復だけで、しかもたびたび欠航する。

写真1　ツバルの首都、フナフチ環礁フォンガファレ島を、北から撮影。右が環礁のリングの内側のラグーン側、左が外側の外洋側。底辺が1.2km、幅700mの島に、ツバルの人口の半分の5000人近い人々が住んでいる。大潮の高潮時には、滑走路両側の地面から海水がわき上がってくる。写真2-4の位置を、矢印で示す。図3は、写真の範囲外右側のストームリッジの上。

　68人乗りのプロペラ機がツバルの首都のあるフナフチ環礁に近づくと、青い海の真ん中に白い砂浜に縁取られた緑のリングが見えてくる。リングの幅は100mもないが、滑走路に近づくとともに、その細いリングにあふれんばかりに家が建ち並んでいるのが見えてくる。滑走路は、細長い島が少しだけふくらんだ、底辺の長い三角形の中央にある（写真1）。

　ツバルは9つの環礁からなる国である。環礁とは、サンゴ礁だけがリング状につながってできた地形だ。サンゴ礁は、サンゴが積み重なってできた地形であるが、サンゴは海面の上までは成長することができないので、低潮位まで積み重なって、サンゴ礁の頑丈な土台を作る。海面より上に現れる島は、土台であるサンゴ礁の上に打ち上げられたサンゴ礫や、あとで説明するように有孔虫砂でできている。環礁の島を、環礁州島と呼ぶ。

　環礁州島は、細長い島がいくつもつながっている。島の幅は数10mほどで、長さ数100mから数kmつながっている。もっとも大きなフォンガファレ島でさえ、いちばん太い部分の幅は700mで、ラグーン側の底辺の長さが1.2kmの三角形の島に、政府庁舎や病院、スーパーマーケットなどすべてのインフラがあり、ツバルの人口の半分にあたる5000人近い人々の家がびっしりと建ち並んでいる。島の真ん中の滑走路は、飛行機の離着陸時以外は、島の人々のバレーボールやサッカーコートに早変わりする。

　ただの小屋にしかみえない空港ターミナルのイミグレーションで手続きをすませ、ホテルにチェックインすると、私たちはまず、政府庁舎を訪れて関係す

写真2　集会場前の広場の地面から、大潮の高潮時に海水が湧き出してくる様子。付近には人の家もあり、時によって海水が家の中まで進水してくることもあるという。

写真3　外洋側の波が押し寄せてくる海岸に住む人々。暴浪の際には、波が家を洗うという。

る役所に挨拶し、地図などの情報を入手した。空港のターミナルに比べると、ホテルも、政府庁舎も立派だが、ツバルに大使をおいている台湾の援助で建設されたものだ。どちらもターミナルから歩いて1分もかからないところにある。

写真4　ラグーン側の海岸の様子。海岸に以前は砂浜があったそうだが、現在は護岸の積石が崩れている。

　水没が心配されていながら、土地測量局で入手できた地図には、等高線はおろか、標高すら入っていなかった。そこで私たちはまず、オートレベルで土地の高度を測量するところからはじめた。生態学の研究者たちは、サンゴ礁に生息しているサンゴや有孔虫の調査をはじめた。海岸工学の研究者たちは、島の海岸侵食の実態を調べ始めた。人類考古学の研究者たちは、島の人々の住み方の聴き取りをはじめた。

　大潮の高潮位の時間には、実際に水が湧き出してくる現場を見ることができた（写真2）。滑走路に沿った一帯で、深いところでは膝下まで水が湧き出してくる。舐めてみるとしょっぱいので、海水が混じっていることが分かる。島の人々は「昔は、こんなこと（住んでいるところに海水がわき上がってくること）はなかった。海面が上昇しているからだ」と言う。

　リングの外側の、外洋の海岸に建つ家には、高潮位の際には、波が足下まで押し寄せてくる（写真3）。暴浪のときには、波が家に直接打ち付けると、住民は訴えた。一方、リングの内側のラグーン側には、以前は砂浜が広がっていた

という。しかし現在は、砂はほんのわずかしか残っておらず、ところどころ石積みの護岸が壊れて、ブロックが散乱していた（写真 4）。ラグーンを渡って環礁の西側の島へ行くと、砂浜が侵食されて椰子の木が倒れている。海面が上昇しているからだと案内してくれた船頭は言う。

3　水没の真実

　しかしながら、ツバルに着いて数日の調査で、問題は海面上昇による水没という、単純な図式ではないことが明らかになった。

　環礁州島は、リングの外側のストームリッジと、内側のラグーン側の高まりとからなる（写真 1）。ストームリッジは、標高 4m と島でもっとも高く、島の外側を縁取っている。名前の通り、台風などの暴浪の際に、沖合の海底にころがっていたサンゴ礫が打ち上げられて作られた高まりである。ツバルは赤道に近いため、台風はめったにこないが、ときおりくる台風の度にサンゴ礫が打ち上げられて、ストームリッジが作られた。実際、1972 年にフナフチ環礁を台風が通過した際に、もとからあったストームリッジの沖合に、高さ 4m のリッジが 19km にわたって作られた [Maragos et al. 1973]。新しくできたリッジは、数年のうちにもとからあったストームリッジと合体した。このことから、ストームリッジは台風の度に成長していったと推定される。

　ラグーン側の高まりは、標高 2 〜 3m、幅も 500m 程度で、主要な集落もここに立地している。調査前は、この高まりもサンゴの砂でできていると思っていたのだが、実際に現地に行って堆積物をみると、半分から 4 分の 3 が有孔虫の砂でできていることが分かった。有孔虫とは、1mm ほどの石灰質の殻をもつ原生動物で，沖縄へ行くと「星の砂」として小さな瓶にいれられてお土産として売られているのも、この有孔虫の 1 種で、和名をホシズナという。有孔虫は、環礁の外側のサンゴ礁の上に、1㎡あたり数 10 万個体の高密度で、びっしりと生息していることが分かった。

　海側のストームリッジとラグーン側の高まりに挟まれた中央凹地は、標高 1m 以下と低い。ツバルの潮位は、高潮位のときには平均海面より上に 1.2m まで上がるので、高潮位の時には中央凹地は海面下になり、島を満たした海水がわき上がってくる。海水がわき上がってくる地域にあるのは、気象台、雨水を溜めるタンクをつくる工場、発電所、刑務所など、公共施設が多い。古くからの集落は、標高 2m 以上のラグーン側の高まりにあり、この中央凹地に人が住

写真 5　写真 3 を陸地側からみた光景。違法に建てられた簡素な家が建ち並ぶ「スラム」である。

むようになったのは、この 10 〜 20 年の間であることが分かった。

　暴浪の際に波が打ち寄せてくる家は、先ほど紹介したストームリッジの上にあることが分かった。ストームリッジは、文字通りストームでサンゴ礁が打ち上げられてできた高まりだから、暴浪の際には波をかぶるのだ。ツバル政府は、ここを居住区域としていないが、あとから島にきた人たちは、中央凹地にも住む場所がもうなかったために、暴浪の時には波をかぶるストームリッジに住むようになった。衛生状態も悪く、いわばスラムのようなところだということが分かった（写真 5）。

　東京に戻った後、19 世紀末にロンドン王立協会が作成した表層地質図を図書館でみつけて読み解くと、村はラグーン側の標高 2 〜 3m の高まりにあって、中央凹地はマングローブが縁取る塩性湿地が広がり人は住んでいないことが分かった [Yamano et al. 2007]。さらに、付録の報告書には、この湿地の周囲では、大潮の高潮位の祭には海水が地面からわき上がってくる [David and Sweet 1904] とはっきり記述されている。現在起こっていることと同じことが、地球温暖化による海面上昇がはじまる 100 年前に記録されていたのである！

　この中央凹地に、第 2 次世界大戦中に滑走路が建設された（この滑走路が、現在も使われている）。太平洋戦争の緒戦で、それまでミクロネシアを信託統治していた日本が、その南にあったイギリス領キリバスに攻め込んで占領したため、ツバルが連合軍の最前線になった。そこでツバルのフォンガファレ島に、米軍が 2 週間の突貫工事で滑走路を作ったのである。この滑走路によって、自然の景観が分かりにくくなってしまった。しかしここが低地であることは変わりないので、第 2 次大戦後も 100 〜 200 人程度の集落は、ラグーン側の高まりにあっ

た。ところが1978年にツバルが独立して、首都がバイツプというラグーンの狭い島から、ラグーンが広く大型船もラグーン内に接岸でき、滑走路もあるこの島に定められると100 〜 200人だった人口が急増した。現在はフォンガファレ島の人口は5000人近くまでに達して、海水がわき出す凹地に居住域が拡大していったというのがツバル水没の真実だった。

つまり、「昔は、こんなことはなかった」のではなく「昔は、こんなところに人は住んでいなかった」というのが、ツバルの水没の真実なのだ。

それでは砂浜の侵食は、どのように説明できるのだろうか。実は、砂浜が侵食されて椰子の木が倒れている島は、その反対側に回ると新しい砂州ができていることが分かった。島は、浸食されているところもあれば、新たに堆積しているところもあり、浸食されているところがことさらに喧伝されていたのである。この島が数10年かけて回転しており、浸食と堆積がちょうど釣り合って、面積としてはほとんど変わっていないことが、過去の空中写真の解析から明らかにされた［Kench et al. 2015］。

4 異分野の価値観の相違

私たちの調査プロジェクトは、地学、生態学、工学、考古学など、様々な分野の研究者のチームによる学際的な共同で行っている。調査と研究の手法も用語も異なる分野の研究者のお互いの理解をはかるために、私は毎日の調査の後の夕食前に、その日の調査結果を報告し合うミーティングを行っている。そのミーティングで次々と報告される各チームからの報告が上がってくるにつれて、ツバルの水没の実態が明らかになってきた。地学の研究者からは、島の中央凹地がそもそも高潮位以下にあること、工学の研究者からは運ばれてくる砂が減少したために、砂浜の侵食がはじまっている可能性が指摘された。人類考古の研究者からは、中央凹地やストームリッジに住んでいる人々は、最近になって他の島から首都のあるこの島に移住してきたことが報告された。

ツバルの水没は、海面上昇という単純な問題でなく、もともと湿地だったぜい弱な中央凹地や暴浪があらうストームリッジに居住域が拡大したことが主たる原因であることが、調査後のミーティングの際に明らかになった。私は「これでプロジェクトの目的は達成できた」と安堵した。あとは、水没の実態を現地の政府に知らせ、ツバル政府に適切な土地利用を促せばよい。

ところがミーティング後、夕食を終え、皆でビールを飲みながら雑談してい

た時だ。私が「本来住むべきでない土地に住んでいることが問題だ」ということがわかって、プロジェクトも無事終了ですね!と言うと、海岸工学の共同研究者が、私にとっては思いもかけないことを言ったのだ。「住んでいる以上、守るのが工学です」。びっくりしている私に、今度は人類考古の研究者から、さらに違う意見が出たという。「住むべきでないというのは傲慢です。なぜそこに住むようになったのかを考えるのが、人文科学です」。

それまで何年間も一緒に調査して、毎晩のようにミーティングを繰り返して、互いの手法や成果について熱知していると思っていた研究者から、思いもよらない意見をもらったことに驚いた。夕方のミーティングだけで、夕食後の打ち解けた雑談がなければ、私はこの違いを知ることはなかっただろう。実分野の研究の価値観（最終目標）の違いを思い知った。

5　生態プロセスの破壊

ツバルではその後、国際科学技術協力の枠組み（SATREPS）で、さらに調査を進めた。その結果、様々な人間活動が、島の生態プロセスを阻害していることが分かった。

環礁の島は、まずサンゴの骨格が低潮位まで積み重なって、頑丈なサンゴ礁の土台を造る。その上に、暴浪時にサンゴ礫が打ち上げられて島の核ができる。そうするとその背後に、外洋の波から遮蔽な静穏な場ができ、そこに有孔虫の砂が沿岸漂流によって運搬されて、島が成長していく（図1）。このように環礁の島は100％生物の骨格と殻でできている。しかしながら、人口の密集したフォンガファレでは、サンゴ礁生態系がすっかり破壊されてしまっていることが分かった。

あるとき、フォンガファレのラグーン側のわずかに残った砂浜を歩く子供たちの足跡が、黒く残っていることに気がついた。自分の足下の砂を少し掘ってみると、有孔虫のオレンジの砂の下から黒い砂がでてきた。鼻に近づけてみると、腐った卵の臭いがする（写真6）。実は、5000人の人々の生活排水やトイレの汚水が、砂浜を通じてラグーンの海水に浸み出していたのだ。有機物に富んだ排水は、分解して酸素を消費して、硫化水素を発生していた。ちょうど東京湾の底のヘドロのような状態である。水質の研究者が測定してみると、硫化水素だけでなく、下げ潮時に日本の海水浴場の環境基準の25倍もの大腸菌群が検出された [Fujita et al. 2013]。住居は密集していても、見るからに「南の島の楽

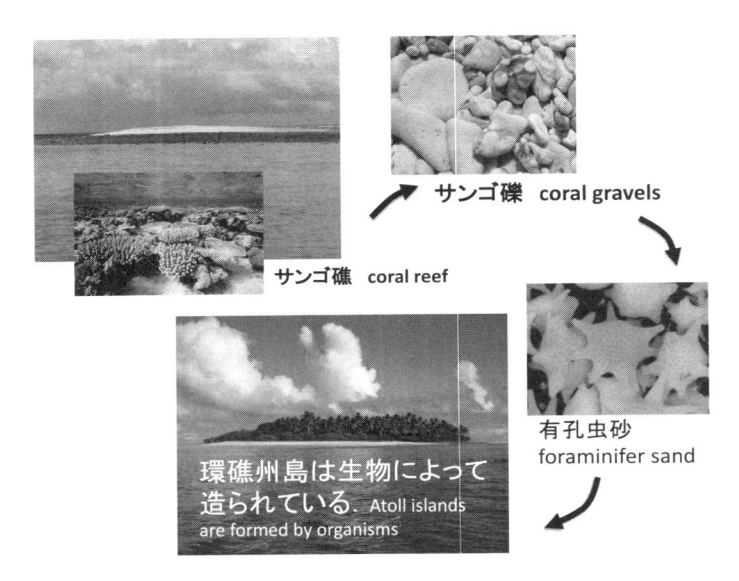

図1　環礁州島はサンゴや有孔虫など生物で造られている。サンゴ礁の基盤の上に、暴浪時にサンゴ礫が打ち上げられ、その背後に有孔虫砂が堆積して、島は成長する。

園」と見えたフォンガファレの島は、日本ですら海水浴ができないほど汚染されていたのである。

　島のほとんどの家庭の便所には、浄化槽が設けられていた。しかしこの浄化槽は、定期的なメンテナンスはされず、底が抜けており、垂れ流し状態である。そのため島の地下水も、飲用には適さないレベルに汚染されている（ツバルは雨が多いので、飲用には雨水をタンクにためて使っている）。それでも、島の中が伝染病が発生するほど汚染されていないのは、上げ潮のたびに島を満たした海水が、下げ潮の際に海に流出して、汚水も一緒に流し出してくれるからである［Nakada et al. 2012］。いわば潮汐が、天然の水洗トイレの役割を果たしてくれていたのである。しかし汚水が流れていった先の海の生態系は、汚染によって壊滅してしまった（写真7）。

　こうした汚水の流入によって、フォンガファレのサンゴ礁では、ラグーン側でも外洋側でも、サンゴが立ち枯れて、藻におおわれていた。さらに、島の北端に山積みにされた廃棄物も、生態系の破壊を進めていた。サンゴと有孔虫が健全に生息していれば、海面上昇に対して国土を造るポテンシャル（造礁力）があるが、死んでしまって藻になってしまっては造礁力などまったくない。有

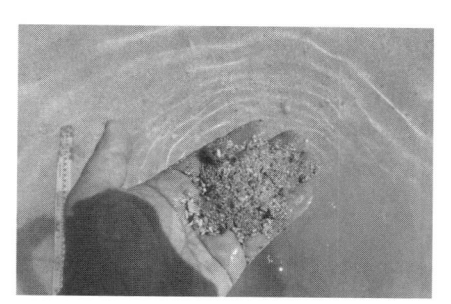

写真 6　フォンガファレ島の海岸の砂を 2〜3cm 掘ると、白い砂の下に腐った卵の臭い（硫化水素臭）のする黒い砂が現れた。

写真 7　フォンガファレ島のラグーンでは、サンゴが立ち枯れて藻におおわれている。

孔虫も、フォンガファレ島のサンゴ礁では、密度が 2 桁も少ないことが分かった［Fujita et al. 2014］。

　さらに環礁の島を形成・維持する、砂の運搬─堆積過程も、様々な海岸構築物によって遮断されている。有孔虫は環礁の外洋側のサンゴ礁に高密度で生息し、死ぬと砂になって、最初に島と島の間の切れ目（チャンネル）を通って、ラグーン側に運ばれる。しかしこの最初の通り道が、コーズウェイによって遮断されている（図 2）。

　ラグーン側に運ばれた砂は、沿岸流によって島のラグーン側の海岸沿いに運ばれる。これを沿岸漂砂と呼ぶ。沿岸漂砂は、沿岸流の終着点に堆積して島を造る。フォンガファレ島は、ちょうど北からの沿岸流と南からの沿岸流の終着点にあたるため、フナフチ環礁でもっとも大きな島が造られている。しかしこの沿岸漂砂を断ち切るように、桟橋や航路が作られてしまうと、砂の経路が遮断されて、沿岸流の下流側では砂浜の侵食が起こる。実際、フォンガファレ島の南北には、こうした桟橋や航路があって、島への砂の運搬が遮られている様子を見ることができる（図 2）。

　さらに、堆積の場も失われている。海岸に直立した護岸を作ると、そこで波が砕けるため、護岸の付け根では砂が堆積する場から、浸食の場になってしまう。石積みの護岸が崩れたのも、このためである（図 2）。海岸に住む人々は、それぞれ自分の家の敷地の前に直立護岸をつくって、自分の家を浸食から守ろうとしているが、それが島全体としては、砂の運搬と堆積を妨げて、島を浸食の場にしてしまっている。日本では、数十年前に突堤や航路や直立護岸の問題点に気がついて、緩傾斜護岸や養浜が行われるようになった。しかしツバルで

342

コーズウェイ　砂の運搬を阻害

ツバル　フナフチ

キリバス　タラワ

外洋側リーフからラグーンへの砂の移動の遮断

砂をラグーン底に逃がす

直立護岸　砂の堆積を阻害

図2　運搬・堆積過程を阻害する海岸構築物。島と島をつなぐコーズウェイによる、有孔虫砂の通り道の遮断（上）。有孔虫は、外洋側のサンゴ礁上に密集して生息している。そこで生産された砂が島と島の間のチャンネルを通って、ラグーン側に運ばれる。ツバルではこのチャンネルが、コーズウェイによって遮断されてしまっている（上左）。一方，キリバスのタラワ環礁では、コーズウェイの下のチャンネルを、船が行き来できるように掘ってしまったため、砂をラグーンの底に逃がしてしまっている（上右）。一方、直立護岸によって砂の堆積が阻害される（下の2枚の写真）。

は、日本で数十年前に犯した過ちを、小規模に続けている。

　写真4のように、海から人々の居住地が丸見えになってしまうのも、本来の環礁の景観ではない。環礁州島の海岸は、うっそうとした海浜植生でおおわれているのが普通だからである。海浜植生は、海の塩分に耐えて根をはり、砂浜を安定化させて、浸食から島を守る機能があるからである。環礁の人々はそうしたことを知っていて、海浜植生を大切に守り、その内側に集落を作っていた。しかし人口が激増したフォンガファレ島では、海岸際まで居住域が拡大してしまって、海浜植生はすっかり失われてしまった。

　以前は、フォンガファレ島にあった砂浜が、今はすっかり縮小してしまったのは、海面上昇というよりは、砂の運搬と堆積プロセスが、人工構築物によって妨げられてしまったためであるというのが、私たちの得た結論である。

6　島の生態工学的維持

　環礁州島の問題が、「海面上昇による水没」という単純な問題ではないことが明らかになった。フォンガファレ島の人口激増による、ぜい弱な土地（中央凹地とストームリッジ）への居住域の拡大、人為負荷の増大により島をつくってくれるサンゴ礁生態系が崩壊したこと、砂の運搬、堆積プロセスが、人工構築物によって妨げられたことなど、島のローカルな問題が大きいことが、明らかになった。

　環礁州島は、サンゴや有孔虫などの生物が国土を作っている（図1）。サンゴ礁が土台をつくり、その上にサンゴ礫と有孔虫砂が積み上がって海面上に島が成長する。サンゴ礁は、島の土台を作るとともに、波を防ぐ天然の防波堤として機能している。この視点に基づいて、生態系保全＝国土保全という視点から国土の維持策を提案した（図3）。そのためにはまず、島を造る阻害要因を取り除かなければならない。そのためには、サンゴ礁生態系の再生が必須であり、生活排水と廃棄物の処理など環境改善が必要である。これは、国土の維持だけでなく、島の環境改善のためにも必要である。

　また海岸の人工構築物は、砂の運搬―堆積を阻害しないデザインに変えることが必要である。サンゴ礁を埋め立てて作られたコーズウェイは、砂の通り道を開けてやる。このとき、船が下を通ることができるように，航路を掘り込んでしまうと、砂を逃がしてしまうことになるので、注意しなければならない。沿岸漂砂をとめる桟橋は、撤去するか杭式にして、砂が通過できるようにする。ドレッジは埋め戻してやる。

　さらに、サンゴ礁生態系の健全な育成のための環境が整ったら、サンゴや有孔虫の増殖・移植も進めてやることができる。サンゴの増殖・移植については、日本は先進的な技術をもっており、これを生態系再生・国土保全という視点から移転する。有孔虫については、これまでその飼育は実験室レベルでしか行われていなかった。私たちはツバル政府と共同で、有孔虫の大量飼育に世界ではじめて成功し、ツバルのカウンターパートと共同で特許も取得した［Hosono et al. 2014］。

　島の再生策は、その時間スケールも技術開発のレベルも、様々である。最終目標は、生態系の再生によって砂浜を再生して、海面上昇に対して強靱な国土を造ることである。しかし環境改善はすぐにはできない。また、サンゴや有孔

生態系再生＝国土再生

図3　生態工学的国土の維持策

虫の増殖・移植は、環境改善が終わった後に、いくつかの技術開発の課題を乗り越えないとできない。人工構築物を砂の運搬—堆積に適したデザインに変えることも、その効果の検証が必要である。こうした生態工学的技術のうち、もっとも直接的な浸食対策は、直立護岸ではない。緩傾斜護岸にすればよいが、小島嶼で実施するにはコストが大きすぎる。容易に入手できる砂や礫を使って、人工の海浜を造成する養浜が、生態プロセスを破壊しない、コストも低い対策である。プロジェクト開始時には、海面上昇への対策として護岸や埋め立てを求めていた政府や住民も、そうしたコンクリートによる対策が生態系ベースの国土維持に反することを理解し、日本の技術協力によって養浜が実施された（写真8）。

7　ローカルな問題とグローバルな問題

SATREPS は科学技術協力の枠組みだったため、融合できたのは理工までで、人文社会科学との連携は十分に進めることができなかった。なぜ，ぜい弱な土地に人が住むのかという問題まで立ち入ることができなかった。そうした点を、

写真 8　実際に JICA の技術協力で、フォンガファレ島で実施された養浜（写真は日本工営による）

問題群としてまとめた（図4）。首都のある島に人々が集中するのは、資源と経済基盤がぜい弱な環礁国で、出稼ぎや海外からの支援を得られる場が首都にしかないからである。この状況は、小島嶼国の経済を、移民社会（MIgration）、仕送り収入（Remittance）、経済援助（Aid）、官僚組織（Bureaucracy）の頭文字をとって MIRAB 経済とした Bertram and Watters［1985］で、すでに指摘されている。

　そう考えると「住んでいるのが悪い」とは言えない。島々で生態系を持続的に利用して自給自足ながら豊かな暮らしをしていた島嶼国に、近代化とともに貨幣経済が入って、経済のグローバリゼーションの中でいきなり「最貧国」になってしまった。ローカルな問題も、経済社会のグローバリゼーションの大きな動力のもとで、島の人々が強いられた結果である。

　グローバルな環境影響も、複合的である。二酸化炭素濃度の増加による海洋酸性化も、地球温暖化も、サンゴ礁生態系の劣化をもたらし、国土の形成を阻害する。＋2度の温暖化で、サンゴは毎年白化してしまうだろう［Kayanne 2017］。

　さらに海面上昇は、その速度を増している。現在の海面上昇速度は、平均 3mm／年である。今世紀中に、パリ協定の合意に従って気温上昇が 2 度未満に抑えられれば、海面上昇量は 40cm 程度である。環礁州島の土台であり、天然の防波堤であるサンゴ礁の、上方への成長速度は 100 年あたり 20 〜 40cm であるから、海面上昇をこのレベルに抑えることができれば、サンゴ礁は海面上昇に追いついて成長していくポテンシャルがある。しかしそれは、あくまでサンゴ礁生態系が健全であればである。さらにサンゴ礁の上の環礁州島は、サンゴ礫や有孔虫砂の堆積によって作られるから、生態系とその運搬─堆積プロセ

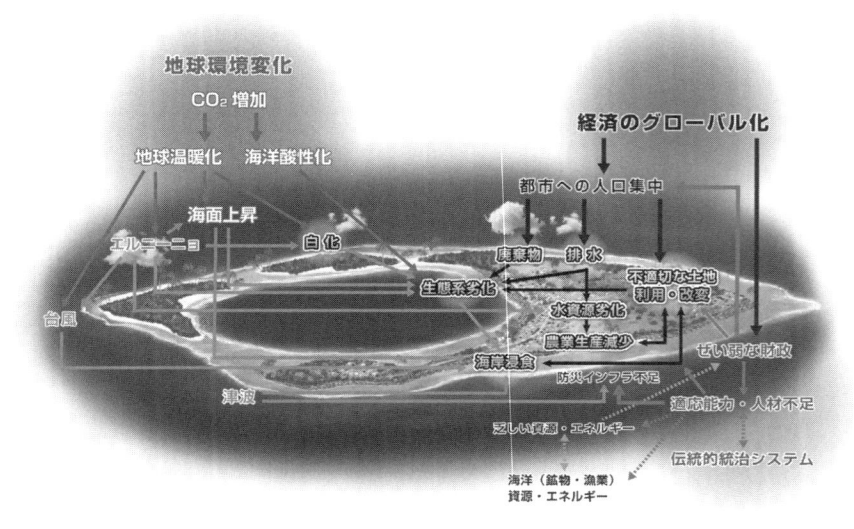

図4　小島嶼を取り巻くグローバル・ローカルな問題群

スが健全であれば、島は維持されるポテンシャルを持っている。しかし、今世紀の気温上昇が4度になると、海面上昇は1mに達して、サンゴ礁は追いつくことができず水没してしまう。

　こうした問題は、他の小島嶼国も共通して持っている。世界には、およそ500の環礁が分布しており、うち400は太平洋にある。太平洋のマーシャル諸島共和国、キリバス、ツバル、インド洋のモルジブは、国土のすべてが環礁からなる環礁国家である。これらの国々はいずれも、海面上昇による水没の危機を共有している。いずれの国も、首都ではツバルと同様の問題を抱えている。

　パリ協定が合意に至る過程で、小島嶼国のこのままでは国土が水没してしまうという悲痛な訴えが大きかったという。この訴えをきき、合意のために主導的に動いたのが、米国の前大統領オバマだった。新しい大統領トランプは、温暖化はフェイクだと断言し、パリ協定からの離脱を表明している。小島嶼国を水没から守るためには、パリ協定の遵守がどうしても必要である。

　さらに、海面上昇は、来世紀か再来世紀に、人類が化石燃料を燃やし尽くして、大気中の二酸化炭素濃度が500〜800ppmで頭打ちになり、気温も+2度から+4度で頭打ちになった後も、数世紀続く。これは、深層の冷たい海水が海洋循環で表層にあがってきて、温暖化した気温で暖められて熱膨張すること

と、氷河や氷床は一度融け始めると正のフィードバックがかかって融け続けるためである。そのため数世紀後には、海面上昇は 1m から数 m に達すると予想される。

　現在、環礁で起こっている問題は、海面上昇による水没という単純な問題ではない、むしろローカルな問題であるという主張は、地球温暖化に対するアンチテーゼとして過剰に宣伝されすぎてしまったのではないかと反省している。こうしたローカルな問題が、将来さらに上昇する海面に対して、国土の復元力を弱めているというのが、私たちの主張である。さらに、ローカルな問題が、グローバル化した社会経済のもとで起こっている以上、地球温暖化も、島嶼社会で起こっているローカルな問題も、どちらもグローバルな背景で起こっている問題であり、先進国など国際社会がその解決に責任をもたなければならない。

　さらにいえば実は、ツバルで起こっている問題は、実は日本など先進国でも同様に起こっている。2013 年の大津波は、三陸の町を飲み込んで多くの尊い人命を奪った。こうした町は、沖積平野という、もとは湿地や田んぼだったぜい弱な土地に、鉄道の駅ができ、国道ができたことによって発達してきた。ツバルとまったく同じ構図であることを、私は震災のときに思い知った。ツバルの問題を、上から目線でなく、日本や先進国も共通して持つ課題として、同じ立場で解決する姿勢をもたなければならない。

〈謝辞〉　本稿の内容は、環境省地球環境研究総合推進費と JICA-JST 地球規模課題対応国際科学技術協力プログラム（SATREPS）によって、本書の編集者である山口さんや、8 章を執筆された山野さんほか、多くの共同研究者とともに得た成果です。文中で「私たち」とした、調査研究をともに行った方々のお名前を以下にあげて、心から感謝いたします。括弧内は主に現在の所属、順不同ですが、サブテーマ代表者だった方々には下線を付しました。細野隆史（JAMSTEC）、中村修子（笹川平和財団）、飯嶋寛子〔明治大〕、安河内貫（JX 石油）、細井　豪（電通）、藤田乃里、五十嵐直江（東京大）、山野博哉、中田聡史、佐竹　潔（国立環境研究所）、石原光則（農業食品総研）、島崎彦人（木更津高専）、梅澤　有（東京農工大）、山口　徹、下田健太郎、近森　正（慶應大）、小林　誠（東京経済大）、棚橋　訓（お茶の水女子大）、吉田俊爾（日本歯科大）、黒崎岳大（東海大）、深山直子（首都大）、横木裕宗、桑原祐史、藤田昌史（茨城大）、佐藤大作（東京電機大）、藤田和彦（琉球大）、井手陽一（海洋プランニング）、山田浩次（国総研）、三村　悟、松舘文子、持田貴男、川田晃弘（JICA）、Tapugao Falefou (Ministry of Foreign Affairs, Trade, Tourism, Environment and

Labour), Mataio Tekinene, Pepetua Latasi (Department of Environment), Semese Alefaio, Sioala Maula, Paeniu Lopati, Filipo Makolo (Department of Fisheries), Faatasi Malologa, Ane Taila, Ielemia Maheu, Samasoni Finikaso (Department of Land and Survey)

参考文献

Bertram, G. and Watters, R. F.

1985   The MIRAB economy in the South Pacific microstates. Pacific Viewpoint 26: 247-258.

David, T. W. E. and Sweet, G.

1904   The geology of Funafuti. In Coral Reef Committee of the Royal Society (ed.), *The Atoll of Funafuti. Boring into a Coral Reef and the Results.* pp.61-124. The Royal Society of London.

Fujita, M., Suzuki, J., Sato, D., Kuwahara, Y., Yokoki, H. and Kayanne, H.

2013   Anthropogenic impacts on water quality of the lagoonal coast of Fongafale Islet, Funafuti Atoll, Tuvalu. *Sustainability Science* 8: 381-390.

Fujita, K., Nagamine, S., Ide, Y., Umezawa, Y., Hosono, T., Kayanne, H. and Yamano, H.

2014   Distribution of large benthic foraminifers around a populated reef island: Fongafale Island, Funafuti Atoll, Tuvalu. *Marine Micropaleontology* 113: 1-9.

Hosono, T., Lopati, P., Makolo, F. and Kayanne, H.

2014   Mass culturing of living sands (*Baculogypsina sphaerulata*) to protect island coasts against sea-level rise. *Journal of Sea Research* 90: 121-126.

Kayanne, H.

2017   Validation of degree heating weeks as a coral bleaching index in the northwestern Pacific. *Coral Reefs* 36: 63-70.

Kench, P. S., Thompson, D., Ford, M. R., Ogawa, H. and McLean R.F.

2015   Coral islands defy sea-level rise over the past century: Records form a central Pacific atoll. *Geology* 43: 515-518.

Maragos, J. E., Baines, G. B. K. and Beveridge, P. J.

1973   Tropical cyclone Bebe creates a new land formation on Funafuti Atoll. *Science* 181: 1161-1164.

Nakada, S., Umezawa, Y., Taniguchi, M. and Yamano, H.

2012   Ground-water dynamics of Fongafale islet, Funafuti atoll, Tuvalu, *Ground Water* 50: 639-644.

Patel, S. S.

2006   A sinking feeling. *Nature* 440: 734-736.

Yamano, H., Kayanne, H., Yamaguchi, T., Kuwahara, Y., Yokoki, H., Shimazaki, H. and Chikamori, M.

2007   Atoll island vulnerability to flooding and inundation revealed by historical reconstruction: Fongafale Islet, Funafuti Atoll, Tuvalu. *Global and Planetary Change* 57: 407-416.

終章　フィールドでの実感、そして歴史の島景観へ

山口　徹

　ずいぶん前のことだが、『歴史学のフィールドワーク』と題した公開シンポジウムを慶應義塾大学の三田史学会で開催したことがある。2006 年のことだった。序章で示した「景観史」の枠組みの底流には、実はこのときの議論と気付きがある。論集の内容と直接関連するシンポジウムではないが、良い機会なのでその概要を記しておきたい。

　当時は、民族誌の構築性を暴きだすポストモダンの潮流が行き詰まるなか、フィールドにおける交流に自己と他者の境界を再び跳躍しようと人類学が模索していた時期だった。世界観や価値観、あるいは合理性といった普遍的枠組みを想定せずとも、「おいしいものであれば人にすすめ、足りない人がいれば分けてあげるという生活実践に対する構え」［松田 1997: 214］を共有することによって、調査者と現地の人びととの境界を残しながらも、両者のあいだの通交が可能だと考える視座である。フィールドへの回帰とそこでの実感を再評価する立場といってもよい。

　もちろん文献史学でも、歴史哲学者のヘイドン・ホワイト［2017］が『メタヒストリー──19 世紀ヨーロッパにおける歴史的想像力』を 1973 年に上梓して以来、長きにわたって歴史の表象性が議論されてきていた。そのなかで、歴史家の仕事をすべて想像力の行為に切り縮めてしまう表象論は何ものも生み出さないと指弾し、歴史家個々人が公文書館に足を運び、そこで精緻化してきた探求の技術に立ち返るべきだと提唱したのは、モミリアートでありギンズブルグであった［ギンズブルグ 2003: 39］。三田史学会の大先達である中井信彦もまた、「私は歴史の実務家として語っている」というルシアン・フェーブルの言葉を引きながら、「幾世紀にわたってうけつがれ改良されてきた歴史の文献学的・批判的方法」の重要性を強調した［中井 1978: 7］。

　確かに我われは過去に直接アプローチすることはできないし、史料はあくまでも断片的にしか存在しないから、歴史叙述には可能性という物語が必ず含まれている。それゆえギンズブルグも中井も、かつての素朴実証主義に戻れと言っ

たのではない。そうではなくて、現実と可能性を対立させずに、研究者の主観を証拠で制御しながら両者を取り結ぶ方途として「探求の技術」を評価したのである。

中井はさらに、研究者という主体もまた歴史的・社会的存在なのだから、自身の生活体験に根ざした問題の設定と追究であれば社会性と客観性が成り立ちうると主張し、主観性を肯定的に乗り越えようとした。ただし、無媒介に乗り越えられるわけではない。「私的な内的体験とそこから導きだされた問題への強烈な内省」、つまり自己の対象化が必須であり、そのためには「他の個人ないし諸個人との、すなわち社会的な"応答関係"——さまざまの形態の実践——をもつこと」が求められるというのである［中井 1973: 67-68］。

『歴史学のフィールドワーク』はまさにこの主張を第1の参照枠とし、文化人類学の「表象の危機」やギンズブルグの「探求の技術」の議論を加えながら構想したシンポジウムであった。すなわち、歴史研究者が自己を対象化する際の多様な実践の一つとして、フィールドワークはどう役に立つかと問うてみたのである。この問いへの応答として、三田史学会の4分野から登壇いただいた井奥成彦（日本史）、吉原和男（東洋史）、山道佳子（西洋史）、そして阿部祥人（民族学考古学）の諸氏が自身の体験を語り、各々の具体的な気付きを出発点に、領域を超えて白熱した議論が展開された[注1]。

企画者として特に印象に残った話題は、「フィールドでの実感」だった。「実感」はロマン主義的で曖昧性をともなう概念だが、文化人類学の議論を参照するなら、フィールドでの時間をそこに住む人々と共有しながら、観察や対話を通した証拠の収集と分析にこだわり続けるところから生まれる感覚と捉えればよいだろう［松田 1997］。ところが、過去に生きた他者（異文化）を対象とする歴史学は、彼ら／彼女らとの直接的な対話を望めない。

とすれば歴史研究者にとっての実感とは何か。ここでいう実感は文化人類学のそれと完全に同じではないだろうが、私的な体験に発する問いを設定し、その問いを発した自己そのものを対象化することと読み替えることが許されるなら、歴史研究者にとってもフィールドはその機会を得る主要な場となるはずである。過去に生きた人々との直接的な通交は不可能でも、フィールドでの徒歩経験を通してそこに残る過去の痕跡を見出すことは可能だし、今を生きる人々との出会いや共鳴を望むことはできる。確かに、現在と過去の時間差が対象の理解にとって妨げになることは前提として受け入れねばならない。しかしだからこそ、その時間差を超えて不可知性から理解への転換を企てるために、た

写真1　発掘トレンチの中で凝集性のある多様体としての島景観を妄想する

　とえばニューヒストリーは、ローカルな場所という共通属性をそなえる写真・図像・物質文化・オーラルヒストリーといった新しい史資料の開拓を進めてきた［バーグ 1996: 10-20］。それはまさに、ミクロストリアのマルチスケイラーな探究といってよい。シンポジウムで仄かに灯ったこの光を頭の片隅にたもちながら、それから長いあいだ景観史の枠組みを追及してきた。序章で詳述した徒歩経験による現地との共鳴や、マルチスケイラーな探求、そして複数指標の時間分解能をすり合わせて環境変遷を通時的にとらえるマルチプロクシーの解析手法は、景観史研究の実践のなかで出会ってきた数多くの人々との絡み合い／せめぎ合いを経てたどり着いた今現在の地平なのである。

　ところで、編者自身の発掘調査を振り返ってみると、やみくもに島の陸地を何日も歩き回るうちに、行き交う人々と同じように道を選んで歩く自分がいたことを思い出す。そのうち掘り下げる地面が決まり、人びとからの同意が得られると、住民になったわけではないのに、少なくとも発掘期間はその場所を占有することになる。文化人類学者が現地社会に入り込み、長期にわたって寝床を確保したときの状況と近いかもしれない。しかし、その後の感覚がおそらくは違ってくる。狭い発掘トレンチを掘り下げていくうちに目線が低くなり、深さが 1.5m を超えて顔だけ出る状態になると、地表で生きる人々の生活を見上げるようになる（写真1）。すると、それまでとは異なる、島と同化したような妙な感覚に襲われる。もちろん、トレンチの外では訪問者の1人として島の人びとと対話を繰り返しているのだが、自らが掘り下げたトレンチの中では地表上のすべてを島の視点で眺め始める。そして、空に伸びるココヤシも、餌を漁りながら歩き回る仔豚も、そこに生きる人間も、すべてが島の外に由来しなが

ら、なおかつ全体として島景観をなすという事実に思い至る。

　島を取り囲む海洋は障壁ではない。海流が植物の種を運び、風にのって海鳥が飛来する。海は島々を孤立させるのではなく、島と島、人と人をつなぐ交通路になる [e.g. Hau'ofa 1994]。しかし、人間も含めて陸棲の生物は海洋のただ中で途中下車するわけにはいかない。生命ある限り島の陸地を目指し、また別の島に渡ってゆく。海洋世界に降る雨は島に注いだ分だけ真水の地下水となり、島に根付いた生命の存続を支える。だからこそ、島にはさまざまなモノやコトや人が凝集する。

　島景観とは何かと問われれば、ポスト構造主義の哲学者ドゥルーズとガタリの言葉を借りて、凝集する「多様体」と答えたい [ドゥルーズ & ガタリ 2010: 13-61]。多様体には主客の区別がない。樹木のような根と幹と枝の区別はなく、どこで切断されてもそこから再生し、あらゆる方向へ伸張しうるリゾーム状の存在である[注2]。もちろん、島の陸地にたどり着いた人びとの視点は、神話のような何らかの文化的カテゴリーで島景観を分節化し構造化するだろう。しかし、その構造は不変ではなく、新たなモノやコトや人が凝集することによって島景観とともに更新されてゆくはずである。

　本論集の各論考が描き出した島景観には、それぞれ固有の歴史があることは間違いない。しかし、論集を見渡してみると、自然の多様な営力のあいだ、自然と人間のあいだ、あるいはさまざまな由来と目論見をもつ人々のあいだの出会いと絡み合いがそれぞれ固有の島景観史から共通して立ち現れてくる。島景観は時どきに新しいモノ・コト・人を受け入れ、それらが凝集することによって、より一層の多様体になっていく。島景観は生成変化する多様体として、みずからを再生産するといってもよい。

　こう考えると、『歴史の島々 (Islands of History)』でサーリンズが用いた「めぐり合わせの構造」という概念が浮かんでくる[注3]。ハワイ島ケアラケクア湾でのクック船長の死に関する有名な議論のなかで示された概念で、一連の出来事と特定の文化カテゴリーのめぐり合わせ、あるいは「状況のシンテーゼ」が引き起こす再生産と生成変化という構造の二重性を意味している [サーリンズ 1993: 10-11, 197-198]。出会いと絡み合いのなかで生成変化する多様体としての島景観と、サーリンズが示した「めぐり合わせの構造」論のあいだに対応関係が認められるならば、「島々の景観史 (landscape histories of islands)」から「歴史の島景観 (islandscapes of history)」へと本論集の議論を生成的に発展させることができるかもしれない。いや、発掘トレンチの「私的な内的体験」から始まった妄想は

このくらいにしておこう。その探求には、徒歩経験の蓄積がまだ十分ではない。

注

(1) 　シンポジウム『歴史学のフィールドワーク』は 2006 年 6 月 24 日（土）に開催され、三田史学会を構成する 4 分野から 1 名ずつご登壇いただき、フィールドワークにおける経験ついて講演いただいたのちに、民族学考古学専攻出身の当時の若手研究者（桜井準也、佐藤孝雄、安藤広道）を加えて、歴史学にとってのフィールドワークの可能性を議論した。登壇者の講演タイトルは以下の通りである。井奥成彦氏（日本史）「史料と史料の間をつなぐもの〜日本近世・近代史のフィールドワーク」、吉原和男氏（東洋史）「歴史を書き実践するタイ華人」、山道佳子氏（西洋史）「政治史と生活史の接点を求めて：スペイン、バルセローナの祭りから」、阿部祥人氏（民族学考古学）「発掘──過去の断片との対話」。

(2) 　『千のプラトー』の序章「リゾーム」のなかで、ドゥルーズとガタリは「とりわけオセアニアは、あらゆる点から見て樹木という西欧的モデルに対立するリゾーム的モデルのようなものがありはしないか？」と記している［2010: 46］。そして、西欧とオセアニアの対比は、「播きそして刈りとる神に対して、突き刺しそして掘り出す神である」［ドゥルーズとガタリ 2010: 46］と表現される。オセアニアの根茎類栽培がイメージされていると思われるが、島世界固有の思考のあり方が、印象論的にせよ意図されているならば興味深い。

(3) 　'structure of the conjuncture' を「めぐり合せの構造」と訳した。『歴史の島々』の邦訳では「状況の構造」と訳されている。

参考文献

ギンズブルグ , C.
　2003　『歴史を逆なでに読む』上村忠男訳 , みすず書房 .
サーリンズ , M.
　1993　『歴史の島々』山本真鳥訳 , 法政大学出版局 .
ドゥルーズ , G., ?-F. ガタリ
　2010　『千のプラトー（上）──資本主義と分裂症』宇野邦一・小沢秋広・田中敏彦・豊崎光一・宮林寛・守中高明訳 , 河出書房 .
バーグ , P.
　1996　「ニュー・ヒストリー──その過去と未来」P・バーグ編『ニュー・ヒストリーの現在──歴史叙述の新しい展望』谷川稔・太田和子訳 , pp. 5-29, 人文書院 .
ホワイト , H.
　2017　『メタヒストリー───一九世紀ヨーロッパにおける歴史的想像力』岩崎稔 監訳 , 作品社 .

354

中井信彦

    1973   『歴史学的方法の基準』塙書房.

    1978   「歴史理論」『史学雑誌』87（5）：6-8.

松田素二

    1997   「実践的文化相対主義考」『民族学研究』62（2）：205-226.

Hau'ofa, E.

    1994   Our sea of islands. *The Contemporary Pacific* 6 (1): 148-161.

あとがき

　本書は、慶應義塾大学東アジア研究所の共同研究プロジェクト「歴史生態学と歴史人類学の節合による景観史研究の拡張——アジア太平洋のフィールドワークから発想する」（2015 ～ 2016 年度）の成果である。プロジェクトの実施および本書の刊行にあたって、研究所所長の高橋伸夫先生と、所員の中島典子さんに多くのご支援と励ましをいただいた。また、公益財団法人高橋産業経済研究財団からいただいた研究助成によって、研究会の開催や資料収集、調査出張を円滑におこなうことができた。2017 年度以降は、研究会活動や現地調査を継続するために住友財団 2016 年度環境研究助成（163214）、ならびに JSPS 科研費基盤研究（A）（17H01647）の一部を使用した。

　本論集の準備作業にあたっては、慶應義塾大学文学研究科の大学院生である臺浩亮君と太刀川彩子さんにお手伝いいただいた。また、風響社の石井雅さんには丁寧な編集と素敵な帯の文章をいただいた。そして何よりも、島景観の世界へ編者を導いて下さり、フィールドでの歩き方を叩き込んでくださった恩師、近森正先生（慶應義塾大学名誉教授）には、語り尽くせないほどの学恩をいただいた。本論集の執筆者のなかにも先生とフィールドを共にした経験をもつ方々が多数含まれている。『アイランドスケープ・ヒストリーズ』の議論がその学恩に僅かでも報いるクオリティとなっているのなら、無上の喜びである。

　最後に、現地調査、研究、そして本論集の刊行にお付き合いいただいた執筆者の方々に心より御礼申し上げたい。

　2018 年 12 月

山口　徹

山口　徹

写真図表一覧

【執筆者紹介】 掲載順　＊は編者

山口　徹（やまぐち・とおる）＊
1963 年生まれ。
1994 年慶應義塾大学大学院文学研究科史学専攻博士課程単位取得満期退学
2000 年オークランド大学大学院人類学博士号取得
専門はオセアニア考古学、歴史人類学。
現在、慶應義塾大学文学部教授。
主業績として、『海民の移動誌』（昭和堂、2018、分担執筆）、『石垣島の景観史研究（Ⅰ）』
（慶應義塾大学民族学考古学研究室、2016、共著）、「ウリ像をめぐる絡み合いの歴史人
類学－ビスマルク群島ニューアイルランド島の造形物に関する予察－」（『史学』85、
2015）、"Archaeological Investigation of the Landscape History of an Oceanic Atoll: Majuro, Marshall
Islands." (Pacific Science 63(4), 2009) など。

小林　竜太（こばやし・りゅうた）
1983 年生まれ。
2015 年慶應義塾大学大学院文学研究科博士課程単位取得退学。修士（史学）。
専門は考古学、資源利用史。
現在、埼玉県川口市教育委員会学芸員。
主業績として、「八重山先史時代における海産資源重視論の再考」（『日本オセアニア学会
NEWSLETTER』98 号、2010 年）、「リモートセンシングによる石垣島サンゴ礁形成史の地域
差推定──先史資源利用研究に向けて」（『考古学研究』第 60 巻第 2 号 -2〈通巻 238 号〉、
2013 年）など。

深山　直子（ふかやま・なおこ）
1976 年生まれ。
2008 年東京都立大学大学院社会科学研究科博士課程単位取得退学。博士（社会人類学）。
専門は社会人類学、先住民研究、島嶼研究、オセアニア研究、沖縄研究。
現在、首都大学東京人文社会学部准教授。
主業績として、『現代マオリと「先住民の運動」──土地・海・都市そして環境』（風響社、
2012 年、単著）、『先住民からみる現代世界──わたしたちの〈あたりまえ〉に挑む』（昭和堂、
2018 年、共編・分担執筆）など。

鈴木　茂（すずき・しげる）
1951 年生まれ。
現在、株式会社パレオ・ラボ　取締役、顧問
主業績として、「神奈川県鎌倉市における鎌倉時代の森林破壊」『国立歴史民俗博物館研究
報告』（第 81 集、131-139、1999）、「鎌倉の遺跡と寄生虫卵」『考古論叢 神奈川』（第 16 集、
77-83、2008 年）など。

飯髙　伸五（いいたか・しんご）
1974 年生まれ。
2008 年東京都立大学大学院社会科学研究科博士課程単位取得退学。博士（社会人類学）。
専門は社会人類学、オセアニア地域研究。
現在、高知県立大学文化学部准教授。
主業績として、*Leisure and Death: An Anthropological Tour of Risk, Death, and Dying* (University Press of Colorado, 2018, 分担執筆)、『交錯と共生の人類学』（ナカニシヤ出版、2017 年、分担執筆）、『帝国日本の記憶——台湾・旧南洋群島における外来政権の重層化と脱植民地化』（慶應義塾大学出版会、2016 年、分担執筆）、論文として、"Remembering *Nan'yō* from Okinawa: Deconstructing the Former Empire of Japan through Memorial Practices" (*History and Memory* Vol.27 No.2, 2015)、「「ニッケイ」の包摂と排除——ある日本出自パラオ人の埋葬をめぐる論争から」（『文化人類学』81 巻 2 号、2016 年）など。

下田　健太郎（しもだ・けんたろう）
1984 年生まれ。
2015 年慶應義塾大学大学院文学研究科博士課程単位取得退学。博士（史学）。
専門は文化人類学。
現在、慶應義塾大学文学部助教（有期）。
主業績として『水俣の記憶を紡ぐ——響き合うモノと語りの歴史人類学』慶應義塾大学出版会、2017 年）。論文として、「モノによる歴史構築の実践：水俣の景観に立つ 52 体の石像たち」（『文化人類学研究』12 巻、2011 年）、"Possible Articulations Between the Practices of Local Inhabitants and Academic Outcomes of Landscape History: Ecotourism on Ishigaki Island" (H. Kayanne ed. *Coral Reef Science: Strategy for Ecosystem Symbiosis and Coexistence with Humans under Multiple Stresses*, Springer Japan, 2016 年）など。

鈴木　正崇（すずき・まさたか）
1949 年生まれ。
博士（文学・慶應義塾大学）。
専門は文化人類学、宗教学、民俗学。現在は、中国少数民族の社会文化の動態、南インドの祭祀と芸能、日本の山岳信仰と修験道、などについて調査研究を行っている。
現在、慶應義塾大学名誉教授。
主業績として、『ミャオ族の歴史と文化の動態』（風響社 , 2012）、『東アジアの民族と文化の変貌』（風響社、2017）、『女人禁制』（吉川弘文館、2002）、『山岳信仰』（中央公論新社、2015）、『熊野と神楽』（平凡社、2018）など。

山野　博哉（やまの・ひろや）
1970 年生まれ。
1999 年東京大学大学院理学系研究科地理学専攻博士課程修了。博士（理学）。
専門は自然地理学。
現在、国立環境研究所　生物・生態系環境研究センター長。
主業績として、『久米島の人と自然』（築地書館、2015 年、共編著）、『サンゴ礁学』（東海

大学出版会、2012 年、分担執筆)、『Coral Reef Remote Sensing』(Springer、2013 年、分担執筆)。

小林　誠（こばやし・まこと）
1980 年生まれ。
2012 年首都大学東京大学院人文科学研究科博士後期課程単位取得退学。博士(社会人類学)。
現在、東京経済大学コミュニケーション学部専任講師。
主業績として、『探求の民族誌――ポリネシア・ツバルにおける神話と首長制の「真実」をめぐって』(御茶の水書房、2018 年)、『景観人類学――身体・政治・マテリアリティ』(時潮社、2016 年、共著)、論文として、「豊穣か、幸福か――ポリネシア・ツバルにおける首長のカタの『効果』をめぐって」(『文化人類学』81 巻 2 号、2016 年)、「神話の真実の在り処――ポリネシア・ツバルにおける憲章作成と合意の政治」(『アジア・アフリカ言語文化研究』86 号、2013 年) など。

棚橋　訓（たなはし・さとし）
1960 年生まれ。
1989 年東京都立大学大学院社会科学研究科博士課程中退。博士（社会人類学)。
専門は文化人類学、オセアニア地域研究。
現在、お茶の水女子大学基幹研究院人間科学系教授。
主業績として、『講座　世界の先住民族　ファースト・ピープルズの現在 第 9 巻 オセアニア』(明石書店、2005 年、共編著)、『人類の歴史・地球の現在――文化人類学へのいざない』(放送大学教育振興会、2007 年、共編著)、『はじめて学ぶ文化人類学』(ミネルヴァ書房、2018 年、共著) など。

茅根　創（かやね・はじめ）
1959 年生まれ。
博士（理学）（東京大学)。
専門は地球システム学、サンゴ礁学。地球温暖化に対するサンゴ礁の応答（温暖化、酸性化、海面上昇）について、琉球列島と太平洋の小島嶼をフィールドとして、調査研究を行っている。
現在、東京大学大学院理学系研究科・教授。
主業績として、"Coral Reef Science"（編著、Springer、2016)、Validation of degree heating weeks as a coral bleaching index in the northwestern Pacific. Coral Reefs, 36, 63-70, 2017 など。

アイランドスケープ・ヒストリーズ　島景観が架橋する歴史生態学と歴史人類学

2019年（平成3□年）2月28日　第1刷発行

編　者　山口　徹

発行所　株式会社　風響社　代表：石井　雅　　　　http://www.fukyo.co.jp

〒114-0014　東京都北区田端 4-14-9　　　　電話 03-3828-9249　FAX03-3828-9250

印刷　モリモト印刷

ISBN978-4-89489-258-3　C3039　　　　　　　　　　　Printed in Japan

'Islandscape' Histories
Bridging a gap between Historical Ecology and Historical Anthropology
Edited by
Toru Yamaguchi

Fukyosha Publishing Inc., Tokyo
ISBN978-4-89489-258-3 C3039
©2019 Toru Yamaguchi and Contributors